Como Joven Cristiano *Caí* Pero Me LEVANTE

Por Miguel Martin
2005, 2014

All rights reserved © 2014 Miguel Martin
13722 Vida Ln.
Dallas Texas, 75253

Reservados todos los derechos. Prohibida toda reproducción total o parcial en cualquier forma escrita o electrónica sin la debida autorización de los editores.

ISBN-10: 0692360352
ISBN-13: 978-0692360354

SERVICIOS, comentarios, información sobre el autor o preguntas puede hacerlo en **www.miguelmartin.info** y **www.laverdadprofetica.com**

DEDICATORIA

A mi Creador, Redentor y Amor *JESUCRISTO*, quien hizo de un imposible para mí, un posible el libro que hoy disfrutamos.

A mi querida *'JUVENTUD CRISTIANA'* a ti por ser mi inspiración y el principal motivo de esta obra.

A ustedes *'PADRES'* por instruirme desde mi niñez y sostenerme con su amor, sus sabios consejos y siempre refrescantes oraciones.

AGRADECIMIENTOS

A Eneida de Harrison, Roberto, Arelis Candelaria, Rosa Morales, Marcelo Martínez, Andrea Reina, Juan Hernández, Cristina García, Yuri Correa, Carmen de Calimán, Carolina Calimán, Pierce Marcelin, Saray Quintana, Vasile Scridon, Hortensia Morales, Margarita Anguiano, Adrián Rusu y a todos ustedes quienes de manera directa e indirecta estuvieron involucrados. Gracias, sin la ayuda de ustedes sé que jamás hubiera logrado preparar y terminar este libro.

Amigos y hermanos, quiero que sepan que no lo 'logré' sino que lo *'logramos'*. Gracias, mil Gracias desde lo más profundo de mi corazón por su apoyo, aliento y amor para este libro.

"Mientras contemplaba el terreno vacío, me consumía mi soledad hasta que llegaron ustedes bajo su Capitán Jesús para hacer de un sueño, una ideas una realidad. Hoy mi terreno florece porque Jesús lo ha regado con bendiciones por medio de ustedes, (amigos, hermanos de la iglesia). Mi soledad se ha vuelto un ejército de bendiciones. He aquí los resultados, el 'libro'." – Miguel Martin

CONTENIDO

DEDICACION...4

AGRADECIMIENTOS..5

PREFACIO 10

INTRODUCCIÓN 11

CAPÍTULO 1. "MOISÉS" 15

CAPÍTULO 2. EL JOVEN REBELDE 23

CAPÍTULO 3. DIOS EMPEZÓ A LLAMAR AL JOVEN 35

CAPÍTULO 4. "UNA NUEVA VISIÓN Y MISIÓN" 41

CAPÍTULO 5. EXAMINA TU "ALTAR - OFRENDA" 51

CAPÍTULO 6 SER FIEL TE PUEDE COSTAR LA VIDA............ 57

CAPÍTULO 7. EL DERECHO DE PRIMOGENITURA 65

CAPÍTULO 8. OTRA OPORTUNIDAD.. 74

CAPÍTULO 9. LA 'MUJER' - AYUDA IDÓNEA 87

CAPÍTULO 10. LAS CONSECUENCIAS DEL PECACO NO SE PUEDEN EVITAR 98

CAPÍTULO 11. LA ÚNICA LEY QUE TRAE LIBERTAD 113

CAPÍTULO 12. LA FE ES UN PRINCIPIO, NO UN SENTIMIENTO 124

CAPÍTULO 13. POR FE Y NO POR VISTA 137

CAPÍTULO 14. LA FE RESTAURA Y JUSTIFICA 149

CAPÍTULO 15. EJEMPLO DIVINO.. 162

CAPÍTULO 16. ¿QUIÉN ES LA SABIDURÍA? 174

CAPÍTULO 17. LA PALABRA 185

CAPÍTULO 18. LA PALABRA, LIMPIA..................................... 190

CAPÍTULO 19. LA PALABRA, SANTIFICA 195

CAPÍTULO 20. EL RESULTADO DE LA PALABRA EN EL
CORAZÓN.. 204

CAPÍTULO 21. ¿QUIÉN ES LA PALABRA? 215

CAPÍTULO 22. LA DISCIPLINA TIENE RECOMPENSA................. 222

CAPÍTULO 23. ¡NO TE DEJES MIMAR!................................232

CAPÍTULO 24. EL JOVEN PROSPERADO'..............................248

CAPÍTULO 25. ¡OBEDECE!.. 258

CAPÍTULO 26. EL SECRETO DE LA ASCENCIÓN 267

CAPÍTULO 27. EL PROFETA MENOR PROFETIZA UN EJÉRCITO DE
'SALVADORES' 276

CAPÍTULO 28. ¡NO ESQUIVES EL PRIMER ESCALÓN, SI DESEAS
SER UN GRAN LIDER! 285

CAPÍTULO 29. ¡LA INTEGRIDAD PROBADA! 296

CAPÍTULO 30. FUERZA DE VOLUNTAD.................................305

CAPÍTULO 31. NO PIERDAS LA PAZ EN LA TORMENTA 311

CAPÍTULO 32. VAMOS ¡CAMINEMOS EL CAMINO CORRECTO!320

CAPÍTULO 33. UN JOVEN REFORMADOR, TU PUEDES SER UNO
HOY... 331

CAPÍTULO 34. APRENDAMOS A MINISTRAR Y ESCUCHAR PUEDE
SER LA VOZ DE DIOS 342

CAPÍTULO 35. ¡NO TE IMPACIENTES! 'TODO' TIENE SU TIEMPO 354

CAPÍTULO 36. ORACIÓN CONSTANTE ¡URGENTE NECESIDAD! 374

CAPÍTULO 37. SERIEDAD DE PROPÓSITO TIENE ETERNOS
RESULTADOS PARTE 1.. 387

CAPÍTULO 38. SERIEDAD DE PROPÓSITO TIENE ETERNOS
RESULTADOS PARTE 2.. 399

PREFACIO

Hoy entiendo por experiencia propia que: **"Pesan sobre la juventud graves responsabilidades. Dios espera mucho de los jóvenes que viven en esta generación de luz y conocimiento. Espera de ellos que impartan esa luz y ese conocimiento, desea usarlos para disipar el error y la superstición que nublan la mente de muchos.** *Han de disciplinarse reuniendo toda jota y tilde del saber y la experiencia.* **Dios los hace responsables de las oportunidades y los privilegios que se les dan. La obra que tienen delante espera sus esfuerzos diligentes para ser llevada adelante progresivamente, como la época lo requiera"** Mensajes para los Jóvenes, página 38. Este pensamiento me llevo a escribir el libro que está en tus manos.

INTRODUCCIÓN

¡Cállate! ¡Cállate! Gritaba el predicador esa noche, mientras empezaba su sermón. Todos preguntamos ¿qué le sucede?, sin vacilar continuaba gritando. *"¡Cállate!…es que tus acciones no me dejan oírte"*. ¡Qué mensaje dio el pastor en esa ocasión! Todos entendimos lo que *¡cállate!*, significaba. Analizando hoy la condición de la 'juventud cristiana' muchos nos gritarían, **¡Cállate! ¡Cállate!** *Es que tus acciones no me dejan escucharte*, ¿por qué?, preguntaríamos muchos. La razón es que lo que predicamos con los labios no es lo que reflejamos en nuestro diario vivir. Joven si éste no es tu caso, gracias a Dios, pero si estás en el grupo de los que profesan, predican y hablan de Dios, pero no han logrado esa satisfacción en testificar por el Señor y conscientemente aceptas que nuestra manera de vivir no deja oír a la gente nuestra predicación (la de Jesús), entonces sin duda alguna, este libro es para ti.

Como joven cristiano hoy veo y entiendo que hay *'una norma elevada'* que nosotros los cristianos hemos descuidado, muchos han ignorado, han actuado indiferente y otros la desconocen completamente. Somos por lo tanto llamados a alcanzar esa meta, el ideal de llegar a ser realmente jóvenes cristianos, por lo contrario, inconscientemente estamos quebrantando uno de los mandamientos con tan sólo llamarnos cristianos. **"No tomarás** *el nombre* **del Eterno en vano…"** *Éxodo 20:*7 fue escrito. Piensa en esto, no ser lo que profesamos, es tomar el nombre del Eterno en vano. La gran pregunta de todo el libro es: ¿Hasta qué punto el cielo nos llama a ser verdaderamente jóvenes cristianos?

Somos llamados a ser mucho más de lo que profesamos, sí, mucho más y para ello el cielo nos invita en este mismo momento, a detenernos, meditar sobre nuestra presente condición. Pregunto joven, ¿estás contento con el tipo de religión que vives, con el tipo de relación que tienes con Jesús? Como joven, te soy honesto, no lo había estado. Nací dentro de lo que es la religión de la iglesia pero desconocía lo que era realmente una íntima relación con Jesucristo, había caído en una rutina y estaba más preocupado en satisfacer a mis padres fisiológicos y espirituales, tan preocupado estaba de lo que la gente podía decir o pensar de mí que bloquee con esto una verdadera conversión, relación y amistad con nuestro Redentor.

En el pisaron de mi infancia aprendí que yo era cristiano y los cristianos no hacen esto y aquello. Todo este ritual desconocido y enemigo de la verdadera conversión me llevó a cuidarme de la gente, mientras en mi soledad deshonraba abiertamente a mi Creador, muchas veces por ignorancia, otras conscientemente; esto me llevó a todo, menos a conocer lo que era el preciosísimo amor de nuestro Dios y *su plan para mi vida como joven*. Aunque era cristiano, caí en muchas cosas que claramente Dios condena, lo peor era que vivía en pecado tratando de aparentar que estaba bien. Entré, sin darme cuenta en un abismo, en un pantano donde moría diariamente, atrapado en la desesperación asesinaba mi vida espiritual. Fue precisamente esta experiencia, la que me lleva llamarle a este libro, **"COMO JOVEN CRISTIANO CAÍ, PERO ME LEVANTE".** Lo titulé con este nombre porque lleva el propósito de mostrar que aunque hemos caído podemos levantarnos, no importando la caída y circunstancia. El libro es la historia de mi vida en el pasado, presente y lo que deseo del futuro. Está destinado para jóvenes sin dejar de ser de utilidad para todos, no importando la edad en que necesite recibir otra oportunidad.

No estás obligado a seguir leyendo si crees que lo has logrado todo en lo que incumbe a tu vida espiritual, pero si sabes y aceptas que tu vida como joven no ha sido lo que debe ser y estás dispuesto a ser lo que el cielo espera de ti, entonces lo que está escrito aquí es especialmente para ti.

Es mi propósito en este volumen exaltar a Jesús a través de la *juventud* a quien Él siempre ha *utilizado,* utiliza y *usará* para glorificar su santo nombre. Deseo con todo mi corazón que este libro sea reconocido, exaltado y únicamente visto él *"señalado entre diez mil"* Cantares 5:10. La *"Estrella resplandeciente de la mañana"* Apocalipsis 22:16. *"Al camino, la verdad, la vida"* Juan 14:6. *"El cordero que quita el pecado del mundo"* Juan 1:29, y sobre todo joven, conocer a *"nuestra única esperanza" Jesucristo. 1ª Timoteo 1:1.* Acepto que no soy poeta ni escritor, sin embargo creo que eso no es un impedimento para expresar lo que en mi corazón arde como fuego, que me hace sentir la responsabilidad que sobre todos los jóvenes cristianos recae y si hoy yo no la acepto, otros lo harán. Mi experiencia grita paso a paso que *"como joven cristiano caí, pero me levanté"*. Es un honor poder presentar esta invitación divina y exponer lo que el Señor dice en su Santa Palabra con respecto *a la elevada posición que debemos alcanzar en el plan de nuestro Dios. Sí*, elevada porque para Dios o es elevada a su manera o no es nada más que una hipocresía de la más aborrecible de nuestra parte, por sólo profesar su nombre. Quisiera advertirte que este libro en ningún sentido lleva la idea que Dios nos salvará en nuestros pecados como muchos creen, tal vez no lo digan con los labios pero actúan así, por lo contrario, de manera clara destaca que Dios desea salvarnos de nuestros pecados.

Decidí escribir este libro, porque me he dado cuenta que la mayor parte de los libros que aconsejan a los jóvenes, han sido escritos en su mayoría por adultos y aunque sé que hablan por experiencia, no hay nada mejor que oír a un joven diciéndole a otro mientras vive peleando la bendita batalla de la fe, dentro de los conflictos, problemas, luchas, pruebas, tentaciones, emociones y pasiones juveniles, **"que hubiera yo desmayado, si no creyese que tengo que ver la bondad del Eterno..."** Por eso con todas mis fuerzas te digo compañero(a) *"esfuérzate, y aliéntese tu corazón. Si espera al Eterno"* Salmos 27:13,14. ¿Por qué? Porque dice el cielo que *"...sois fuertes, y la palabra de Dios mora en vosotros y habéis vencido al maligno"* 1^a *Juan 2:14.*

No hay arma tan poderosa para Dios, como un joven que sabe sus blancos, que sabe de dónde viene, donde está y hacía donde va, que entiende su razón de vivir y su santa misión en este mundo; entender que el *ser joven es un privilegio, una bendición, es un regalo divino que se recibe sólo una vez en la vida y el aprovechamiento depende de lo que uno haga en esos años preciosos*. Es tiempo que este mundo caído entienda que Dios está restaurando su santa imagen y no sólo los ancianos y adultos lo entienden sino también los *jóvenes* que hoy exclaman *"...Señor, ¿qué quieres que haga?"* Hechos 9:6.

El deseo de mi corazón con esta obra, lo expresó un joven, cuando dijo: *"Pueda entenderse que lo más bello no es la flor mientras está sin cortarse, sino cuando encuentra su destino en los tumultos de la vida. Sea pues nuestra juventud encontrada con su destino mientras es cortada para su propósito, el propósito de Dios"* - Anónimo.

CAPÍTULO 1
"MOISÉS"

Una pequeña conferencia estaba dando inicio en un rincón de la bella Guatemala. La hora del servicio había llegado, todos estaban cantando mientras yo corría de un lado a otro. Mi padre estaba por empezar a predicar y *'yo'* ya estaba haciéndolo convenciendo a la gente que ser hijo del predicador era algo especial, algo imposible de aceptar y decir, sí, él es el hijo del pastor.

De pie en mi propio pulpito, predicaba a la manera de los niños inquietos, quizás con los nombres con que me bautizaron podrás identificarme mejor y sabrás de qué se trataba mi sermón. El coro cantaba: *'El travieso'*, *'rebelde'*, *'incontrolable'*, *'terremoto'*, *'imposible'*. Mi padre hizo todo por sentarme antes que él comenzara a hablar, (le había robado la audiencia) diciéndome en el oído con una sonrisa, 'en casa nos arreglamos, ya sabes lo que te espera cuando regresemos, **¡chocolate!**, pórtate bien'.

Bajo esta sentencia me quedé por un momento quieto, después de pensar en lo que me esperaba en casa, el temor me sobrecogió pues ya sabía lo que quería decir 'chocolate'. Involucraba castigos, más trabajo y sobre todo una buena masajeada con el cinto. Mientras mi padre predicaba esa noche me dio por salir, claro él no se dio cuenta, aunque hubiera sido mejor. Salí y de los nervios, del miedo, del disgusto que no podía jugar o quien sabe del por qué, me dio por hacer **pipí** y en vez de entrar al baño, ¿sabes lo que hice?, me fui a la cocina y como no había nadie empecé a orinarme, si a *o-r-i-n-a-r* en las ollas de la comida para la gente que había llegado a esta conferencia. Mientras lo hacía, una de las hermanas entró a ver cómo estaba la comida que estaba en proceso de cocción, y al verme orinando sobre la comida, casi se desmaya - o no recuerdo si yo me desmayé por haberme encontrado - lo cierto es que eso sí que era el colmo, la hermana no sólo me pegó, sino que mi padre, de la vergüenza y el enojo me dio como no te imaginas, casi me mata.

Era tan 'rebelde', 'malcriado', que mi padre, había perdido la paciencia conmigo. Hoy lo entiendo y no lo culpo de cómo me corregía. Parte de su amor era reflejado al aplicar, **"No dejes de disciplinar al joven...Dale unos buenos azotes, y así lo libraras del sepulcro"** Proverbios 23:13,14. (Nueva versión internacional) Años pasaron para que esos azotes tuviesen resultados.

Hoy me pregunto si yo estaba loco o qué, lo que si sé es que el sermón de mi padre de esa noche fue puesto por los suelos con mi pequeño *'sermoncito'*. Tuvieron que cocinar de nuevo, atrasando todo el programa para esa ocasión y para siempre quedé marcado como**, *el pequeño diablo*.** Vaya sermón el que prediqué esa noche. ¿No crees?

Quisiera compartir contigo algunas de tantas cosas que pasé *antes* de entender que estaba en *'casa' (iglesia, religión)* sólo que perdido, exactamente como nuestro Redentor lo puso. Era como la 'ovejita' perdida lejos de **'casa'**, como la 'moneda' perdida, sólo que *'en casa'*. Como el hijo prodigo llegué a entender que no sólo estaba lejos de estar en la 'casa espiritual' sino que por muchos años estuve junto a los puercos, viviendo por mi propia voluntad una vida desordenada, sin sentido, en pecado (*Lucas 15:1-32*). En pocas palabras diría que mi vida era una brújula sin dirección. Sabía que necesitaba algo pero no sabía qué era. Siempre me preguntaba ¿Por qué yo? ¿Por qué no entiendo lo que me pasa? ¿Por qué mi vida no cambia? Para el colmo alguien un día me dijo **'te equivocaste de planeta'**. Veamos a qué se refería.

Creo que el sabio describió en cierto sentido mi vida, cuando dijo *"El hombre malo (niño, joven, adulto, viejo)* **guiña con sus ojos, habla con sus pies, indica con sus dedos. Perversidad hay en su corazón, anda pensando mal en todo tiempo. Enciende rencillas. Por tanto, su calamidad vendrá de repente; será quebrantado y no habrá remedio"** *Proverbios 6:12-15.*

En la escuela

En la escuela era la burla de todos por ser cristiano, sólo de nombre - porque precisamente mi conducta contradecía mi profesión, aunque a mi me hubiese gustado no llamarme cristiano en ese entonces, de hecho no quería serlo, pero me veía obligado. Era cristiano sólo porque mi padre era predicador, muy conocido a nivel nacional, un hombre muy respetado en el pueblo donde vivíamos, por lo tanto siempre decían ahí va el hijo del señor tal, no tanto por mi respeto y buenas obras, sino por todas mis travesuras, mi fama era el reflejo de mi pésimo comportamiento.

Para darles una idea de lo que era en la escuela, les contaré lo siguiente: en varias ocasiones mi padre había visitado la escuela, no para predicar sino a recibir quejas de mí. En cierta ocasión fue llamado para recibir el clásico reporte de mi conducta, él llego al punto de decirme, "De ahora en adelante ya no más iré a poner la cara por ti, avergonzándome. Si no corriges tu conducta y pones de tu parte, terminarás fuera de la escuela por tí mismo". Un día fue demasiado lo que hice en la escuela que como mi padre no llegó, el Director tuvo que pasar a la casa para comunicarle a mi padre, que conmigo ya no se podía, era un caso perdido. Enfrente de mí le dijo: 'con todo el respeto que se merece **Don… su hijo ya me enfermó con bilis** *(algo que viene muchas veces por enojarse)* **y si no hace algo con él, terminará pudriéndome el hígado'.** Mi padre se disculpó, pero su rostro expresó su disgusto, una vez más me fue como en feria, me dio 'chocolate caliente'. Gracias a Dios terminé el año. El Director sobrevivió, todavía está vivo.

Nunca fui montonero pero siempre me faltó control, especialmente con la boca, era rara la ocasión que no estuviera en pleito por mí o por alguien más que era maltratado. Las manos me comían por golpear. No siempre ganaba, pero sí revolucionaba en el aula, en el patio o detrás de la escuela. Las tardes eran momentos de arreglar los problemas, ya fuera en la calle o en el parque. Muchas veces llegaba nervioso, otras con arrogancia, todo dependía de quién se tratara, pero eso sí, nunca di la espalda, siempre me presentaba para dar o recibir.

Varias ocasiones, en las cuales no contaba con dinero para mis recreos, buscaba a los niños que siempre traían, ya sea comida o dinero, les pedía de buena manera o los amenazaba con pegarles en la salida de la escuela, lo cual siempre me funcionaba. Había un niño que siempre le daban bastante dinero para su recreo, por lo menos una vez por semana lo amenazaba, llegó al punto que ya no le tenía que amenazar, en cuanto me miraba venir hacia él, el dinero ya estaba en su mano. Esto duró un par de meses, hasta que su mamá lo supo. El día llegó cuando al tratar de quitarle el dinero, la maestra y la madre me estaban vigilando sin saberlo yo; cuando me encontraron fue extremadamente vergonzoso. Me hicieron prometerles que ya no lo haría y que si me volvían a encontrar, mi padre lo sabría. ¿Sabes lo que hice? Cambiar de niño, hasta que se me terminaron los niños.

En la calle

Del hombre malo dijo el *sabio "guiña con sus ojos, habla con sus pies, indica con sus dedos" Proverbios 6:13*. Encontramos aquí cómo es que muchos hablamos más con nuestras acciones que con nuestros labios, esa fue mi experiencia, hablé más con mis actos. Sucedió que la iglesia estaba recolectando dinero en todo el pueblo, y mi padre siempre recolectaba con las personas profesionales que tenían más dinero. Un día como muchos otros, me disgusté con uno de los hijos de una familia que mi padre les estaba dando estudios bíblicos, eran personas de la alta sociedad, siempre aportaban para la obra de la iglesia, aunque aún no eran cristianos. Imagínate en qué problema me metí. Este muchacho se burló de mí ante otros, saliendo de las clases de mecanografía, era mayor y más grande, pero eso de ninguna manera me importó, no le tuve miedo y lo golpeé, no sé ni como pero le di en la cara que le partí el labio horriblemente. Después de los golpes, corrió a su casa, y no habían pasado más de 30 minutos cuando ya me estaban buscando sus padres, especialmente para hablar con mi padre.

Fue emocionante pegarle, pero no ver a sus padres en mi casa, al verlos, me escondí, pero sin poder evitarlo, mi padre mismo me sacó para que *yo* enfrentara el caso. El muchacho aún estaba sangrando con la cara hinchada, por lo tanto era imposible negar que yo no lo hubiera golpeado. No sólo se le terminó pagando el doctor, sino que la señora le dijo a mi padre, *'mire señor… si esto es estar en su iglesia, yo no quiero saber nada, y por favor ya no me visiten, creo'*, siguió diciendo ella, *'que tiene más trabajo que hacer primero en su propia casa, que en la mía'*. Se fue muy enojada, ya te imaginas cómo me fue en esa ocasión, sólo imagínate.

"Aprovecha la reprensión el entendido, más que cien azotes el necio. El rebelde no busca bien sino mal" Proverbios 17:10, 11. De ninguna otra manera lo pudo haber dicho el sabio, el cinto no me hacía entender, la necedad era mi ambiente y el hacer el mal mi respiro.

En casa

Cierto día estábamos jugando con los niños de la señora donde nos habían rentado un cuarto para vivir. Ella vendía flores de plástico de todas clases. Mientras jugábamos, la niña de ella metió un par de flores al fuego y con un pedazo de madera lo sacó y ¿sabes lo qué hizo?, me lo tiró, quemándome la pierna, me llevó meses recuperarme, aunque la niña se disculpó, no lo olvidé.

En venganza, un día ella estaba acostada, mientras su mamá estaba planchando - quien por alguna razón salió un momento - me acordé de mi pierna, agarré la plancha dejándola prendida con tal que se quemaran lasa cosas del cuarto, este arreglo de cuentas casi les cuesta la casa. Sé que fue una tontería, pero lo hice, hoy cuando nos volvemos a ver, sólo nos reímos de nuestras locuras.

Por razones de trabajo, mis padres me dejaron en casa con mis hermanos, siendo el mayor tenía que cuidarlos, pero el más pequeño no paraba de llorar, así que mi poca paciencia se terminó. Agarré una almohada y le tapé la boca; creyendo callarlo, lo estaba matando. Hoy sé que Dios cuidó de mi hermanito ese día, porque si no yo de verdad lo hubiese matado.

Sin duda alguna, que uno nace con la naturaleza del mal. En cierta ocasión nos pusimos a jugar con mis primos y optamos por jugar a 'papá y mamá'; mientras jugábamos, un tío nos encontró casi desnudos. Yo nunca había visto ni sabía que existía la televisión por lo tanto no lo estaba haciendo porque había visto algo o leído algo, porque ni siquiera había aprendido a leer, sencillamente lo estaba haciendo por 'jugar a algo' que en mi pequeño cerebro desconocía. Mi tío de coraje nos llevó *desnudos* ante mi padre, quien no lo podía creer. Nos preguntó ¿qué estaban haciendo?, investidos de inocencia contestamos, 'jugando a papá y mamá'. Fue una de las veces que mi padre no sabía dónde meter la cara, regalándonos un sermón que en ese entonces no comprendí.

La Iglesia

Unos años más tarde, cuando no tenía dinero para comprarme algo, recuerdo que iba a mi *alcancía*. ¡Ni siquiera te imaginas donde la tenía! Era la canasta que usaban para recoger las ofrendas. Sé que no es gracioso robar el dinero de Dios, sin embargo, quiero que tengas una idea de quien era en mi pequeño mundo cristiano de niño.

Mi familia hizo todo por educarme como cristianos, así que el problema no radicaba allí, no eran ellos los causantes de mi conducta, sencillamente *era yo*, el que no dejaba que lo que sabía de Dios, rigiera mi vida. No importaba el tipo de corrección que ellos me daban, de alguna manera mi reacción era con más rebeldía. El sabio lo describe de la siguiente manera: *"... el que deja la reprensión, yerra"* Proverbios 10:17; en otras palabras, el que ignora la corrección y reprensión y no la aprovecha *"... el fruto (será más)... pecado"* Proverbios 10:16. No importa la que hagas si siembras mal la cosecha será pecado, tristemente ese fue el resultado en mi niñez.

Sin embargo, Dios dejó claro que para que en mí (nosotros) se lograra su voluntad tenía que limpiarme de todo mal, su siervo lo expreso así. *"Quita las escorias de la plata, y saldrá vaso al fundidor"* Proverbios 25:4. Para que esa experiencia se diera en mí, tuvieron que pasar años, hasta que me diera cuenta de cuánta *escoria* había en mi vida, carácter y personalidad. El Señor no iba a hacer de mí un *vaso para su honra*. Cuando pienso en el tierno amor de nuestro Creador, su disposición en salvarnos y regalarnos la bendición de la vida eterna, mis objeciones del por qué no soy digno de tal amor y misericordia, se derriten como el hielo con el sol, como el tamo en el verano se esparcen, como las olas en la mar desaparecen todos los pensamientos que por años obstruyeron mi progreso espiritual.

Debido a mi pasado, si el cielo me preguntara qué nombre me gustaría tener por toda esta bendita experiencia, elegiría por nombre *"Moisés"*, ¿por qué? Porque como este niño hebreo (integrante del pueblo de Dios) amenazado por el decreto del enemigo, encontró misericordia ante el Señor mientras *"lloraba"* (*Éxodo 2:6*) por el mal que amenazaba su niñez.

El Eterno, como con Moisés tuvo ***"compasión"*** (*Éxodo 2:6*) de mí, sacándome de las turbulentas aguas (*Éxodo 2:10*) y furia del enemigo. Por eso elegiría el nombre de Moisés - porque de las aguas sucias de la vida *me sacó* para el cumplimiento de su santa voluntad. Joven, el Dios que cuidó y llamó a Moisés es nuestro Dios hoy, y puede darte la mano para sacarte de esa furiosa marea de mal que está asesinando la esperanza de 'un nuevo nacimiento' de muchos de nuestros niños y jóvenes. Te aseguro que Él tendrá *compasión*.

Para Reflexionar y aplicar

¿Qué fue lo que más te impacto de este capítulo?

¿Qué aprendiste en este capítulo que pondrás en práctica?

¿Cuál es el punto más sobresaliente que compartirás con otros?

¿A qué te comprometes para cambiar de estilo de vida?

¿Qué es lo que más recuerdas de tu niñez que te impacto?

¿Qué lecciones aprendiste en tu niñez?

¿Qué podrías usar para aconsejar a otros a no hacer y realizar?

CAPÍTULO 2
EL JOVEN REBELDE

Cúando llegué a ser joven fui en todo sentido de la palabra *'peor'*, completamente desobediente, estando dentro del mundo cristiano. Fue tanto mi descontrol en casa, que me internaron en un colegio cristiano, donde *fui un trueno en verano, un desastre en primavera, y una espina en el ojo.* Hoy recorriendo las páginas de mí historia, sé que la misericordia de Dios hizo que me soportaran. Fue aquí donde llegué a ser un profesional, en mi profesión no buscada de 'rebelde'. Tristemente este lugar de educación cristiana realmente era un semillero del mal, no por sus principios, sino porque algunos de los maestros eran cristianos de nombre, permitiendo con su ejemplo y voto que el mal se practicará, tanto que algunos los tenían que sacar de los cuartos de señoritas, a otros les encantaba la parranda, en público eran la viva apariencia, en privado otra cosa. Mis compañeros vinieron a ser borrachos, enfermos mental y especialmente en el área sexual, otros jugadores de la whija. No puedo tampoco negar que había buenos maestros y alumnos sin embargo, eran la minoría. Creo que la palabra de Dios es clara cuando dice: **"El que engendra al necio, para su tristeza lo engendra; y el padre del fatuo no se alegrará." -** *Proverbios 17:21.* ¿Será posible que ésta fue mi experiencia? Tristemente sí.

El internado

Recuerdo que el primer día que llegué al internado, entramos al comedor y por llamar la atención de los demás, le jalé la silla a una de las muchachas; una broma casi terminó en quebradura y mi expulsión en el primer día de clases. Muchas ocasiones quebranté los reglamentos, hasta el punto que los maestros tenían que castigarme de una manera drástica.

El encargado de los internos perdió conmigo su paciencia, que llegó a pegarme con una escoba. Esto lo practicó hasta que un día finalmente me la quebró. Tú dirás ¿con una escoba? si con una escoba, y un par de veces con los trapeadores; en esos días los maestros podían pegarle a los alumnos, si así lo deseaban, hoy gracias a derechos humanos ya no. El colegio perdió mucho económicamente, pues le hacía falta escobas y trapeadores muy seguido. Sé que suena como un chiste, pero fue cierto.

Poco después, el encargado de los internos se había ganado nuestro odio, me uní a otros alumnos para golpearlo, lo cual hicimos con todo gusto, esto causó nuestra expulsión inmediatamente. Lo único que podía evitarla era la misericordia del maestro, esto fue lo que la Directora dijo. Imagínate ir a pedirle perdón y misericordia a alguien que odiábamos; no sé cómo lo hicimos pero lo logramos; nos perdonó y le pidió a la Directora que no nos expulsara. La mecha del odio entre ambos quedó prendida y cada día era más grande.

Definitivamente mi conducta no agradaba a los maestros; ya no me creían y honestamente me decían, *¡con usted ya no sabemos que hacer!* En el transcurso de todos los años que estuve en el colegio, en varias ocasiones mi padre fue invitado a dar seminarios, y después que la gente sabía que yo era su hijo no lo podían creer, por mi mala manera de obrar. Honestamente te digo, fue la relación que mi padre tenía con la directiva del colegio lo que evitó que muchas veces me echaran como a un perro muerto.

Casi violado

En el colegio llegué a ser muy famoso, porque todo lo que se descomponía, quebraba o algún pleito sucedía, ya sabían quién estaba involucrado, sin tener que verlo. De alguna manera este lugar era especial, porque allí llegaban todos los que no eran recibidos en otros colegios, aún privados. Se imaginarán lo que era estar todos juntos en un lugar, era una bomba. Casi siempre explotaba, teníamos mil cosas para hacer en el día, y tres mil en la noche, éramos algo que tenían que cuidar día y noche. Siendo que de alguna manera yo sobresalía en mis travesuras, se dieron cuenta que separándonos de cuarto les ayudaría a controlar, pero esto me metió en mayores problemas.

En la noche siempre nos dejaban con llave, sin poder salir. A través del tiempo me pusieron a dos mayores como compañeros de cuarto, en un fin de semana uno de ellos tuvo que viajar y nos quedamos dos, una de esas noches, este compañero quiso abusar de mí. Fue la sorpresa de mi vida, yo sabía que le gustaban las mujeres, pero no los hombres. Después de hacer todo para evitar que me violara, se cansó, pero no sin dejarme amenazado, que si decía algo me iba a ir muy mal. Por temor y quizás el trauma de sólo pensar que un compañero, varón, quiso abusar de mi me dejó sin palabras. Me dije; si yo mismo no podía todavía creer lo que él quiso hacer, mucho menos mis maestros. Opté por callar.

La tienda

En una ocasión mientras estaba haciendo todo el esfuerzo por portarme bien, ya que me había peleado con todos los internos por asuntos tontos, dio la casualidad que ese día ellos habían planeado robar la tienda, para sacar dinero. Lo lograron, pero yo no estaba involucrado y era raro que no estuviera con ellos. Después de que ellos habían casi vaciado, la tienda y cada uno agarrado dinero, se pusieron de acuerdo para involucrarme. Finalmente lo lograron. El plan era que íbamos a entrar de nuevo en la tienda de dos en dos. Uno cuidaría la puerta y el otro entraría a sacar las cosas. Cuando me tocó, yo era el que tenía que entrar, estando adentro de la tienda, el guardián del colegio nos alumbró con su lámpara, ¡*nos agarraron!* grite, mi amigo cerró la puerta y corrió quedándome yo sólo.

Sin poder salir, llegó el guardia, me sacó de allí con un enojo que aún no puedo olvidar, llevándome directamente a la oficina. La Directora estaba ocupada y no nos pudo atender en ese momento, pero supo la razón por la cual había sido llevado ante ella, y dijo, "que los maestros se encarguen de esto, **yo lo haré mañana**", y así fue. Créeme, toda la noche fuimos castigados. Cuando los maestros fueron al dormitorio registraron nuestro ropero y debajo de nuestras camas, encontraron más de lo que se imaginaron y como éramos bastantes nos dieron varias opciones de castigo. Los castigos eran, cada uno debía escoger entre correr la parcela 25 veces, 100 sentadillas, despechadas, o 25 golpes con alambres de luz, más lo que nos tocaba el día siguiente. Siendo los peores alumnos, los maestros sabían que en la casa no nos querían ver, así que no podíamos correr, no nos quedaba más que soportar, no podíamos ir a casa y decir cómo nos trataban ellos, porque nuestros padres sabían quienes realmente éramos. Los maestros disfrutaron castigarnos.

Al día siguiente no sólo nos siguieron castigando, sino que la Directora nos recibió con una rama de eucalipto, que cuando te pegan con eso, te hace brincar y gritas ¡por favor ya no! Ella usaba esto para sacarle la verdad a cualquiera. Finalmente nos tocó pagar todo lo robado y estuvimos castigados por varios meses con diferentes trabajos. No fui expulsado, sólo porque todos estábamos involucrados, expulsándonos se quedaban sin trabajo, nos tuvieron que soportar.

¡Cuántas veces más no robamos, y cuantas veces no faltamos al reglamento, todo por salir en la noche y hacer tonterías en la ciudad! Como, fumar, tomar y algunas veces a bares con mujeres. Quizás para algunos esto no es gran cosa, pero entiende que estamos hablando de **'jóvenes cristianos'** que después de todo lo que hacíamos, estábamos en la iglesia cantando, orando, enseñando la Biblia y algunas veces predicando. ¿No suena esto familiar a lo que hacen muchos de nuestros jóvenes hoy? Si ésta es la experiencia tuya o de algún amigo que conoces, quiero que sepas que hay esperanza, lo cual trataremos en los siguientes capítulos.

La ventana

Sucedió un día que nos habían dejado encerrados con candado, por no haber obedecido; no queriendo faltar a mis clases, decidí salirme por la ventana, bueno en realidad no eran las clases, sino por asuntos personales. ¿Sabes quién me estaba viendo cuando salía? La Directora. Cuando la vi no sabía qué hacer, más que sonreírle. Ella me respondió metiéndome otra vez y haciendo mi castigo más grande.

Varias veces me quedé bajo llave por desobedecer. En cierta ocasión ya no pude aguantarme, así que decidí salir por la ventana, la cual era de vidrio. Al poner todo mi peso sobre ella, la quebré insertándoseme en la piel. Me corté horriblemente el brazo. ¿Crees qué pude evitar que lo supieran? No pude esconderme, pues estaba sangrando y yo mismo tuve que ir a la directora a confesarle lo que había hecho porque necesitaba atención inmediata.

Ella en vez de ayudarme me jaló las orejas y me dijo; *'de castigo se va caminando al hospital'*, el cual quedaba a una hora del colegio, *'y no quiero oír que alguien lo llevó. Ese será su castigo, y tiene un día para poner otra ventana'*. Tenía dolor en el brazo, ya había perdido mucha sangre y sin embargo pude lograrlo. Fue una de las veces que tuve tiempo para pensar, qué tan mal me estaba portando. La hora de camino fue como cruzar un desierto, pero terminó siendo una bella lección que jamás olvidaré. ¿Sabes por qué? Porque llevo la cicatriz en el brazo.

Dijo el sabio, que *"… el hombre depravado, anda en perversidad de boca" Proverbios 6:12. "Perversidades hay en su corazón, anda pensando mal en todo tiempo" (El hombre malo) Proverbios 6:14.* Iba de mal en peor, pero entre más negra era la noche, la luz del cielo estaba por brillar en mi sendero tan oscuro. Mi caso era tan desesperante que yo mismo lo empezaba a odiar.

Con jóvenes cristianos

Aunque en mi vida nunca tomé licor, ni fumé, muchos de mis compañeros e hijos de pastores que conocí sí lo hacían. Mi debilidad no fue por ese sendero, pero sí mi conducta moral era pésima, enteramente inmoral, *sin duda alguna mi vida fue rebeldía sin límites en áreas diferentes.* Un tipo de rebeldía que viven muchos de nuestros jóvenes por sentirse aislados de lo que el mundo hace libremente, yo practicaba el libertinaje confundiéndolo con libertad en mi mundo cristiano.

Fue aquí donde crecí y maduré un poco más y entre más crecía como joven, la maldad también. *Mis mayores en este colegio cristiano me enseñaron lo que era la inmoralidad al máximo, y sobre todo el vicio que está comiendo a la mayoría de nuestros jóvenes, las pasiones sexuales. Fue en este estilo de vida que perdí mi virginidad y esto me alejo de Dios a una muy temprana edad.* Sin esperanza, recuerdo que cuando traté de salir de esta manera de vivir más me hundía en ello. Era como estar en un mar sin saber nadar, muy dentro en el fondo de la miseria que esto trae. Como ves no maté a nadie, no me metí en la mafia, pero si estaba entrando a un mundo que me llevaba a ser cada vez más hipócrita en mi profesión de fe.

Hoy veo que la razón del por qué me hundía más, fue porque no fui a mis padres, no creía que ellos podían ayudarme en esto, y hablarle a mis maestros de esto era una locura. A Dios nunca traté de buscarlo porque pensé que era un caso ya perdido a esta altura. Por alguna razón no me retiré de la iglesia y eso complicaba mi vida espiritual, pues me llevaba a vivir una doble vida.

Un cristiano con esta conducta, hijo de un predicador para mí era inexplicable. ¿De dónde tanta maldad e iniquidad con tanta instrucción en casa, la iglesia y el colegio? De verdad que es un misterio el pecado. Un misterio que sólo tiene solución cuando aceptas que eres un pecador y necesitas de un poder que no está en ti. Créeme que amo a mi Jesús por fijarse en mí y hacerme una nueva criatura, un joven con diferentes anhelos y deseos. Un milagro en mi vida.

¡Oh no! ser un cristiano de nombre e hijo de un predicador, el nacer o estar en una iglesia, estudiar en un colegio cristiano, nada de esto me hizo un cristiano, pues lograr esa santidad que nace y fluye de un corazón humano, puede sólo venir de alguien que la produce. Un poder Justificador, Santificador y Redentor fuera de nuestra expectativa, fuera de lo común y la rutina cristiana, sí, ser un cristiano, un verdadero creyente es entender que hemos *sido llamados* para ejecutar *algo especial y sublime*, que está fuera del alcance de la comprensión de una mente carnal, de las cuales sobreabundan en toda generación, especialmente en la nuestra.

Por eso, debes ser una persona redimida primero y no trates de ser un santificado y verás que la santidad de la cual conocemos muy poco fluirá como algo natural que nos llevará a ser verdaderos conquistadores. Cuando me acercaba a Jesús, la pureza, mi vida me repugnaba más y más, el pecado en mí era un odioso fango, lleno de miseria, lo que fue un lazo que me llevó a abrir los ojos para algo mucho mejor.

Un seminario

Cierto día nos tocó tener un seminario sobre el evangelio en la iglesia del colegio, conducido por los jóvenes, por lo tanto, todos como jóvenes estábamos preocupados por hacer una buena presentación y *así ser más atrayentes a las chicas*. Empezó el seminario, joven tras joven paso e hizo su presentación y los halagos no faltaban noche tras noche. Un amigo que estaba allí de Estados Unidos, cuando le tocó, no sé donde aprendió, su oratoria fue excelente, lo hizo tan bien que fue el que más halagos recibió de todos. No te niego los celos se despertaron en mí. Siendo que yo era el último que me tocaba presentar, quise superar ese halago y ser el mejor expositor, lo que sólo me llevó a escuchar las palabras que mataron el último átomo de esperanza que aún sobrevivía en mí.

La hipocresía era una realidad, ni yo mismo podía seguir creyendo la mentira que estaba viviendo. Terminé de presentar o mejor dicho de leer, no hubo ni siquiera *un amén* mucho menos un halago, fue algo difícil de aceptar en ese entonces. Un hermano se me acercó y dijo, '*muchacho... no tienes nada de lo que predicaste y para nada te pareces a tu padre ¿dónde está esa herencia, ese talento de predicador? No, nada tienes de tu padre, ni siquiera llegaste a hacerlo como los demás. Tú eres hijo de uno de los más grandes oradores de nuestra iglesia, ¿no te da pena? ¿No te da vergüenza? ¿Cuándo cambiarás?...'* este comentario quebrantó mi corazón, sin embargo fue algo interesante que me ocurría no olvidare que ese terrible incidente empezó a abrir mis sentidos espirituales, mi mente a buscar un cambio, a Jesús. Me llevaron a realizar que mi ejemplo y mi vida eran como un vagabundo en las calles de una ciudad. No tenía sentido, metas, sin razón, no vía porque seguir existiendo. Grité ¡soy un desastre! Ni *intentando* tus cosas o Dios, puedo hacer algo bien.

Dirigiendo una cafetería

Pasados un par de años, dejé el internado y mi padre queriendo darme una oportunidad más, quiso que aprendiera lo que era responsabilidad. Me dio una cafetería para que cuidara y administrara en otro pueblo, lejos del que vivíamos; me la dejó bien equipada, con trabajadores, mercancía y fondos. Por un tiempo no fue difícil dar órdenes, ni mucho menos ver tanto dinero en mis manos. Al transcurrir del tiempo empecé a tener amigos, solíamos reunirnos en la cafetería para hablar de nuestros problemas, las chicas y otras cosas. Lo cierto es que fueron mis amigos porque tenía dinero, pero en realidad ellos eran mis clientes, sólo que sin pagar, y que importaba ¿no eran mis amigos?, fueron la fuente de mi desgracia tanto económica y aún más espiritual. Con ellos empecé a buscar placer en otros ramos.

Las fiestas vinieron a ser parte de mi agenda. Reuniones nocturnas eran mis nuevas clases. Conocí muchachas, varias de ellas terminaron siendo mis novias y todo porque tenía en cierto sentido dinero en mano, bueno eso creo. Imagínate esa cafetería se convirtió en un banco para mis amigos y especialmente para las muchachas que me llevaron a la quiebra; me gasté los fondos, los empleados ya no querían trabajar conmigo, a menos que mi padre estuviera al tanto. Me metí en muchas deudas. Mi condición moral empeoró, di rienda suelta a mi carne. Llegué a tener tres novias al mismo tiempo. No te digo esto con orgullo, sólo intento mostrarte que mi manera de ver y vivir de ese entonces era pésima. Me acosté con varias mujeres, agradando a mi carne pero degradándome ante Jesús, y a pesar de esto yo seguía yendo a la iglesia. Sabía que me estaba ahorcando, pero no podía, ni sabía cómo salir de ello.

Se equivocaría el sabio cuando dijo, *"Por lo tanto su calamidad vendrá de repente" Proverbios 6:15.*

México en el año 1985

Con mis padres recuerdo haber intentado venir a Estados Unidos de manera ilegal en varias ocasiones. Mientras viajábamos casi me pierdo para siempre en uno de los Estados de México por andar distraído, después de haber estado perdido por un día, me encontraron. O mejor dicho la providencia me guió a ellos nuevamente.

En el año 1985, estábamos cruzando exactamente la ciudad Federal, cuando el terremoto nos sorprendió, quedamos atrapados y no pudimos seguir el viaje. Fue una de las ocasiones que sé que Dios cuidó de mi vida. Mientras esperábamos en la central camionera en la madrugada de ese día, todo se convirtió en una catástrofe. Todos se alocaron. La gente buscó la salida como pudo, mientras esto ocurría, aunque no lo creas yo estaba dormido y cuando desperté no sabía lo que estaba sucediendo, lo único que hice fue llorar, pues no veía a nadie de mi familia.

Mi madre, quien ya había salido con los demás, se dio cuenta que no estaba con ellos, y sin importarle perder su vida, ella se arriesgó a entrar de nuevo a donde yo estaba. Me encontró, me agarró y salió como pudo conmigo. Todo afuera era un desastre. Vi como los edificios y las casas caían, como los carros se volteaban, la gente gritaba de terror, y como nunca antes en mi vida, vi tanta gente clamando a Dios por misericordia. Allí un rayo de luz brillo en mi corazón, sé que sólo Dios guardó mi vida, cuando muchos en frente de mi murieron. Al recopilar mi pasado veo que el enemigo deseaba destruirme y matarme a como diera lugar. ¿Por qué? Precisamente en el libro lo veremos.

Viajamos otra vez a Estados Unidos

En el año 1987 intentamos nuevamente entrar a los Estados Unidos. Después de tres intentos por la frontera de Texas. Casi nos matan. Mientras cruzábamos uno de los que nos llevaba se drogó cuando estamos por cruzar la frontera. Nos dejó allí sin saber qué hacer, hasta que después de una semana regresó otro. Si alguna vez sentí hambre fue en esa ocasión. Tuvimos que comer de la grama que allí se daba, tomar del agua de los charcos; nos estábamos muriendo de hambre. Después de varios días, nos empezaron a llevar en grupos sólo para ser detenidos después de haber cruzado la frontera. Estuvimos por un mes en la cárcel. Después de eso tuvimos que regresarnos a nuestro país sin dinero, lo cual hizo que por un tiempo trabajáramos en México, para reunir dinero. Ese mismo año mis padres quisieron intentar otra vez y gracias a Dios lo logramos.

Mi experiencia aquí en Estados Unidos no mejoró para nada, en la iglesia definitivamente mi vida contradecía la obra que mi padre construía, en la escuela estaba cada semana en la oficina, hasta que me expulsaron. Algo curioso conmigo fue, que aunque mi niñez y juventud era rebeldía, por alguna razón no me involucré con los cholos o pandilleros, ni aquí en Estados Unidos, ni en mi país. Siempre anduve solo. Todo lo que hacía lo hice solo. Mi padre al ver que estaba empeorando, nos juntó como familia, y después de platicar, nos dijo que debido a mi conducta y por mi culpa, teníamos que regresarnos a nuestro país, porque yo lo estaba volviendo loco, esto fue después de dos años que teníamos en Miami, Florida.

Del hombre malo el sabio concluye diciendo que: *"súbitamente será quebrantado, y no habrá remedio" Proverbios 6:15*. Después de haber regresado seguí tratando de estudiar, y por más que trataba de mejorar sólo empeoraba, de verdad todo me salía mal. Me propuse mejorar y ayudar a mi padre en el negocio. En ocasiones trataba de cooperar en su empresa, vendía por él, pero sucedía que perdía más de lo que vendía o terminaba quebrando sus cosas. Un día me dejó manejar uno de sus carros sólo para entregárselo casi sin motor.

Accidente que afecto mi vida

Por desobediente, un día salí a la calle con la bicicleta, sabiendo que no debía, sólo para ir a atropellar a una señora embarazada. Debido al problema en el cual me había metido, complique la situación, mi padre tuvo que viajar conmigo a California, Estados Unidos. Esto fue después que habíamos regresado de Florida años antes. A hora como fugitivo por haber golpeado accidentalmente a esta mujer y sin saber si había matado o lastimado al bebe, salí del país.

Viviendo solo

Llegó el tiempo en que empecé a vivir solo, fuera de mi hogar y lejos de mi país. Por un tiempo estudié en México, pero como siempre, si no era por una u otra razón, no progresaba. Crucé la frontera de Tijuana como 10 veces, la de Arizona y Texas, como seis. Todo este tiempo estuve en peligro y a pesar de mis tantas locuras aún seguía en la iglesia.

Aunque lo que te he contado es parte de tantas cosas que viví, quiero que sepas que nunca me sentí feliz, *'era una cárcel con el nombre de cristianismo'*, era un mafioso dentro de la religión. Yo sabía que podía cambiar, quería ser diferente de lo que era, en mi rebeldía sabía que había un Dios, trataba de buscarlo, pero no lo encontraba, aunque él nunca me dejó solo. Ya estaba en sus brazos de compasión, el Señor sabe que desde pequeño quería hacer las cosas bien pero cada vez que trataba de hacer las cosas correctas, todo me salía mal, súper mal *y esa fue mi lucha, hasta que comprendí y acepté que necesitaba a un Dios, un Salvador, un Restaurador, una relación en serio con él, no una religión o una iglesia, sino una conversión.*

En el transcurso de los años empecé a comprender que la mejor parte de mi vida se la estaba consumiendo Satanás y no podía seguir siendo así, también entendí que: **"La gloria de los jóvenes es su fortaleza"** la cual la estaba consumiendo en nada. Lo que escribiré en seguida es la clave del por qué te cuento todo esto que parece una pesadilla. Dice la palabra. *"Las señales de las heridas son medicina para el malo (yo). Y las llagas (mi experiencia) enmienda lo más secreto del corazón"* Proverbios 20:29, 30. Todas estas esperanzas y muchas más, han quedado en mi mente cicatrizadas, son señales que se convirtieron en el medio que me trajo de rodillas al cielo, las llagas del pasado han venido en Cristo a ser la enmienda, el bálsamo en lo más íntimo de mi corazón, promoviéndome en esta oportunidad a hablarte del poder de Jesús.

Todas estas experiencias fueron *medicina* en mi vida y así los ojos de mi corazón vieran lo que Jesús realizó por y desea hacer a través de mí en el mundo. Claro que sí, el Dios del pasado es el mismo hoy, y así como rescató a Moisés ha rescatado mi alma, porque escrito está que fue Moisés *"… agradable a Dios…"* Hechos 7:20 en su temprana edad a pesar de lo que Dios ya sabía que le había de suceder a su siervo en su juventud. (Crecer en el palacio del Faraón, gozar de todos los placeres de su tiempo y matar a un egipcio pensando estar sirviendo a Dios y colaborando en la liberación de sus hermanos) Querido joven, no importa quién eres o qué has sido, ante el cielo eres 'agradable', eres especial, porque el Señor tiene un plan para tu vida a pesar de tus altos y bajos. A pesar de las grandes caídas y tropezones Dios TIENE UN PLAN PARA TÍ. Te digo por experiencia, él sabe rescatar y hacer del pasado un medio para llegar a él, convirtiéndonos en portadores de su voluntad.

Para Reflexionar y aplicar

¿Qué fue lo que más te impacto de este capítulo?

¿Qué aprendiste en este capítulo que pondrás en práctica?

¿Cuál es el punto más sobresaliente que compartirás con otros?

¿A qué te comprometes para cambiar de estilo de vida y no repetir errores?

¿Qué es lo que más recuerdas de tu niñez que te impacto?

¿Qué lecciones aprendiste en tu niñez?

¿Qué podrías usar para aconsejar a otros a no hacer y si realizar para triunfar y prosperar como joven?

CAPÍTULO 3
DIOS EMPEZÓ A LLAMAR AL JOVEN

No fue hasta que acepté que Jesús no estaba 'mi vida', que de los pecadores *"era y soy el primero"* 1ª *Timoteo 1:15,* lo necesitaba como un vagabundo necesita un hogar, un peregrino el agua, como un niño indefenso de un padre, como un corazón necesita amor, así necesitaba totalmente de mi Redentor, *alguien que me dijo a través de difíciles circunstancias que aún podía hacer de mí algo, algo que mostraría la realización de un milagro aún en esta generación.*

Solo encontré de todo lo que quedaba de mí, la esperanza de expresar lo que guardaba, en silencio existía en mi corazón el anhelo de una vida diferente, de una vida que levantara el nombre de quien tanto manché y pisotee, cuantas veces no estuve en lugares que de ninguna manera me motivaban a ser un hijo nuevo. Pero en mi soledad encontré lo que quedaba de mí, *nada* y eso fue lo que encontré, en la nada me encontré con el tesoro más grande del mundo, con Cristo Jesús, la esperanza bendita que introdujo un cambio. Alguna vez te has imaginado lo que es estar con alguien por años y no conocerlo, bueno algo así me sucedió con Cristo, mi salvador.

Siendo que los cristianos somos llamados a no practicar las cosas malas, la única manera de hacerlo es en secreto, si decides practicarlo, ¿por qué? ¡Porque nos pueden ver, y que dirán de nosotros! Yo sé que estaba muy mal, pero aún tenía dentro de mí lo que hoy le llamo *temor a Dios o quizá miedo porque yo sabía que andaba mal*, pero gracias a Dios salí de eso; hasta que reconocí que no podía engañarme más, ni mucho menos a mi Dios. Puse con la ayuda divina en acción uno de los dones más preciosos que puede tener el ser humano, la fuerza de voluntad.

Cuando empezaba a reaccionar a la realidad de la vida cristiana, dije *"... ¿quién es tu siervo, para que mires aún perro muerto como yo? 2ª Samuel 9:8* y él misericordiosamente me contestó a través de las siguientes personas que no era un perro, sino un hijo que había costado todo el cielo, por quien no dejaban de buscar para rescatar de las garras del enemigo. El apóstol Pablo escribió lo que sé que nuestro Dios hizo conmigo: **"Mas cuando plugo a Dios, me apartó desde el seno de mi madre, y me llamó por su gracia"** - Gálatas 1:16.

Mi madre

Al ver mi vida ahora, sé que el Señor tenía un plan para mí. El usó a mi madre quien después me confesó, que ella también había perdido la esperanza conmigo, pero no en Dios. ¿Alguna vez te has preguntado lo qué es saber que tu propia madre ha perdido las esperanzas contigo? Te imaginas qué tan perdido era mi caso. Nada me hacía cambiar, pero a pesar de eso, ella nunca me dio la espalda; a pesar de los pesares fue mi refugio, mi apoyo, fue *mi lazo en oración* que el cielo me sostuvo y hoy soy su oración contestada. **¡TE AMO MADRE!**

Mi profesor

Un profesor fue parte importante en mi experiencia, quien cuando todos me habían dado la espalda y no confiaban en mi más, ni siquiera mi propio padre, este profesor llegó un día a mi cuarto mientras lloraba mi desgracia, y me dijo: '*sabe, yo todavía confió en usted, y por amor a sus padres y la confianza que aún no le he perdido, yo me voy a ser responsable de usted hasta que termine el año escolar con la única promesa que 'pondrá de su parte', que le pondrá todas la ganas para cambiar'*. Le dije: '*maestro no sé cómo prometerle porque yo no puedo cambiar, ¿cree usted que soy feliz como vivo? de ninguna manera, pero no sé cómo cambiar. Maestro no sé qué me pasa, yo quiero pero no puedo. No le puedo prometer porque le voy a fallar. Y él firmemente me volvió a decir 'aun confió en usted, y por eso estoy aquí'. ¡Yo creo que usted puede cambiar!*

Mi amiga

Una amiga que nunca olvidaré, quien jamás supo cuánto me inspiró para cambiar el rumbo de mi vida. En una ocasión que había sido expulsado del colegio, (que por cierto fue la última vez) por dos semanas, al estar saliendo del colegio esa mañana fue la única que me dijo, *'estoy orando por ti'*, y me dio una carta.

La carta tenía el siguiente mensaje: "…Te vamos a extrañar, enfrenta la situación y muéstrale a Dios que quieres cambiar, a tus padres y al colegio, sé que no es nada fácil lo que estás pasando después de tantas cosas en tu vida, con todo mi corazón me uno a Jesús para decirte que … *"Solamente te esfuerces* y que seas muy valiente, para cuidar de hacer conforme a toda la ley… no *te apartes de ella,* ni a diestra, ni a siniestra, *para que seas prosperado en todas las cosas que emprendieres…Mira que te mando que te esfuerces y seas valiente. No temas, ni desmayes, porque el Eterno tu Dios será contigo en donde quiera que fueres"* Josué 1:7-9. Vuelve pronto te estamos esperando… ¡Tú puedes!"

No sólo fue el pasaje que me hizo darme cuenta que le importaba mucho a Dios más de lo que me imaginaba, sino que él estaba conmigo y quería prosperarme, e indudablemente lo empezó a hacer no como hubiera yo querido, pero si fue el inicio de una nueva manera de ver mi necesidad de mi único consuelo, Salvador personal y sobre todo un restaurador.

Cansado de la miseria de la mesa, vine al dador de una experiencia transformadora, después de comer la comida de puercos en mi mundo vacío, no pude más, ni siquiera como el hijo pródigo, no podía llegar a casa, él viendo mi sinceridad y grande deseo de cambiar, corrió a mí para no dejarme sólo *nunca más*, me dio lo que cambió mi vida, *la confianza* que todos habían perdido en mí; me dio amor, perdón, salvación y sobre todo, la oportunidad de hoy ser la voz para su causa.

Cuando empecé a comprender cuán lejos estaba del Jesús que tanto me habían hablado en casa, en la iglesia y en el colegio, sólo pude exclamar las palabras de David, *"Busca a tu siervo" (Oh Dios)" Salmos 119:176* con esta oración él vino y me abrió la puerta a una nueva vida. La vida de un joven verdaderamente cristiano.

Un misionero

Fue en el último viaje que hice en los años 90 a los Estados Unidos, cuando el Señor cambió la dirección de mi vida para siempre. La soledad, la necesidad me llevó a encontrarme con él. Una semana después del viaje, tuve el privilegio de conocer a un misionero en el Sur de California quien predica un sermón una noche de viernes y sentí que el Señor tocó mi corazón. El tema estaba titulado. Dios desea *'usarnos si tan sólo se lo permitimos'* basado en el libro de Daniel y su experiencia.

Esa noche sin que nadie lo supiera regresé al lugar donde vivía, como liberado de una carga insoportable que llevaba por años, lloré toda la noche, oré, pedí perdón y *me propuse* poner todo lo que estaba de mi parte y el Señor me fortaleció. Desde allí mi vida nunca más fue la misma, *'comprendí que el cielo me estaba llamando y no dudé en responder'*. El problema radicaba en que yo no le permitía obrar a Dios. Fue a los quince años de edad que el cielo me llamó para involucrarme en su empresa divina.

Una vasija nueva

Sin pelos en la lengua un hermano de iglesia al conocer mi conducta me dijo que no sabía cómo mi padre era para mí un ejemplo, '…porque en nada te pareces a él'. Con este halago más grande de mi vida, no hay duda, tenía que caer hasta el suelo como vasija para que Dios me hiciera de nuevo.

Dios mismo tomó mi caso. Lo hizo y soy muy feliz porque ahora soy ¡**Una nueva vasija**! Y claro que sí, me parezco mucho a mi padre, porque así empezó él, desde el suelo en la desesperación. Mi pasado no es un lamento, sino una motivación para llevar agua de confianza a todos los que se sienten como yo un día me sentía, o si están como un día yo estaba. ¡Sí! se puede regar toda el agua que el cielo un día te dio, *tu juventud*, pero tranquilo, si lo has hecho, hoy Él promete no sólo darte nueva agua, sino hacerte una **'nueva vasija'** para que los demás no critiquen tu pasado, sino admiren el *'milagro'* realizado hoy en ti.

Lo dijo el sabio, *"Quita las escorias de la plata, y saldrá vaso al fundidor"* Proverbios 25:4. Esta experiencia se logra quitando las escorias en la vida cristiana transformando con ella el vaso divino.

Con un pequeño historial de mi persona, podrás ver *que "Yo anduve errante como oveja extraviada" (Salmos 119:176)* y comparto TODO esto para que tú junto conmigo puedas palpar *el cambio* que sólo el cielo puede realizar. Este libro es para ti, compañero(a) mío(a). *¡Cristo aún confía en ti! ¿Crees en milagros? Yo sí ¡soy un milagro! y ¡tú también!*

Para Reflexionar y aplicar

¿Qué fue lo que más te impacto de este capítulo?

¿Qué aprendiste en este capítulo que pondrás en práctica?

¿Cuál es el punto más sobresaliente que compartirás con otros?

¿A qué te comprometes para cambiar de estilo de vida y no repetir errores?

¿Qué es lo que más recuerdas de tu niñez y juventud que te impacto?

¿Qué lecciones aprendiste en tu niñez y juventud?

¿Qué podrías usar para aconsejar a otros a no hacer y si realizar?

CAPÍTULO 4
"UNA NUEVA VISIÓN Y MISIÓN"

Las horas del día se estaban terminando en el horizonte de Centroamérica, cuando la noche comenzaba a acariciarme con el pensamiento de que pronto iríamos a descansar después de un día lleno de afanes y largas horas de trabajo. Fue cuando mis padres me llamarón y me dicen, hijo la fiesta del 'día de los santos' se acerca y necesitamos mercancía para el negocio; queremos que tú vayas por nosotros a comprar todas las cosas a la ciudad. Porque me convenía acepté pues pasaría un buen día en la ciudad, lo que para mí era como salir de la cárcel por un día, debía aprovecharlo.

Esa noche no pude dormir, me pasé haciendo planes porque iba a estar sólo en la ciudad. Salí esa madrugada con mis planes. Jamás me imaginaba el rumbo que mi vida iba a tomar. De paso en ese entonces acababa de terminar el año escolar y lo único que estaba en mi mente era regresar a la escuela tan pronto iniciaran las clases, no porque deseara llegar a una profesión, sino porque tendría más tiempo para estar con mi novia. Sin embargo los planes de Dios eran totalmente diferentes, ese día sería completamente nuevo. Esperé el autobús que me llevaría a la ciudad, pero este no pasó.

Mientras esperaba, pasaban unos amigos en su carro iban también a la ciudad; con ellos terminé viajando. Siendo el viaje de cuatro horas era suficiente para hablar de varios temas, tocamos los temas juveniles, después de varias bromas, (lo que ahora te contare debes comprenderlo entendiendo que eran amigos de años y nunca habíamos tenido una conversación como la siguiente) de repente me preguntaron; 'oye ¿hasta cuándo seguirás en tu casa?' Bueno dije, no sé a que te refieres específicamente, después de varios comentarios, me dicen, lo que queremos decir es que si sigues estando en tu casa y no buscas independizarte jamás tendrás algo en la vida'. Me quedé pensando por unos segundos-¿independizarme?

'Por ejemplo - me dice uno de los amigos - yo desde mi niñez empecé a trabajar como comerciante y mira hoy lo que tengo. Tengo lo que tengo porque me independicé de mis padres a una temprana edad y hoy ni ellos ni yo nos arrepentimos de haberlo hecho, Dios me ha bendecido'. Honestamente, pensar en lo que me estaban diciendo era totalmente nuevo. *Independizarme* era algo que contrariaba lo que estaba en mi mente e imposible de lograr pues no contaba con nada para empezar, *ni siquiera con ese pensamiento de esforzarme para ser y tener algo en la vida,* aunque ciertamente era mi amigo y es uno de los más ricos en la región. Me gustó la idea, pero independizarme para llegar a ser alguien en la vida, ¡imposible! Grité en mi mente.

Otro me dice, 'mira yo si no hubiera tomado la decisión de trabajar con mi padre desde pequeño y apoyarlo poniéndole todas las ganas, no hubiera aprendido a luchar arduamente por lo que quería, no hubiera aprendido a apreciar el esfuerzo, el sacrificio, la vida, especialmente mi juventud.

Aprendí-me decía-**que la juventud es el único periodo en la vida que puedes usar para hacer algo de ti y para ti, es cuando estás lleno de energías y tu mente es una esponja para aprender y lograr blancos.** Así fue como me independicé y mírame hoy donde estoy, todo lo que tengo fue porque tuve el coraje de enfrentar a la vida, poniendo todo mi empeño, el resto fue de Dios'. De igual manera, su familia se ha caracterizado por ser muy trabajadora, hoy cuentan con varias empresas como resultado de su entrega a sus metas y propósitos.

Continuó diciendo mi amigo, *'si quieres tener algo en la vida empieza con tener un plan, un blanco, valor, deseos y sobre todo 'pantalones' para arriesgarte, ahora que no tienes nada, para que veas que vale la pena, pues llegará el momento que mirarás hacia atrás y verás todo lo que habrás logrado con el sudor de tu propia frente, por ti mismo. Pero empieza ahora o jamás tendrás nada.* Si no puedes lograr nada en tu hogar 'ahora' entonces ya sabes que hacer, la independencia de tus padres y a luchar por ti mismo, (esto no era dejar de respetar y escuchar los consejos de ellos, sino que dejar de depender de ellos para todo) lo puedes lograr teniendo una meta, *una visión de lo que quieres ser y tener en el futuro*, de ti depende, nosotros te damos la mano si tú decides hacerlo'.

Yo les dije ¿pero cómo lo puedo hacer sino no tengo nada para empezar? Me sugirieron varias cosas que debido al espacio no podré mencionar. Lo que sí te puedo decir es que de esta manera mi mentalidad cambió para toda la vida y todo fue en un par de horas. Ya no era el mismo, ahora tenía algo para pensar y luchar.

Así fue como mi manera de ver las cosas cambió y llegué a tener una nueva visión de la vida y hasta hoy eso me ha ayudado a tener siempre una meta. Ellos, mis amigos me ayudaron a tener una razón para vivir y no desperdiciar mi juventud y las oportunidades que tenía, ellos sin darse cuenta me dieron una nueva visión de lo que debía hacer, claro esto fue en el área material. Sin embargo de igual manera ocurre en el campo espiritual, necesitamos personas que nos hagan ver la realidad de las cosas para que logremos tener *una nueva visión de Dios y lo alto que el quiere que lleguemos.* Que nos independicemos de nuestro propios planes y acudamos a su agenda para nosotros, de esta manera veremos que tendremos una meta, un blanco, una razón de vivir.

Hay una razón de vivir y de eso se trata este libro, compartir contigo eso, pero te digo, desde ahora se necesita tener deseos de aprenderlo, de independizarnos de nosotros mismos y escuchar atentamente a los planes de nuestro Salvador, en otras palabras necesitamos pantalones (valor) para aceptarlo tal como Dios lo presenta. Y así cambiar nuestra manera de ver las cosas, **teniendo una** *nueva visión* **para cumplir** *nuestra misión* **en esta tierra.**

La belleza de la vida empieza aquí, en este mismo momento que lees esto, *"Y les hablo Jesús otra vez: Yo soy la luz del mundo, el que me sigue no andará en tinieblas, más tendrá la luz de la vida. Juan 8:12.* Hoy es, pues el comienzo de ver las cosas con la luz divina y la promesa es que el que la toma no andará más en tinieblas, esto nos dice que las tinieblas, todo lo malo que ha nublado, cegado nuestra mente, nuestro ser, endurecido nuestro corazón, hoy si escuchamos la voz del Salvador, él promete darnos la luz de esta vida, la vida espiritual, con el privilegio de una **"nueva visión y empezar esa nueva misión"**. Es interesante notar que la Biblia dice que él les 'hablo otra vez' mostrando con ello que ya les había hablado del asunto, con ese mismo lenguaje, hoy Dios nos habla 'otra vez'.

Sin el cambio continuaremos en las tinieblas, en la que todos nacemos. Sí, una nueva visión y misión de ser un ejemplo de lo puro, celestial, divino, en la luz de la vida, creo que la mayoría de los jóvenes que nos encontramos en la iglesia tenemos por lo menos la idea de serlo, pero sabes, hay un pequeño detalle que es tan sencillo entenderlo, pero carnalmente difícil de lograrlo en su totalidad y es que sólo será posible si hoy de una vez por todas decidimos, "seguirle a él", solamente a él.

Meditemos juntos y veremos que es bien fácil decirlo, pero ¿hasta qué punto hemos demostrado que eso ha sido así en nuestra juventud? ¿Por qué digo esto? Es porque en mi experiencia cristiana he visto que muchos de nosotros no hemos gozado de lo celestial en nuestra juventud, todo se ha vuelto amargo, aburrido, una rutina, porque aunque hemos estado en la iglesia, hemos estado siguiendo todo, menos al verdadero Jesucristo, aquel que dijo: "tus pecados te son perdonados, pero ¡no peques más!" Bueno si ésta no es tu situación, amén por ello, pero si lo es, hoy sé que tú y yo haremos la más grande transacción de nuestra vida, cambiemos nuestras tinieblas por la luz que hoy brilla sobre nosotros.

El Eterno te dice hoy, ***"¡Levántate, resplandece, que ha venido tu lumbre, y la gloria del Eterno ha nacido sobre ti!"*** *Isaías 60:1*. ¡Que invitación! Al reconocer que hemos andado a ciegas, sin luz; o sea sin visión y misión no hemos de desesperarnos pues ***"Jesús, parándose, mandó llamarle, y llamando al ciego (tú y yo), le dijeron: ten confianza; levántate, te llama"***, ¿quién nos llama? Si, es Jesús, pero ¿cuál es la parte que Él quiere que hagamos? Veamos, ***"El entonces, echando su capa, (el ciego) se levantó, y vino a Jesús"***. Si tan sólo hoy escuchamos la invitación de Jesús, y con todas nuestras fuerzas nos levantamos y ponemos a un lado esa capa de pecados y cosas que nos están impidiendo llegar a Dios, nuestra experiencia cristiana será lo más sublime, lo más elevado, será lo primero y lo último, será nuestro todo, por eso levantémonos y vengamos a Él, y nos preguntará, *"¿qué quieres que te haga? y el ciego le dice: maestro, que recobre la vista"*. ¿Joven quieres tener visión? necesitamos como el ciego querer *recobrar* la vista cristiana.

No es en nuestra sabiduría, ni por lo que hemos sido o somos, sino en la luz que Dios ha hecho nacer en nosotros; que nos lleva todo a un acto de Fe, una Fe que nos hace reconocer que estamos ciegos y necesitamos la vista, una nueva visión de las cosas de Dios. Ojalá que la experiencia del ciego sea la nuestra y se nos diga con toda seguridad, *"tu fe te ha salvado, y en el acto recobró la vista, y seguía a Jesús en el camino"* Marcos 10:46-52.

Comprendamos que no podemos tener nuevamente la vista divina sin desear como el ciego, *andar*, no en nuestro camino, sino en el de Cristo, debemos levantarnos y firmes al cielo nos esforzaremos en conocer la voluntad de Dios para nosotros, mientras nos dice: *"levantaos, vámonos de aquí"* *Juan 14:31*. Esto será posible si hoy reconocemos nuestra ceguedad, pues aparte de darnos la luz para llegar a tener una nueva visión él nos invita a levantarnos e irnos *"de aquí"* o sea de nuestra presente situación o manera de vivir a una diferente y completamente nueva, más elevada que sólo se encuentra hasta que estemos dispuestos a tomar y entender la misión de caminar solamente en su camino. El camino de Jesús. Examinando nuestro proceder como jóvenes cristianos, veremos que esta es nuestra mayor necesidad, ver de nuevo, sólo el camino que *"lleva a vida (eterna)… (Aunque) pocos son los que entran…"* Mateo 7:14 entremos en él.

Que nuestra oración pueda ser la del joven David, *"Examíname, Oh Dios y conoce mi corazón. Pruébame y reconoce mis pensamientos. Y ve si hay en mí camino de perversidad. Y guíame en el camino eterno"* Salmos 139:23-24.

¿No crees que nuestra experiencia ha sido mediocre, lejos de lo que hemos profesado? Si examinamos nuestra vida verás que no miento, pues siempre que hay alguna campaña o cuando llegan predicadores famosos, tristemente hemos caído en una rutina de emociones que al escucharles nos emocionamos y terminamos prometiéndole a Dios cosas que nunca cumplimos y si intentamos lo hacemos a medias por algunos días.

Hoy como un libro nuevo, el día llegó para empezar a escribir bajo la mano de nuestro Creador, una nueva historia, como la de Abel, Josías, Samuel, José, Josué, Daniel, así como la de Jesús. ¿No dices Amén a esto? ¿Te unirás a este ejército de jóvenes que hoy están despertando a la realidad, donde la vida cristiana es un principio que nace en el cielo y no tras emociones y sentimientos carnales? ¿Estarás entre los que tienen visión para cumplir su misión? Podremos llegar al punto de decir: *"Porque el que me envió, conmigo está; no me ha dejado solo el Padre; porque yo, lo que a el agrada, hago siempre"* Juan 8:29.

Estudiando la Biblia (2 Timoteo 3:16) y el Espíritu de Profecía (Apocalipsis 19:10), lo cual por mucho tiempo ignoré, no encuentro ninguna duda de que nuestra vida tiene que ser totalmente transformada por el poder de Dios, y sus consejos son el mapa para llegar a ese punto, a esa experiencia que no se vende en ninguna tienda de placeres, ni siquiera en la iglesia de esta tierra.

Esta experiencia sólo la vende Dios y llegar a su tienda únicamente cuesta que estés dispuesto a lograrla. Fue a mis 15 años que después de haber nacido en la iglesia, sin dejar nunca de asistir, lloraba por un cambio en mi vida; no estaba satisfecho con mi manera de ser y fue allí donde Dios me llamó a volver al antiguo, pero verdadero camino guiado por la voz de Dios, la Biblia y el Espíritu de Profecía. Mientras buscaba conocer su voluntad me llevó a la siguiente amonestación, que tocó y cambió el rumbo de mi vida espiritual para siempre. Deseo que hoy te motive a levantarte con la plena determinación de ser un **'verdadero joven de Dios con nueva visión'**. Dice:

UN LLAMADO A LA JUVENTUD
"*Dios quiere* que los jóvenes lleguen a ser hombres de mente seria, a estar preparados para la acción en su noble obra y a ser aptos para llevar responsabilidades. Dios llama a jóvenes de

corazón incorrupto, fuertes y valientes, decididos a pelear varonilmente en la lucha que les espera, para que glorifiquen a Dios y beneficien a la humanidad. *Si los jóvenes tan sólo hicieran de la Biblia un objeto de estudio, calmasen sus impetuosos deseos y escuchasen la voz de su Creador y Redentor, no sólo estarían en paz con Dios, sino que se sentirían ennoblecidos y elevados "* *Mensajes para los Jóvenes,* página 18.

De una manera muy especial Dios nos llama:
- ✓ *a ser jóvenes de "mente seria"*
- ✓ *a estar "preparados para su noble obra"*
- ✓ *a estar "aptos para llevar responsabilidades"*
- ✓ *Dios llama a jóvenes de "corazón incorrupto"*
- ✓ *a ser "fuertes"*
- ✓ *"valientes"*
- ✓ *decididos a pelear "varonilmente"*
- ✓ *jóvenes que hacen de la "Biblia su objeto de estudio".*

Es por esto que el cielo nos dice: **"*Te ruego* que seas prudente…*y pesa bien tus responsabilidades, tus oportunidades, tus posibilidades.* Dios te ha dado la oportunidad de cumplir un elevado destino. Tu influencia puede dar testimonio de la verdad de Dios: puedes ser colaborador de Dios en la gran obra de la redención humana"** *Mensajes para los Jóvenes,* página 18.

Por honor, gloria de Dios y la salvación de nuestras almas debemos, examinar:
- ✓ *Nuestras responsabilidades.*
- ✓ *Nuestras oportunidades.*
- ✓ *Nuestras posibilidades.*
- ✓ *Y sobre todo, entender que* **"*Dios te ha dado la oportunidad de cumplir un elevado destino".***

Si captamos el llamado y honestamente reconocemos que hemos estado lejos de poseer las características de los jóvenes que profesan ser de Dios, somos los jóvenes para hoy, que el cielo puede preparar. Necesitamos hoy escuchar atentamente lo que el cielo nos dice: *"¡Dichoso aquel a quien es perdonada su transgresión, y cubierto su pecado! ¡Dichoso el hombre a quien el Señor no culpa de pecado! ... (A él, tú) "...haré entender, te enseñaré el camino en que debes andar, sobre ti fijaré mis ojos"* Salmos 32:1, 2, 8.

No sólo nos perdonará todos nuestros pecados y descuido hasta aquí manifestado, sino que nos promete de ahora en adelante, ayudarnos a entender su voluntad y enseñarnos el camino y tipo de vida que desea que vivamos. Con esta preciosa promesa, *"alegraos en el Eterno, y gozaos, justos, y cantad todos vosotros los rectos de corazón"* Salmos 32:11 porque sobre nosotros ha fijado sus ojos.

Querido compañero si has entendido hasta aquí lo expuesto, entonces estás captando la **"visión y la misión"** que hoy cae sobre nuestros hombros; es ésta la voz de tu Creador y te ama tanto que desea que disfrutes la vida en Él, y que todo lo que estaba oscuro venga a estar lleno de luz y verás que todo tiene sentido para los hijos de Dios, es esto pues lo que lleva al cielo a recordarte en alta voz: *"Ninguno tenga en poco tu juventud, pero se ejemplo de los fieles, en palabra, en conversación, en amor, en espíritu, en fe, en limpieza"* 1ª Timoteo 3:12.

Como ves el cielo valora nuestra juventud y nos llama a ser el ejemplo *en todo,* sí joven, es el cielo que nos llama a una norma más alta; siempre había pensado que el ser ejemplo, dependía totalmente de los adultos, especialmente en asuntos espirituales, pero hoy veo, que es deber y privilegio nuestro como jóvenes, ser ejemplo en:

- *Palabra*
- *Conversación*
- *Amor*
- *Espíritu*
- *Fe*
- *Limpieza*

Este es el mandato divino, ninguno de los jóvenes que de verdad buscan a Dios lo ignorarán, sino que lo podrán por obra y eso si que es ser inteligente. Aceptar el privilegio de ser un joven ejemplar en esta generación como otros lo fueron en la suya es la bendición más grande de la vida, no podemos por más tiempo darle la espalda a nuestro Dios, es tiempo que lo miremos a los ojos y le pidamos perdón por nuestra indiferencia a su plena y bendita voluntad.

Hoy en el nombre de Jesús nuestro sublime ejemplo, soy motivado a aceptar el reto celestial. Hoy mi vida en Cristo, comienza con una nueva influencia, nuevo poder que nadie puede ignorar, algo que sobrepasa mi anterior manera de vivir y renueva mi ser entero a no tomar **'el nombre de nuestro Creador en vano'**, a ser ejemplo para los fieles e infieles *en todo*. ¿Joven honestamente habías pensado en la responsabilidad, que el cielo pone sobre nosotros, lo que Dios pide y espera de ti? Recuerda que Dios no está preguntando quién eres, ni tampoco cuántas veces has caído, lo que Él quiere saber es si estás dispuesto a ser diferente al montón de profesos y venir a ser un leño nuevo para hacer la diferencia en el fuego que casi se apagaba en el mundo cristiano. ¡Encendamos! lo que el enemigo casi logra apagar, la juventud de Dios, y eso sólo tú puedes evitarlo, dejando de ver las cosas a tu manera y venirlas a ver bajo la *visión* de nuestro Dios, quien te dará si quieres una nueva *misión.* ¿Aceptarás este reto divino? ¡La decisión es tuya!

Para Reflexionar y aplicar

¿Qué fue lo que más te impacto de este capítulo?

¿Qué aprendiste en este capítulo que pondrás en práctica?

¿Cuál es el punto más sobresaliente que compartirás con otros?

¿Cuál ha sido tu visión de vida?

¿En qué momento o circunstancias sabes que Dios, el Cielo el Universo te llamo a vivir y cumplir una misión de vida?

¿A qué misión te comprometes?

¿Qué tienes que cambiar para pagar el precio de tu visión?

¿Estás dispuesto a hacer todo sacrificio para cumplir tu misión?

CAPÍTULO 5
EXAMINA TU "ALTAR - OFRENDA"

Todos sabemos que cuando alguien se ha fracturado el brazo, el médico tiene que descubrir el sitio donde en que se encuentra la fractura. Empieza a tocar y a apretar suavemente con los dedos. -¿Es aquí? - No, doctor. -¿Aquí? - No. Pero después de un rato, el médico le toca una parte - y el enfermo dice, ¡Ahí! El médico entiende que ha descubierto el lugar afectado, porque duele mucho.

He aprendido que una cosa es escuchar a un predicador que ataca los pecados de los demás. Los hombres escuchan con grandes aplausos, e invitan a otros a escuchar la predicación. *Pero tan pronto como el predicador empieza a hablar de los pecados de ellos, diciéndoles como Natán a David, "tú eres el hombre", ya no les agrada más el predicador ni mucho menos el sermón. Es que el predicador ha puesto el dedo en donde duele.* ¿No es cierto amigo? No podemos evitar tocar la llaga si deseamos ser sanados y avanzar. Espero que tú seas de los que quieren saber dónde tienen el problema para poder usar el remedio ideal para el mismo.

Desde el principio ha existido el conflicto entre el bien y el mal, y se manifestó en los primeros jóvenes en esta tierra, Caín y Abel, ellos como muchos de nosotros nacieron y crecieron siendo educados por los principios divinos; pero nacer en la iglesia no nos hace santos, ni mucho menos salvos como algunos piensan; de acuerdo a la historia inspirada, uno de ellos reveló cuales eran sus impulsos y emociones, aunque no se fue de la iglesia - familia - él que cambió el tipo de ofrenda pedida por Dios, símbolo de la adoración verdadera, creyendo así satisfacer el mandamiento del cielo.

¿Pero quién hizo la diferencia en este conflicto? *"Andando el tiempo, Caín trajo del fruto de la tierra una ofrenda al Eterno. A su vez, Abel trajo de los primogénitos de sus ovejas, con su gordura. Y el Señor miró con agrado a Abel y a su ofrenda. Pero no se agradó de Caín y de su ofrenda..."* Génesis 4:3-5.

Dios había dicho claramente lo que Él pedía como ofrenda. Notemos que los dos tenían **un altar**, un tipo de adoración, religión, hasta allí todo estaba bien. Podríamos decir los dos asistían a la iglesia, sin embargo la adoración no era la misma, el tipo de religión profesada por los dos hermanos era completamente diferente.

Dios había pedido como ofrenda un cordero perfecto, como sabemos símbolo de Jesucristo el único redentor, pero a Caín eso no le importó, él también era religioso pero no obediente a Dios. Era cristiano a su manera. El creyó que el tipo de ofrenda no importaba, mientras rendía culto a Dios y para él eso era más que suficiente. Caín no dudaba en lo que hacía, murmuraba y cuestionaba a Dios y en esto estaba completamente convencido que estaba bien en su obediencia.

"Caín y Abel, los hijos de Adán, eran muy distintos en carácter. Abel poseía un espíritu de lealtad hacia Dios;...Pero Caín abrigaba sentimientos de rebelión..." *Patriarcas y Profetas,* página 58.

Vemos como sus caracteres se empezaron a manifestar, uno hacia lo recto y requerido por Dios y el otro en contra de ello, lleno de amargura y murmuración, poniendo en tela de juicio la justicia y autoridad divina. Su ofrenda lo decía todo. Fue así como **"Estos hermanos fueron probados,...los dos...levantaron altares semejantes, y cada uno de ellos trajo una ofrenda"** *Patriarcas y Profetas,* página 58. Los resultados de estos dos jóvenes bajo prueba fue: **"El señor miró con agrado a Abel y su ofrenda (Génesis 4:4). Descendió fuego del cielo y consumió la víctima"** *Patriarcas y Profetas,* página 58.

Es importante ver como la inspiración resalta primeramente que Dios vio con agrado a Abel y luego dice; la ofrenda, en otras palabras la ofrenda no hubiese sido aceptada si Abel no hubiera venido con un espíritu contrito y obediente ante el Señor, porque el Eterno dijo: **"Yo estimo al humilde y contrito de espíritu, que se estremece ante mi Palabra"** *Isaías 66:2.* **"Humillaos ante el Señor, y él os ensalzará"** *Santiago 4:10.* **"Y a los humildes dará gracia"** *Proverbios 3:34,* es su promesa.

Si, joven; la razón del por qué Abel agradó a Dios fue porque manifestó un espíritu contrito, humilde. Eso es una fiel entrega a Dios, a sus requerimientos conforme su palabra; así es como Dios aceptará lo que hagamos por Él; no tanto lo que se hace, sino con qué espíritu lo hacemos. **"¡Dichosos los que guardan sus testimonios, y con todo el corazón lo buscan!"** *Salmos 119:2.* Con esto en mente les invito a que todo lo que hagamos en obediencia a Dios sea de todo corazón y con un espíritu humilde para que agrademos al Creador de todo el universo, así como Abel le agradó y nuestra 'ofrenda' pueda ser aceptada.

Examinemos a Caín: **"…desobedeciendo el directo y expreso mandamiento del Señor, presentó sólo una ofrenda de frutos. No hubo señal del cielo de que este sacrificio fuera aceptado"** *Patriarcas y Profetas,* página 59.

¿Por qué? Porque **"Caín se presentó a Dios con murmuración e incredulidad…Su ofrenda no expresó arrepentimiento del pecado. Creía, como muchos creen ahora, que seguir exactamente el plan indicado por Dios y confiar enteramente en el sacrificio del Salvador prometido para obtener salvación, sería una muestra de debilidad…***Presentó su ofrenda como un favor que hacía a Dios, para conseguir la aprobación divina.* **Caín obedeció al construir el altar, obedeció al traer una ofrenda; pero rindió una obediencia sólo parcial. Omitió lo esencial, el reconocimiento de que necesitaba un Salvador"** *Patriarcas y Profetas,* página 59.

- Aparte de que la ofrenda no era la correcta, Caín:
- Venía con un corazón lleno de murmuración e incredulidad.
- Creía que hacer exactamente lo que Dios, pedía según él, era una muestra de debilidad.

- Presentó su ofrenda como un favor que hacía a Dios para conseguir la aprobación divina.
- Obedeció en construir un altar.
- Obedeció en traer una ofrenda.
- Pero rindió una obediencia parcial.
- Omitió que necesitaba un Salvador.

Si hoy viviera Caín, creo que de acuerdo a lo que hemos leído, sería un buen y gran cristiano, pero lo hacía todo solamente para conseguir la aprobación de Dios, de igual manera muchos hoy omiten lo más importante 'un Salvador' el único que los podría llevar a ser aceptados ante Dios y a hacer todo lo que Dios pide con un espíritu de amor y de sumisión.

Tristemente la experiencia de muchos de nosotros la describe simbólicamente bien el Profeta Isaías cuando dice: **"Hay quien sacrifica** (trae, presenta-ofrenda) **buey como si matase a un hombre; hay quien sacrifica oveja como si degollase a un perro; hay quien ofrece un presente como si ofreciera sangre de puerco; hay quien quema incienso como si bendijese a un ídolo. Ellos eligieron su propio camino, y amaron sus propias abominaciones. ...llamé, y nadie respondió; hablé, y no oyeron; antes hicieron lo malo ante mis ojos, y eligieron lo que me desagrada"** *Isaías 65:2-4.*

El sabio describió al joven rebelde así: **"Todo camino del hombre es recto en su opinión, pero el Eterno pesa el corazón. Practicar justicia y juicio es más agradable al Eterno que el sacrificio. Tres pecados capitales ojos altivos, el corazón orgulloso y el pensar de los impíos, son pecado"** *Proverbios 21:2-4.* Oh si tan sólo comprendiéramos lo que Dios ve y el tipo de ofrenda que acepta, cambiaríamos muchas de nuestras actitudes cuando nos presentamos ante él, especialmente lo que nos motiva presentarle adoración, ¿cuántos no hemos cumplido con un culto, servicio a Dios pero sin ser aceptado?

A personas como Caín hoy bien podrían repetirse las palabras dichas por Samuel a Saúl, otro que también se presentó ante Dios a su antojo creyendo estar haciendo lo correcto. Pero Samuel replicó:

"¿Se complace tanto el Eterno en holocaustos y víctimas como en la obediencia a su Palabra? El obedecer es mejor que los sacrificios, y el prestar atención mejor que la grasa de los carneros" *1ª Samuel 15:22*. Jóvenes de una manera clara y directa diría que la grande necesidad de muchos de nosotros si no todos es de examinar qué actitud y ofrenda traemos ante el Creador. Es crucial que lo hagamos, no sea que finalmente seamos rechazados por el cielo, no por no asistir a la iglesia, traer ofrenda, cultos, adoración sino por venir con una actitud equivocada y ofrenda formada por nuestro mundo religioso moderno.

Así fue como Dios. "**…no miró propicio a Caín y a la ofrenda**" *Génesis 4:5*. No dudo que la presión e influencia de Caín por ser el mayor haya sido grande sobre Abel, sin embargo Abel decidió adorar a su Dios tal como Él lo pedía. La lección en esto es que aunque muchos como Caín siguen profesando ser hijos de Dios, *'jóvenes cristianos'* han hecho exactamente lo que Caín hizo, han cambiado o rebajado los principios que nos llevarían a presentar la verdadera adoración.

Jóvenes de hoy tienen un altar, van a la iglesia, pero la adoración presentada no sólo es contraria a la que Dios pide. Ser fiel a Dios en esta generación tiene un precio que pocos están dispuestos a pagar. Se repite la historia de Caín y Abel. Examinemos pues nuestro altar y ofrenda, buscando ser los Abeles de hoy.

Para Reflexionar y aplicar

¿Qué fue lo que más te impacto de este capítulo?

¿Qué aprendiste en este capítulo que pondrás en práctica?

¿Cuál es el punto más sobresaliente que compartirás con otros?

¿Cuán importante es examinarse uno mismo y su estilo de vida?

¿Esas contento con lo que presentas ante Dios (tu altar y ofrenda) en lo espiritual, moral, físico y económico?

¿Qué estás dispuesto cambiar para estar en paz con Dios, tus principios y valores? Se especificó:

¿Cómo prometes no comprometer lo que crees, sabes y debes hacer? Se especificó:

¿Estás dispuesto a hacer todo sacrificio para cumplir la voluntad de Dios SI o NO? ¡Pregunta simple pero poderosa la respuesta!

CAPÍTULO 6
SER FIEL TE PUEDE COSTAR LA VIDA

Nací dentro de la religión y es hasta ahora que veo como servía a Dios de una manera equivocada, no sólo asistía a los servicios, sino que participaba en ellos, nuestro altar, la iglesia, la religión era el mismo pero nuestro corazón, nuestra obediencia o deseos eran completamente diferentes a lo requerido por Dios. Nuestra ofrenda difería mucho de lo que el Señor demanda. Hoy también se ve que hay muy poco deseo de pagar el precio requerido en él corazón, habla mucho pero sacrifica poco por Cristo.

Notemos la actitud de Abel hacia Caín cuando se dio cuenta del peligro de su hermano mayor al presentar una ofrenda equivocada. **"Abel rogó a su hermano que se acercase a Dios en la forma que él había ordenado; pero sus súplicas crearon en Caín mayor obstinación para seguir su propia voluntad. Como era el mayor, no le parecía propio que le amonestase su hermano, y desdeñó su consejo".** *Patriarcas y Profetas,* página 59. Las escrituras afirman: **"...Y Caín se airó en gran manera y decayó su semblante."** Génesis 4:5.

Cuanta necesidad hay ahora de jóvenes como Abel, que con amor vayan y animen a todos aquellos que de alguna manera están actuando en contra o a medias de lo que nuestro Dios pide; no es tiempo de desanimarnos, porque otros no están haciendo lo que Dios pide; en amor debemos ser el ejemplo y motivarles a regresar al ideal de Dios; no sea que sean desechados como a Caín con su ofrenda y religión.

Los jóvenes dicen: "Vivimos en tiempos modernos, por lo tanto no debemos ser tan anticuados, que al fin, todo lo que Dios ve, es el corazón". Oh querido joven sal de esa ceguedad, de que a Dios no le importa cómo nos presentamos ante Él, tanto interior como exteriormente, no sólo le importa sino que nos dice enfáticamente **"Ésta será la ofrenda que ofreceréis"** *Ezequiel 45:13.* **"Así, hermanos, os ruego por la misericordia de Dios, que presentéis vuestro cuerpo en sacrificio vivo, santo, agradable a Dios, que es vuestro culto razonable. Y no os conforméis a este mundo, sino transformaos mediante la renovación de vuestra mente, para que podáis comprobar cuál es la buena voluntad de Dios, agradable y perfecta"** *Romanos 12:1, 2.*

Primeramente ¿quién debe ser el sacrificio de acuerdo a estos versículos?, así es: tú y yo, ¿qué tipo de sacrificio debemos presentar a Dios?

1) Sacrificio vivo en el espíritu.
2) Sacrificio santo.
3) Sacrificio agradable.
4) Sacrificio no conforme al mundo.
5) Sacrificio transformado o reformado por la renovación de nuestra mente, en Cristo.
6) Sacrificio que entienda cuál es la voluntad agradable a Dios.
7) Sacrificio entendido en la voluntad perfecta de Dios.

A menos que seamos y traigamos tal ofrenda, el Señor nos seguirá diciendo:

"Gobernantes de Sodoma, (nosotros los que no hemos andado correctamente ante Dios) **oíd la Palabra del Eterno; escuchad la ley de nuestro Dios, pueblo de Gomorra. ¿Para qué me sirve —dice el Eterno— la multitud de vuestros sacrificios** (ceremonias, cultos)**? Hastiado estoy de holocaustos de carneros y de grasa de animales gordos.** (De *todo aquello con lo cual tratamos de ganarnos su favor*)**...Cuando extendáis vuestras manos para orar, esconderé de vosotros mis ojos. Aunque multipliquéis las oraciones, no os escucharé..."** *Isaías 1:10-15.*

Lenguaje tan claro. Todo lo que hagamos sin la verdadera conversión y disposición; es vana ofrenda e insoportable, aunque oremos día y noche Dios dice que no nos oirá. La peor presunción es aquella que nos tenga engañados, sumidos en la creencia de que estamos bien, cuando en realidad estamos como Caín en la iglesia, completamente equivocados.

Recuerdo que mientras vivía en México tuve varios compañeros de cuarto y en su mayoría cristianos. Participábamos juntos de los cultos vespertinos y matutinos, pero me daba cuenta que era más un compromiso y no un gozo para buscar y obedecer a nuestro Dios diariamente. Me sorprendió porque varios de ellos participaban en los cultos de la iglesia, predicaban y amonestaban, sin embargo fuera de allí eran otra cosa, por ejemplo después de los cultos se ponían a escuchar música mundana; sus pláticas eran peor que las de la gente que no conoce de Dios; quienes están en la iglesia saben a lo que me refiero. Varias veces después de los cultos se alistaban para ir a fiestas paganas. Muchas veces yo participé de todas esas cosas, pues me consolaba diciendo que como los que predican hacen esto, mis compañeros de cuarto, ellos deberían saber mejor, pues eran mayores que yo, por lo tanto no creo que Dios se moleste por lo que hacemos, aparentemente era aprobado por mis compañeros, quienes en ese entonces eran mis ejemplos a seguir.

Hoy sé que todo eso era una abominación ante Dios, una ofrenda que se presentaba de labios pero nuestros corazones estaban lejos de Dios. ¿Cuántas oraciones se levantaron sin nunca recibir respuesta, no porque Dios no quisiera contestar, sino porque nuestra vida no iba con lo que predicábamos, ni nos esforzábamos por vivir lo que pedíamos en oración? Así lo dijo ya el profeta Isaías que todas esas reuniones, sermones, cantos y diezmos no eran aceptadas y claramente dice que arto está Dios de ese tipo de adoración. También recuerdo que jóvenes como Abel, la voz de los que nos amonestaban a corregir nuestros pasos era ignorada y odiada, tildándolos de fanáticos y anticuados. ¿De cuántos no nos burlamos y buscábamos demostrar para justificar nuestros pasos errados que ellos eran malos también, que cometían pecados aunque no fuese el caso y éramos un telescopio para resaltar sus errores? ¿Cuantas calumnias no levantamos contra ellos y todo con tal de acallar sus voces?

Oportunas son las palabras del profeta para los jóvenes que profundamente sienten la necesidad de renovar sus votos a Dios, si reconocemos que no hemos sido honestos con el Señor, aceptando que le hemos fallado como sus representantes, escucharemos **"Lavaos, limpiaos, quitad de mi vista la iniquidad de vuestras obras. Dejad de hacer lo malo.** *Aprended a hacer bien. Buscad justicia..." Isaías 1:16-17.* Aquí veo que de acuerdo a Dios, todos hemos en algún momento ensuciado nuestro carácter cristiano, por ello de ninguna manera esto viene a ser una condenación, sino una invitación a aprender a realizar el bien, buscando constantemente la justicia de Jesús que nos presentará limpios ante Dios.

Vivir de tal manera tiene un precio que muchos rehúyen pagar, pues pide cambios en todo. Sabes querido joven, Abel en su juventud tomó la decisión de obedecer a Dios en todo y serle leal, estuvo dispuesto a pagar el precio que eso requería, *"su propia vida"*. Pregunto joven a ti y a mí, ¿qué nos está costando nuestra lealtad a Dios? Detente y piensa en esto, es tu salvación, es vida o muerte, evitemos ser reprobados como Caín y dispuestos a morir si fuera necesario como Abel. Paguemos el precio.

Meditemos en las siguientes preguntas. ¿Será que Dios acepta el tipo de adoración que le presentamos ahora en nuestra juventud? ¿Aceptará Dios nuestros congresos de jóvenes, campamentos, seminarios, diversiones? ¿Será honrado Dios con el tipo de ejemplo que estamos dando a otros? ¿Somos realmente cristianos en lo más íntimo de nuestra mente? ¿Estamos dispuestos a dar nuestra vida como la dio, Abel, Pablo, Esteban, Juan el Bautista, Cristo mismo **y todo por ser leal a Dios**?

Nuestras ofrendas al Señor dicen que tan dispuestos estamos en repetir la historia de Abel. Sin embargo en todas las edades el pueblo de Dios ha confundido su manera de presentar sus ofrendas, en cierta ocasión el apóstol teniendo la misma preocupación le dijo a los creyentes: **"Antes digo, lo que los gentiles (paganos) sacrifican, a los demonios lo sacrifican, y no a Dios. Y no quiero que vosotros (nosotros) participéis de los demonios. No podéis beber la copa del Señor, y la copa de los demonios. No podéis participar de la mesa del Señor, y de la mesa de los demonios.**

¿Provocaremos el celo del Señor? ¿Somos más fuertes que él?" *1ª Corintios 10:20-22.*

Esto es decir que no podemos vivir en el mundo y en las cosas de Dios, pues si presentamos una adoración a medias, es como presentarle nada a Dios, pero sí a los demonios; o somos totalmente de Dios o del enemigo; aunque estemos en la iglesia, así como Caín seremos desechados a menos que hoy escuchemos su voz y nos levantemos a resplandecer, porque El dice: **"Mas porque eres tibio y no frió o caliente, te vomitaré de mi boca"** *Apocalipsis 3:16.* Queriendo el cielo evitarnos caer en este abismo nos dice, **"Yo reprendo y castigo a todos los que amo. Se pues celoso y arrepiéntete."** *Apocalipsis 3:19*

Sabes, toda la historia de los primeros jóvenes tiene más que una lección, pensemos por un momento, los primeros seres creados por Dios, perfectos en su plenitud, cayeron y pecaron y por ello todavía peregrinamos en esta vida de pecado, pero escucha esto, lo que más me impresiona es que Adán el primer humano creado no estuvo dispuesto a pagar el precio de ser leal a Dios aún perdiendo a Eva y si quiso morir no por ser fiel, al contrario cedió y cayó perdiendo el privilegio de ser el representante de Dios en este mundo. Abel por lo contrario a su padre *"un joven"* ya mancillado por el pecado, superó la deslealtad de su padre, dando su vida no por el pecado sino por Dios y ello lo llevó a tener el honor de estar en la galería de los "grandes héroes de la fe" y no sólo de estar allí, sino de ocupar el primer lugar en la lista y hasta hoy la palabra habla de Él a voz en cuello de su fidelidad. **"Por la fe Abel ofreció a Dios más excelente sacrificio que Caín, y por ella fue declarado justo, cuando *Dios aprobó* sus ofrendas. *Y aunque está muerto, aún habla por medio de su fe*"** *Hebreos 11:4.*

¡Que testimonio! Éste sí que es un ejemplo del cual debemos tomar celo por repetir, expresarle a Dios con nuestra manera de vivir que aún hay jóvenes que como Abel desean y son fieles a Dios, quienes cuentan con el valor de dar sus vidas si fuese necesario por sus principios. Pueda esto encender el fuego divino en nosotros para comenzar hoy con una firme determinación de ser **"fieles y leales"** a Dios no importando lo que nos toque pagar para lograrlo, porque escrito está, "**todo lo puedo en Cristo que me fortalece**" *Filipenses 4:13*. Si estas palabras llegan a ser más que letras en la mente, verás que son tan profundas y suficientes para sostenernos mientras pagamos el precio de nuestra lealtad a Dios, hasta cumplir el "**deber llega a ser un deleite y el sacrificio un placer**" *Mente, Carácter y Personalidad,* Tomo 1, página 351.

Que hoy como Elías después de ver lo que los falsos profetas (hermanos), han hecho con el altar de Dios podamos con un valor y celo aprobado por el Señor cumplir lo que él hizo en su tiempo. "**…y él restauro el altar del Eterno que estaba arruinado**" *1ª Reyes 18:30.* ¿Jóvenes donde están hoy con el espíritu de Elías? ¿Dónde están hoy los que ante todo el pueblo restauran el altar que está arruinado? ¿Dónde está la verdadera adoración aprobada por Dios? ¿Somos de los que nos hemos dado cuenta como Elías que el altar está arruinado o estamos como los demás que ni siquiera saben que hay un altar, mucho menos saber que está destruido?

No sólo se nos llama a examinar nuestro "altar y ofrenda", sino llama a todo el pueblo a hacer lo mismo; mira lo que Dios continua diciendo sobre el trabajo que nos espera; "**y edificarán…los desiertos antiguos, los cimientos de generación y generación levantarás;** *y serás llamado reparador de portillos, restaurador de calzadas para habitar" Isaías 58:12.*

Tenemos hoy el privilegio de acuerdo al cielo de ser reparadores y restauradores de lo antiguo, poner de nuevo los cimientos que han sido ignorados por la mayoría de cristianos. Así fue como Abel le tocó poner el fundamento de que los jóvenes después que el pecado entró tienen un papel súper importante en la restauración del verdadero altar y ofrenda, y a nosotros en esta generación, la parte final de la historia del hombre nos toca en este tiempo terminar esta obra de reconstrucción y así clausurar la obra del evangelio. Sin embargo de igual manera habrá jóvenes como Caín que al ver que el cielo acepta nuestra obra, consagración ellos se enfurecerán como Caín, haciendo todo para hacer de nuestra vida algo fastidioso. En la actitud de muchos jóvenes cristianos se repiten las palabras, "… Caín se airó en gran manera y decayó su semblante. Génesis 4:6. Esto costará desprecio, enojos, disgustos y ataques verbales y muchas veces golpes con deseo de matarnos como lo hizo Caín contra Abel. "Os expulsarán de las sinagogas, y aun viene la hora, cuando el que os mate, pensará que rinde servicio a Dios. Os harán esto porque no han conocido al Padre ni me conocen a mí." Juan 16:2,3, así lo dijo el maestro.

¿Joven estás dispuesto a reexaminar tu vida y llamar a otros a lograrlo no importando el precio que hay que pagar? "**Abel eligió la fe y la obediencia**; Caín, en cambio escogió la incredulidad y **la rebelión**. *Todo dependió de esta elección*. Patriarcas y Profetas, página 60.

Con todo esto aquí presentado, creo que por el bien de nuestra salvación y por el nombre que profesamos examinemos el altar y ofrenda que hemos presentado y el que seguiremos presentando ante nuestro Redentor, recordando que tomar la correcta posición incumbe un precio que pagar, nuestra vieja vida, o la vida misma, nuestros conceptos de lo religioso, planes, costumbres y hábitos deben someterse a ese precio incuestionable para los Abeles de hoy.

Alguien expreso: 'Revelas lo que eres por la clase de amigos que te gusta buscar, y tu forma de hablar. Por tu manera de usar el tiempo libre y el modo de gastar. Revelas lo que eres por la ropa que te gusta usar y por el espíritu con que tus cargas acostumbras llevar. Por la clase de cosas que te hacen sonreír, lamentar o llorar y por el tipo de música que te gusta escuchar. Por la manera que sueles la derrota aceptar y por algo tan simple como la loza lavar. Por los libros que escoges entre muchos leer; por la multitud de oraciones que te llevan a creer y por estas cosas y muchas otras más, te puedo conocer. La humildad demuestra lo unido que estas al cielo y el valor tu franqueza a Dios. Por tanto, revela muy poca inteligencia quien *'la verdad se empeña ocultar detrás de la apariencia'*.

¿Cuál será tu elección, querido joven, representar a Abel o Caín? ¿Ocultaras la verdad detrás de la apariencia? Recuerda que el deseo de pagar el precio reflejará nuestro verdadero 'altar y ofrenda'.

Para Reflexionar y aplicar

¿Qué fue lo que más te impacto de este capítulo?

¿Qué aprendiste en este capítulo que pondrás en práctica?

¿Cuál es el punto más sobresaliente que compartirás con otros?

¿Hasta qué punto estás dispuesto cambiar para estar en paz con Dios, tus principios y valores? Se especificó:

¿Cuánto valor tiene para ti lo que Dios, iglesia, profesión, familia, carácter te ha pedido o requiere?

¿Estás dispuesto a hacer todo sacrificio para cumplir la voluntad de Dios SI o NO? ¡Pregunta simple pero poderosa la respuesta!

¿Estás dispuesto a dar la vida por lo que crees y representas? ¡Pregunta simple pero poderosa la respuesta!

CAPÍTULO 7
EL DERECHO DE PRIMOGENITURA

En esta sección deseo que juntos analicemos y profundicemos la gran responsabilidad que incumbe ser un líder joven.

"Después que Calvin Coolidge declaró públicamente que había decidido no postularse para un segundo período, fue acosado por los periodistas para que explicara con mayores detalles su decisión. Aparentemente uno de ellos era más persistente que el resto. - Dígame exactamente por qué no quiere volver a ser presidente - preguntó - *Porque volver a serlo no me ofrece la oportunidad de avanzar -* fue su respuesta" Walter J. Bartazek. ¿Joven quieres seguir siendo lo que eres o reconoces que tu liderazgo presente, posición y condición actual no te dejan avanzar? Ven razonemos juntos.

"Como está escrito en la ley del Señor. Todo varón primogénito será llamado santo al Señor" *Lucas 2:23*. Todo primogénito es santo, en otras palabras, es apartado para un uso especial, y qué mejor trabajo que el de ser representante del primogénito de primogénitos. No quisiera dejar pasar por alto el siguiente punto, Caín era el primogénito y por lo tanto por derecho le tocaba el sacerdocio, el liderazgo en las cosas de Dios, ser el ejemplo en su hogar y hermano menor. Ser el primogénito ponía en sus hombros la responsabilidad de enseñar por palabra y ejemplo los principios establecidos por Dios, pues era su representante.

"La dedicación de los primogénitos se remontaba a los primero tiempos. Dios había prometido el Primogénito del cielo para salvar al pecador. Este don debía ser reconocido en toda familia por la consagración del primer hijo. Había de ser dedicado al sacerdocio, como representante de Cristo entre los hombres" *El Deseado de todas las Gentes,* página 34. ¿Pero qué sucedió con Caín como representante de Cristo? ¿Aprovecho ser el sacerdote, el gran privilegio de ser el primogénito? No. Falló en su cometido. Esto muestra y amonesta en voz alta que muchos de nosotros que por derecho de primogenitura contamos con aptitudes de liderazgo, estamos en peligro de fallar y así perder ese privilegio único. Quizás muchos ya lo hemos perdido sin darnos cuenta, pero las buenas noticias son que podemos recuperarlo o protegerlo.

Veamos dos ejemplos de jóvenes que contaban con tal derecho, pero que no les importó perderlo. El primero se llamó Esaú, como primogénito tenía todos los derechos del sacerdocio pero hizo con ello lo siguiente: "y Jacob respondió: Véndeme en este día tu primogenitura. Entonces dijo Esaú: He aquí yo me voy a morir; **¿para qué, pues, me servirá la primogenitura?**… "Entonces Jacob dio a Esaú pan y del guisado de las lentejas; y él comió y bebió, y se levantó, y fuese." *Génesis 25:31-34.* **Así menosprecio Esaú la primogenitura.**

Creo que ésta es la manera más liviana de cómo un joven tan altamente privilegiado pudo despreciar tan gran bendición de ser el representante de Jesús aquí en la tierra '*por un plato de lentejas*'. Oh, querido joven ¿Qué es tu plato de lentejas? ¿Qué está comprometiendo este precioso Don, será algún vicio, será el apetito, será alguna persona que te hace comprometer tus principios o sea vender tu derecho de primogenitura, el privilegio de ser un fiel representante de Dios en el campo del liderazgo? Examina hoy tus pasos no sea que estés por perder o que tengas ya perdido tal privilegio. No dudo que los platos de lentejas, hoy sobreabundan, son muy, muy tentadores, sin embargo te invito a levantar bandera contra ese negocio satánico.

Un congreso de *jóvenes líderes* se estaba celebrando en la capital de mi país, varios jóvenes del distrito nos reunimos para ir juntos a ese congreso. Entre el grupo habían hijos de ancianos, pastores y miembros que tenían algún puesto en la iglesia. Llegamos el viernes de tarde y teníamos que registrarnos para obtener alojamiento, cuando llegamos habían miles de jóvenes esperando en fila, fue aburrido esperar. Se decidió ir a la tienda mientras pasaba la fila.

Llegamos a la tienda y de broma en broma uno de los hijos de los ancianos de iglesia pregunto *'¿quién es hombre?, que se tome una cerveza'*, nadie se animaba hacerlo hasta que la presión empezó a ser más fuerte, uno de ellos gritó, *'si tú lo haces primero lo haremos nosotros también'*. Pidió una cerveza y se la tomó y así el resto terminó haciéndolo. Supuestamente era sólo una, pero siguieron tomando hasta que todos se emborracharon. Empezaron a hablar locuras y lo peor fue que se halagaban de ser los hijos de los líderes de la iglesia, les importaba poco lo que la gente podría decir. Les importó poco la responsabilidad que el cielo les había encomendado.

Dios sabe que el único que no tomó fui yo. Borrachos los tuve que regresar al congreso para registrarnos, sabía que ya estábamos en problemas. Todo fue un desastre, terminaron en pleitos y sin donde quedarse. El punto aquí es que todos de alguna u otra manera eran líderes jóvenes de diferentes iglesias y, sin embargo el ejemplo que estábamos dando no eran nada cristiano, ni mucho menos de líderes convertidos. ¿Quién comenzó con todo esto? Si fue un líder, ¿quiénes le siguieron? Sí otros líderes. Creo que muchos pueden entenderme, porque sí hay razón del por qué nuestra juventud está como está, es porque en muchos de los casos los jóvenes que los dirigen viven en pecado abierto o privado. Es tiempo que entendamos que no podemos vivir en el mundo y en la iglesia de Dios y así mantener la primogenitura, o la cuidamos como jóvenes líderes o se nos quitará. Otros no participamos de estas cosas, pero tampoco alzamos nuestra voz en contra de ello y de acuerdo al principio, esto también nos hace culpables.

¡Oh, sí! puedes estar en la iglesia, cumpliendo algún cargo pero sin la aprobación de Dios. Sería mejor nunca haberlo intentado pues a Dios nunca le engañamos y, cuidado con jugar con tal don, la primogenitura, el ser líder en la iglesia es algo bien serio, no sea que nos pase lo del siguiente ejemplo.

Aarón y su familia habían sido escogidos para llevar el derecho del sacerdocio en Israel. La historia cuenta de dos jóvenes que profesaban servir a Dios cumpliendo con su deber como sacerdotes, líderes de alto rango ante el pueblo, eso decían ser, pero su vida contrariaba lo que profesaban, hasta que un día Dios los destruyó para dejar ejemplo para aquellos jóvenes y viejos que están jugando con el don de primogenitura (liderazgo): "y estos son los nombres de los hijos de Aarón: **Nadab el primogénito y Abiu,** Eleazar e Itamar. Estos son los nombres de los hijos de Aarón, **sacerdotes ungidos**, cuyas manos el hinchió para administrar el sacerdocio. **Mas Nadab y Abiu murieron delante del Eterno, cuando ofrecieron fuego extraño delante del Eterno**, en el desierto de Sinaí, y no tuvieron hijos" *Números 3:2-4.*

Encontramos el primogénito de Aarón y su hermano que estaban ministrando en el Santuario (Iglesia), pero no de la manera requerida por Dios, lo cual los llevó a presentar **"fuego extraño"** y con esto ellos mismo trajeron su propia sentencia y así Dios los extermino para dejar ejemplo. Examinemos nuestras vidas como líderes, queridos jóvenes, no sea que estemos presentando *"fuego extraño"* y así perdamos la primogenitura sagrada, quitándonos Dios y poniendo a otros en nuestro lugar, como lo hizo después de destruir a los dos jóvenes que habían tomado el liderazgo como algo liviano. Y así '**Eleazar e Itamar ejercieron el sacerdocio delante de Aarón su padre**'. *Números 3:4.* Otros tuvieron que tomar el lugar de estos jóvenes perversos, de estos que con sus acciones despreciaron su derecho de primogenitura, Dios les recompensó su indiferencia al liderazgo, quitándoles la vida.

Cuidemos pues de no tener un altar sin la verdadera ofrenda, de no abusar del poder (puesto), responsabilidad quizá no literalmente como Caín, matar o asesinar a nuestros compañeros jóvenes que están esforzándose como Abel, en el poder de Dios se debe vivir la vida requerida por Él. Jóvenes examinemos nuestros corazones, nuestra vida como líderes y hagamos los arreglos necesarios, no sea que Dios esté por quitarnos estas posiciones, poniendo a otros jóvenes representados por Set después de Abel, Jacob por Esaú, Eleazar e Itamar por los modernos Nadab y Abiues.

Por amor a tu alma querido joven líder, detente y examina tu proceder, no sea que con el tipo de ejemplo estemos descarriando a otros jóvenes, en vez de salvarlos; él apóstol Pablo entendiendo esto dijo: "**Antes hiero mi cuerpo, y lo pongo en servidumbre; no sea** que, habiendo predicado a otros, yo mismo venga a ser reprobado" *1ª Corintios 9:27.*

Joven, espero en Dios que tengas una mente, un espíritu enseñable de tal manera que esta apelación pueda impresionar tu vida; es con mucha preocupación que escribo esto, pues entiendo que estamos en el mismo barco, pero no puedo dejar de llamar la atención al sagrado cometido que tenemos como líderes jóvenes, por eso, si no nos levantamos a ser realmente líderes aquí en la tierra, el cielo no nos honrara con el carácter de Cristo. Si no llega esto a ser así, se dirá de nosotros: "**Ay de ellos** (líderes infieles jóvenes) porque **han seguido el camino de Caín**..." *Judas 11.*

¿Cuál debe ser la alta norma a alcanzar como jóvenes líderes en esta generación para llegar a evitar el camino de la liviandad e indiferencia en el camino del Señor? "**Amarás al Señor tu Dios con todo tu corazón y de toda tu alma y de toda tu mente y de todas tus fuerzas, este es el principal mandamiento, y el segundo es semejante a él, amarás a tu prójimo como a tí mismo, no hay otro mandamiento mayor que éste**" *Marcos 12:30-31.*

Bien, querido líder, nos encontramos en la línea divisoria donde decidirás tomar en serio tu responsabilidad como un verdadero líder o seguir como lo hizo Caín, tus deseos, planes y agenda personal que al final verás tristemente en desgracia, pues eso fue lo que finalmente encaró Caín, Esaú, Nadab y Abiu, si una desgracia.

Con todo esto en vista sólo puedo preguntar ¿quién entonces puede lograr lo que realmente Dios pide ver en nosotros como jóvenes? Esto a veces me ha llevado a la desesperación, pues veo mi vida como un joven común y al entrar al campo del liderazgo honestamente mi ejemplo no había sido un ejemplo, nada cerca de lo que debía ser. En esa desesperación recuerdo un sábado que me tocó dar el sermón en la iglesia, Dios me dio una lección que jamás olvide.

Tenía catorce años. Fue en uno de todos los días de colegio que uno de los maestros me pidió dar el sermón; al principio dije, maestro yo no puedo, pues nunca me ha tocado dar un sermón, y el me dijo, algún día tiene que hacerlo. Pensé: ¿De qué hablo?, después de tanto pensar en que presentar, no tomé tiempo suficiente para orar y pedir dirección, pues al fin de todo 'algún día tenía que hacerlo' así que me pasé buscando el tema por días y quizás ver como poder impresionar a la membresía, sin siquiera entender lo que era un sermón, escogí hablar de Pedro y su triste experiencia para con Jesús ***"que jamás lo negaría"***.

La hora del sermón llegó y fue una de las veces que jamás hubiera querido oír mi nombre pues era mi primera vez, lo cierto es que no sé cómo yo estaba en la plataforma sin saber que decir más que el nombre del tema que me lo había aprendido muy bien. Creo que fue uno de los sermones más cortos que he oído en toda mi vida, si duré más de diez minutos fue mucho, se me había hecho una eternidad esos pocos minutos. Comencé, continué y terminé con repetir el título, Pedro, "que jamás le negaría".

Si alguna vez me han dado ganas de llorar en público fue en esa ocasión, pues honestamente fue un desastre y fracaso, decía yo ¿cómo es posible que haya nacido en la iglesia, hijo de un predicador, y profesando ser un joven cristiano que supuestamente sabe lo que cree, cómo era posible que no haya podido exponer un pequeño sermón? Aunque los maestros trataron de consolarme diciendo que siendo mi primera vez con el hecho de pararme allá arriba fue más que suficiente.

Nunca olvidaré la lección que aprendí, no se trataba de haber o no nacido en la iglesia, ni tampoco ser hijo de un predicador, mi problema radicaba en que sólo profesaba ser un joven cristiano y la lección que aprendí fue ésta, *'no puedes hablar de lo que no vives, ni tampoco dar de lo que no recibes'*.

Cuanta necesidad hay en nuestra juventud que entienda esto, nuestra influencia en el mundo y especialmente los jóvenes que somos líderes en la iglesia, no tendremos éxito a menos que vivamos lo que predicamos y recibamos constantemente del cielo para poder dar, recuerda *'no puedes hablar de lo que no vives, ni tampoco hablar de lo que no recibes'*.

El sermón nunca lo pude dar bien, pero mi vida en ese entonces era el sermón, constantemente en mis pensamientos, actos, costumbres, hábitos, vicios, palabras, era una constante negación de Jesús, y sabes ¿por qué no tuve éxito en mi primer sermón? Porque primero, como Pedro tenía que aprender que no dependía de sí mismo, sino del poder de Cristo, lo único que podía hacerme ser un sermón viviente, yo sé que por mí mismo jamás podría, pero si en aquél que me llamó a este ministerio pues escrito está; **"Fiel es el que os ha llamado, el cual también lo hará"** *1ª Tesalonicenses 5:24.*

El saber que Dios lo ha llamado a uno y no uno a él lo lleva a ver su inaptitud de hacer algo sin él. Es eso lo que me motiva a tomar valor para proseguir, no como un líder nada más que se para frente al pueblo y a la vez ser del montón, sino como un fiel líder convertido dispuesto a pagar el precio para hacer líderes que aprecian y cuidan el don de la *'primogenitura'*, viviendo lo que predican y dando lo que reciben diariamente del Señor.

Esta es la voluntad de nuestro Padre, que podamos ser sabios y decir como Jesús, quien es el máximo ejemplo de fidelidad de los primogénitos: **"conviene obrar, las obras del que me envió, entre tanto que el día dura, porque la noche viene, cuando nadie puede obrar,** *entre tanto que estuviere en el mundo luz soy del mundo"* *Juan 9:4-5.*

El tiempo de gracia está por terminar y hoy el cielo necesita líderes con esta misma determinación, obrar, hacer las cosas del que nos envió a este mundo y mientras vivamos aquí luz debemos ser. La inspiración nos amonesta: **"Portaos varonilmente".** (**1ª Corintios 16:13**) **Los jóvenes deberían tener ideas amplias, planes sabios, para sacar el mayor provecho de sus oportunidades e imbuirse de la inspiración y el valor que animaban a los apóstoles.** Mensajes *para los Jóvenes,* páginas 20, 21. ¿Dónde están esos jóvenes de ideas amplias, planes sabios, que sacan el mayor provecho de sus oportunidades, imbuidos e inspirados con el valor apostólico? Tú y yo somos llamados en esta generación para cumplir lo que acabamos de leer, ¿aceptaremos que Dios busca jóvenes de corazón incorrupto, jóvenes que se deleitan en la escuela de su Salvador? Queridos amigos esto nos llama a un cambio decidido, nuestro llamado es a una **"norma elevada"** no menos que eso, esa es nuestra misión, y para ello se necesitan jóvenes de corazón limpio que se gozan en las cosas de Dios, jóvenes que entienden que el maestro desea realizar 'una gran obra' para, en y a través de ellos.

El mensaje del cielo es para los que han tomado responsabilidades en la obra de Dios o para los que las tomarán, *"portaos varonilmente"*, a favor de Dios, su causa, su pueblo y sus principios, en otras palabras para las cosas de Dios necesitamos firmeza, valor, entrega *total* para representarle en esta generación, cuidando nuestra primogenitura, recordemos que: **"Un líder es una persona ordinaria dotada de determinación extraordinaria"** - *Southwestern Advocate*.

Cumplamos fielmente el derecho de primogénitos, el sacerdocio, el poder ser 'líderes jóvenes, fieles' del cielo. Esa es la invitación. ¿Es un reto? Sí.

Para Reflexionar y aplicar

¿Qué fue lo que más te impacto de este capítulo?

¿Qué aprendiste en este capítulo que pondrás en práctica?

¿Cuál es el punto más sobresaliente que compartirás con otros?

¿Eres una persona responsable? Se especificó:

¿Cuáles son las responsabilidades de primogenitura que han sido puestas sobre ti en la vida, por Dios, tu iglesia, tu profesión, tu familia, tu carácter?

¿Si eres fiel a tus deberes y responsabilidades de la vida como te comprometes mejorar?

¿Si no has sido fiel a tus responsabilidades a que te comprometes hoy para empezar a serlo? Se especificó.

CAPÍTULO 8
OTRA OPORTUNIDAD

Querida juventud estás cansada de que el mundo y los aliados de Satanás nos griten que estamos imposibilitados a triunfar y que nuestro caso está perdido. Algunos nos dicen que nosotros no podemos cambiar aunque volvamos a nacer. Susurros también gritan que aunque leamos la Biblia una y otra vez es imposible una transformación. Bueno, como enemigo de ellos quiero que entendamos **que al cielo le importa no tanto nuestros fracasos, sino que aprendamos de nuestros errores.** Aunque muchos hemos fracasado 'miserablemente' y creemos que no merecemos su perdón es cuando Él más feliz se siente de que volvamos a realizar la prueba fracasada y subir más alto la montaña de la vida espiritual.

Siempre ha existido un problema con la juventud, y es que el pecado o fracaso ha opacado nuestra visión y asesinamos nuestra única esperanza con remordimientos que cada día apuñalan nuestro existir hasta el punto de vivir una vida espiritual derrotada, completamente en los suelos que nos lleva a no saber qué hacer, pues entre más tratamos de salir del abismo del pecado nos hundimos más sin ver medios de salida, pero querido joven, ese no es el caso nuestro y te hablo por experiencia, alguien que ha estado en el abismo de la desesperación, controlado por vicios y pasiones que por mí mismo nunca hubiera podido superar. Si podemos cambiar nuestra perspectiva del fracaso, veras que del mismo podemos aprender a perseverar en el bien que nos promoverá al éxito.

Cuenta la historia de la primera batalla de Jorge Washington, al comienzo de la gran guerra por el imperio, no fue un éxito digno de alabanza. En efecto, se rindió ante el ejército francés en julio de 1754. Se retiró del campo de batalla en Great Meadows después de perder a casi la mitad de su ejército en una derrota lamentable. Anteriormente, Washington había sorprendido y derrotado a un pequeño destacamento francés; como retribución, el alto mando francés había enviado un ejército contra las tropas del general.

Tal vez no debiera haber atacado al destacamento francés, si no estaba preparado para pelear contra los 900 soldados que lo atacarían posteriormente. A pesar de esto, Jorge Washington llegó a ser comandante en jefe del Ejército Continental durante la Revolución Norteamericana. Dirigió la guerra por la independencia de los Estados Unidos.

Sin este dirigente que aprovechó las lecciones de sus derrotas y sus oportunidades de su vida, la independencia tal vez no habría sido posible. En el año de 1789, Washington fue elegido presidente de los Estados Unidos. Sin duda alguna llegó a ser sabio y capaz en su mandato. Su firme liderazgo ayudó al nuevo gobierno del país a comenzar en el camino de la prosperidad de esta nación única.

Lo que me llama la atención es que Jorge Washington tenía 22 años cuando perdió la batalla de Great Meadows. Como todo ser humano, creo que Washington tuvo toda razón para desesperar y jamás seguir luchando para un día triunfar. Pero sabes, querido amigo, es más importante saber que para Jorge Washington un fracaso era el peldaño para nuevamente levantarse siendo más sabio y maduro para enfrentar la vida, y seguir escalando los obstáculos que le ayudaron a llegar al éxito.

Como joven te cuento que, en situaciones desalentadoras, fracasos y horrendo desanimo **"puse mi esperanza en el Señor, y él se inclinó para escuchar mis gritos (desesperación); me salvó de la fosa (pecado) mortal, me libró de hundirme en el pantano (muerte - condenación). Afirmó mis pies sobre una roca (una vida diferente - nueva en Cristo); dio firmeza a mis pisadas (sentido a mi vida)"** *Salmos 40:1, 2. (Versión Dios habla hoy).*

Mientras me encontraba sin ninguna razón de vivir, cuando mi desesperación era mi asesino constante, escuché: "He aquí sobre los montes los pies del **'que trae buenas nuevas'**, del que pregona **la paz...**" *Nahum 1:15.* Exactamente un mensaje de paz necesitaba, pues mis pecados habían traído enemistad, llegó a existir un gran muro que me separó de mi Dios aunque en mi exterior parecía todo ir bien.

Aunque las buenas nuevas un día tocaron a las puertas de mi corazón, nunca había hecho una entrega total a mi Dios, y así fue como la experiencia del cristiano desesperado y controlado por sus vicios y pasiones se empezó a escribir. Mi experiencia y de muchos jóvenes, si no me dejan mentir, la describe perfectamente alguien que estuvo en nuestra situación. *"Porque sabemos que la ley es espiritual; mas yo soy carnal, vendido a sujeción del pecado"* nota que dice **sabemos**, se estaba incluyendo por experiencia que las cosas de Dios son espirituales y que el como muchos de nosotros era carnal, débil sometido al pecado. Vemos cómo el apóstol Pablo pone la condición de un cristiano que conoce la ley y sabe que es espiritual pero que él aún sigue siendo carnal en pecado sin poder vencerlo. Y así era como siempre excusaba mis pecados e iniquidades diciendo: *"Porque lo que hago, no lo entiendo; ni lo que quiero hago, antes lo que aborrezco".* Esa era mi historia de todos los días. ¿Pero qué, no era ya un cristiano, no debía estar convertido? A caso no ha dicho Dios "… que nuestro viejo hombre juntamente fue crucificado con él, para que el cuerpo del pecado sea deshecho, a fin de que no sirvamos más al pecado" *Romanos 6:6*. Ya guardaba la ley o por lo menos la entendía teóricamente, pero mi clamor seguía siendo: *"Y yo sé que en mí (es a saber, en mi carne) no mora el bien; porque tengo el querer, más efectuar el bien no lo alcanzo".* Entendiendo que en mi sólo había el mal, gritaba mí derrota: *"porque no hago el bien que quiero; mas el mal que no quiero, este hago"* Romanos *7:14, 15, 18, 19.*

Aquí fue donde desesperado busqué al que un día me había ofrecido salvación y ayuda, aunque yo le había dado la espalda corrí buscando en él *'otra oportunidad'*. Entendí que había dado al principio el paso correcto de aceptar a Cristo como Salvador, pero mí problema radicaba en que después de eso yo traté de guardar su palabra y obedecer con mi finita fuerza y voluntad. Terminaba diciendo que "yo ya no haré otra vez este mal", pero tristemente volvía a la misma historia, hasta que todo llegó a ser una rutina y crecí con el pensamiento de que era un pecador que nunca podría vencer *en su totalidad*. En mi insatisfecha condición clamé:

"¡Miserable hombre de mí! ¿Quién me librará del cuerpo de esta muerte?" Romanos 7:24. Como un nuevo amanecer el sol divino lleno de esperanza llegó a mí con las siguientes palabras.

Hijo **"Yo soy la vid, vosotros los pámpanos. El que está en mí, y yo en él, éste lleva mucho fruto; porque sin mí nada podéis hacer"** *Juan 15:5.* ¡Qué alivio! Yo no era la vid, o sea, no soy la fuente de mi sustento, sino Cristo, yo sólo soy el pámpano y el encargado de darme vida y fuerza para seguir floreciendo, *'venciendo'* era, es y será la vid verdadera; Cristo. ¿Pero qué difícil es aceptar eso? Creo que en teoría no es difícil, pero que sea de verdad una realidad, es el problema. Tiene que llegar a ser claro en todo aspecto, Él es la vid, y no nosotros los pámpanos. Él es nuestro único sustento.

Por eso de manera clara fue escrito. **"Porque Dios es el que en vosotros obra así el querer como el hacer, por su buena voluntad"** *Filipenses 2:12.* **"Más gracias doy a Jesucristo Señor nuestro"** *Romanos 7:25.* Por ser mi único **"salvamento"** *Salmos 2:11.* Si, joven todo el asunto de salvación y vivir en ello depende de Dios y no de nosotros, es el que provee el querer como el hacer, nunca más tratemos de ganarnos la salvación con nuestras obras. Dejemos que Él permita que en nuestras vidas se vean los resultados de aprovechar *'otra oportunidad'*, obras de su salvación y sustento diario. Una vida de obediencia es lo que la cuidará, hará florecer y dar bellos frutos eternos.

Cuando tenía como once años, mi padre contaba con una empresa que distribuía utensilios para el hogar. En una de las vacaciones le pedí permiso para ir con sus trabajadores a vender. Con ello esperaba juntar dinero para algunas cosas que quería comprar y que no podía obtener a menos que fuese con mi propio dinero, y así también le ayudaría a cuidar y reportar los servicios de sus trabajadores. Después de convencerlo me dejó ir con ellos. Siendo el hijo del dueño, pensé disfrutar de varias cosas. Hacer lo que quería era mi pensamiento. Llegando al lugar de destino me tocó trabajar exactamente como todos los trabajadores. No podía comer a menos que vendiera, tenía que ir de tienda en tienda o de casa en casa para vender la mercadería.

Después de toda una semana de esfuerzos por vender y ponerle todas las ganas para mostrarle a mi padre que ya era lo suficiente maduro para trabajar, sucedió que al entregar cuentas sobre la mercancía a mi cargo, el dinero que estaba entregando no cuadraba con lo que supuestamente había vendido, mis cuentas eran totalmente diferentes a las que debía entregar.

Eso sí que fue un problema, porque yo allí no era el hijo del dueño, era un trabajador y el que iba encargado de nosotros sencillamente no me pagó lo de esa semana. Ahora estaba yo en deuda con la empresa y él no me perdonó aun siendo el hijo del dueño y sus palabras no me ayudaron en nada. Totalmente desalentado y muy triste regresaba a casa esperando lo peor de mi padre, claro ustedes saben la reacción de papá fue horrenda pues ¿cómo yo, su hijo, no había podido saber vender? Aparte de perder dinero también me habían robado mercancía sin darme cuenta.

Después de explicarle a mi padre lo sucedido, me comprendió, no podía dejar de ser impresionado por los deseos que tenía de hacer bien las cosas y lograr el dinero que necesitaba, aparte de lo que ahora le debía. Me dio *'otra oportunidad'*, perdonándome lo que había pasado. Me dijo que si no hacia las cosas diferentes no habrían más oportunidades de salir con sus trabajadores. Él sabía que me había sucedido todo esto porque yo había desobedecido ciertas instrucciones que no creía importantes. Así que para lograr ganar su confianza nuevamente, puse toda mi mente y corazón para no dejar ir esta segunda oportunidad, esta vez con la ayuda del Padre de padres para no fallar.

Dios sabía el deseo que tenía de hacer bien las cosas. Fui grandemente bendecido en el segundo viaje. Con esto aprendí la lección que el ser el hijo del dueño de una empresa te da grandes privilegios. Aprendí que aunque somos hijos del dueño de este mundo es cierto que nos da grandes privilegios pero no nos limita el derecho de obedecerle estrictamente. De hecho el ser sus hijos nos pone bajo la estricta responsabilidad de obedecer.

Lo que Él pide de nosotros quizás no nos parezca lo correcto, pero te digo que Él sí sabe por qué nos pide lo que nos pide. De algo estoy totalmente seguro que nunca nos va a pedir algo para nuestro mal, jamás lo hará. En mi caso, fue que yo me confié en que era el hijo del dueño y que yo podía hacer las cosas a mi manera, que no haría las cosas que se me pidieran, sino que las hice a mi manera y por no tomar todas las instrucciones dadas, me metí en serios problemas que a esa edad lo único que podía ayudarme a pagar mi deuda, era la misericordia de mi padre proveyéndome otra *'oportunidad'*.

Cuando recibí el perdón de mi deuda tenía una doble razón de aprovechar al máximo la segunda oportunidad que me estaban dando y la supe aprovechar con todas mis fuerzas. No sabes cuánto el perdón de mi padre en esa ocasión me preparó para tomar las instrucciones siempre en serio, aunque esto me llevo varios años ponerlo en práctica. Aprendí que tenía que realizar todo con cuidado no importando quien daba las órdenes, y lo más lindo de todo esto fue que pude vislumbrar el gran amor perdonador de Jesús, quien me ha dado una *'segunda oportunidad'* que por su gracia he podido apreciar, pero que jamás nos limita de una estricta obediencia a su voluntad expresada.

Consagrándonos a él con todas nuestras energías sé que es posible lograr lo que una vez descuidamos o perdimos. Sabes, su grande misericordia para conmigo, Dios no sólo me ha perdonado el pasado, sino que me ha dado **"otra oportunidad"** para un presente y futuro diferente. Al recordar este incidente en mi vida; me llevó más tarde en mi juventud, cuando en mi vida espiritual le fallé a mi Dios, a buscar otra oportunidad.

Aquí empecé a pedirle a mi Jesús una renovación total, donde lo viera a él como la única vid a la cual podía acudir siendo yo un pámpano, para que me sacara de esta experiencia carnal y esclavitud hacia el pecado en sus mil formas, hasta sentirme realmente libre, libre, pero escondido en El. Joven, algo que animó mi vida espiritual fue que examiné las escrituras y mira lo que encontré, me dio el aliento para estar hoy aquí compartiendo todo esto contigo.

Adán, el primer hombre perfecto, lleno de sabiduría y de una voluntad divina, sin haber estado mancillado por el pecado, le falló a Dios y cayó. Cuando más cerca pudo estar un hombre de Dios,

Adán escuchando la voz de la mujer que el Señor le había dado. Nota que lo que llevó a fracasar a Adán fue algo que Dios mismo le dio, Eva. Esto me muestra que muchas cosas que el cielo nos permite tener pueden ser, si las usamos mal nuestra fuente de fracaso.

En todo esto no fue Dios, sino que Adán conscientemente decidió ceder al pecado, a la desobediencia, comiendo del árbol prohibido por el Señor, por amor al ser más querido, a Eva, él cayó en pecado. Pero, aun así Dios le dio otra *'oportunidad'* diciéndole: "por cuanto **obedeciste a la voz de tu mujer**, y comiste del árbol de que te mande diciendo: No comerás de él; **maldita será la tierra por amor a ti;** con dolor comerás de ella todos los días de tu vida" *Génesis 3:17.*

Aunque Dios no lo destruyó inmediatamente por su desobediencia, él sufrió pérdidas, como el paraíso, ver la muerte de su hijo Abel y muchas más, pero aún así vemos como Dios le dio **'otra oportunidad'** y Adán no la dejó ir; la aprovechó y salió perdonado de su gran pecado, tanto así que llegó a ser el tipo de Cristo - el segundo Adán. Joven no es esto alentador aún después de fallarle a Dios él está dispuesto en darnos una oportunidad más, mi pregunta es ¿qué harás con ella?

Pedro, uno de los más valientes discípulos que Jesús pudo tener en esta tierra, pecó contra su Dios. No sólo le negó una, sino tres veces. Pedro le había dicho: **"Aunque todos se escandalicen (negaran, avergonzaran) por ti, yo nunca me escandalizaré"** *Mateo 26:33.* Pero más tarde después del arresto de Jesús, el que supuestamente estaba más firme que todos los demás, no sólo se espantó con el arresto de Jesús sino que ahora "… Pedro **le seguía de lejos hasta el patio del pontífice"** *Versículo 58.*

Así terminó negándolo tres veces hasta el punto de **"…hacer imprecaciones, y a jurar, diciendo:** *No conozco al hombre,* **(Jesús) y en seguida el gallo cantó"** *Versículo 74.* ¡Qué manera de negar a Jesús! ¿Qué cosas verdad? No sé de qué manera tú has negado a Jesús, pero creo que peor que Pedro no y si así fuera, ¿crees que podremos recibir una *'oportunidad'* mas, queriendo de verdad seguir a Jesús? La oportunidad está allí. La pregunta es si la queremos.

Vemos que el que más seguro se encontraba se dio cuenta que no podía confiar en sí mismo, y esta experiencia de **"aparente derrota"** fue el comienzo de un verdadero nuevo nacimiento en el, Simón que más tarde vino a ser el apóstol Pedro. Aquí en su gran pecado, desesperación y desgracia **"se *acordó* de las palabras de Jesús,** que le dijo: Antes que cante el gallo, me negarás tres veces. (Notemos que se *acordó* de lo que en un momento ignoró, que más tarde era lo único que podía traerlo a una experiencia totalmente diferente a la anterior) y así Pedro... **saliendo fuera, lloró amargamente"** *Versículo 75.*

Fue esto lo que le llevó a entender lo que realmente era y que no podía más depender de él mismo, él no era la vid. Fue después de su caída que Pedro adquirió una experiencia que tristemente obtuvo por seguir sus propios planes, dependiendo de sus emociones y sentimientos carnales, pero Dios que en su misericordia usó esto, la *'aparente derrota'* para que Pedro obtuviera el conocimiento de los planes de Dios que son mil veces mejores que los del hombre.

Fue después de la resurrección que Jesús se vuelve a encontrar con su discípulo derrotado y viendo nuestro compasivo Dios el arrepentimiento sincero de Pedro, le dio otra *'oportunidad'* diciéndole: ".Simón, hijo de Jonás, ¿me amas más que éstos?" El respondió: "**Sí, Señor. Tú sabes que te amo**". Jesús le dijo: "Apacienta mis corderos". Volvió Jesús a preguntarle: "Simón, hijo de Jonás, ¿me amas?" Pedro respondió: "**Sí, Señor. Tú sabes que te amo**". Le dijo: "Apacienta mis ovejas" Por tercera vez le preguntó: "Simón, hijo de Jonás, ¿me amas?" **Pedro se entristeció de que le preguntara por tercera vez, "¿Me amas?"**, y respondió: "*Señor, tú sabes todas las cosas*. **Tú sabes que te amo**". Jesús le dijo: "Apacienta mis ovejas" *Juan 21:15-17.*

Fue hasta que Pedro reconoció que por él mismo no podía hacer nada y que Dios sabía todas las cosas y fue hasta que él dejó que Dios hiciera en él, lo que él no podía hacer por si mismo, que le dijo primeramente que si le amaba, apacentara a **sus corderos**. Debía empezar de nuevo en lo más pequeño y finalmente con lo más grande, responsabilidades más serias.

El punto era que si él aceptaba el plan de Dios recibiría 'otra oportunidad' y créeme que Pedro por nada del mundo después de aprender su lección dejó ir esa oportunidad. Joven espero que me estés entendiendo, lo que estoy tratando de decir, es que no importa en qué hemos caído o cuantas veces le hemos fallado, él está más que dispuesto a darnos **'otra oportunidad'** si dejamos que él nos use, no nosotros a él.

El mensaje nos vendrá y así se nos dirá como a Pedro, "**... no temas, desde ahora pescarás hombres**" *Lucas 5:10*, "**apacienta mis corderos y finalmente mis ovejas**".

¿Estás listo para apacentar esos corderos, cumplir esos pequeños deberes que muchas veces descuidamos para que más tarde nos diga, ahora apacienta mis ovejas? Esta es una misión más elevada, son responsabilidades que aguardan si hoy aceptamos esta otra oportunidad. Si en este momento nos decidimos obtener esa experiencia, terminaremos diciendo como Pedro: "Bendito el Dios y Padre de nuestro Señor Jesucristo, **que según su gran misericordia nos regeneró en esperanza viva**, por la resurrección de Jesucristo de entre los muertos" *1ª Pedro 1:3*.

Es el deseo de Dios que no pequemos, pero si llegásemos a caer en lo más bajo del mal, es por su misericordia que somos regenerados y nuestra esperanza que vino a ser opacada por el pecado es nuevamente avivada con *"otra oportunidad"*.

Otro gran hombre que cayó y desconfió en Dios después que él lo había usado, fue Elías. Al huir por salvar su vida a su manera, no sólo deshonró a Dios por no confiar en él, sino que trató de arreglar las cosas por si mismo, yendo hacia donde Dios no lo había mandado, como muchos de nosotros lo hemos hecho. Aquí en su huida miren lo que Elías hizo, "... se metió en *una cueva*, donde pasó la noche, y (aquí en la cueva) fue a él palabra del Eterno, el cual le dijo: **¿qué haces aquí (en la cueva) Elías?** *1ª Reyes 19:9*.

Uno diría ¿cómo un profeta de Dios le falló y perdió la confianza en él, cuando acababa de haber representado a Dios ante un pueblo rebelde de una manera sobrenatural? Joven ¿sabes por qué? el apóstol Santiago tiene la respuesta. Porque: **"Elías era hombre sujeto a semejantes pasiones que nosotros"** *Santiago 5:17*. Si un hombre de Dios pudo desconfiar del Eterno de esta manera y pecar huyendo a donde Él no lo había mandado, escondiéndose en una *'cueva'*. ¿Dime joven que con nosotros, no será que hoy también estamos escondidos en alguna cueva, símbolo de pecado? Aquí encontramos que Dios le preguntó ¿qué haces aquí Elías? No para condenarlo; aunque le tenía que enseñar una lección más a su profeta y era que en las buenas y malas aún el profeta tenía que aprender que el Señor seguía siendo su Dios. De igual manera la voz de Cristo hoy pregunta a muchos de nosotros que nos hemos desanimado por algún error, pecado nuestro, creyendo que todo está perdido, el aún nos pregunta, ¿Qué haces aquí, en la cueva?

El que había oído la oración ante todo un pueblo incrédulo haciendo caer fuego, el que le dio poder para degollar a los falsos profetas (maestros) de Israel, el que le había dado comida con las aves del cielo seguía siendo el Dios para salvarle ahora su vida y sacarlo de la cueva. Pero a Elías se le olvidó en la preocupación de salvarse él mismo. Joven, en las buenas y malas Él sigue siendo nuestro único Dios y también quiere sacarnos de nuestra cueva.

Notemos que Elías estaba huyendo y hasta le pidió a Dios que le quitara la vida, pero Dios en vez de escuchar su petición y condenarlo le dio *"una segunda oportunidad"* y más que eso le dio en abundancia vida. Sabes, Elías no dejó de aprovechar la oportunidad, lo cual le proveyó el boleto gratis al cielo sin ver la muerte. ¿Dime cómo no seré alentado con semejante historia? ¿Amigo no serás alentado con ella tú también?

Cuando llegamos a entender que **"todos nosotros nos descarriamos como ovejas, cada cual se apartó por su camino"** *Isaías 53:6*, buscaremos otra oportunidad y el cielo jamás la negará porque nunca lo ha hecho.

Con esto en nuestra mente ¿quién podrá de nosotros continuar con el dedo señalando, cuando todos nos hemos descarriado? Por eso querido joven reconociendo que en mil cosas he fallado, no puedo más que mejorar mi vida y alentar a todos mis compañeros jóvenes que están luchando como yo contra el mal en este momento, a seguir hacia adelante bajo la bandera de los que han pedido otra oportunidad.

Amigo aliéntese tu corazón y veamos la necesidad constante de un Salvador personal, sólo así mantendremos fijos los ojos en él que "**… comenzó en (nosotros)… la buena obra, (y Él) la perfeccionará); y terminará**" *Filipenses 1:6*. Renovemos hoy nuestros votos con Dios y aceptemos esta *'otra oportunidad'* que el cielo nos está dando.

"**…En ella se nos presenta la historia de los patriarcas y profetas y de otros hombres santos de la antigüedad. Ellos eran hombres sujetos "a las mismas debilidades que nosotros" (Santiago 5:17). Vemos como lucharon entre descorazonamientos como los nuestros, como cayeron bajo tentaciones, como hemos caído nosotros y, sin embargo, cobraron nuevo valor y vencieron por la gracia de Dios; y recordándolos, nos animamos en nuestra lucha por la justicia.**" El *Camino a Cristo*, páginas 87-88.

Llegó la hora de salir de nuestra *'cueva'* llena de incertidumbres, desaliento y sólo derrota; el pecado aparenta ser nuestro mejor amigo, pero siempre nos deja en una condición nada envidiable, ¡harto estoy de vivirla! es tiempo de reconocer únicamente el poder de Dios en nosotros para vencer y triunfar sobre la carne. Llegar a ser algo grande, como Jesús después de la cruz, Adán, Pedro, Elías o el presidente, como Jorge Washington después de sus derrotas. Sé que es un reto de todos los días, pero si otros lo lograron, sé que ¡nosotros podremos también!

Para poder llegar a aprovechar y hacer buen uso de una 'oportunidad' más debemos empezar a disfrutar del **sacrificio propio,** morir al yo, despojarnos de nuestros placeres más íntimos. Todo esto nos llevará a ser más receptivos, fuertes, ardientes y esperanzados, eso abrirá nuestros ojos espirituales para ver los muros altos de pecado derrumbados y los caminos abiertos hacia un mundo de victorias sobre el mal, montañas conquistadas y mares cruzados por el Señor obrando en nosotros para cumplir el llamado.

La siguiente anécdota debe llevarnos a proteger esta bendición, no sea que el enemigo te robe la *'oportunidad'* que tú hoy tienes a mano. Un granjero holandés que vivía en la República Sudafricana solía sentarse sobre una colina de piedras que atravesaba su propiedad *y lamentar la esterilidad de su tierra,* por lo que estuvo muy feliz de venderla por 25.000 dólares. *Pero el hombre que compró la propiedad descubrió una mina de oro justo debajo de la colina de piedras donde el hombre acostumbraba sentarse y compadecerse a si mismo".* Es así como muchos jóvenes lamentándose por su pasado y la condición en que están ahora han perdido sus oportunidades vendiéndolas por el lamento.

Descubramos lo que hay debajo de esa montaña de lamentos hechos por nuestros fracasos y hagamos uso del bien que está debajo de ello. ¡Te animas! ¡Descubre el oro, hay mucho oro donde creías que no había nada! Sabes yo me he equivocado tantas veces, y gracias al cielo que Dios no es hombre, se que me ha perdonado todos mis males y te regalo la bendición (el libro) de aprender de mis caídas.
Toma la siguiente cita, te levantará el ánimo si has caído como yo, **"se cometerán equivocaciones con frecuencia; pero todo error yace al lado mismo de la verdad. La sabiduría se adquiere con los fracasos y la energía que ha de marcar un comienzo da esperanza de éxito al fin"** *La Educación Cristiana,* página 313.

¡Es el cielo quien hoy nos da **'otra oportunidad'**! Joven ahora es nuestro privilegio de aceptarla, ella nos llama. ¿Responderemos, la aprovecharemos o seguiremos lamentándonos hasta perder toda ápice de esperanza?

Para Reflexionar y aplicar

¿Qué fue lo que más te impacto de este capítulo?

¿Qué aprendiste en este capítulo que pondrás en práctica?

¿Cuál es el punto más sobresaliente que compartirás con otros?

¿Has fracasado y te sientes impotente y sin esperanza? Se especificó:

¿Aceptas que los fracasos y errores son superables?

¿En qué te darás otra oportunidad? ¡Se bien especifico y créelo!

¿Cuáles son las cosas que debes superar para que funcione esa otra oportunidad que la vida te da?

CAPÍTULO 9
LA 'MUJER' - AYUDA IDÓNEA

De alguna manera la mujer ha sido puesta a un lado en la mayoría de las cosas, quizás en nuestra generación ha ocurrido un cambio radical en el asunto. Sin embargo me alegra decir que en la agenda de Dios el caso ha sido diferente, la mujer es muy importante y especial. Es lo más sublime, digno de no ser ignorado en los planes de nuestro Salvador. Tan importante es el papel de la mujer que el cielo mismo vio digno de usarla como figura, símbolo de los que representan a su pueblo. La mujer es el símbolo más bello y perfecto que Dios pudo usar para representar a su iglesia aquí en la tierra. No puedo seguir escribiendo este libro sin tomar en cuenta el papel de la mujer como lo asignó nuestro Dios, no la sociedad.

Muchos ven a la mujer como algo secundario, otros únicamente para casarse, tener hijos y cuidar de la casa. Muchas han vivido y muerto así. Pero alguien preguntó "Mujer virtuosa, ¿quién la hallará?" *Proverbios 31:10*. Amigas mías se que hay muchas mujeres, pero una mujer virtuosa, ¿quién la hallará? especialmente una mujer "joven virtuosa". De muy pocas se podrían decir que realmente han sido virtuosas y ese tipo de mujer el cielo sigue buscando para una tarea especial. Comprendamos esta tarea de la mujer, estudiando a la primera mujer que el cielo creó.

Todos sabemos que el cielo creó primeramente a Adán, quien mientras cumplía su tarea dada por el cielo se dio cuenta que todos tenían pareja pero él no encontró una, algo hacía falta en la vida del hombre y el Creador dijo. "No es bueno que el hombre este solo" *Génesis 2:18*. ¿Qué dijo Dios? Dijo que no era bueno que el hombre estuviera solo. Eso quiere decir que el hombre en si no estaba completo a menos que dejara de estar y deje de estar solo, emocional, espiritual, y físicamente, especialmente mientras cumplía obra que se le había designado.

Dios mismo dijo: "Le haré *ayuda idónea*" *Génesis 2:18*. La mujer no es cualquier cosa. Desde sus más tiernos años en este mundo fue destinada para ser la *"ayuda idónea"* del hombre. ¿Qué mujer entiende eso en todo sentido de la palabra? Dios mismo dijo 'Le haré'. Esto de crear a la mujer y el que ella tuviese una parte importante en el plan del Señor fue de Dios mismo desde el inicio de los días de nuestra historia. Así que la mujer de acuerdo a Dios *fue, es y será 'ayuda idónea' por siempre*. ¡Créelo!

La Biblia dice que Cristo vino a ser el segundo Adán *(1ª Corintios 16:21-22)*; en otras palabras, Cristo al venir a la tierra tuvo que tomar el papel de Adán en la condición de él, después de su caída para mostrarle al enemigo que aunque Adán había caído, el segundo iba a triunfar en la condición de Adán después de su caída, y como todos hemos aprendido, el segundo Adán (Cristo) venció y triunfó donde el primero había fracasado, en la comida, por la boca entró el pecado y fue allí donde Cristo venció, *(Mateo 4:1-11)* regresando al hombre, lo que se le había quitado en el paraíso, la oportunidad de tener nuevamente la vida eterna. La pregunta ahora es ¿a quién representa Eva, la mujer? Si, la mujer representa a la iglesia de Cristo *(Efesios 5:22-27)*. A todos aquellos que como Eva espiritualmente saben que han llegado a conocer la salvación para ser en el campo espiritual *"la ayuda idónea"* de Adán (Cristo).

De manera más clara la mujer tiene un papel muy importante que cumplir en el plan de su Creador, más importante del que se le ha podido reconocer. ¿Será que el Señor hoy está buscando crear a las Evas modernas, literalmente mujeres que puedan colaborar en la proclamación de su evangelio? ¿Entenderán esto las mujeres, especialmente las jóvenes de nuestras iglesias? ¿Amiga mía sabes que fuiste creada con un propósito mucho más importante que tener novio, esposo, hogar, hijos o alguna profesión? Dios quiere hacer de ti una *'ayuda idónea'* para el segundo Adán (Cristo), quien hoy está grandemente necesitado de ellas, de esa mujer virtuosa, celosa, de buenas obras, mujer que sepa que no vino a este mundo por casualidad, ni mucho menos para agradar al ojo del hombre, sino ser de Cristo. La otra parte del plan que grandemente se ha descuidado y muchas de alguna manera lo han ignorado y puesto al olvido por inspiración satánica. Destruyamos el plan del enemigo, reconociendo que la mujer tiene y va a ejecutar su destino divino.

Hoy el cielo busca de ti querida amiga, hacer nacer, crecer, florecer en ti su imagen del evangelio grandemente desvalorizado por mujeres y hombres inconversos. Dios permita que entiendas que tu parte en el plan de salvación es ser *'ayuda idónea'* para terminar la obra por la cual Cristo murió. Sin ti estamos incompletos para realizarla. ¡Te necesitamos mujer virtuosa!

Amiga la inspiración te habla. Dios **"llama a mujeres perseverantes, que aparten su atención del yo y la conveniencia personal, y la concentren en Cristo"** *Joyas de los Testimonios*, Tomo 2, página 405. ¿Por qué será que Dios *llama mujeres* con estas características? Sencillo, porque casi no existen mujeres en las cosas de Dios que sean del todo, *'perseverantes'*, que su atención esté apartada del *'yo'*, especialmente de la *'conveniencia personal'*. Mujeres que puedan hacer de Cristo y su obra su centro de enfoque, son las que él hoy *'llama'*. Las que lo entiendan y lo practiquen sin duda alguna nacerán espiritualmente para ser lo que Dios quiere que sean en su obra, la *'ayuda idónea'*.

Querida amiga, te dedico este espacio en mi libro porque creo de todo corazón que la mujer tiene una parte muy especial en los planes de Dios y en lo personal no puedo ignorarlo porque la historia, la experiencia me dice que lo más frágil, es lo más fuerte en las manos de nuestro Creador. Ustedes aparentan ser algo frágil *(1ª Pedro 3:7)* como lo dice el apóstol Pedro, pero en las manos de nuestro Dios llegan a ser el único medio para poder llegar a completar la obra asignada. Si el enemigo ha podido usar a la mujer para hacer caer a los más grandes hombres de la tierra, ¿qué no pueden ustedes llegar a ser un poder de Dios para la conversión de grandes hombres de la tierra? En otras palabras si Satanás ha podido usar a la mujer para el mal, Dios puede usarla para el bien y el progreso de su voluntad como nunca antes se haya visto.

En este tiempo, "escuchamos mucho acerca de la educación de las mujeres y es un asunto que merece cuidadosa atención. *La más alta educación para la mujer está en cultivar plenamente todos sus talentos y poderes.* El corazón, el espíritu y la mente, tanto como la parte física, deben ser adecuadamente desarrollados. *Hay muchas que no se han cultivado mentalmente, ni en sus modales. Otras están llenas de afectación y pareciera que su único blanco en la vida fuese aparentar.* Cuando vemos este estado de cosas, **no podemos menos que susurrar una oración pidiendo a Dios que bendiga este mundo con mujeres que hayan desarrollado su mente y carácter como debieran; mujeres que tengan una verdadera comprensión de la responsabilidad que les fue dada por Dios.** Signs of the Times, Marzo 23, 1891.

La más alta educación que una mujer pueda recibir es la del cielo que la preparará para la finalización de la obra en esta tierra, la que entienda que el cielo ha puesto grandes responsabilidades sobre ellas. Apenas si estará dando el primer paso para ser esa ayuda tan grandemente necesitada. Llegó el tiempo de que se empiece a escribir historias de mujeres como Eva que aunque cayó, se levantó viniendo a ser una bendición junto con Sara y Rebeca, madres de nuestro mundo, mujeres a quienes Dios mismo llamó para cumplir su plan de multiplicarse y llenar la tierra. Mujeres como María, hermana de Moisés, que no le importó arriesgar su vida por la salvación de su hermanito ¿por qué? porque sabía que la liberación estaba por venir y si su hermano era el libertador, no quería dejar de pasar el privilegio de ser parte del plan de salvación de su hermano y de toda una nación, mujeres que utilicen sus dones, como ella los usó desde que salió el pueblo y su estancia en el desierto. Mujeres como Abigail que prevengan con su audacia y prudencia la destrucción innecesaria, quienes sepan usar su sabiduría como amigas, esposas de líderes que como David que tenía toda una nación a quien dirigir e instruir. Jóvenes de oración como Ana la madre de Samuel.

En el transcurso de la vida he conocido un par de mujeres que cambiaron mi manera de ver el papel de la mujer en la obra de Dios. Mientras daba un seminario en Estados Unidos me encontré con dos jóvenes que aman a su Salvador con todo su corazón, sin embargo una de ellas impresionó e inspiró mi vida espiritual por su historia como joven.

Mi deseo es compartir con ustedes parte de su historia para animar con ello a todas mis hermanas jóvenes que de alguna manera han fallado, caído y fracasado con el intento de buscar, amar y servir a su Salvador.

Ella cuenta que su familia no era cristiana en los días de su niñez. Cuando entró en la adolescencia, sus padres se divorciaron, así de alguna manera empezó a cumplir con responsabilidades del hogar que aún no le correspondían. Poco después del divorcio de sus padres empezaron a asistir a la iglesia, asistía a todos los servicio religioso porque así su padre lo pedía, sin ella encontrar en ello lo que buscaba su corazón.

Los años transcurrieron y por principio familiar asistieron a la iglesia, pero uno de esos días de soledad, tristeza y confusión, ella oró a Dios y ¿sabes qué le pidió? le pidió conocer el mundo, sus placeres y aunque ella cuenta, que no era eso su verdadero deseo, porque ya conocía al Señor. Dios no sólo no pudo impedir contestar esa oración, sino ella hizo que se le contestara, pues Dios le dio libre albedrío. Aquí fue donde una vida privada empezó a desarrollarse aunque seguía yendo a la iglesia y asistía a cualquier reunión religiosa, pero cada vez más en pecado, pecado que sólo ella conocía. Comenzó a ir a clubes a tomar, fumar, drogarse y dar rienda suelta a su pasiones carnales que la llevó cada vez más a degradarse ante el Señor, y todo esto sin que lo supieran sus padres, hasta donde le era posible a escondidas de los que creían conocerla.

Esto empezó según ella como un pasatiempo con el cual trataba de llenar el vació de su alma, pero la llevo a enviciarse con todo lo que pudo hacer bajo el control del alcohol, drogas y carne. En todo sentido de la palabra se revelo ante Dios. La bebida, la droga y la falta de amor y comprensión la condujo a tener relaciones hasta consumirse en un espíritu de culpabilidad que la llevaba a la desesperación y pérdida de respeto propio, hundiéndose en el mar de la desgracia, mental, físico y espiritualmente, llego completamente a los suelos.

¿Cuál es mi razón de contarte esto? Lo hago porque de alguna manera muchos de nosotros nos relacionamos con algunas de las cosas que a ella le pasaron, espacialmente cuando nos hemos alejado de Dios, también porque muchos de los jóvenes que estamos en el pueblo de Dios, vivimos vidas en privado que nos han llevado únicamente a la desesperación sin aparente salida, pero, amigas, que han caído o fracasado en algo, el mensaje para ti es que hay restauración, si así lo deseas y buscas.

Un día que ella regresaba a casa después de haber estado en un club, llorando en su carro y desesperada por lo que estaba viviendo, se preguntó ¿Qué sucede conmigo? ¿Qué estoy haciendo con mi vida? ¿Por qué yo, oh Dios? Y la respuesta que recibió fue que ella lo había pedido así. ¿Pedido así? se preguntó. Hasta ahora se empezaba a dar cuenta de que nada de eso llenaba su gran vacío y no fue, sino después de hacerse esas preguntas que Dios pudo recordarle que solamente era la respuesta a su propia *"oración"*. Fue aquí donde empezó a conocer a su Dios, el verdadero Dios, el que da libre albedrío a todo ser creado, el que contesta aun las oraciones que creeríamos que jamás contestaría. ¿O se nos olvidó que fue el hijo prodigo el que pidió y se le dio? Espero que no.

Fue aquí – me contaba ella - donde después de cuatro años, recordó que un día ella le había pedido a Dios *"conocer el mundo y sus placeres"*. Fue en este momento que ella en su mundo lleno de soledad, en su desgracia y completa degradación reconoció a Dios como su Dios y completamente drogada como estaba en esa ocasión, clamó al Dios, al cual le había orado hacía cuatro años de manera contraria a la oración pasada, pidiéndole restauración y perdón completo. Reponía que fue una oración tonta, pero la palabra dice el que pide, recibe, ya sea lo bueno o lo malo.

Su vida espiritual empezó a ser restaurada; su estima propia levantada y su cuerpo no se llenó más con alcohol, drogas y hombres, sino con el bendito amor de Dios, el amor que llena, restaura, protege, cuida y engrandece la vida cristiana. Terminó con el novio que amaba, pero que destruía su vida como mujer y cristiana. Buscó a Dios, no sólo con sus labios, sino con todo su ser, entregándole toda su vida, comenzando así una nueva etapa en su vida juvenil.

Después de todo esto, tomó la decisión de estudiar para ser una hija de Dios, una misionera bajo el programa del cielo, con el cual ha viajado a varios lugares hablando del único ser que no sólo restaura, sino que perdona, llena de un amor completamente divino. Su vida hoy después de haber regresado para su casa espiritual, es una bendición a su hogar, y para la humanidad con quien esparce la pasión por su Redentor. Su vida es un testimonio que no puede ser rebatido, pues sus actos, palabras y obras muestran su conversión a Jesús.

Son historias como estas, las que puedes escribir si has caído. El cielo dice que si has fracasado en amar y servir a Dios, hoy puedes ser restaurada y utilizada como la *"ayuda idónea"* en la obra del cielo, la cual es salvar a la humanidad, especialmente a nuestros compañeros jóvenes que necesitan de un Salvador que conocen teóricamente pero no personalmente.

Querida amiga, si ella pudo, tú también puedes ser restaurada y elevada a la posición de ser una mujer de Dios, una verdadera 'ayuda idónea'.

Otra de las razones por las que comparto esta pequeña historia contigo, es porque nunca, ninguna joven había oído hablar de Jesús como lo hace ella, le tiene una pasión a su Salvador que lo único que logró en mí, es ver que aunque yo nací en la iglesia y siempre había profesado ser un seguidor de Jesús, estaba lejos de conocerlo de verdad. Fue en pocas palabras, su testimonio y pasión por Jesús que me llevó a entender que se trata de una íntima relación con Jesús y no de una religión, que nadie puede lograr por tí, es algo que sólo tú puedes y debes vivir, es increíble como el testimonio de una joven puede cambiar el mundo de muchos jóvenes. Te invito querida joven que tú, como mujer, y yo, como varón, testifiquemos por el Redentor. Te asombrarás de la gran influencia que tienes como una verdadera joven cristiana.

Necesitamos sin duda algunas señoritas que cuando lleguen a estar completamente entregadas a Cristo no teman dar su vida por la salvación de su pueblo como Esther. Mujeres que sepan tomar las riendas, el liderazgo cuando los hombres se acobardan y todo por amor a su Dios quien siempre debe ser honrado, como lo hizo Débora. También aquellas muchachas que han caído y fracasado tienen una obra que hacer como lo hizo Rahab una ramera, quien se convirtió. Fue ella la que empezó la destrucción de una poderosa nación, Jericó, pues ella le dijo a los espías que Josué los había enviado; que el pueblo ya estaba temblando por todo lo que había escuchado hacer por Israel, ella vino a ser importante para el derrumbe de Jericó y no sólo eso, sino que el cielo la vio digna de llegar a ser parte del linaje de donde vino nuestro Salvador. ¿Qué es lo que le importa más a Dios, la que cayó o la que nunca ha caído? Nada de eso es importante cuando viene a existir una conversión completa. Todos nacimos en pecado.

Jóvenes puras, rectas que puedan estar dispuestas a decir cuando Dios les llama, "hágase tu voluntad" como María la madre de Jesús, es lo que el cielo busca. Jóvenes como la hija de Jairo que aunque estén muertas espiritualmente, pero que lo reconocen y sienten la necesidad de una resurrección espiritual, sabrán escuchar cuando la voz del Salvador les dice 'levántate' a cumplir tu misión, 'levántate', sé la 'ayuda idónea'. Mujer, tal es una mujer virtuosa a la vista del universo quien con toda razón dice, "Muchas mujeres hicieron el bien. *Mas tú las sobrepujaste a todas"* Proverbios 31:29.

Amiga mía, con toda seguridad sé que estas palabras inspiradas te pertenecen a tí, sólo que tienes que ganártelas siendo solamente una mujer 'idónea'. **"Se necesitan mujeres de principios firmes y carácter decidido; mujeres que en verdad crean que estamos viviendo en los últimos días y que tenemos un mensaje solemne de amonestación para dar al mundo; mujeres dispuestas a comprometerse en la importante tarea de esparcir los rayos de luz que el cielo ha derramado sobre ellas. Cuando el amor de Dios y su verdad sean un principio permanente en sus vidas, no permitirán que nada pueda distraerlas o desanimarlas de su obra. En el temor de Dios, no serán apartadas de las labores en** su causa por la tentación de actividades o situaciones más lucrativas o atractivas. Preservarán su integridad a cualquier costo. **Estas mujeres representarán correctamente la religión de Cristo, y sus palabras serán como manzanas de oro con figuras de plata. Las tales pueden hacer un precioso trabajo para Dios en muchas formas. Él las llama para ir al campo y cosechar las gavilla (almas para su reino)"** *Signs of the Times*, Septiembre 16,1886.

Señoritas tales, son las que el cielo busca. Las características mencionadas son necesarias para que sean embajadoras de Cristo. La obra que queda por realizarse es grande y debe someterse la vanidad y egoísmo carnal que está paralizando a tantas jóvenes cristianas a no ser parte del ejército añorado.

Durante las Olimpiadas de 1984 en Los Ángeles, la carrera final para mujeres lisiadas de los 100 metros planos fue realmente especial. Esperaban la señal de partida. Cuando sonó, ellas comenzaron la carrera. Algunas, por sus inhabilidades, tenían un estilo extraño, pero corrieron sobre la pista. Cerca de la marca de los 20 metros, una de las muchachas tambaleó y se calló. Se quedó inmóvil por un momento y comenzó a llorar. Las demás siguieron corriendo.

Finalmente una se detuvo. Después otra y otra. ¡Todas se detuvieron! Todas fueron junto a la muchacha que había caído, la ayudaron a levantarse y juntas con los brazos entrelazados, terminaron la carrera. No hubo perdedoras en el evento. ¿Mujeres tales reconociendo que el cielo las ha investido con diferentes dones y que cuentan con diferentes debilidades no se unirán para realizar juntas la tarea dada? ¿Quién será la primera en detenerse y ayudar a la o los que han caído y necesitan de Jesús? ¿Dónde está esa joven que hará la diferencia?

Amiga donde quiera que estés, espero que el Señor haya podido utilizar este espacio para decirte cuanto él te ama, estima y sobre todo para que comprendas tu misión en esta tierra. A ti nuestro Dios dice: **"Engañosa es la gracia y vana la hermosura. Pero la mujer**

que teme al Eterno, ésa será alabada". Siendo lo que siempre fuiste, eres y serás mujer, la **'ayuda idónea'**.

Para Reflexionar y aplicar

¿Qué fue lo que más te impacto de este capítulo?

¿Qué aprendiste en este capítulo que pondrás en práctica?

¿Cuál es el punto más sobresaliente que compartirás con otros?

¿Habías pensado en la importancia de la mujer en la vida?

¿Cuán importante crees que es la función de la mujer en la realización de nuestra vida?

¿Si eres una mujer en que crees que has estado cumpliendo el papel de ayuda idónea?

¿En qué te comprometes mejorar y cumplir con tu papel de ayuda idónea?

¿En qué crees específicamente que Dios te ha llamado a cumplir una misión, deber, responsabilidad? ¡Se es específica!

CAPÍTULO 10
LAS 'CONSECUENCIAS' DEL PECADO NO SE PUEDEN EVITAR

Dijo *Cervantes*. **"Ocúpate de conocerte a ti mismo, aunque sea la tarea más difícil del mundo"** ¿Por qué? Porque es la única manera de saber dónde estás o dónde podrías estar. Esto te ayuda a ver en qué has fallado, caído y cómo puedes evitarlo. Bajo la escalera de la experiencia traída por las 'consecuencias' de un fracaso, siembra la flor del perdón y restauración, la luz del amor de Cristo se ve como un faro en las tinieblas. Estudiemos la vida de un héroe que fue dominado por la carne pero que se recuperó.

David, un joven que por su entrega a Dios logró vencer a Goliat, la cual fue la hazaña más grande de su vida, alcanzando el puesto de rey, pero que en el apogeo de las bendiciones y transcurso de sus victorias se descuidó y pecó; adulterando, matando y finalmente escondiendo su pecado que lo hizo un fugitivo del Dios, a quien tanto había amado, representado y servido por toda una vida. **"En medio de los peligros de su juventud, David, consciente de su integridad, podía confiar su caso a Dios. La mano del Señor le había guiado y hecho pasar sano y salvo por infinidad de trampas tendidas a sus pies. Pero ahora,** (en su pecado de adulterio) **culpable y sin arrepentimiento, no pidió ayuda, ni dirección al Cielo, sino que buscó la manera de desenredarse de los peligros en que el pecado le había envuelto"** *Patriarcas y Profetas,* páginas 776, 777.

En su intranquila situación, Dios vino a él porque David no buscó a su Dios, como Adán se escondió. Esto lo hizo Dios a través de su profeta, Natán vino a David diciendo: **"Tú eres ese hombre..."** 2 **Samuel 12:7.** ¿Qué hombre? El hombre que había robado la única ovejita de este otro hombre que no contaba con otra oveja más que la que tenía, (Betsabé mujer de Urías) por el contrario David tenía muchas ovejas (mujeres) y sin embargo no le importó quitarle esa única ovejita a Urías, por eso el Señor le dice cómo es que después de que: **"Yo te ungí por rey de Israel, y te libré de manos de Saúl. Y si esto no es nada como es que: Te di la casa de tu señor, y las mujeres de tu señor en tu seno. Además, te di la casa de Israel y de Judá. Y si esto fuera poco, te añadiría mucho más"** 2 Samuel 12:7-9.

El Señor le preguntaba a David, ¿cómo es que YO no tratándote mal te portas así David? La verdadera lección está en lo que el Señor le pregunta en seguida. **¿Por qué, pues, tuviste en poco la Palabra del Eterno, y cometiste lo malo en sus ojos?** *2ª Samuel 12:13.*

En esta lectura encontramos donde radicaba el problema y pecado de David, era en que al haber realizado este pecado, tuvo en poco la palabra del Señor y no le importó hacer lo impío ante los ojos de Dios, no del hombre sino de Dios, allí estuvo su gran pecado, *por ignorar la palabra del Eterno*. Esto llevó al Señor a recordarle a David que todo estaba abierto ante sus ojos y no hay nada oculto ante él. **"A Urías hitita heriste a espada, y tomaste su esposa para que fuera tuya, y a él lo mataste con la espada de los amonitas"**. 2 Samuel 12:9.

Que lección querido amigo, necesitamos recordar siempre que Dios todo lo ve y que tarde o temprano nos lo hará saber cómo lo hizo con David pues: **"Todo esfuerzo de David para ocultar su culpabilidad resultó fútil. Se había entregado al poder de Satanás; el peligro le rodeaba; la deshonra, que es más amarga que la muerte, le esperaba. No había sino una manera de escapar, y en su desesperación se apresuró a agregar un asesinato a su adulterio"** *Patriarcas y Profetas*, página 777.

Notemos cuidadosamente como al querer ocultar David su pecado lo llevó a agregar otros a su cuenta y cada vez eran peores. El ocultar el pecado no sólo nos llevará a cometer más, sino como no somos supuestamente paganos los ocultamos y eso es precisamente lo que el enemigo desea para robar nuestra paz y así inyectar el veneno de la desesperación. Lo logró con David. ¿Lo logrará con nosotros?

Queridos jóvenes eso es exactamente lo que tenemos que evitar. Como evitaríamos quemarnos con el fuego o tomar literalmente veneno. No hay ninguna otra manera de escapar de la culpa y del pecado, más que confesándolo inmediatamente, aunque las *'consecuencias'* vendrán, no las podremos evitar. Vendrán por nuestro propio bien, como fue visto en la vida de David. Quizás Dios venga con mensajes de duro reproche y disciplina pero verás que a la larga será para nuestra propia recuperación y salvación.

Por amor a Dios no escondamos más el pecado, la iniquidad en nuestro corazón, si lo hacemos terminaremos estando en pleno control del enemigo, que sólo nos llevará a cometer peores pecados, ¿es esto mentira joven? Que el Señor permita que en nuestra desesperación la busquemos deseando ser restaurados en vez de seguir ocultando lo que sólo nos traerá más desgracias. Veamos los resultados del mensaje que Dios envió a través del profeta Natán a David. "El reproche del profeta **conmovió** el corazón de David; se **despertó su conciencia** y su **culpa le apareció** en toda su enormidad. Su alma se postró **en penitencia** ante Dios" *Patriarcas y Profetas*, página 780. ¡Qué mensaje restaurador!, solamente un mensaje de Dios puede realizar esto, el corazón de David fue conmovido, su conciencia fue despertada, el pecado apareció tal cual era, dando como resultado humillación ante Dios y un espíritu de necesidad.

Jóvenes, de verdad no importa hasta donde hemos caído en pecado, lo que importa es como enfrentamos esa situación. En algún momento cómo Dios lo hizo con David nos enviará un mensaje reprendedor pero envuelto de bálsamo y los resultados dependerán de nuestra aceptación o rechazo. Mira como actuó David cuando escuchó este mensaje, aunque duro, pero completamente lleno de esperanza. Con labios temblorosos exclamó: "…Pequé contra el Eterno…" *2ª Samuel 12:13*.

Debemos recordar que: "Todo daño o agravio que se haga a otros se extiende del perjudicado a Dios. David había cometido un grave pecado contra Urías y Betsabé, y se daba cuenta perfecta de su gran transgresión. ***Pero mucho más grave era su pecado contra Dios***" *Patriarcas y Profetas*, página 780.

David, un joven que en un tiempo estuvo en los caminos de Dios, llegó a caer, siendo arrastrado por el pecado, en los suelos vino a ser grandemente reprendido por Dios. La actitud de David ante esta reprensión es la que me conmueve a buscar al Dios de misericordia. "Entonces dijo David a Natán: **"Pequé contra el Eterno"**. La preocupación más grande de David era que había pecado contra Dios y esconderlo no podía más, de esta manera fue como salió de su 'cueva' llena de desesperación dando al cielo la oportunidad de aliviar su corazón, dar esperanza a su alma de ser perdonada y restaurada nuevamente para con Dios.

Si tan sólo reconociéramos nosotros cuanto hemos pecado y contra quien lo hemos hecho, nuestra experiencia sería diferente. Recordemos, no importa contra quien pequemos o en qué hemos pecado, todo es como que si lo hiciéramos contra Dios mismo y esa es siempre la barrera para cuidar de tropezar o caer. Dios permita que en la juventud cristiana se experimente esto, que podamos decir como David, no por temor a las **'consecuencias'**, sino porque lo hemos hecho contra el Eterno, he pecado, debe ser nuestro lenguaje.

Ahora por qué es que menciono esto, lo hago porque al reconocer que hemos pecado contra nuestro Dios él vendrá a nosotros con palabras de aliento, como vino a David en un momento de gran necesidad de comprensión y perdón, diciendo: Natán a David: **'También el Eterno ha perdonado tu pecado. No morirás'**. *2ª Samuel 12:13*. Éstas sí fueron, **"palabras a tiempo"** *Proverbios 15:23*. Palabras del Dios de amor.

Querido compañero no importa el tamaño del pecado que se ha cometido o en lo que se ha fallado; lo que si cuenta es la manera en que reconoces lo que has hecho. Como David, ojalá podamos reconocer que hemos pecado contra el Eterno, y seguramente nos dirá, *'tu pecado ha sido perdonado, no morirás'* aunque las **'consecuencias'** no se podrán evitar especialmente cuando se trata de restaurarnos a él nuevamente. No hay duda, Dios es fiel a su palabra, diciendo **"Yo *reprendo* y *disciplino* a todos los que amo. Sé, pues, celoso, y arrepiéntete"** *Apocalipsis 3:19*. Éste es su mensaje para nosotros hoy, pero tengo que repetir amigo que aunque Dios perdonó a David, todos sus pecados y perdonará los nuestros también, las **'consecuencias no se pueden evitar'**, pues el pecado siempre tendrá *'consecuencias'* y con David fueron muy severas pero él entendió que eran para su propio bien.

El Señor le dijo claramente: **"Por eso, la espada no se apartará jamás de tu casa, por cuanto me menospreciaste, y tomaste la esposa de Urías hitita para ti. Así dice el Eterno: Yo levantaré el mal en tu misma casa. Tomaré tus mujeres ante tus ojos, y las daré a tu prójimo, que yacerá con ellas a la vista de este sol. Tú lo hiciste en secreto, pero yo haré esto ante todo Israel, y ante el sol"** *2ª Samuel 12:10-12*. Pregunto ¿murmuró David por esto que vendría como *'consecuencias'* de su pecado? ¿Pudo evitarlas por ser un elegido de Dios? De ninguna manera, al contrario agradeció al Señor por ella, ¡sabía que era para su bien, restauración y salvación!

¿Cómo nos sentiríamos si Dios revelara nuestros pecados de esta manera? Creo que yo desmayaría. Pero joven así como Dios tuvo misericordia de su siervo David la ha tenido y la tendrá hoy por nosotros si tomamos la misma actitud de él. Debemos pues dejar claro que de **ninguna manera puede evitarse las consecuencias** a menos que el Eterno así lo decida, no las podemos evitar, pues si revisas la historia de David verás que aunque él se arrepintió, pacientemente vivió las consecuencias, hasta su muerte, pero con la bendita seguridad de haber sido perdonado, y te aseguro que desde esa caída, David nunca más fue el mismo.

Esta caída lo acercó a Dios como nada lo había hecho, y vivir las consecuencias fueron lo que lo unieron para siempre al cielo como un candidato para la resurrección de los *'justos'*. Aunque nunca fue el deseo de Dios que el hombre cayera, él ha usado sus caídas como el vehículo hacia la experiencia más bella en la vida de sus hijos; ha vuelto sus derrotas en escalones de victoria deseadas y finalmente logradas por la gracia del Eterno.

Examina ahora tu arrepentimiento. Jóvenes no trates de esconder o arreglártelas para ocultar el pecado, "Porque Dios traerá toda obra a juicio, el cual se hará sobre toda cosa oculta, buena o mala". *Eclesiastés 12:14*. En nuestros momentos de desesperación por el pecado como David debemos recordar lo siguiente. **"A menudo cuando se habían pronunciado juicios contra personas o ciudades, la humillación y el arrepentimiento habían bastado para apartar el golpe,...alentado por este pensamiento, David perseveró en su súplica mientras vivió el niño** (una de las consecuencias de su pecado). **Cuando supo que estaba muerto, con calma y resignación David se sometió al decreto de Dios. Había caído el primer golpe** (consecuencia) **de aquel castigo que él mismo había declarado justo. Pero David, confiando en la misericordia de Dios, no quedó sin consuelo"** *Patriarcas y Profetas*, páginas 780-781.

Aquí vemos como David aún en su desgracia no perdió la esperanza de volver a ser restaurado, recordando cómo Dios había tratado con otros pecadores en el pasado, tomó consuelo en él que es: "... misericordioso y clemente, tardo para la ira y grande en misericordia..." *Joel 2:13*.

"Aun antes de que se hubiese dictado la sentencia divina contra David, éste ya había comenzado a cosechar el fruto de su transgresión. Su conciencia no tenía paz". En el Salmo 32 presenta la agonía que su espíritu soportó entonces.

Encontramos en esta expresión (Salmos 32) del alma de David, parte de la *'consecuencia'* de su pecado no fue exterior, sino interiormente la parte más sensible del ser humano que más duele, Satanás sabe que si esta parte del hombre está mal, todo estará peor. Su pecado le había robado la paz interna, no estaba tranquilo y no sólo no lograba tener paz en su conciencia, y le había afectado físicamente, pues el mismo dice que mientras ocultaba el pecado sus 'huesos envejecieron' y en esta condición sentía muy fuerte la mano de Dios sobre él, viniendo todo a ser como un desierto, sin sentido, sin vida. Fue aquí en las 'consecuencias' de su pecado que no trató de esconderse más, y muchos menos quejarse de lo que estaba cosechando. Gustosamente recibió el mensaje de salvación a través de la 'consecuencia' interior que estaba ya sufriendo.

El Salmo 51 es una expresión del arrepentimiento de David. Gritó, **"Ten piedad de mí, Oh Dios, conforme a tu misericordia:**

Conforme a la multitud de tus piedades borra mis rebeliones. Lávame más y más de mi maldad, Y límpiame de mi pecado. Porque yo reconozco mis rebeliones; Y mi pecado está siempre delante de mí... Purifícame con hisopo, y seré limpio: Lávame, y seré emblanquecido más que la nieve. Hazme oír gozo y alegría; Y se recrearán los huesos que has abatido". *Salmos 51:1-8.*

La inspiración comenta: "**El arrepentimiento de David fue sincero y profundo. No hizo ningún esfuerzo para aminorar su crimen.** *Lo que inspiró su oración no fue el deseo de escapar a los castigos con que se le amenazaba"* Patriarcas y Profetas, página 785.

Un verdadero espíritu de arrepentimiento acepta la voluntad de Dios tal como él considere expresarlo, David no lo hizo por escapar a las consecuencias del castigo, sino por reconocer que se había apartado de Dios al pecar. En ese momento de arrepentimiento David dijo. "*Esconde* tu rostro de mis pecados, y *borra* todas mis maldades. *Crea en mí*, oh Dios, un corazón limpio; y *renueva* un espíritu recto dentro de mí. *No me eches* de delante de ti; y *no quites de mí* tu santo espíritu. *Vuélveme el gozo* de tu salud" Salmos 51:9-12.

¿Qué pidió David que Dios hiciera? Qué:
- Escondiera su rostro de sus pecados.
- Borrará todas sus maldades.
- Creará un limpio corazón.
- Una renovación de su Santo Espíritu en él.
- lo echara de su presencia.
- Pidió que en su misericordia Dios le volviese *el gozo de la salvación* que había perdido.

"**No oró pidiendo perdón solamente, sino también pidiendo pureza de corazón. David no abandonó la lucha en su desesperación"** *Patriarcas y Profetas*, página 785. Que el Dios de David nos pueda guiar a esta experiencia, querido joven. Que podamos reconocer nuestras faltas, errores y pecados, todo esto no es más que el camino a una restauración completa y profundamente divina que nos llevará a orar como lo hizo David.

Sin duda alguna Dios nos ha de perdonar si es esa nuestra condición, pero no podremos evitar las 'consecuencias' del pecado, porque las consecuencias son cadenas que nos encaminan a una restauración de nuestra relación con Cristo, y así vienen a ser la escuela para graduarnos como verdaderos hijos de Dios. Arrepentidos vendremos a ser sanados porque hemos llegado a ver lo odioso que el pecado es, y cuanto a nuestro Dios, en él, y hasta entonces entenderemos la petición de David en Salmos 51.

Que podamos orar como David para pedir un corazón limpio y un espíritu recto dentro de nosotros. Pureza es nuestra gran necesidad en la juventud de hoy. ¡Dios regálenos esa pureza suya, debe ser nuestra oración!

Como vemos David hizo su confesión y arrepentimiento público. **"... El rey de Israel relató todo lo concerniente a su pecado, su arrepentimiento, y su esperanza de perdón por la misericordia de Dios.** *En vez de procurar ocultar la culpa, quiso que otros se instruyeran por el conocimiento de la triste historia de su caída"* Patriarcas y Profetas, páginas 785.

Creo sinceramente que si alguna vez David predicó, fue reconociendo su pecado públicamente o sea su arrepentimiento lo llevó a ser el predicador que más ha alentado, animado, fortalecido y levantado de los suelos a niños, jóvenes, adultos, reyes, líderes y pastores, fue es y será Salmos 51, la predicación más elocuente de un verdadero pecador arrepentido. Fue escrito para ti y para mí, a quienes el cielo desea restaurar a través de las consecuencias que no se pueden evitar por nuestro bien y salvación.

"Aunque David había caído, el Señor lo levantó. Estaba ahora más plenamente en armonía con Dios y en simpatía con sus semejantes que antes de su caída. En el gozo de su liberación cantó" *Patriarcas y Profetas*, página 785-786.

Oh joven cómo puedo expresar lo que siento mientras comparto esto, Dios está sumamente interesado en que seamos restaurados de nuestra caída como lo estuvo con David, y que lleguemos a estar en paz con él otra vez. Veamos que esta experiencia de su caída terminó siendo una bendición en su vida, la inspiración dice que llegó ahora a estar más **"plenamente en armonía"** con Dios y en verdadera **"simpatía** con sus semejantes" que antes de su caída. Si nosotros nos volvemos a Jesús como lo hizo David, veremos que a aún nuestros fracasos y caídas vendrán a ser una bendición y nos traerán a una íntima relación con Dios y con los que nos rodean, pues vendremos a ser misericordiosos como Dios lo ha sido con nosotros y un ejemplo de lo que él puede hacer.

Oro para que aprendamos de la historia de David que Dios no juega con el pecado, no importa que hayamos sido altamente privilegiados como David o cualquier otro gran hombre, pecado es pecado y Dios tratará con nosotros de igual manera como lo hizo contra el pecado en el pasado y aunque hay '**consecuencias**' no hay mejor experiencia que pasarlas y soportarlas bajo el perdón divino. David lo entendió y soportó el resultado de su pecado tranquilamente. Pero joven dime ¿qué no se puede soportar en el favor de Dios y su perdón? David soportó las '**consecuencias**' y puedes leerlas en *1ª Samuel 13-24, 2ª Samuel 1.*

La intranquilidad, el alejamiento de la bendición de Dios, la enfermedad, el ver a su hija violada, ver a sus hijos contra Dios y sus principios, sus hijos contra él, el reino por un instante quitado de sus manos, recibiendo maldiciones del mismo pueblo, ver como sus mismos compañeros del reino contra él, la muerte de sus hijos, la violación de sus concubinas y muchas cosas más tuvo que pasar David como 'consecuencias' de su pecado.

Duras y tremendas, pero con el seguro perdón de Dios él no vaciló en vivir agradecido ante el Creador del universo, quien lo bendijo por la eternidad. No fueron de ninguna manera fácil, sino fuego que pulieron la moralidad y fe del joven David. Llegó a tener un carácter envidiable por el cielo, tanto así que después de su caída llego a ser agradable al corazón de Dios.

Entendamos que Dios está dispuesto en volvernos su favor si así lo deseamos con sincero y verdadero arrepentimiento, recordando que jamás podemos depender de nuestra propia fuerza. Jóvenes aprendamos a desconfiar totalmente de nosotros mismos y por amor a Dios no escondamos el pecado, pues él está más que dispuesto en perdonarnos, volvamos al Dios de nuestra fortaleza. Alguien me dijo un día, *'Dios está más interesado en convertirnos en lo que él quiere que seamos, que en darnos lo que nos merecemos'*, que ciertas son esas palabras.

Tomemos pues aliento y ánimo porque "Miles de los hijos de Dios han sido los que, después de haber sido entregados traidoramente al pecado y cuando estaban a punto de desesperar, recordaron cómo el arrepentimiento sincero y la confesión de David fueron aceptados por Dios, **no obstante haber tenido que** *sufrir las consecuencias de su transgresión*; **y también cobraron ánimo para arrepentirse y procurar nuevamente andar por los senderos de los mandamientos de Dios**" *Patriarcas y Profetas*, página 786.

Claramente esta parte de la experiencia de David es una cápsula en la Biblia que fue escrita para nosotros, para que en los momentos más difíciles de nuestra experiencia espiritual podamos ser alentados y ver únicamente a Jesús como nuestro único faro en el tormentoso mar de la vida. Cierto, nuestra fe aún en nuestras caídas puede fortalecerse y crecer llevándonos a conocer mejor a nuestro artero enemigo, el mundo, y la carne a quien debemos vencer, recordando que Dios nos dará el perdón pero no evitará las 'consecuencias' pues eso será una bendita bendición volviéndonos en sí, que nos llevará a tener el camino del cielo como nuestra única delicia.

El Señor por medio del apóstol Pablo le dice a la juventud de la presente generación "**… dejemos todo lo que estorba, y el pecado que tan fácilmente nos enreda, y corramos con perseverancia la carrera que nos es propuesta**" *Hebreos 12:1*. Esta es la petición del cielo, que el pecado que nos enreda fácilmente sea desterrado y corramos nuestra vida espiritual con perseverancia y paciencia hasta que el pecado nos llegué ser odioso, ¿pero preguntaran cómo lograrlo, si siempre lo he intentado, pero no he podido vencer de una manera permanente? Tienes razón, sabes ¿por qué? porque lo hemos intentado con nuestra fuerza, cuando la palabra dice que debe ser siempre, **"Fijos los ojos en Jesús, autor y consumador de la fe"** *Hebreos 12:2.*

Entendiendo esto, exclamemos... **a Dios gracias, el cual hace que siempre triunfemos en Cristo Jesús..."** *2ª Corintios 23:14.* Porque **"El Eterno es mi luz y mi salvación... él... es la fortaleza de mi vida..."** *Salmos 27:1.* "Considerad, pues, a aquél que sufrió... **para que no os fatiguéis en vuestro ánimo hasta desmayar"** *Hebreos 12:3.* **"Más a Dios gracias, que nos da la victoria por el Señor nuestro, Jesucristo"** *1ª Corintios 15:57.*

Sabes, siempre había cuestionado el ser vencedor en Cristo Jesús, porque se me hacía tan sencillo y simple y creía que tenía que hacer algo aparte de aceptarlo como Salvador para ganar su favor, pero hoy por experiencia veo que como joven, sólo tengo esperanza en él enteramente, es él único que puede darme la victoria y la protección contra mí mismo y mis impulsos carnales y muchas veces poder pasar las 'consecuencias' de mis pasados pecados, logrando la "plena armonía con Dios", disfrutando de su perdón que me da como se la dio a David. Hoy te la da a ti también.

En esta sección lo que he tratado de exponer es que no importa en que hemos caído, Jesús está más que dispuesto en decirnos **"no moriréis"** y el mensaje para ti querido compañero que luchas en esa desesperación por tu pecado. **"El Eterno a perdonado tu pecado"** y con eso el cielo nos implora hoy: *"Se vigilante y confirma* las otras cosas que están por morir, porque no he hallado tus obras perfectas delante de Dios" *Apocalipsis 3:2,* y... **Escucha, hijo mío, sé sabio, y endereza tu corazón al camino"** *Proverbios 23:19.* Porque; **"aun hay esperanza para todo aquel que está entre los vivos"** *Eclesiastés 9:4.*

"La confesión de las malas obras es el comienzo de las buenas obras" - *San Agustín.* Recordemos que no podremos evitar, ni evadir las **'consecuencias'** del pecado, pero sí dejar que sean uno de los medios que nos sanaran y unirán al Señor nuevamente, así seremos restaurados al favor de Dios como lo fue David. Joven con tal perdón, ¿qué consecuencias no podremos soportar?

Lo que enseguida te voy a contar es algo que son pocos los que lo hablarían especialmente si es alguien de la iglesia y aunque es algo completamente privado, decidí compartirlo contigo como un ejemplo de que nadie, no importando la sociedad, posición, edad, nadie está exento de caer y fallar brutalmente. Me sucedió varios años atrás. Todo empezó en la misma iglesia, conocí a una muchacha muy simpática. Me tocó un día acompañarla a su casa, no tenía que hacerlo, pero creo que me ganó más la carne que los principios. Cuando quise evitar lo que yo sabía que podía pasar, era en cierto sentido muy tarde, llegamos a la casa y lo único que tenía que hacer era dejarla e irme, pero en vez de hacerlo seguí sus sugerencias. No habiendo nadie en casa pase adentro. Aparte de hablar, yo buscaba en mi ociosidad su compañía, me hizo plática hasta que sus palabras me indujeron a soltar mis pasiones. No culpo a la muchacha, pues yo sabía muy bien que no debía estar allí. Si tan sólo hubiera escuchado la voz del Espíritu en mi conciencia que me decía; **¡Huye, vete de aquí! ¿Crees que Dios aprueba lo que estás haciendo? ¿Dónde están tus principios? Recuerda lo que Jesús hizo y hace en tu favor aún, ¿lo traicionarás?** Estas y muchas más preguntas pasaban en mi mente. Allí estaba yo vendiendo mi primogenitura por un plato de besos.

¿Te ha pasado a ti alguna vez esto o algo parecido? Estaba convencido y sabía que habría consecuencias, pero lo ignore. Cuando recapacité era demasiado tarde. Le pedí que paráramos de hacer lo que estábamos provocando, sabía que estaba deshonrando a mi Dios y a las responsabilidades que tenía en la iglesia en aquel entonces. No quería seguir en esto, pues de verdad dentro de mi debilidad tenía todo el deseo de honrar a Dios, pero llegué al punto donde Dios no podía intervenir; era yo ahora el que tenía que decidir. Se llega al punto donde Dios no puede intervenir, uno es el que tiene la última palabra para bien o mal.

Ella en vez de apoyarme para dejar ese mal, me reprocho diciendo: *"así son todos los líderes de iglesia, nunca pueden, siempre en defensa, cansada estoy de ellos, porque siempre se quedan a medias".* Luego en vez de animarme a no seguir por ese camino, me dijo que ya habíamos llegado lejos, por qué no seguir, que al cabo todo terminaba allí. No puedo mentirte fracase, caí, seguí las sugerencias de esa mujer y no pude frenar mis acciones, no tuve el valor de decir, No.

Créeme, esa experiencia fue el comienzo de un martirio. Le había fallado a mi Dios, había ignorado sus consejos; lo hice llorar por mi conducta, aunque hoy sé que Dios me ha perdonado, no puedo olvidar como caí en aquella ocasión, avergoncé al cielo por mi pecado. Sabía que con tan sólo estar a solas con ella, era ya una apariencia de mal y por lo tanto un pecado.

Esa fue la ocasión que traicioné mi cometido, te cuento esto porque en esos días empezaba a tomar las cosas de la iglesia en serio, quebré la integridad que estaba construyendo. ¡Le falle a mi Jesús! Con la paz que solo Jesús puede dar, después de una gran caída, lo increíble es que al que traicioné en lugar de desecharme e ignorarme vino a rescatarme de mi desesperación, dispuesto a restaurarme, me dio la mano en el fango que me encontraba. Con tal razón amigo, te cuento esta parte de mi vida.

Pero aunque su perdón me fue dado, las cicatrices de mi fracaso están allí, no pude evitar las consecuencias, las cuales por mi desobediencia están allí hasta el día en que seremos transformados en un abrir y cerrar de ojos.

Sé que muchos hemos fallado en esto, no una vez, sino muchas veces y no sabemos qué hacer, hasta que viene a ser un martirio, nos destruye el remordimiento más amargo que la hiel, vivimos ofendiendo a nuestro Dios en el mismo pecado, sin salida. Como vez mi pasado no ha sido nada agradable, aunque he vivido en la iglesia toda mi vida. Créeme que sé lo que es sufrir las consecuencias de mi mal, pero alabo a mi Dios por darme otra oportunidad.

Aunque las consecuencias de mí caída no las pude evitar, puedo decir que sí podemos ser redimidos, justificados, santificados y en Cristo Jesús nuestros fracasos vienen a ser pasados, son esos pasados y sepultados en la obediencia, sacrificio de Cristo y su resurrección e intercesión. Hoy nos asegura una completa restauración, hasta aprender a decir ¿cómo traicionaría a mi Dios, y haría este gran mal?

DE ALGO ESTOY SEGURO, MI PECADO TRAJO CONSECUENCIAS QUE NO PUDE EVITAR, LO MÁS LINDO ES QUE DENTRO DE TODAS ESAS CONSECUENCIAS VINO UNA DE LAS MÁS BELLAS, EL PERDÓN, SI LA CONSECUENCIA MÁS GRANDE FUE, ¡CONOCER A JESÚS NO A UN JUEZ!

Habiendo caído y fracasado en tantas cosas en la vida solo puedo decirte, Ven joven, aprendamos a decir juntos, "Cristo, no tengo excusas sólo sé que caí y las consecuencias no puedo evitar pero me uno al que dijo, **"Porque si el árbol fuere cortado, aun queda dé él esperanza; retoñecerá aún, y sus renuevos no faltarán." Job 14:7.** ¡Sé que puede ser posible si nos lo proponemos, enfrentemos las *consecuencias* con agradecimiento y volvamos a retoñar!

Para Reflexionar y aplicar

¿Qué fue lo que más te impacto de este capítulo?

¿Qué aprendiste en este capítulo que pondrás en práctica?

¿Cuál es el punto más sobresaliente que compartirás con otros?

¿Cuáles son los pecados específicos que te han enredado? A menos que seas especifico no podrás pedir perdón y salir de ellos.

¿Crees que Dios te ha perdonado? Es Importante que estés convencido que Dios te ha ama y te ha perdonado una vez los hallas reconocido y pedido perdón.

¿Explica que es que Dios perdona pero no evita las consecuencias de nuestras acciones?

¿Debemos quejarnos de las consecuencias de nuestros errores o pecados?

Porque Si:

Porque No:

¿En qué te comprometes hacer silencio ya que sabes es la consecuencia de tus errores, pecados y faltas?

CAPÍTULO 11
LA ÚNICA LEY QUE TRAE LIBERTAD

Uno de los más grandes hombres de América posiblemente fue Simón Bolívar, y uno de los cinco más grandes hombres de la historia humana. Nació en Caracas, Venezuela, el 24 de julio de 1783 y murió en San Pedro Alejandrino, Colombia, el 17 de diciembre de 1830. Muere en la indigencia, sin honores y prácticamente abandonado de todos; víctima de una terrible tuberculosis y atendido sólo por los doctores Reverend y Night.

Nadie quiso vestir el cadáver y tiene que hacerlo el propio Reverend. Al buscar entre las camisas del Libertador una para ponerle, todas estaban rotas, y tuvo alguien que prestarle una de las suyas para vestir a quien moría dejando una fabulosa herencia de cinco naciones emancipadas. Sus bienes – en su testamento – los reparte así: Sus huesos a su amada ciudad natal; y su libro preferido, a la universidad de Caracas.

Varias personas le propusieron que se coronase, pero el Libertador rechazó la propuesta en estos términos: 'Aceptar una corona sería manchar mi gloria; más bien prefiero el precioso título de primer ciudadano de Colombia'. Simón Bolívar participó eminentemente en la lucha emancipadora de Perú. La nueva república, agradecida, le ofreció hacerle su primer presidente. Pero Bolívar se negó, diciendo que tenía todavía mucho que hacer.

El pueblo de Perú hizo una colecta popular de un millón de duros, la que se entregó a Bolívar por sus grandes servicios. Cuando recibió la ofrenda de amor y gratitud, Simón Bolívar meditó unos momentos, y entonces preguntó cuántos esclavos había en Perú. Contestaron que alrededor de 2,500; luego preguntó cuánto valía uno de ellos en el mercado, y le dijeron que un hombre fuerte, como esclavo costaba más o menos 300 duros. 'Aquí, pues – dijo Bolívar

– yo doy este millón de duros para que se compren todos los esclavos del Perú, y se les dé su libertad. Si no alcanza, daré lo que faltare de lo mío. Pues no basta que la nación sea libre de los extranjeros, si en ella hay todavía hombres esclavizados'.

¡Qué hombre fue Bolívar! Fue una vislumbre de lo que Cristo ha hecho por la humanidad, sin embargo, como Bolívar creo que de nada sirve libertarnos de los extranjeros - de lo exterior en la vida espiritual si interiormente seguimos siendo esclavos del pecado - teniendo aún esclavos en el interior del país - el corazón, en otras palabras necesitamos libertad interna para que brille la externa y esa sólo la puede dar completamente nuestro Salvador Jesucristo, todo lo que falte él lo suplirá con tal de vernos para siempre libres de la esclavitud ingrata del pecado.

Para gozar de esa libertad divina necesitamos con todo el corazón desear escapar de esa vida controlada por la carne y *'reconocer al enemigo'* tal como es verdaderamente, para así prepararnos contra él.

Con esta intención estudiaremos *'las leyes'* que nos presenta Romanos capítulos 7 y 8. Veamos que la primera ley, en Romanos 7:12, es la que nos dice: **"De manera que la ley a la verdad es santa, y el mandamiento santo, y justo, y bueno"**. Aquí Pablo se refiere a la ley moral, conocido como los diez mandamientos, ¿pero será que esta ley puede salvarnos del pecado o sólo nos condena? Pablo dice: ¿Qué pues diremos? ¿La ley es pecado? En ninguna manera. Empero yo no conocí el pecado sino por la ley; porque tampoco conociera la concupiscencia, si la ley no dijera: No codiciarás.

Esto nos muestra que la ley de los diez mandamientos, su trabajo es lo de un espejo; nos muestra nuestra suciedad pero no tiene el poder de lavarnos, lo cual quiere decir que en este caso la ley sólo puede mostrarnos que somos pecadores y que merecemos la muerte, pero no puede salvarnos de esa condenación y aun así esa condenación es justa y santa, pues el que peca es transgresor de la ley.

La declaración inspirada de San Pablo coloca los diez mandamientos como piedra de toque en la vida del cristiano. Sin los mandamientos, él declara, los seguidores del Evangelio no conocerían lo que es pecado, como dijo él, no supiera que codiciar es malo, pecado ante Dios si la ley (la de los diez mandamientos) no dijera 'no codiciaras'. Pero aunque nos diga que no debemos codiciar, no nos puede evitar codiciar o sacarnos de ella si cayésemos en ella.

"Más el pecado, tomando ocasión, obró en mí por el mandamiento toda concupiscencia; *porque sin la ley el pecado está muerto*. Así que, yo sin la ley vivía por algún tiempo; mas venido el mandamiento, el pecado revivió, y yo morí" *Romanos 7:8-10*. Es pues el deber de la ley de los diez mandamientos hacernos ver que hemos quebrantado los reglamentos de Dios y después de condenarnos a muerte.

Aquí vemos que la Ley no salva sino condena; y que sin la Ley como dice el apóstol Pablo no conoceríamos realmente el pecado. Como ejemplo de esto encontramos que la Ley no salvó a Adán y Eva, sino que los juzgó indignos del Árbol de la Vida y de un hogar en el Edén. De hecho, los sentenció a muerte. La Ley es sólo un espejo, eso es todo, no es un Salvador.

La gente que obedece una Ley del Estado piensa que es un excelente estatuto de libertad, ¿no es esto cierto? pero los que se deleitan en pecar, para ellos la ley es anatema, maldición. Cualquier asesino que por ley ha sido sentenciado a muerte, naturalmente no se deleita en la ley que lo sentenció, ni en la gente que ejecutó su sentencia. Si él tal tuviera su propia manera, aboliría la ley. Todos los criminales se desharían de la ley de Dios, también, porque la ley es espiritual, y ellos son carnales vendidos bajo pecado. Esa es nuestra condición mientras seamos carnales, nos disgusta la ley porque siempre nos está diciendo que estamos mal, en pecado, ¿a qué inconverso le gusta el trabajo de la Ley?

El decálogo, además, no es sólo un código moral, sino también físico, porque pecar contra la ley involucra los descendientes del pecador, también. Esta ley visita la maldad de los padres sobre los hijos, hasta la tercera y cuarta generación. *Éxodo 20:5.* Vemos pues que la ley no es un Salvador, sino el espejo por el cual conocemos el pecado en nosotros, *"…. Porque por la ley es el conocimiento del pecado" Romanos 3:20.* Esto nos muestra que la ley nos hace ver la necesidad de un Salvador: **"De manera que la ley nuestro ayo o (tutor) fue para llevarnos a Cristo, para que fuésemos justificados por la fe"** *Gálatas 3:24.*

Encontramos que la ley (los diez mandamientos) es un Ayo/tutor, el encargado de cuidarnos a que lleguemos a Cristo el único que puede rescatarnos del "resultado del pecado, que es la muerte". ¿Hechos pecadores, como la ley hace esto? Condenándonos. En otras palabras aun la condenación es divina y para nuestro bien, claro para los que reconocemos nuestro ayo. Concluimos pues, que la ley no salva, sólo nos muestra el pecado en nosotros *y nos señala* la necesidad de un libertador o Salvador. Vaya ciencia ¿quién la entiende en su profundidad?

Investiguemos el conflicto que nos tiene a muchos aturdidos y encarcelados casi sin esperanzas. **"Porque lo que hago, no lo entiendo; ni lo que quiero, hago; antes lo que aborrezco, aquello hago"** *Romanos 7:15.* Siendo tal la suerte del hombre el hacer exactamente lo contrario a lo que Dios pide, el hombre carnal aborrece la ley de Dios y más así, porque ésta se opone a su voluntad, recordándole lo que debe evitar, hacer lo que sabe y practicar, obedecer, pero no puede, ¿por qué?, o ¿para qué? Para que tú y yo experimentemos, *Romanos 7:16*, **"Y si lo que no quiero, esto hago,** *apruebo que la ley es buena"*. ¿Lo entiendes? Bueno de eso se trata, entenderlo con la ayuda de Jesús.

Si uno se abstiene de robar o adulterar consciente que la ley es buena y efectiva, aunque por naturaleza te pueda gustar la idea. Después de ver la Ley que nos condena, veamos ahora la 'segunda ley' que nos ata al pecado y de la cual necesitamos libertad. "De manera que ya no obró aquello, sino el pecado que mora en mí. Y yo sé que en mí (es a saber, en mi carne) no mora el bien; porque tengo el querer, más efectuar el bien no lo alcanzo…*Así que, queriendo yo hacer el bien, hallo esta ley:* **Que el mal está en mí…***Mas veo otra ley en mis miembros,* que se rebela contra la ley de mi espíritu, *y que me* *lleva cautivo a la ley del pecado que está en mis miembros"* Romanos 7:21-23.

De manera clara encontramos que hay una segunda ley y se llama la **"ley del pecado"** que mora en nuestros miembros. Algo como tener que cargar constantemente a un muerto que revive cuando menos lo esperas y te empieza a apuñalar, así es esta ley, aunque tengamos el deseo intenso de obedecer y servir a Dios, esta ley está allí que vive o revive cuando menos lo esperamos. Vemos pues que parte de nuestra naturaleza es esta segunda ley, la ley del pecado, con la cual nacemos todos.

Esta ley obra cuando menos la esperamos y sin ser invitada existe en nosotros. Entró desde que nuestros primeros padres pecaron. Déjenme ilustrarlo así: Cuando uno es pequeño no entiende entre lo malo y lo bueno. Por consiguiente si me dijeran cuidado que allí viene un perro malo, rabioso, creo que yo no lo hubiera visto como malo, porque para mí, durante mi niñez, todos los perros eran perros, no había malo, ni bueno. En mi casa siempre les ha encantado tener perros, tales como: Coyotes, Pastor Alemán, Doberman, San Bernardo y otros.

Teniendo un San Bernardo, siempre sacaba a los perros a correr o caminar y con ninguno había tenido problemas. Lo que sucedió jamás podía imaginarme que podría pasar con nuestro *'propio perro'*. Una de las tardes, después de hacer mis deberes de escuela y de casa vi que tenía aún tiempo para sacar al perro, el San Bernardo, salí, dimos varias vueltas en el parque, recuerdo que lo solté haciendo que me siguiera y lo hizo por un momento pero luego empezó a desobedecerme y me dio un trabajo volverle a poner la cadena, bueno lo logré y así regrese a casa con él.

De una manera normal, empecé acariciarle la cabeza, por lógica lo único que uno esperaría de un perro es que te mueva la cola, especialmente si es *tu 'perro'*, éste supuestamente ya me conocía, pero sabes, en vez de moverme la cola, se volteó y me empezó a morder como a un desconocido, como si estuviese rabioso, me mordió los pies alocadamente, traté de controlarlo, se puso peor y tratando de calmarlo me tomó la mano con su gran trompa que tuve que jalarla. Me hizo una gran herida de tal manera que se me miraba la carne y el hueso de mi mano, más las heridas de mis pies, si no hubiera sido por mi papá y algunas personas que me ayudaron, **'nuestro perro'** esa tarde, me hubiera matado.

Inmediatamente me llevaron con la enfermera, recuerdo que iba llorando, pues una parte de mi mano colgaba y dejé regado sangre por todo el camino. La bella tarde se volvió una oscura noche llena de dolor con una pregunta en nuestras mentes **¿cómo era que 'nuestro propio perro' pudo haber hecho tal cosa?** Recuerdo a mi padre decir esa noche, 'ese perro se vende, no vivirá más en nuestro hogar'. Así fue, terminó vendiéndolo. Desde ese día yo quede traumatizado con los perros. No importa el tamaño del perro, cada vez que miro uno me da un horror.

Esta experiencia nunca la puedo olvidar, todo lo que me sucedió con este 'perro' que estaba en nuestro hogar, lo comparo con el pecado que es parte de nuestra naturaleza que **'al acariciarlo aparenta ser nuestro amigo' y muchos sin darnos cuenta lo tenemos en nuestro propio hogar, como yo con mi perro,** pero como un perro rabioso nos desea devorar y a muchos nos ha destruido sin importarle nuestra vida, y todo porque no hemos detectado que hay una ley en nuestros cuerpos que nos lleva por naturaleza a pecar. Hagámonos consciente de esta ley que es la naturaleza de pecado en nosotros, la cual no es quitada cuando uno conoce a Cristo ni mucho menos cuando uno es bautizado, sencillamente viene a ser controlada y sometida al poder superior hasta el día de la transformación. No crees que todos hemos de alguna manera tenido la experiencia con *'nuestro propio perro rabioso'*, creyendo ser nuestro amigo nos ha mordido cuando menos lo hemos sospechado, dejándonos heridos sin importarle nuestra vida espiritual. El punto es que *'nuestro perro'* el *'pecado'* nos asaltará cuando menos lo pensemos porque en nosotros *hay otra ley* que nos ata al mal.

Aquí vemos, que nacemos con la ley del pecado en nosotros, David dijo: "en pecado me concibió mi madre" *Salmos 51:5* por eso es absolutamente necesario que la ley de Dios nos restrinja de pecar. Pero de acuerdo a los versículos anteriores, aunque intentamos triunfar sobre el pecado, este termina ganando en nosotros, ahora encontramos al enemigo, *'nuestro perro', que mora en casa, está en nuestros cuerpos y se llama la "ley del pecado" en* la que estamos sujetos.

Sabes, tu no la tienes que aprender, es ya parte tuya, por eso nos es tan fácil pecar porque esa es nuestra naturaleza, ley a la cual estamos atados desde que nacemos pero cuando uno viene a conocer de Dios y la salvación conocemos que hay una ley que nos condena (la de los diez mandamientos) y una que nos ata al pecado (la ley del pecado que por naturaleza traemos), la pregunta es ¿cómo salimos de la condenación, de la primera ley, la de los diez mandamientos y cómo recibimos libertad de la que controla nuestros miembros? Aquí está la solución.

La liberación de esa ley que nos controla viene cuando clamamos: **"¡Miserable hombre de mí! (tu y yo) ¿Quién me librará del cuerpo de esta muerte?** (o sea la ley de pecado). **Más gracias doy a Dios, por Jesucristo Señor nuestro. Así que, yo mismo con la mente sirvo a la ley de Dios, mas con la carne a la ley de pecado"** *Romanos 7:24, 25.*

Sí, Dios y su ley en nuestra mente a través de Jesucristo, lo cual adquirimos únicamente por el estudio de la Palabra de Dios nuestra única esperanza para la victoria sobre la ley del pecado en la carne. Alegrémonos pues, llegó el momento esperado de salir de la prisión de una vez por todas. **"Ahora pues ninguna condenación hay para los que están en Cristo Jesús, los que no andan conforme a la carne, mas conforme al Espíritu.** *Romanos 8:1.* En el momento que aceptamos a Cristo como nuestro Salvador, todas nuestras transgresiones contra la ley de los diez mandamientos son borradas, y pagadas por la muerte de Cristo. Si no fuera así el caso, nosotros mismos tendríamos que pagar la penalidad, la muerte, de la cual no hay resurrección para vida eterna.

La solución para salir de la condenación de la primera y recibir libertad de la segunda ley es una tercera, **"la ley de libertad en el espíritu"** pues afirma el apóstol: **"Porque la ley del Espíritu de vida en Cristo Jesús me ha librado de la ley del pecado y de la muerte (los diez mandamientos)"** *Romanos 8:2.*

Aquí el apóstol introduce otra ley, *'la ley del Espíritu de vida'* - tres leyes en total:

1) **La ley de los diez mandamientos.**
2) **La ley de la carne o pecado.**
3) **La ley del Espíritu de vida.**

Pero esta tercera ley, recordemos, es en Cristo, y nos hace libres de la ley de pecado que desde que nacemos controla nuestros miembros y de la ley que nos condena a muerte, la de los diez mandamientos. Ahora bien entendamos que nos libera de la condenación, pero no nos libra de no guardarla, sólo si estamos en él, **"EN CRISTO".** La tercera ley del Espíritu de vida obra a favor nuestro, es nuestro privilegio gozar de esta libertad. Como jóvenes pongamos en función la tercera ley del espíritu de vida en Cristo.

Andar en el espíritu no es otra cosa que dejar que *'la tercera ley del espíritu'* dé vida en Cristo, haga su obra para en y a través de nosotros. Es nuestro privilegio tener el mismo Espíritu que estaba en Cristo. De hecho, debemos tener ese espíritu si caminaremos en novedad de vida y si tuviéramos parte en la resurrección de los justos o estar entre los sellados que verán venir a Cristo sin pasar por la muerte, pues dice la palabra: **"En él vosotros también, después de oír la Palabra de la verdad, el evangelio de vuestra salvación, fuisteis incluidos en Cristo. *Y habiendo creído, fuisteis sellados con el Espíritu Santo prometido"*** Efesios 1:13.

Joven ésta es la verdadera experiencia que debemos vivir bajo el gobierno de *'esta tercera ley en Cristo'* **que nos da el poder del Espíritu para poder vivir una vida aprobada por el cielo y esa vida en Cristo ahora nos libera también de la ley que nos condena a muerte, es una maravilla, que bendición tener** *'esta tercera ley de vida'* **en el espíritu de Cristo que a diario nos dará tal experiencia como se describe:** "Así de esta manera corro, no como a cosa incierta; de esta manera peleo, no como quien golpea al aire. Trato severamente a mi cuerpo, y lo someto a disciplina, no sea que, habiendo predicado a otros, yo mismo sea descalificado. *1ª Corintios 9:26,27.* Del discurso de Pablo vemos que ser un cristiano significa cuidar cada paso que se da, y pelear contra nuestra propia carne, para que no caigamos voluntariamente en el abismo del cual no hay escape. Los Cristianos, además, no pueden pecar; su justicia en Cristo es absolutamente segura, porque Cristo ha pagado la penalidad por sus pecados pasados. Además, si accidentalmente pecaremos, recordemos inmediatamente que tenemos un abogado para pelear nuestro caso, a Jesucristo, el justo. *1ª Juan 2:1*. Así es que, aunque el ***"justo caiga siete veces al día", se levanta, y continúa la carrera y finalmente gan***a. *Proverbios 24:16*.

Ahora joven, por favor entendamos bien lo siguiente: aunque hemos sido liberados de la ley del pecado, no lo somos de **"la lucha"** no se nos coloca en una situación en la que no debamos pelear contra nuestra carne, hay una lucha que continuará y no es una lucha imaginaria, no es una lucha contra un fantasma. Aquí es donde aparece el hombre de *1ª Corintios 9:26,27*. "...De esta manera peleo, no como quien hiere al aire". ¿Contra qué pelea? ¿Qué es lo que hiere? "Antes hiero mi cuerpo y lo pongo en servidumbre; no sea que, habiendo predicado a otros, yo mismo venga a ser descalificado". Así es la batalla que pelea el cristiano, está su cuerpo, su carne, sus afectos y concupiscencias. El cristiano debe someter su cuerpo, y tenerlo en sujeción por el nuevo poder o la *'ley del espíritu en Cristo'* al que está sujeto ahora, y así viene a estar libre de la ley del pecado y paga lo que la ley de los diez mandamientos demanda.

En Romanos 7 encontramos al hombre tratando de vencer el pecado, pero que está regido y controlado por la carne. 1ª Corintios 9, encontramos a la carne sujeta al hombre y siendo regida por él a través del *'poder del Espíritu de vida en Cristo'*. Esta bendita inversión de cosas ocurre solamente en la verdadera conversión, la cual hoy todos nosotros necesitamos y debemos cuidar diariamente. Querido amigo ¿por qué no ser libre con tan gloriosa *'ley'* de nuestra parte? ¿No es esto algo inmerecido pero sumamente necesario para nuestro progreso espiritual y segura victoria?

Comprendamos que únicamente, **"por medio del debido ejercicio de la voluntad, que puede obrarse un cambio completo en vuestra vida. Al dar vuestra voluntad a Cristo. Os unís con el poder** *(la tercera ley)* **que está sobre todo principado y potestad.**

Tendréis fuerza de lo alto para sosteneros firmes, y rindiéndonos así constantemente a Dios seréis fortalecidos para vivir una vida nueva, es a saber, la vida de la fe" *El Camino a Cristo*, página 48.

Para Reflexionar y aplicar

¿Qué fue lo que más te impacto de este capítulo?

¿Qué aprendiste en este capítulo que pondrás en práctica?

¿Cuál es el punto más sobresaliente que compartirás con otros?

¿Qué tan importante es la Ley de Dios para ti?

¿Cuántas leyes hay?

Explica como la ley de libertad a obrado en tu favor?

¿En qué específicamente necesitas libertad? Se especificó:

¿En qué te comprometes aplicar la ley de libertad?

CAPÍTULO 12
LA FE ES UN PRINCIPIO, NO UN SENTIMIENTO

Escrito está, "Porque por fe andamos...". 2 Corintios 5:7 1ª parte. Conocer la base del cristianismo es conocer y obtener salvación por medio "*de una fe genuina*" Mensajes Selectos, Tomo 1, página 108. Notemos que el apóstol dice que **por fe andamos**, el verbo andar está en presente, no en pasado, ni tampoco en futuro, por la única razón que cuando el lector llegase a esta escritura entendiera que vivir por fe y en fe es un asunto de todos los días, es un proceso presente, *es un andar* constante bajo las santas promesas de Cristo.

En el pasado se escribió, **"la comprensión de lo que la escritura quiere decir, cuando nos urge a la necesidad de cultivar fe, es más esencial que cualquier otro conocimiento a nuestro alcance"** *Review and Herald*, 18 de octubre de 1898. Es por esto que deseo compartir contigo lo que es la ciencia de la fe genuina, bajo los ojos de un joven como tú. El principio de la fe es un mundo de constante progreso, es por ello que el apóstol Pablo no se cansó de decir "por fe andamos". En otra parte de la escritura se nos dejó dicho que **"el justo en su fe vivirá"** *Habacuc 2:4*. La abundancia de vida espiritual depende de la fe que tengamos. Nuestra vida espiritual estará a la altura de acuerdo de la fe que poseamos, en otras palabras, el termómetro del crecimiento cristiano está basado en la cantidad de fe.

La fe es un vasto universo de vida y esperanza para el alma que desea crecer y progresar como verdadero hijo de Dios. No hay límites para el verdadero joven cristiano que esté armado de este don, como Pablo dijo por experiencia, "por fe andamos". ¿Pero será que fe, es vivir de acuerdo a nuestros pensamientos, sentimientos o emociones? ¿Será que andar por fe es una vida basada en cómo se siente uno o por lo que ven los ojos en el ámbito espiritual?

La sierva de Dios nos escribió que, **"La fe no es sentimiento;... la verdadera fe no va en ningún sentido aliada a la presunción."** – **Obreros Evangélicos pg. 274.** Muchos somos los que hemos nacido o llegado al seno de la iglesia bajo un sentimentalismo carnal y muy pocos han palpado, encontrado y disfrutado una vida de fe que no esté controlada por emociones, sino gobernada por principios que son la cuna de una verdadera vida espiritual.

Debemos estudiar lo que es fe y así cuidarnos de la presunción. ¿Entonces que es fe? Contesta Dios: "Es pues la fe, la sustancia de las cosas que se esperan, la demostración de las cosas que no se ven." Hebreos 11:1. La fe es la esencia, la clave de lo que nos motiva a esperar lo que nuestro razonamiento aun no mira cumplido, es ver con los ojos espirituales lo que no vemos con los ojos materiales.

La fe dijo alguien, **"Es el hilo que sostiene nuestra alma mientras los sentimientos se niegan a creer que es posible palpar y disfrutar lo que la realidad nos roba. La fe es la carta escrita a Dios por nuestro temor, nuestra debilidad, nuestros fracasos y tropiezos que le dicen que aun esperamos cruzar el mar, el puente y subir la escalera que se quebró. La fe te asegura lo que tu corazón carnal y ojos te niegan. Te lleva a vivir una realidad ilógica a tu razonamiento encendida por una ilusión divina".**

Veamos algunos ejemplos de cómo obra este tipo de fe. Abraham tuvo el honor de ser nombrado el padre de la fe porque él fue una *fe caminando*. Aprendamos de él para seguir su ejemplo. Cuando el mundo acababa de pasar el diluvio debido a la maldad de la humanidad, actualmente las tinieblas casi vienen a ser universales otra vez. En un periodo nada deseable, "El Eterno había dicho a Abram: "Vete de tu tierra...a la tierra que te mostraré." Génesis 12:1.

Queriendo Dios preservar su nombre y exaltar su ley, llamo a Abram. El acto de obedecer al llamado sin cuestionamiento, **"...sin saber a dónde iba..."** se le llamo fe. "Por la fe Abrahán, cuando fue llamado por Dios, *obedeció* para salir al lugar que había de recibir por herencia..." Hebreos 11:8 ¿Cuáles eran las evidencias para que diera este paso? ¿Qué le aseguraba que iba a recibir esa promesa humanamente? Ninguna. Él sin conocer el futuro obedeció sin saber a dónde iba, pero seguro de que Dios daba la orden. Su garantía fue Dios no sus emociones o lo que sus ojos desconocían.

El ejemplo de obediencia de este hombre fue llamado fe. ¿Tenemos tal fe? ¿Obedecemos como él lo hizo sin cuestionamiento alguno? Si nuestra respuesta es sí, entonces mi consejo es seguir creciendo en ella, pero si la respuesta es no, entonces debemos para comenzar en donde comenzó Abraham, *aceptando el llamado del cielo, hoy*. El obedecer sin cuestionamiento nos hará hombres y mujeres de fe.

Sí juventud, la fe como vemos es un principio de obediencia y no un sentimiento emotivo, una emoción que de vez en cuando se manifiesta que casi siempre termina siendo traicionero. Quieres saber si tienes fe, pregúntate ¿obedezco sin cuestionar? ¿Camino porque Dios lo dice? Del mismo hombre Abraham se sabe que Dios le llamo 'amigo' por ser obediente. Su fe era algo viviente, estaba activa. Debido a su obediencia fue tan exaltado con la promesa de ser padre de naciones, pero de ¿dónde?, sin hijo, viejo y una mujer estéril, ¿cómo? De hecho la misma Sara se burló de la idea. "Entonces el Eterno dijo a Abrahán: ¿Por qué se ha reído Sara diciendo: Será cierto que he de dar a luz siendo anciana?" Génesis 18:13. Aquí se ve lo que dice una persona que no tiene esa fe activa. Toda persona sin fe siempre cuestionara los planes de Dios. Su palabra para él no es clara ni justa y así como Sara se burlara de la idea presentada.

Jóvenes sin fe, basan su vida espiritual en lo que sienten y ven. Si no es posible humanamente no lo pueden creer, tienen que sostener con evidencias humanas su fe. ¡Que equivocados están! Una vez más vemos la fe que no está basada en nuestras expectativas, situación, sentimientos ni mucho menos emociones.

El mismo Señor pregunta *"¿Hay algo difícil para Dios?.."* Génesis 18:14. Nada hay imposible para Dios, lo que él dice que hará, lo hará. La fe cree y espera, sabe que él cumple aunque estemos como Sara estéril y viejos como Abraham. En otras palabras, la fe va contra todo impedimento humano, los obstáculos son los escalones para manifestarse.

Joven, la fe verdadera nos lleva aunque sordos a escuchar a Dios decir: *"Al tiempo señalado volveré a ti..."* Génesis 18:14. No dudemos más, el ha prometido y cumplirá. No sé dónde y qué estés esperando, que le hayas pedido, el dice que en su tiempo el realizara, cumplirá lo prometido, sus promesas no mienten, pero como Abraham desea verte obediente a su llamado, a sus palabras.

En la experiencia de Abrahán Dios mismo tuvo que venir a la tierra y decirle a ambos. "¿Hay algo difícil para Dios? Al tiempo señalado volveré a ti, según el tiempo de la vida, y Sara tendrá un hijo" Génesis 18:14.

El hecho que uno se encuentre viviendo una vida sin fe, no quiere decir que no pueda lograr una vida con fe, y esto lo encontramos en la experiencia de Sara; ella finalmente llegó a manifestar la fe de su esposo, por eso escrito está que "También por la fe, la misma Sara, aun fuera de edad avanzada, recibió vigor para ser madre, porque creyó que era fiel el que lo había prometido" Hebreos 11:11.

En conclusión la misma escritura dice: "Un tiempo después, Dios probó a Abrahán..." el Señor nuevamente deseaba que la fe de su siervo creciese, por lo tanto dice que lo "probó" y ¿cómo lo probó? "Entonces Dios le dijo: "Toma ahora a tu hijo, tu hijo único, Isaac, a quien amas. Y vete a la tierra de Moría, y ofrécelo allí en holocausto sobre uno de los montes que te diré". Génesis 22:1,2. Jóvenes preguntémonos ¿qué estaba pasando en la mente y corazón de un padre? No creen que las emociones y sentimientos de un padre amoroso se manifestaron. Yo creo que sí, lucharon por prevalecer, pero triunfo el principio de la fe, Abrahán sabía que Dios no se equivoca en lo que pide y dice. Este hombre no escondió sus emociones, sino que las sometió a Dios y obedeció aunque su misma obediencia contradecía lo que Dios mismo había prometido hacer por su hijo, padre de naciones. Si Las emociones hubieran controlado a Abraham pudo haber gritado, ¡primero costo años y fe para que mi hijo naciera! ¿Ahora que lo tengo Dios me lo quita? ¿Cómo cumplirá el Señor sus promesas de que seré padre de naciones, cuando me está quitando al único hijo? Grito en sus emociones.

Querida juventud la lección es está, cuando Dios habla, la fe obedece aunque pareciera que contradice lo que él mismo ha dicho o pedido. La fe no pregunta. Es sorda a las circunstancias, a los sentimientos y emociones. Obra por principio, depende del que habló y no de lo que siente el que escucha. Abrahán, sin embargo dijo a esta petición del Señor. "**...Aquí estoy...**" Génesis 22:1.

La fe misma cuando es probada llega a ser probada en su plenitud. Isaac el niño prometido, resultado de la verdadera fe fue exigido por el mismo Dios que lo prometió. Lo pidió en sacrificio. Abrahán sin vacilar estuvo dispuesto en sacrificar a su único hijo. Nosotros también seremos probados al máximo, Dios desea que crezcamos en fe. La pregunta es si ¿estamos dispuestos a crecer en ella? ¿Estamos listos a poner a nuestro único hijo, carrera, vida, familia en sacrificio? ¿Estamos listos a decir cada vez que el Eterno hable a nuestro corazón sin vacilar "aquí estoy Señor"?

Me admira ver cómo la fe de este hombre pudo llevarlo a obedecer esta dura prueba, así se dejó escrito para nuestro ejemplo y nos anima. "...Abrahán se levantó muy temprano la siguiente mañana. Enalbardó su asno, llevó consigo dos siervos y a Isaac su hijo. Cortó leña para el holocausto, y se levantó y fue al lugar que Dios le dijo" Génesis 22:3. Jóvenes no sé cómo más decírselos, vivir una vida tal es vivir una vida de fe. Notemos que la fe llevo Abraham a:
1. Levantarse temprano.
2. Llevar consigo a Isaac.
3. Cortar la leña para el sacrificio.
4. Ir al lugar que Dios le había señalado.

"Al tercer día Abrahán alzó sus ojos y vio el lugar desde lejos" Génesis 22:4. Imaginémonos lo que pasó en la mente de este padre, durante tres días de camino, nada le hizo volver atrás en cumplimiento del deber. Aunque contradecía lo prometido, él se sostuvo esperando un milagro, y que "...Dios es poderoso para resucitar aun a los muertos..." Hebreos 11:19.

Sin duda alguna una fe conmovedora. Escuchemos lo que Abrahán les dijo a sus criados cuando se acercaba al lugar para el sacrificio. "Entonces Abrahán dijo a sus siervos: "Esperad aquí con el asno. Yo y el muchacho iremos hasta allí, adoraremos *y volveremos* a vosotros". Génesis 22:5. La fe lo llevó a saber que él volvería con su hijo. Pero ¿cómo si lo iba a sacrificar? Bueno, por fe esperaba regresar con el muchacho.

A esto me refiero, que la fe es un principio y don de Dios no sentimientos y emociones. No depende de lo que se ve, sino de lo que se espera de la promesa del Dios. Este tipo de fe trajo al mundo a uno de los jóvenes más ejemplares de la Biblia, Isaac.

Un ejemplo más se manifestó en la vida del niño Moisés, quien por la fe de sus padres sobrevivió del ataque contra su vida en sus primeros años, "Por la fe Moisés, nacido fue escondido por sus padres, durante tres meses…no temieron el mandamiento del rey." Hebreos 11:23. La fe de los padres fructificó salvando la vida de Moisés. Es digno notar que cuando la fe dirige, domina controla los sentimientos y se someten a la voluntad, no de nosotros sino de Dios. Los padres de Moisés ¿no creen que les invadió los sentimientos, de compasión, de amor por su hijo? Yo creo que si, sin embargo lograron victoria sobre ello, buscando una salida en la providencia del Dios que había prometido sacarlos de la esclavitud, pero que aún no había hecho nada por libertarlos.

Ese Dios que ellos sabían que había cumplido con el patriarca Abrahán, no les fallaría a ellos, aunque ellos o su hijo murieran. Hicieron su parte en construir la canastilla, poner al niño en el río y dejar que la providencia dirigiera su vida de allí en adelante y esto sólo podía lograrse por el único medio llamado 'fe'. Es digno notar que la fe en estos padres nos muestra que va contrario a los sentimientos y aun en contra de leyes que llevan el propósito de derribar los planes y promesas de Dios.

La fe te inviste de valor cuando no la tienes, la fe te hace sabio de acuerdo a tu necesidad. La fe te quita el temor a sacrificar tu vida para que otro viva. Este tipo de fe no se restringe cuando las cosas van mal, al contrario florece en los conflictos y pruebas de la vida.

La vida del niño Moisés lo mostró, sus padres por la fe fueron sabios en salvarle la vida y la misma fe se encargó de quitarles el temor al mandamiento del rey. Así es amigos, la fe te lleva a ser singular y obrar diferente, esperando lo imposible. Te da el valor a morir si lo tienes que hacer por la honra y gloria de Dios o te llena de esperanza en vida aun perdiendo el aliento. Por segunda vez vemos que la fe dio vida a un joven que impresionó al mundo de su tiempo.

Un tercer ejemplo. La fe te lleva a abandonar aquello que te impide entrar en el cielo. La fe te da el pasaporte correcto para ver maravillas y ser abnegado por amor a Dios. "Por la fe Moisés, ya grande, rehusó ser llamado hijo de la hija de Faraón." Hebreos 11:24. Vemos claramente que la fe llevó al joven Moisés a 'negarse' al privilegio del honor humano de ser el hijo de alguien poderoso en toda la tierra, pero que le robaría la bendición de ser parte del reino, de la tierra prometida, un verdadero hijo del cielo.

Rehusó esa oportunidad por amor a Dios y a su pueblo. Se negó la gloria terrenal. La fe lo llevo a ver más allá que un Egipto, por la fe vio un edén restaurado, el cielo a su favor. Querido joven la fe nos llevará siempre a 'negarnos' a lo terrenal, a todo aquello que nos evitaría llegar a Dios. La fe nos llevará a rehusar ser hijos del mundo, del placer, de la carne, vicios y costumbres, viendo más allá de lo que vemos y palpamos, vendremos como Moisés a sostenernos "como viendo al invisible" Hebreos 11:27 en esta vida.

Cuando Moisés se había negado la gloria de Egipto por cuarenta años Dios lo entrenó, lo capacitó para una gran obra. Nuevamente la providencia lo probó en su fe. "Le dijo el Eterno, "He visto la aflicción de mi pueblo que está en Egipto, he oído el clamor que les arrancan sus opresores, pues conozco sus angustias. Moisés "Ven, por tanto, y te enviaré a Faraón, para que saques de Egipto a mi pueblo, a los israelitas". Éxodo 3:7,10. El llamado iba contrario a sus emociones y sentimientos, "Entonces Moisés respondió a Dios: ¿Quién soy yo para que vaya a Faraón, y saque de Egipto a los israelitas?". Éxodo 3:11. En esta ocasión él se sentía inútil, su habla había cambiado. No se sentía capas de obrar a favor del Eterno. Sin embargo sus ojos que habían aprendido a ver al invisible, escucharlo y obedecerlo, fue en contra de su condición emocional, venció las circunstancias, logro nadar el mar de inseguridad que lo ataba. La fe como vemos va en contra de lo inútil que nos hace sentir la carne y los obstáculos. Pero el Autor y consumidor de la fe "...respondió: Ve, porque yo estaré contigo. Y esto te servirá de señal de que yo te envío. Cuando hayas sacado a este pueblo de Egipto, serviréis a Dios en este monte". Éxodo 4:12. Jóvenes cuando Dios manda nunca deja de tener razón, el sabe lo que quiere y lo que desea que logremos por él, porque al fin todo redundará para nuestra bendición y la salvación, aun de nuestra misma familia, pues eso eran el pueblo de Israel, eran sus familiares. La fe de un hombre inútil lo llevó a ser el caudillo de toda una nación poderosa.

Después de discutir con Dios, y dejar que sus sentimientos se manifestaran (Éxodo capítulos 3,4), su fe terminó triunfando. No podía resistir al llamado de Dios. Y ¿que lo llevo a hacer la fe? Las escrituras nos cuentan que: "Entonces Moisés volvió a su suegro Jetro, y le dijo: "Con tu permiso, volveré a mis hermanos que están en Egipto... ". Y Jetro dijo a Moisés: "Ve en Paz...Entonces Moisés tomó a su esposa y a sus hijos, los puso sobre un asno, y volvió a Egipto. Llevó también la vara de Dios en su mano." Éxodo 4:18-20. Es bello notar que aunque Dios pide que hagamos cosas contrarias a nuestra vista o planes el no nos deja de ninguna manera solos, jamás pide algo absurdo para el cielo aunque sí para el hombre. Una vez más vemos que la fe nos lleva a realizar cosas contrarias a lo que deseamos, pensamos o sentimos, el principio siempre pide que obremos, por lo que Dios dice o pide.

Dios bendijo su pronta obediencia, y Moisés llegó a ser elocuente y dueño de sí mismo, se llenó de esperanza y fue capacitado para la mayor obra que fuera encomendada jamás a hombre alguno. Sin duda alguna la fe lleva a tener un gran encuentro con Dios, pues de él se refiere la siguiente: "nunca más se levantó profeta en Israel como Moisés, a quien haya conocido al Eterno cara a cara." Deuteronomio 34:10.

Que el cielo nos permita tener semejante experiencia. Que podamos conocer a Dios como a un verdadero amigo, alguien con quien hablemos cara a cara. Tal experiencia se logra con tan insignificante para el hombre pero poderoso hilo de la fe. La fe tiene el poder de conectarnos con Dios. La fe también lleva a uno a ser grande a la vista de Dios aunque imposible y absurdo para el mundo. ¿Dejaremos los placeres y planes carnales por obedecer a Jesús? ¿Estamos listos para hablar con Dios, para obedecer sus órdenes e ir a sacar a nuestros hermanos de Egipto?

De acuerdo al profeta Habacuc 2:4 se nos dice que el tipo de fe que nos dará vida y hará vivir, es la 'fe de un justo', por eso es que muchos llegarán a las puertas del cielo, como las vírgenes fatuas (*Mateo 25:9-11*), pero no entraran al mismo cielo. Quisieron llegar al cielo y entrar porque por lo menos, según ellos poseían la fe, solo que se darán cuenta que fue fabricada por ellos mismos, lo cual se le llama presunción, no la fe que el cielo reconoce, "la fe de un justo" que obedece no importándole el sacrificio que debe hacer. Sin ese tipo de fe, querido amigo(a) no entraremos jamás al reino de Dios. Podremos estar profesándola, pero si no dejamos que obre, llegaremos solamente a las puertas del cielo, porque allí llegarán los que sólo profesaron e intentaron poseer la verdadera fe, pero que fallaron en obtenerla en su interior, no dejaron que se activara, no quisieron obedecer sin vacilar y cuestionamiento.

Ahora ¿pueden todos tener fe? La respuesta es sí. Lo bonito es que nadie tiene excusa de no poseerla, pues Dios desde el principio a todos les da fe, como un capital que deben negociar, invertir en las promesas del Creador y dejar que abunde en la vida de un justo. Las escrituras son claras al decir que "…**la fe…es un don de Dios**" Efesios 2:8. Cristo desea que todo ser humano, especialmente los que le aceptan como su Señor, vivan "**…conformé a la medida de la fe que Dios repartió a cada uno**" Romanos 12:3. Todos pues estamos con tal tesoro y debemos cultivarla. La fe la reciben todos al nacer, su trabajo ahora es cultivarla, activarla mientras conoce a su Creador.

Déjame ilustrarte lo que quiero decir cuando digo que muchos van al cielo pero llegaran tan lejos como las puertas, pero no al cielo mismo. Estaba de viaje, cruzando las fronteras de Guatemala y México en una de tantas ocasiones que tuve que viajar de ilegalmente. Me propuse viajar en avión, así que me compre una identificación mexicana - una credencial falsa. Cruce la frontera de

Guatemala y México. Mis mentiras ante las autoridades eran tan convincentes que yo mismo me las empezaba a creer; la falsa identificación me sirvió por un par de días, pero cuando llegó el momento de tomar el avión pude pasar varias revisiones, pero no la de emigración del aeropuerto, expertos en su trabajo se dieron cuenta rápidamente que no sólo estaba mintiendo a ciertas preguntas sino que los papeles eran falsos.

Quise comprarlos con dinero pero no me funcionó, sólo compliqué las cosas; terminé en la cárcel y finalmente gracias a Dios me deportaron. Aprendí una lección más. Yo tenía la mejor de las intenciones, quería llegar a Estados Unidos para trabajar y salir adelante, pero los medios que estaba usando no eran los correctos. Quise cruzar toda una nación con papeles falsos y eso sólo me llevó a las puertas del aeropuerto y la pérdida de una ilusión que quería lograr bajo principios equivocados. Perdí dinero, tiempo y mi reputación.

Así existen muchos jóvenes. Tenemos buenas intenciones de ser salvos y llegar al cielo para ver a Jesús, pero sin la verdadera identificación, la que nos llevaría no sólo a ser residentes, sino ciudadanos del mismo cielo. La fe está claramente basada en principios santos y divinos, no en buenas intenciones. La fe es como un pasaporte, una identificación para cruzar este desierto, para obtener abastecimiento, es lo que da aliento a todo moribundo soldado de la cruz. **"Es pues la fe la sustancia de las cosas que se esperan..."** Hebreos 11:1. La fe es lo que te lleva a vivir por lo que esperas según las promesas del Creador y no por lo que sientes o piensas.

Fe es lo que caliente en medio de la nieve, es lo que te hace ver agua en un desierto. Es la esencia de tu esperanza. Te sostiene cuando todo y todos incluyéndote a ti mismo te abandonan. Es esa mano que aparece cuando lloras solo. Es la vista que te hace ver y esperar aunque seas literalmente ciego. Cuando vives por un escrito está y no por lo que dicen o explican los hombres, entonces has empezado a vivir esa vida de fe que derrite las emociones y sentimientos que tantas veces nos han llevado a la presunción, pero nunca a Jesús menos a una vida semejante a él.

Cubiertos verdaderamente con la fe de un justo que nos llevará a matar gigantes como el joven David lo hizo, derribar muros como el joven Josué y amar a Jesús como lo logro el joven Juan. Porque amigo(a) escrito está. **"Aquí está la paciencia de los santos,** *aquí* **están los que guardan los mandamientos de Dios y** *la fe de Jesús***"** Apocalipsis 14:12. Dios quiere que tú y yo seamos el cofre de su paciencia, mandamientos y fe, y no cualquier fe, tiene que ser la fe de Jesús.

Te pregunto entonces ¿qué hizo la fe de Jesús? ¿No movió las tinieblas y abrió la ventana para la humanidad para que viera la luz? ¿No trajo salvación cuando todo un mundo estaba perdido? ¿No lo llevo a vivir una vida sin pecado en nuestra naturaleza? ¿No dijo, no a la tentación por ti y por mí? ¿Qué lo llevó a hacer todo esto? Su fe en Dios, su palabra, en la plena seguridad que Dios quiere decir exactamente lo que habla. La fe de un justo es la que nos dará entrada al cielo, la fe del único justo que nos puede hacer justos, la fe de Cristo Jesús el único justo que puede darnos de su divina Justicia que nos hará capaces de cumplir la experiencia de que el "justo en su fe vivirá" Habacuc 2:4.

De acuerdo a Apocalipsis 14:12 debemos notar que este pueblo, (ante todo son santos) justos en Cristo, y la palabra claramente dice no que estarán o estuvieron sino que *"aquí están"*. Joven hoy tu y yo podemos cumplir, hacer una realidad esta escritura para que el cielo diga "aquí están" los que poseen, tienen, viven y reflejan la fe de Jesús. Pero recordando a cada paso que **"No deberíais medir vuestra fe por vuestros sentimientos" jamás.** Mensajes para los jóvenes pg. 120.

Con esta experiencia, llegando a ser en Cristo jóvenes de fe, no basándonos más por nuestras emociones. Debemos entender de una vez por todas que, **"Morar en fe es desechar los sentimientos y deseos egoístas, andar humildemente con el Señor, apropiarnos de sus promesas y aplicarlas en todas las ocasiones, creyendo que Dios cumplirá sus propios planes y propósitos en vuestro corazón y en vuestra vida."**-Domingo 26 de Abril, La fe por la cual vivo pg.125.

Se dejó escrito y en alta voz termino este capítulo, diciendo: **"No nos desanimemos. No hablemos de dudas, sino de fe, pues la fe proporciona poder infinito. Si nos aferramos de este poder y no confiamos en nuestra propia fortaleza humana, veremos la salvación de Dios"** *Review and Herald*, 30 de diciembre de 1909. Es pues la fe un principio no sentimientos y emociones.

Para Reflexionar y aplicar

¿Qué fue lo que más te impacto de este capítulo?

¿Qué aprendiste en este capítulo que pondrás en práctica?

¿Cuál es el punto más sobresaliente que compartirás con otros?

¿Qué es la fe?

¿Qué es un sentimiento?

¿Por qué es más importante lo que crees que lo que sientes?

¿Cómo describes tu forma de vivir por Fe o Sentimientos?

¿Eres voluble?

¿Estas satisfecho en tu estilo de vida?

¿A qué te comprometes hoy cambiar para ser una persona estable en fe y no variable en sentimientos? ¡Se específicó!

CAPÍTULO 13
POR FE Y NO POR VISTA

Recuerdo que siempre que le decía a mi padre o algún amigo que deseaba manejar, me decían que era fácil, pero tenía que aprender y yo rezongaba diciendo.... ¿aprender qué? Mover el timón no es difícil y hacer los cambios es de lo más fácil. Bueno en cierto sentido tenía razón. Yo no podía manejar aunque era fácil si no aprendía primeramente.

Cuando por primera vez me dieron el timón, en mi autosuficiencia de niño quise manejar y no pude. ¡Choque el carro! No podía mover el timón y los cambios no eran del todo fácil, porque no estaba acostumbrado. Una de las primeras veces que intente, recuerdo que el chofer de mi padre me puso en sus piernas y por un buen tiempo me dejó tomar el timón, después me dijo, ya, eso es todo por hoy. Las carreteras de nuestro país no solo no eran asfaltadas, sino que en su mayoría están ubicadas a la orilla de las montañas, en una de esas curvas yo le solté el timón, eso fue lo que me dijo, y eso hice. Lo cierto es que si no hubiera sido por nuestro ángel guardián nos hubiéramos matado. Solté el timón y deje marchar el carro, abrí la puerta para cambiarme de asiento sin saber que lo tenía que parar primero. Fue una buena lección que aprendí, tenía que *aprender* primero a manejar. Hoy me da risa, pues tengo años manejando y aunque era fácil hacerlo sin duda alguna tenía que aprender primero.

Algo similar sucede con la fe cuando uno viene a ser cristiano, en ese día del bautismo nos emocionamos tanto que prometemos mil cosas y a veces prometemos cosas que luego nos damos cuenta que no cumplimos. Sabemos que todo lo podemos en Cristo, pero hemos visto que no se logra esa experiencia a menos que aprendamos y comprendamos cómo vivir una vida en Cristo, esta es la razón porque muchos no logramos prosperar, sencillamente porque no hemos logrado el primer escalón, aprender. Es pues el propósito de este capítulo señalar la manera en que Dios desea que crezcamos en fe. Ahora bien cómo obtenerla y activarla.

El apóstol Pablo bajo inspiración dijo "**…que por fe andamos y no por vista**" **2 Corintios 5:7** 2ª parte. Si es bien cierto que los hijos de Dios caminamos por fe debemos recordar a voz en cuello que debemos cuidarnos de no caer en el juego del cristianismo moderno, caminar por vista. La pregunta es ¿Qué es caminar por vista? Para contestar esta pregunta necesitamos preguntar ¿Cómo se obtiene o logra la fe genuina? Ya vimos en el capítulo anterior cómo se manifiesta la fe, ahora veremos cómo se obtiene.

Ya establecimos, que fe es un principio y no un sentimiento que crece y nos hace progresar hasta ser en Cristo Jesús un ser justo ante su voluntad. Así que, contestemos ¿qué es fe? Y Cristo nos responde, **"luego la fe es (viene) por el oír"**. Uno de los principales medios que Dios usa para regalarnos más de esa santa fe, es el oído. El aprender a escuchar, el estar atentos a Dios nos hará crecer en fe porque dice Cristo que "… la fe viene por el oír" *Romanos 10:17*. Jóvenes ya basta, paremos de hablar y aprendamos a escuchar la voz de Dios, allí hay sabiduría.

Si la fe viene por el oír, ¿qué es entonces lo que debemos oír de manera específica? Cristo contesta y dice, "**…el oír la palabra de Dios**" *Romanos 10:17*. Es pues la palabra de Dios, su aliento (*Génesis 2:7*) que da fe, que hace crecer en fe y que te lleva a vivir en fe. Este tipo de vida es lo que en verdad nos lleva a agradar a Dios. Es la palabra, la Biblia la que nos llevará a ser justos, vivir la vida de un justo y morar donde viven los justos con el mayor de ellos que es nuestro Redentor.

Sin la palabra en nuestros corazones jóvenes, no habrá fe, no hay crecimiento en la vida espiritual, es la cantidad de la palabra en nuestra vida que demostrará las acciones de una fe viva, de una fe activa que nos llevará a **"sentarnos en lugares celestiales"** *Efesios 1:3* aun viviendo en este mundo. Así que el vivir una vida de fe es vivir una vida de acuerdo a toda palabra de Dios que entra en nuestros oídos y penetra nuestra mente y corazón, reflejándose en el diario vivir, no importando las circunstancias de la vida.

El no vivir ese tipo de fe, de vida, el no escuchar y obedecer toda palabra del Señor es y será vivir por vista, y no por fe, por circunstancias y sentimientos, emociones de la carne, eso es como caminar en el agua sólo cuando se sabe que caminas sobre un puente, ¿por qué? Porque los ojos ven algo donde poner los pies, es igual a ser felices sólo cuando las cosas salen a nuestra manera y gusto, eso es creer que Dios estuvo aquí (en la iglesia o lugar de reunión religiosa) sólo *porque lo sentiste*. Con razón la inspiración dice, **"somos demasiado faltos de fe"** *Mensajes Selectos,* Tomo 1, página 96 eso es decir, que dependemos bastante de lo que vemos u oímos a nuestro alrededor para buscar de Dios y no de Dios mismo.

La mayoría de cristianos hacemos lo que hacemos, no porque Dios lo dice, sino porque obramos de acuerdo a nuestro ánimo, a nuestros sentimientos y no porque el Creador lo dice. Al aceptar que estamos faltos de fe, en realidad estamos diciendo que no tenemos la palabra de Dios en nosotros. Una persona llena de la palabra de Dios en su corazón no puede vivir una vida más que de fe entera y completa. Una fe activa obra contraria a nuestra manera de sentir y ver, se manifiesta siempre en el campo de batalla donde pareciera que estamos por perder la guerra. Allí es donde ella triunfa no por la circunstancia donde estamos por perder sino porque la palabra ha dicho que el triunfo está prometido.

Los que viven por fe son diferentes en la manera en que perciben la vida espiritual, no dependen de lo que sienten o dejen de sentir, pues la preocupación de ellos es lo que está escrito, lo que la Palabra pide y requiere de ellos, quienes viven bajo la aprobación de la voluntad escrita de Dios, si la Palabra lo dice ellos lo hacen, aunque su carne pida o quiera hacer otra cosa, de igual manera no dependen de las circunstancias, sino en cada circunstancia se encuentran con la voluntad de Dios, están firmes en bien o mal para el progreso de ellos, son realistas toman su cruz diariamente y siguen a su Salvador basados en su Santa Palabra.

"No es fe la que pretende el favor del cielo sin cumplir con las condiciones en que se ha de otorgar la misericordia. La verdadera fe tiene su cimiento en las promesas y provisiones de las Escrituras." –Obreros Evangélicos pg. 274. Encontramos aquí que la cuna de una fe verdadera es estar imbuidos en las promesas y tener como base las escrituras que son en sí la vida de Dios.

Hombres de fe, caminan sobre el mar si así lo requiere la Palabra no porque vean un puente. Con esta experiencia joven, estás convencido que Dios está guiando tu vida aunque esté relampagueando, aunque no haya medios para cumplir alguna misión, caminar en sentido contrario y solo si así lo requiere la situación pedida por el cielo; esto es vivir por lo que está escrito, por fe, cuando las circunstancias nos hacen sentir que estamos solos y sobre todo cuando se aceptan las cosas y sus realidades no estando a nuestro favor, es marchar hacia arriba, ir hacia delante, pues la fe acepta y realiza lo que el cielo le dispone, comprendiendo que redundará para su salvación aunque los ojos no lo vean, el corazón no lo sienta y el mundo grite, **'loco no ves que solo tú lo crees, haces y buscas'**.

Veamos los siguientes ejemplos de personas que han tenido esta experiencia. "… **¡Cuán a menudo los que confiaron en la Palabra de Dios, aunque eran en sí completamente impotentes, han resistido el poder del mundo entero!**

Enoc, de corazón puro y vida santa, puso su fe en el triunfo de la justicia frente a una generación corrupta y burladora; Noé y su casa resistieron a los hombres de su época, hombres de gran fuerza física y mental, y de la más degradada moralidad; los hijos de Israel, que junto al Mar Rojo no eran más que una indefensa y aterrorizada multitud de esclavos, resistieron al más poderoso ejército de la más poderosa nación del globo; David, que era sólo un pastorcillo a quien Dios le había prometido el trono, resistió a Saúl, el monarca reinante, dispuesto a no ceder su poder.

El mismo hecho se destaca en el caso de Sadrac y sus compañeros en el horno de fuego y Nabucodonosor en el trono; Daniel entre los leones y sus enemigos en los puestos elevados del reino; Jesús en la cruz y los sacerdotes y príncipes judíos que presionaron al gobernador romano para que hiciera su voluntad; Pablo encadenado y condenado a sufrir la muerte de un criminal, y Nerón, déspota de un imperio mundial.

No sólo en la Biblia se encuentran estos ejemplos. Abundan en los anales del progreso humano. Los valdenses y los hugonotes, Wiclef y Hus, Jerónimo y Lutero, Tyndale y Knox, Zinzendorf y Wesley, y muchos más han dado testimonio del poder de la Palabra de Dios contra el poder y el proceder humano que apoyan al mal. Estos constituyen la verdadera nobleza del mundo. Constituyen su realeza. *Se invita a los jóvenes de hoy a ocupar sus lugares.*

La fe es necesaria, tanto en los asuntos más pequeños como en los mayores de la vida. En todos nuestros negocios y nuestras ocupaciones diarias, la fuerza sustentadora de Dios llega a ser real para nosotros por medio de una confianza constante.

Considerada en su aspecto humano, la vida es para todos un sendero desconocido. Es un camino por el cual, en lo que a nuestras más íntimas experiencias se refiere, andamos solos. " - La fe por la cual vivo pg.255, 256.

Él o ella que acepta la realidad y la voluntad de Dios expresada en su Palabra podrán repetir la vida de esos hombres que se sostuvieron solos en cumplimiento de la voluntad de Dios. Aquéllos que desean vivir de esa manera recordaran que el cielo ya dijo, "cuando pasares por las aguas yo seré contigo, y por los ríos, no te anegaran. Cuando pasares por el fuego, no te quemaras, ni la llama arderá en ti" (Isaías 43:2). Creer en las promesas, creer en toda la Palabra de Dios y vivir por lo que ella dice y no por lo que queremos, vemos humanamente o esperamos, eso será una verdadera vida de fe, porque "sin fe es imposible agradar a Dios" Hebreos 11:6. Pero ¿cómo le agradaremos si desconocemos su palabra, la única fuente para crecer en fe? El agradar y depender del poder de la Palabra de Dios lo describe muy bien la experiencia de un centurión, del tiempo de Cristo, que dijo, **"Señor, mi mozo yace en casa paralítico, gravemente atormentado. Y Jesús le dijo: Yo iré y le sanaré. Y respondió el centurión, y dijo: Señor, no soy digno de que entres debajo de mi techado; más solamente di la palabra, y mi mozo sanará…Y oyendo Jesús, se maravilló, y dijo a los que le seguían: De cierto os digo, que ni aun en Israel he hallado tanta fe"** *Mateo 8:6-10.*

Jesús encuentra aquí cierta cualidad que le llama fe. La acción de depender no en la visita de Cristo para sanar a su hijo, sino de lo que *hablará su palabra a favor de su hijo*, Cristo mismo le llamó a eso gran fe que ni en su mismo pueblo había encontrado.

Cuando nosotros comprendamos lo que es, entonces habremos hallado la fe genuina. Entender el hecho aquí descrito es entender la fe. No puede haber ninguna duda al respecto, ya que Jesús es *"el autor….de la fe" Hebreos 12:2.* ¿Dónde pues está la fe aprobada por Dios? Él hombre del cual nos acaba de hablar la Biblia deseaba la realización de algo. El anhelaba que Dios lo realizara, pero el Señor le dijo, **"Yo iré y lo sanaré"**, el centurión lo puso a prueba diciendo, Maestro, *"solamente di la palabra y será hecho".*

Por eso hoy en voz alta debemos invitar a todo ser a depender, esperar y creer el cien por ciento en la palabra, aunque Dios mismo no esté presente. La inspiración dijo: "**¡Oh, cómo desearía que pudiera inducir a nuestros hermanos a tener fe en Dios! No deben creer que a fin de ejercer fe deben ser acicateados hasta llegar a un alto grado de excitación.** *Todo lo que tienen que hacer es creer en la Palabra de Dios…Él lo ha dicho, y cumplirá su Palabra"* Mensajes Selectos, Tomo 1, página 96.

Querido joven la enseñanza de la fe es la enseñanza de la naturaleza de la palabra de Dios. Enseñar a las personas a obtener fe es enseñarles a buscar la palabra, enseñarles a ejercitar fe, enseñarles a esperar que la palabra de Dios haga lo que dice, y a depender de ella para el cumplimiento de lo dicho por la palabra. Vivamos de tal manera que demostremos al enemigo que nosotros los jóvenes hemos captado la visión de *"vivir por fe y no por vista"* en victoria, porque escrito está que **"…ésta es la victoria que vence al mundo, nuestra fe"** *1ª Juan 5:4.* La fe querida juventud se manifiesta de una manera tan sencilla como algo que viví. Mientras estudiaba en Baja California se me terminó el dinero, en las vacaciones fui a la casa de mis tíos, ellos me trataron muy bien. El problema estuvo cuando las vacaciones se terminaron, no me animé por vergüenza a pedirles dinero para regresarme, no tenía ni un sólo peso. Me tranquilicé pensando que en la terminal iba a encontrar a mis compañeros, ellos me prestarían dinero - dije en mi mente -. Al llegar ninguno de ellos estaba allí. Me vi obligado después de un par de horas, ir a pedir dinero a un amigo de mis tíos, el cual de manera nada educada me corrió de su casa. Traté de explicarle mi situación y sin embargo no me creyó. Solamente imagínate yo solo en la terminal buscando dinero para mi pasaje.

Aquí me acordé de manera especial en Dios, en que él estaría conmigo en las buenas y malas; su palabra había dicho **"Pedid, y os darán; buscad, y hallaréis; llamad, y os abrirán. "Porque todo el que pide, recibe; el que busca, halla; y al que llama, le abren." Mateo 7:7,8.** Había recorrido a todo menos al proveedor de las cosas. Aquí comprendí algo de lo que es la fe, pues ésta te lleva al único que puede ayudar, a él no le importa de qué se trata, puede ser algo pequeño como algo grande. A él no le impresiona nuestras quejas sino el que como hijos dependamos de un padre amoroso, le agrada vernos depender de sus promesas, su bendita palabra.

Jesús había dicho que si tan sólo tuvieras fe como un granito de mostaza moveríamos montes; yo tenía que aprender una lección ese día, y era que la fe se aferra a las promesas de Dios descritas en su palabra, no por lo que eres, o la circunstancia en la cual te encuentras, sea buena o mala, la fe se aferra del Omnipotente, por lo que es, no por lo que somos; la fe ve contrario a lo que los ojos ven, en momentos difíciles la fe, no depende de las circunstancias, de lo positivo o negativo, derriba la incredulidad y derrota la duda, pelea contra lo imposible y te llena de pensamientos que dicen ¡será posible, se logrará!, Obtendrás lo que necesitas porque Dios lo ha dicho, no por lo que veas o sientas o lo que creas, sino porque el Eterno lo ha afirmado en su Palabra.

Ni siquiera tenía dinero para hacer una llamada a mis tíos, así que recordando que Dios estaba conmigo y que no podía traicionarme ahora que lo necesitaba, regresé a la terminal después de haber tratado de obtener dinero de otras fuentes, la voz de la fe me dijo, *"ve y pide"* que hoy llegarás al colegio. Pero dije ¿a quién? Ya traté de pedir. Algo me dijo sigue pidiendo. Fui, le conté mi situación al oficinista, éste habló con el chofer del autobús que iba a la ciudad donde estudiaba y finalmente llegué al colegio después de un día de reflexión de cuánto Dios no sólo protege, sino que provee cuando dejas que tu fe no sólo exista, sino cuando tu la pones en acción, entonces los obstáculos se mueven y llegas hasta donde debes llegar.

En otra ocasión, recuerdo que se me terminó el dinero, en ese entonces estaba dando los primeros pasos como misionero, el gas se me terminó y no tenía dinero para ponerle al vehículo. Antes de salir ore y sencillamente dije, Señor tu prometiste proveer, solo te pido que me des lo que necesito…amen. Fui di el estudio y al despedirme la familia que visite me regalo cien dólares. Les pregunte porque me lo estaban dando y su respuesta fue que, algo que no podían explicar les había dicho que me lo dieran. Creer en lo que Dios dice en su palabra no chasqueara a nadie. Creer y esperar en su cumplimiento de su palabra vale la pena. El deseo del Señor es que "**…abundáis en todo, en fe, en palabra…**" 2 Corintios 8:7. Para tal experiencia el cielo permitirá muchas cosas en nuestra vida para que aprendamos a crecer y depender de su palabra y solamente de su palabra.

Fui en esa ocasión contra todo lo que me impedía ver, por fe y esperar por fe que Dios no me dejaría allí solo, obró en mi favor y al bajarme el chofer me dijo que cuando necesitara algo allí estaban ellos para ayudarme. No sólo obtuve por fe un viaje gratis, sino que conocí a un amigo más. Así también con esa familia de los cien dólares me ofrecieron su ayuda hasta este mismo día. Jesús me enseñó a poner mi profesión de fe en acción sin eso no moveremos ni nuestra propia mentalidad, en seguida se moverán muchos obstáculos. ¿Por qué? Porque la palabra lo dice.

"**…la Palabra que oyeron no la aprovecharon, porque no mezclaron fe a lo que oyeron.**" Hebreos 4:2. Esto muestra que muchos de nosotros podremos oír la palabra de Dios pero no la relacionamos con fe, eso significaría creer y depender de ella para su cumplimiento, o sea que el pueblo de Israel escuchó la palabra pero no creyó que se cumpliría. De nada nos servirá escuchar la palabra, podremos tener a los profetas vivos entre nosotros y aun tener a Cristo mismo predicándonos, a los ángeles guiándonos pero si la fe no viene a ser el móvil para su cumplimiento de nada nos servirá.

En el tumulto de la vida, en los golpes del enemigo, en los conflictos de la carne, Jesús nos pregunta, "… **¿Dónde está vuestra fe?..." Lucas 8:25.** En realidad, está diciendo ¿dónde está mi palabra, acaso he mentido, de verdad me crees, esperas que cumpla mis promesas si no las crees y dependes de ellas?

En otra ocasión en que mi fe ha sido puesta a prueba fue cuando recibí una llamada de mi casa en Guatemala. Mi madre estaba enferma, estaba grave de muerte y solo Dios podía sanarla. En ese entonces mi agenda estaba llena de compromisos y no podía dejar de cumplirlos (asuntos religiosos). Recuerdo haber sido tentado a pensar ¡Dios dónde estás! ¿Cómo es que te estoy sirviendo y tú no cuidas de mi madre? Después de meditar y tratar de buscar soluciones por mi propia cuenta llegué a la conclusión de que Dios no me había mentido, *él dijo* que si le busca y servía primeramente a él, Él se encargaría de suplir mis necesidades. Me arrodille y le pedí perdón por mis murmullos y le dije, Diosito *tu palabra* ha prometido cuidar de tus hijos, yo no puedo ir en este momento a ver a mi madre por el trabajo tuyo, no tengo dinero para el viaje y su enfermedad está requiriendo de mucho dinero y un doctor que no existe en el mundo. Jesús yo no lo tengo, todo está en mi contra, pero No para ti, cumple tus promesas como mejor te plazca, aunque tú sabes cuánto amo a mi madre, también sabes cómo mi corazón está luchando para creer que tu puedes, quiero que sepas que iré más allá de mi razonamiento, *'tu puedes'*. Allí lo dejé y continué cumpliendo mi deber. No mucho después supe que ella se recuperó milagrosamente. Los discípulos después de tener un encuentro más con el Señor dijeron: "…Auméntanos la fe". Lucas 17:5 Dios permita que esa sea nuestra oración. Nuestra fe aumentará conforme le busquemos en su palabra, conforme la practiquemos y creamos en ella. El apóstol Pablo dijo: **"Porque en el evangelio la justicia que viene de Dios se revela de fe en fe, como está escrito: "El justo vivirá por la fe".** Romanos 1:17. Este verso nos muestra que la justicia de Dios, su evangelio que no es otra cosa que su palabra a favor del hombre se descubre de fe en fe. En otras palabras, este proceso constante es hasta que llegamos a conocer la justicia del evangelio y así vivir una vida de un justo y de fe.

Por todos aquéllos que están creciendo en esta fe les alcanza las palabras del apóstol que dijo, "Debemos siempre dar gracias a Dios por vosotros, hermanos, como es digno, *por cuanto vuestra fe va creciendo*, y el amor mutuo de cada uno abunda entre vosotros. 2 Tesalonicenses 1:3. Una persona que estudie la palabra de Dios todos los días no puede vivir otra vida más que una vida de fe creciente. Ahora sí podrás manejar el carro de la salvación. Serás un experto, porque lo conoces y sigues en ella aprendiendo y creciendo mientras abres todos los días el libro sagrado.

Resaltar esto dijo el apóstol de la fe a un joven "Si enseñas esto a los hermanos, serás buen ministro de Jesucristo, **nutrido con las palabras de la fe y la buena doctrina, que has seguido**. 1 Timoteo 4:6.

Así es la fe va en aumento, obra contra toda expectativa humana, vivamos pues por fe, por la palabra de Dios y "no por vista" y verás que los resultados desde lo más mínimo hasta lo más grande, serán únicamente maravillas. Nuestra es la *victoria* querido joven, no importa nuestra situación, tenemos al cielo de nuestra parte si dependemos de esa Palabra que creará en nosotros esa fe viva y genuina, que podemos exclamar como Pablo, "... **ya no vivo yo sino vive Cristo en mí y lo que ahora vivo en la carne, lo vivo** *en la fe del hijo de Dios*, **el cual me amó**" *Gálatas 2:20.32*.

Joven, nuestra experiencia debe lograrse en la fe del hijo de Dios, Cristo. Debemos radicar allí y vivir de allí en la fe. Por la fe que nos llevará a no vivir por vista, la carne y sus deseos sino en y por la fe de Cristo Jesús quien nos amó y nos llevará a vivir una vida de completa victoria y éxito en todo sentido de la palabra, la palabra de fe.

"**...La fe mira más allá de las dificultades, y echa mano de lo invisible, aun de la Omnipotencia, y por lo tanto, no puede resultar frustrada. La fe es como asir la mano de Cristo en toda emergencia.**"-Obreros Evangélicos pg. 276.

No dejemos que nadie nos robe la bendición de ejercer fe, el enemigo de las almas tratará de darnos una fe espuria, basada en nuestros sentimientos y emociones, no dejes que te engañen no dependas de los bonitos sermones, ni mucho menos de chistes predicados en los pulpitos, depende de lo que leen tus propios ojos, lo que escuchan tus propios oídos cada mañana al abrir el sagrado libro. Jesús esta a tu lado, créelo nunca estás solo. La vida cristiana es lo más bello que puede vivir un joven de fe, yo no puedo convencerte de ello, pero tu experiencia sí.

"Pero tú, oh hombre (Joven) de Dios, huye de estas cosas, y corre en *busca* de la justicia, la piedad, *la fe*, el amor, la paciencia y la mansedumbre. Pelea la buena batalla de la fe. Echa mano de la vida eterna, a la que fuiste llamado, cuando hiciste buena confesión ante muchos testigos." 1 Timoteo 6:11,12.

Para Reflexionar y aplicar

¿Qué fue lo que más te impacto de este capítulo?

¿Qué aprendiste en este capítulo que pondrás en práctica?

¿Cuál es el punto más sobresaliente que compartirás con otros?

¿Eres una persona de Fe?

¿Qué es para ti una persona de Fe?

¿Cómo se vive en Fe? Se especificó:

¿Qué tiene que ver la Fe y la Palabra de Dios?

¿Crees el cien por ciento en lo que Dios dice o dudas? Se claro en esto pues sabrás donde estas para mejorar y avanzar en la vida.

CAPÍTULO 14
LA FE RESTAURA *Y*
JUSTIFICA

Cuando uno honestamente reconoce constantemente la ayuda de Cristo y la necesidad de vivir una vida de fe, nos daremos cuenta que hemos estado lejos de agradar a nuestro Dios, porque 'sin fe es imposible agradar a Dios', y eso es estar sin su palabra, sin su aliento, sin su vida, lejos de esa vida abundante. Creo que todos en algún momento de nuestra existencia como jóvenes hemos fallado a Dios, dudando de su palabra, especialmente cuando el mal, el pecado, nos domina y llegamos a ser arrastrados al mar de la desesperación, y Dios lo reafirma al decir **"por cuanto todos pecaron, están destituidos de la gloria de Dios"** Romanos 3:23.

Sin embargo me llenó de aliento y esperanza cuando la palabra que produce fe me habla de un joven que habiendo nacido en un hogar religioso, crecido dentro de los parámetros de la iglesia llegó a vivir una religión, transformándose en una vida sin fe, una vida de desobediencia a toda la palabra del Creador y según él cumpliendo con el plan de Dios, viviendo en la religión jugó con su vida espiritual, no escatimó el precio de su propia salvación y cayó en pecado. Pero gracias a Dios cuando reaccionó a su mal logró por su verdadero arrepentimiento *ser justificado* ante el cielo e investido de fuerza y visión espiritual para finalizar su tarea dada.

Encontramos que, **"La justificación por la fe es un misterio para muchos. El pecador es justificado por Dios cuando se arrepiente de sus pecados." Mensaje Selectos tomo 3 pg. 220.** Por eso este capítulo lleva el propósito de que lo entendamos juntos.

El nombre de este joven es Sansón, y dijo Dios a la esposa de Manoa. **"... concebirás y darás a luz un hijo. Ahora pues, mira que no bebas vino, ni sidra, ni comas cosa inmunda"** *Jueces. 13:3, 4.* ¿Por qué? **"...porque aquel niño será nazareo a Dios** desde el vientre y él comenzará a salvar a Israel de mano de los filisteos" *Jueces 13:5*. Esta era la descripción del carácter y misión del joven Sansón. Al leer el relato encontraremos que practicó en cierto sentido los principios de su religión, pues llegó a ser un Nazareno y sin embargo él se desvió del plan de su Dios.

Sansón fue uno de los grandes jóvenes que el pueblo pudo haber tenido, desde el principio Dios le había dado una dieta, como tarea específica a los padres y a Sansón mismo de tal forma que por medio de este joven Dios quiso libertar a su pueblo y lo empezó a realizar.

"**… El Eterno lo bendijo…y el Espíritu del Eterno se manifestó en el**" *Jueces 13:24, 25*. No era cualquier joven, era uno bendecido por el Señor, Dios mismo se manifestó en él. Así como Sansón, muchos de nosotros hemos sido privilegiados en tener parte en los planes de Dios para con su pueblo y el mundo, hemos sido llamados como Sansón, pero algunos de nosotros como él hemos caído conscientemente y deshonrado al Creador. La historia de este joven, sus logros, debilidades y fracasos los encontramos en los capítulos 13 al 16 del libro de Jueces. Léelos en tu tiempo libre, serán una fuente de instrucción.

Después de haberse manifestado el Señor en Sansón en los campamentos de Dan entre Sora y Estaol, la palabra nos dice que él empezó a descender. "Un día Sansón *descendió* a Timna, y *vio* una mujer..." Jueces 14:1. En primer lugar el nada tenía que hacer en Timna. Pero vemos que ese fue el comienzo de su descenso. Allí inició el principio de su caída, allí empezó a bajar las normas, sus principios, Dios había dicho que tomará mujer de su pueblo, sin embargo esa fue la que le agradó a él. El problema no estaba en que le haya gustado una mujer, pues era varón y necesitaba de una compañera, sino radicaba en que **"…era una mujer filistea…"** Jueces 14:1. Y en su terquedad "Cuando volvió a su casa, dijo a su padre y a su madre: "Vi en Timna una mujer filistea. Os ruego que me la toméis por esposa".Jueces 14:2. ¿Quién lo haría cambiar de opinión al gran Sansón? De esta manera el joven tropezó y su caída fue horrenda. Pero aun así dicen las escrituras que "Sansón (dirigió) a Israel en los días de los filisteos durante 20 años". Jueces 15:20. Pero en su ociosidad, "Un día Sansón *fue a Gaza, y vio allí a una*

ramera, y llegó a ella."Jueces 16:1 vemos que este joven, representante del cielo iba de mal en peor, ahora ya no solo fue una mujer filistea sino ramera, entró a ella y realizo su voluntad.

Esto hizo el gran Sansón, un joven altamente bendecido por el cielo, sabio, lleno de gracia y quien su venida a este mundo había sido anunciado por Dios mismo. Finalmente alguien que no enmienda sus errores, no le puede ir mejor. Las escrituras nos dicen que, "Después de esto Sansón *se **enamoró*** de una mujer del valle de Sorec, llamada Dalila." Jueces 16:4. De la primera mujer encontramos que le agrado, la segunda satisfizo su concupiscencia y la tercera le ganó el corazón inconverso, se enamoró de ella. Dalila, mujer grandemente astuta, una buena agente de Satanás. Dios aquí ya no podía impedir su caída, Sansón había traspasado el límite de la misericordia del cielo. Siguió su curso, llevándolo a perder su cabellera donde radicaba su fuerza, su sabiduría, su belleza, allí estaba toda su vida. ¿Pero qué sucedió? El amor al pecado le robó la bendición y la presencia de Dios. Perdió lo que no apreció. Así fue como el se desprendió de Dios y "Los filisteos echaron mano de él, *le **sacaron los ojos*** y lo llevaron a Gaza. Allí lo ataron con cadenas de bronce, para que moliese en la cárcel." Jueces 16:21.

Este joven llegó a sobrepasar los límites de la misericordia de Dios y el Señor no pudo obrar más a través de él. Él mismo no se había dado cuenta que: **"El Eterno ya se había apartado de él"** *Jueces 16:20*. Llegó a ser el payaso y juguete de sus enemigos. No hay duda que grande es el pago de nuestros errores. "En la alegría de su corazón, (los enemigos) dijeron: "Llamad a Sansón, para que nos divierta". Trajeron a Sansón de la cárcel, y les servía de juguete. Luego lo pusieron entre las columnas." Jueces 16:25.

Dime joven no nos está pasando lo mismo. No nos hemos dado cuenta que hemos venido a ser juguete de Satanás. No ha dicho que tu vida no puede cambiar, pues tus debilidades te dominan. ¿Eres presa del pecado, el placer, el vicio y las practicas filisteas que nos han robado la bendición de Dios, el Espiritu y sacado nuestros ojos, los únicos ojos que nos dejaban ver?

Personalmente, de la misma manera que a Sansón, a mis ojos le agradó una linda mujer a quien llegué a querer bastante. Yo sabía que era hija de uno los finqueros, no sólo era bella, sino que era de la alta sociedad. Pero había un problema y era que uno de los hombres más ricos de ese lugar la quería, aunque él era casado. Eso si que me metió en problemas, a través de algunos pandilleros de allí me mandó a decir que si no la dejaba, me iba a matar. Por un tiempo no le puse atención pero cada vez llegaba a ser más fuerte la amenaza. Todo esto llegó a los oídos de mi padre, y viendo como estaban las cosas prefirió sacarme de ese sitio antes que me mataran.

A pesar que mi padre me había sacado de allí tercamente regrese a ese lugar. Quería tanto a esta mujer que no me importó dar aún lo que tenía por ella. La vida ¿qué era? Hoy que veo todo esto, entiendo que lo peor no era dar mi vida, sino que no me importó el consejo de Dios, en no tener relaciones con los paganos, ya sea en el noviazgo o casamiento. ¿Crees que eso me importó? No. Si no me importaba Dios mismo, mucho menos sus mandamientos. Y ¿sabes qué era lo peor?, ella también quería estar con ese hombre, sólo que me estaba usando para que la relación que tenía con él, fuese cubierta con nuestro supuesto noviazgo. *Para hacer esto más real y mostrarle mi supuesto amor, ella me pidió que fuera a su iglesia - la católica. Aunque lo pensé mucho, al fin decidí hacerlo al cabo que después yo la cambiaba a la mía. Así me volví católico por un tiempo, claro mi padre nunca supo de esto. Creo que lo hice sin que nadie lo supiera, ni yo mismo sabía lo que estaba haciendo.* Lo único que logré en todo esto fue más enemigos, a su propio hermano y los amigos de su amante. Créeme, las cosas se complicaron que tuve que salir corriendo de ese lugar. Sin novia y avergonzado ¡qué situación!

Hice todo por agradarle pero también fracasé, y que bueno que no aprendí cosas que le gustaba, porque hoy no sé dónde estuviera, no creo que escribiéndote. Esta fue la mujer que no sólo hizo peligrar mi vida, sino que me hizo dudar de mi *'supuesta fe'* que tenía en mi creencia como cristiano. Dudé y casi me saca de la iglesia, literalmente. Por querer estar al nivel de ella definitivamente tenía que dejar aún de profesar, aunque ya estaba fuera espiritualmente, sólo que dentro de la iglesia, ¿sí me entiendes, verdad? Estaba perdido, sólo que dentro de casa. Gracias a Dios mi noviazgo con ella terminó para siempre. Aunque las consecuencias fueron muy graves.

Si hemos llegado a ser juguete del pecado, hay esperanza para nuestros casos. Aun podemos levantarnos y cumplir lo que descuidamos por el pecado. Querido joven aquí está la lección en esta historia triste, pero muy alentadora para todos los que hemos fallado a Dios en diferentes aspectos y circunstancias. Después de su gran desobediencia y derrota Sansón volvió en sí y aunque estaba cosechando las consecuencias de su pecado, por la fe volvió a ver y depender de su Dios. Mientras cosechaba su mal las escrituras dicen que **"Después que fue rapado, el cabello de su cabeza empezó a crecer." Jueces 16:22.** Interesante texto, sabes ¿por qué? Porque Dios no pierde tiempo registrando algo si no nos da una lección objetiva. Sansón perdió todo porque vendió el secreto de su fuerza por el placer, él amor enfermizo, por alejarse de Dios, el perdió su cabellera, base de su fuerza. Acabamos de leer que donde fue rapado, allí empezó a crecer lo que había perdido, el cabello.

Este pequeño detalle muestra que Dios no se olvidó de él. Su cabello empezó nuevamente a crecer, esto nos enseña que si nos volvemos al Señor el cabello nos puede volver a crecer, o sea, aquella bendición que nos robó el pecado puede regresar aún, si así lo deseamos mientras aún hay gracia. En su desesperación y fracaso clamó al Eterno, Dios lo escuchó, renovó su fe y no solo eso sino que lo justificó. ¿Cómo lo sé? Lo sé porque Dios le regreso su fuerza, con la cual honró a Dios nuevamente destruyendo a todos los filisteos en esa ocasión.

Así como Sansón, yo veo que son muchas las ocasiones en que he fracasado; es grande la lista de mis enemigos como lo eran para Sansón, el primer enemigo que no venció fue él mismo, luego las mujeres por medio de quien vino a ser derrotado, así como él, muchos sólo esperan verme tropezar una vez más para poner en los suelos mi salvación, en ocasiones tienen razón de mis errores. En el pasado como en el presente, personas que me han visto prosperar han deseado mi caída. Siempre han estado atentos de mis fracasos, los han hecho grandes con tal de que la gente pierda su confianza en mí. Les disgusta verme crecer o lograr propósitos únicos.

Recuerdo que varias personas lograron influenciar en la gente para que perdiera el trabajo, y ellos por un momento ganaron, pero gracias al cielo he sido sostenido por la misericordia de Dios, es cierto que me he equivocado pero aquí estoy todavía y todo por el amor de mi Jesús. Lo triste de todo esto es que los que siempre hacían halago de su santidad y profesaban ser muy fieles a los principios, hoy muchos ya no están en la iglesia, otros han perdido sus puestos de trabajo mucho más rápido de lo que planearon mi caída, otros han perdido sus hogares por sus errores y otros por completo han desaparecido.

En todo esto, mujeres no han faltado buscando mi destrucción pero por la grandiosa misericordia de Dios no lo han logrado. Y aunque he cometido grandes errores, el Creador me a perdonado y restaurado para que como Sansón pueda terminar la obra que me dio a realizar. Todos podrán estar en contra nuestra, aun el yo dentro de nosotros pero Dios es más fuerte que todos nuestros enemigos. El si deseamos nos protegerá, nos levantara y hará en nosotros y por medio de nosotros su voluntad. Dejemos que nos crezca la cabellera otra vez.

También es muy interesante notar que Sansón jamás se imaginó que la mujer que ganó su corazón llegaría a traicionarlo, ni mucho menos entregarlo a sus enemigos. De igual manera cuando nos damos cuenta de que muchas cosas que tenemos o hacemos, como también personas que tenemos cerca son a veces los medios que el enemigo usa para nuestra caída.

La lucha espiritual es continua y quizás aún no nos imaginamos lo que nos espera, pero eso no quiere decir que si caemos o tropezamos en algo no podemos levantarnos. Siempre he tomado la siguiente promesa para derrotar al enemigo más grande de mi alma "**por amor a tu nombre, oh Eterno. Perdonarás también mi pecado, porque es grande... mis ojos están siempre hacia el Eterno porque sacará mis pies de la red**" *Salmos 25:11,15*. Vamos jóvenes seamos honestos, especialmente los que hemos nacido en la iglesia,

¿cuántas veces no hemos pecado conscientemente? Nos hemos burlado de las cosas de Dios. Hemos caído en vicios como el sexo, licor, drogas, homosexualismo, lesbianismo y muchos otros pecados. ¿Si esto te sorprende empieza a revisar quiénes son o qué hacen la mayoría de los jóvenes de iglesia? Ésta no es una crítica pero sí la realidad de las cosas. ¡Hay esperanza!

Sin embargo, cada vez que me vuelvo a Dios en fe y por fe, mis fuerzas vienen a ser invencibles y no me alegra pero todos mis enemigos hoy están en los suelos, primeramente las grandes debilidades de mi ser, luego literalmente aquéllos que siempre me quisieron ver derrotado, hoy ellos están peor; Si no es que destruidos (por quienes oro).

Uno de los profesores que amargó mi niñez y juventud, quien mil veces me dijo que yo no servía para nada, quien gritó que yo era basura de la sociedad, casi me robo la esperanza de un día triunfar o por lo menos mejorar. Hoy las cosas se invirtieron. Jóvenes que junto con él se burlaron de mis caídas y fracasos hoy ellos lamentan las de ellos. Sin duda alguna no me alegra saber lo que les ha sucedido, pero sí me muestra que cuando uno vuelve en sí y busca a Dios creyendo en él y en su palabra, grandes cosas suceden.

Antes era un ridículo de la religión, de la sociedad y aun del hogar, hoy con nueva visión exalto a Jesús en su restauración, animando a otros jóvenes a no darse por vencidos y ser Sansones modernos, hoy justificados mientras activan su fe en su Salvador. Siempre que he sido contrarrestado por los filisteos modernos en debilidades o fracasos he orado. **"Mira mis enemigos que se han multiplicado, y con odio violento me aborrecen. Guarda mi alma, y líbrame. No sea yo avergonzado porque en ti confié"** *Salmos 25:19*. Sí como Sansón hemos caído y nos volvemos a Dios como él le buscó de nuevo, nuestras fuerzas espirituales serán automáticamente renovadas y nadie nos podrá vencer.

Sansón con sus nuevas fuerzas destruyó a los enemigos de Dios y todos sus ídolos en el momento menos esperado, fue cuando más se estaban burlando de su fracaso como hijo de Dios que el cielo lo vistió nuevamente por su divina fe, creyó, dependió y esperó en la bendita Palabra de Dios otra vez y su amante Salvador obró en su favor. **"Entonces** *clamó* **Sansón al Eterno y dijo, Señor acuérdate de mi y** *esfuérzame te ruego, solamente esta* **vez Oh Dios, para que de una vez tome venganza de los filisteos por mis ojos"** *Jueces 16:28.*

Dios no cierra sus oídos al clamor de todo joven que se arrepiente de su mal proceder, y como Sansón, todo joven que regrese a Dios en busca de nuevas fuerzas, de esa fe que perdió por el pecado, el cielo lo enviste de nuevo de la justicia de Cristo, lo cual lo lleva en las fuerzas y vida de Cristo a vengar sus ojos, su visión y misión que fue robado por los filisteos modernos, los enemigos del bien, el pecado.

Querido joven ¿quiénes son tus filisteos de hoy día? No lo sé, pero sí sería bueno reexaminar nuestra vida cristiana, no sea que los filisteos modernos nos hayan ya robado la fuerza y ojos con los cuales servíamos a Dios. Es aquí donde la fe en el Eterno viene a ser un bálsamo a nuestras heridas y se cumple **"justificados pues por fe, tenemos paz con Dios por medio de nuestro Señor Jesucristo"** *Romanos 5:1*. Fue únicamente hasta que Sansón reconoció su mal, hasta que se arrepintió y se volvió a Cristo, que sus fuerzas le fueron devueltas. Pero ¿qué hizo Sansón? ¡Clamó! Joven la fe verdadera nos llevará a clamar al Señor y el resultado de ella será una completa restauración.

"Cuando Dios perdona al pecador, le remite el castigo que merece, y lo trata como si nunca hubiera pecado, lo recibe en el favor divino y lo justifica por los méritos de la justicia de Cristo...La fe es la única condición por la cual se puede obtener la justificación..." A fin de conocerle pg. 112. Una experiencia como ésta, sólo puede nacer en el hospital de Dios. Joven, el pecado puede desvestirnos de la fe del justo, la palabra, la justicia de Cristo, sin embargo eso no quiere decir que no podamos volvernos a él con todo nuestro corazón. Aun hay esperanza, como el joven Sansón, si hoy nos volvemos a Dios él nos volverá a vestir con su justicia que viene por fe y nos trae de nuevo o por primera vez paz con Dios por su divina justicia, en Cristo Jesús.

Debemos recordar que aunque Dios se agrada con nuestra obediencia y nuestras buenas obras, no es eso lo que llega a restaurarnos y justificarnos. Dijo el apóstol de la fe, "**sabiendo que el hombre no es justificado por las obras de la ley, sino por la fe de Jesucristo. Nosotros también hemos creído en Jesucristo, para que fuésemos justificados por la fe en Cristo, y no por las obras de la ley; por cuanto por las obras de la ley ninguna carne será justificada**" *Gálatas 2:16*. Esto no nos libra de la obediencia de la ley de nuestro Dios, si no que nos aclara que llegamos únicamente a ser justificados en la fe de nuestro Señor y Salvador Jesucristo, produciendo obras de justicia.

Por eso "**Los que son justificados por la fe deben tener un corazón que se mantenga en la senda del Señor. Una evidencia de que el hombre no está justificado por la fe es que sus obras no correspondan con su profesión. Santiago dice: "¿No ves que la fe actuó juntamente con sus obras, y que la fe se perfeccionó por las obras?" (Sant. 2: 22). Mensaje Selectos tomo 1 pg. 465.** Así que todo aquel que regresa a Dios, será no sólo restaurado sino justificado por la fe y como fruto se verá una implícita obediencia.

"Hay muchos que creen que Cristo es el Salvador del mundo,... tan intelectualmente convencidos de la verdad, pero esto no es suficiente; para ser justificado, el pecador debe tener esa fe que se apropia de los méritos de Cristo para su propia alma. Leemos que los demonios "creen y tiemblan", pero su creencia no les proporciona justificación, ni tampoco la creencia de los que asienten en forma meramente intelectual a las verdades de la Biblia recibirá los beneficios de la salvación." Mensajes Selectos tomo 3 pg. 218.

Escrito está que "**...el pecador no puede depender de sus propias buenas obras como medio de justificación. Debe renunciar a todos sus pecados y aceptar grado por grado la luz que brilla en su senda.**" La fe por la cual vivo pg. 110.

Toda esta restauración en la vida del joven Sansón puede lograrse en nosotros si injertamos la fe, tan necesaria en la juventud de ahora, la fe de Jesús. Fue esta experiencia del joven Sansón que el apóstol

Pablo puso en la galería de los hombres de fe, dijo: **"Por fe cayeron los muros... y ¿qué más digo? porque el tiempo me faltará contando de Sansón... (Y muchos otros)"** *Hebreos 11:30, 32* esto muestra que Sansón logro la victoria de su derrota y restauración por el único medio que se llama fe en Dios, en Cristo, en su palabra, en sus promesas.

Aquí fue cuando Sansón dijo: "Muera yo con los filisteos". Entonces empujó con toda su fuerza y la casa cayó sobre los príncipes y sobre todo el pueblo que estaba en ella. **Y fueron muchos más los que mató al morir, que los que había matado en su vida."** Jueces 16:30, aunque él murió aquí su obra se completó cuando él volvió a Dios. Logró mas al morir que al estar vivo. Triunfo, hizo su obra, la logro. Tú y yo también podremos si nos lo proponemos. Sabes joven es importante entender que podemos lograr más después de caer que no habiendo caído, esto es posible porque nuestra experiencia nos ayudará hablar y obrar más por el amor que nos redimió que por el que se haya profesado. Al caer conocemos de donde invitamos a nuestros hermanos a salir y levantarse. Conocemos sus luchas y conflictos por experiencia, eso nos da una ventaja, la de compadecernos de ellos porque allí estuvimos nosotros también.

Hoy de acuerdo a la palabra de esperanza y nuevas fuerzas que la justicia de Cristo trae, justificándonos por fe en nuestro Redentor ante el Padre a quien hemos grandemente deshonrado nos invita a volvernos a él, renovando nuestra fe y fuerzas que obrará para el cumplimiento de su santa voluntad. Dios permita que nuestra vida pueda ser una vida de fe genuina, una vida que *crece* en la palabra, y *espera* en ella para su cumplimiento. Sé que tú y yo como jóvenes de ahora en adelante *andaremos por fe y no por vista,* porque somos **"verdaderos hijos de fe"** *1ª Timoteo 1:2.*

Un antiguo cuento dice, que un día un hombre caminaba sobre un lago sin nada que sostuviera su cuerpo. Al regresar ve a la gente admirada por lo que había visto, mientras susurraban "ese hombre tiene que tener fe para hacer eso" los escuchó y preguntó: - después de lo que han visto ¿creen ustedes que puedo cruzar el lago con un hombre cargado? Todos contestaron ¡si creemos! Entonces él preguntó ¿quién será el primero? Sabes, nadie quiso intentarlo, porque ninguno de ellos creía, ninguno de ellos poseía la fe de Jesús o Pedro cuando caminaron sobre el agua.

Sería bueno aquí preguntarnos ¿qué tipo de fe tenemos, la que profesan todos mezclada con incredulidad, activa solo cuando ven o sienten, o la fe que hizo de Sansón un victorioso, la que le dio vista cuando no tenía ojos, la que le dio fuerzas cuando sufría sin ellas, la que le llevo al trono de Dios cuando había traicionado al Señor, la que te lleva a ser diferente aferrándote de las promesas de aquél que aunque pendiente en la cruz, pudo lograr el cumplimiento de la verdadera fe, abrirnos el camino al triunfo, a la restauración, a la salvación. Fe que traspasa la crisis y obstáculos más grandes que lo llevó a dar su vida por la nuestra, que resucitó e intercede por ti y por mí. ¿Es esa la fe que poseemos? Sin ella nadie entrará al cielo, mucho menos vivirá aquí en la tierra la vida de Cristo. Escrito está que Cristo fue y es hecho para nosotros, "justificación, santificación y redención" *1ªCorintios 1:30,* y en agradecimiento a ello, debemos recordar siempre que **"Dios requiere la entrega completa del corazón antes de que pueda efectuarse la justificación. Y a fin de que el hombre retenga la justificación, debe haber una obediencia continua mediante una fe activa y viviente que obre por el amor y purifique el alma."** *Mensajes Selectos,* Tomo 1, página 429.

Así muchos jóvenes hoy en lo espiritual hablan de fe y predican de fe, pero difícilmente se les ve vivir una vida de fe. Comprendamos que sin fe es imposible agradar a Dios. Si estás dispuesto hoy, el cielo desea tu completa justificación y restauración. Sansón empezó su vida de victoria en Dan que estaban entre Zora y Estaol. Pues después de morir, el Señor permitió que se registrara el victorioso triunfo de Sansón. "Y descendieron sus hermanos y la casa de su padre, *y lo llevaron y sepultaron entre Zora y Estaol,* en el sepulcro de su padre Manoa. *Sansón había juzgado a Israel durante veinte años."* Jueces 16:31. Joven ten por seguro que si nos volvemos a Dios después de fallarle, si le buscamos con todo nuestro corazón el escribirá historias interesantes de nosotros. Estoy seguro que así como permitió a su hijo Sansón regresar en donde empezó, Zora y Estaol, así lo hará con nosotros y sin duda alguna dejara escrito de nosotros como lo hizo con Sansón que *"...había juzgado a Israel durante veinte años."* Jueces 16:31. Sansón nuestro hermano triunfo y ¿tú?

Querida juventud, es pues la invitación que juntos **"Lleguemos con corazón verdadero, en plena certidumbre de fe, purificados los corazones de mala conciencia, y lavados los cuerpos con agua limpia. Mantengamos firme la profesión de nuestra fe sin fluctuar, que fiel es el que prometió"** *Hebreos 10:22, 23.*

Para Reflexionar y aplicar

¿Qué fue lo que más te impacto de este capítulo?

¿Qué aprendiste en este capítulo que pondrás en práctica?

¿Cuál es el punto más sobresaliente que compartirás con otros?

¿Qué es lo que la fe hace en las personas?

¿Qué es ser restaurados?

¿Qué es ser Justificados?

¿Crees que eres una persona restaurada y justificada? Explica:

¿Cómo puedes vivir totalmente en FE y que prometes hacer para vivir en ella?

CAPÍTULO 15
EJEMPLO DIVINO

A los 23 años un joven fue a ver al general Ashley en San Luis, Missouri, para que lo contratara como miembro de su expedición por el río Missouri. El general Ashley se dio cuenta de inmediato que se encontraba ante un joven muy talentoso y energético. En el año de 1882 este joven salió de San Luis como cazador de la expedición. Un año más tarde, había demostrado que era un líder único, por su arduo desempeño se ganó la confianza de tener su propio mando. Este joven se abrió muchas puertas por su ejemplo y dedicación, estableció los senderos y caminos en territorios vírgenes fueron, siempre su invitación. Descubrió el Paso Sur, lo que vino a ser la ruta principal por la cual pasarían miles de colonos en su viaje hacia el oeste de la nación.

Fue el líder del primer viaje en carromatos cubiertos a California. Sin embargo a pesar de todo esto él tuvo que hacer frente a contratiempos y fracasos entre sus numerosos éxitos. Cierta ocasión logró sobrevivir a un ataque de los indios mojaves, quienes dieron muerte a la mitad de sus hombres. Anteriormente, mientras guiaba a otro grupo, los indios Kelawtset destruyeron a todos sus hombres, con excepción de uno.

Aunque este joven estaba a punto a desaparecer, nunca perdió su confianza en Dios, quien lo hacía único en fe y ejemplo de perseverancia. Dentro del círculo que le tocaba vivir los hombres fueron rudos con él, sin embargo mantuvo firmes sus convicciones religiosas, aun entre hombres indeseables. Sus acciones y obras demostraron a muchos que él era un auténtico hombre de Dios, especialmente en sus palabras, pues las palabras groseras no eran parte de su vocabulario, y el tabaco no era parte de sus hábitos. Siempre trataba a los demás con respeto y dignidad como si fueran los únicos vivientes en este vasto universo.

¿Qué lo hacía diferente? Era una Biblia en la mano, en su maleta siempre que andaba de viaje, era su compañera en todo momento, lo hacía lucir como un joven único, dejando pasmado a todos sus superiores y compañeros por su manera de vivir. No había lugar donde este joven no pudiese leer su Biblia fielmente. Fue la lectura de este libro santo lo que hizo de Jedediah Smith una bendición en esta nación y un buen líder que será para el joven sabio, digno de seguir su ejemplo.

Es el deseo celestial que los jóvenes lleguemos a esforzarnos por adquirir un carácter perfecto, simétrico de acuerdo al cielo y no a nuestras propias normas. Dijo Jesús: "**Sed pues vosotros *perfectos* como vuestro Padre que está en los cielos es perfecto**" *Mateo 5:48*. Esto sólo lo podremos lograr con una entrega completa al Señor y '*un diligente estudio de las escrituras*' acompañado de oración; pues él mismo dijo: "**Escudriñad las escrituras...*ellas son las que dan testimonio de mí*"** *Juan 5:39*. Vemos que para conocerlo y obtener su carácter será únicamente escudriñando de sus propias palabras, las escrituras, pues ellas dan testimonio de Él.

En ellas encontramos el mapa para llegar a ese carácter perfecto, santo. Usualmente como jóvenes no nos gusta oír mucho del asunto de ser perfectos o ser santos, de alguna manera nos repugna oírlo. Pero ¿por qué esto es muy esencial en nuestra vida cristiana? Dios mismo nos da la razón: "**Habéis, pues de serme santo, porque Yo el eterno soy santo, y os he apartado de los pueblos, para que seáis míos**" *Levítico 20:26*.

¿Cómo podemos lograr esto en este mundo tan lleno de maldad, cuando por todas partes oímos que no es posible, aún de donde menos lo esperamos, de la iglesia misma gritando por la liviana profesión de los miembros y especialmente líderes? El cielo vuelve a decir: "**como aquél que os ha llamado es Santo, sed también vosotros santos en toda conversación, porque escrito está; sed santos, porque yo soy santo**" *1ª Pedro 1:15-16*. Entendiendo y viviendo de tal manera podremos presentar un servicio aceptable a nuestro Salvador, la escritura nos amonesta: "**Empero persiste tú en lo que has aprendido y te convenciste, sabiendo en quien has aprendido y que desde la niñez *has sabido las sagradas*** *escrituras, las cuales te pueden hacer* **sabio para la salvación por la fe que es en Cristo Jesús"** *2ª Timoteo 3:14-15.* Vemos la necesidad de persistir y permanecer en todo lo que hemos aprendido, y ¿cómo lograr esto?, desde la niñez *'has sabido las sagradas escrituras'*.

Preguntamos jóvenes, ¿desde cuándo comprendemos las escrituras? No me refiero sólo a leerlas. ¿Son ellas en verdad la fuente de nuestra inspiración para *persistir y permanecer leales a Dios*, venciendo toda tentación y seguros de nuestra salvación en Cristo? ¿Creemos en verdad que ellas nos hacen en Cristo Jesús sabios para la salvación y perfectos? Notemos que el apóstol le dirige esta amonestación a un joven como tú y yo, llamado Timoteo que tenía que recordársele la necesidad de *persistir, permanecer* en lo que había aprendido, ser santo y perfecto.

Se le hizo ver y entender que las escrituras eran las únicas que lo prepararían para presentar un servicio aceptable ante Dios y los hombres, dijo el apóstol al joven Timoteo que para esto se nos había dado: *"Toda escritura (que) es inspirada divinamente y útil para enseñar para redargüir, para corregir, para instruir en justicia".* El trabajo de las escrituras es:

1) Enseñar.
2) Redargüir.
3) Corregir.
4) Instruir en justicia.

¿Y cuál es el propósito de todo este trabajo de las sagradas escrituras? "Para que el hombre (joven) de Dios sea perfecto (santo) *enteramente instruido para toda buena obra*" *(2ª Timoteo 3:16-17).* Dios es bien claro en cómo podemos alcanzar el carácter perfecto que desea ver en nosotros. ¡Sí! Es solamente a través de su santa palabra, es por eso que el enemigo de las almas ha hecho todo para que descuidemos su lectura y aunque ocasionalmente la leamos en la iglesia o alguna reunión, el sigue feliz pues sabe que así siempre seremos su presa a menos que hoy pidamos con todo nuestro corazón perdón por haber descuidado su palabra y oremos **"Abre mis ojos y miraré** *las maravillas* **de tu ley, advenedizo soy** no encubras de mi *tus mandamientos*, (palabras) y daré por respuesta a mi avergonzador, *que en tu palabra* he confiado. Y no quites de mi boca en ningún tiempo *la palabra de verdad*" *Salmos 119:18, 19, 42, 43.* ¿Por qué? Porque **"Lámpara es a mis pies tu palabra y lumbrera a mi camino'.** *Salmos 119:105.*

En este mundo tan lleno de tinieblas no podemos vivir sin esta divina luz. ¿Cómo podremos hablar del carácter de Cristo si no lo poseemos? ¿Cómo lograremos testificar de Dios al mundo si no hemos permitido que él nos testifique de él mismo por medio de su palabra? De Cristo nuestro divino ejemplo se dijo: **"Y el niño crecía, se fortalecía, y se llenaba de sabiduría. Y la gracia de Dios era sobre él"** *Lucas 2:40.* Es tan claro ver que Jesús fue totalmente un ser humano como nosotros y nos dejó un '*vivo ejemplo'* de cómo llegar a ser como él. Él *aprendió* hacer la voluntad de Dios, obteniendo sabiduría en la palabra y esto fue su experiencia en su niñez. ¿Qué de su juventud? **"Y Jesús crecía en sabiduría, en estatura, y en gracia ante Dios y ante los hombres"** *Lucas 2:52.* Es hermoso ver que Dios no exige lo que él no hizo. Jesús vino a ser nuestro hermano porque se hizo uno con nosotros en nuestras debilidades y en ellas logró victoria, en ellas logró obtener sabiduría perfección y santidad.

Vemos entonces que Jesús no fue lo que fue en esta tierra por casualidad, lo fue es porque diariamente crecía en gracia y sabiduría, él entendió que esto era un asunto de todos los días y así fue como siempre se deleitó haciendo la voluntad del que lo envió. La inspiración comenta: **"En su niñez, juventud y virilidad, Jesús estudió las Escrituras. En su infancia, su madre le enseñó diariamente conocimientos obtenidos de los pergaminos de los profetas.** *En su juventud, a la hora de la aurora y el crepúsculo, a menudo estuvo sólo en la montaña o entre los árboles del bosque, para dedicar unos momentos a la oración y al estudio de la Palabra de Dios.* **Durante su ministerio, su íntimo conocimiento de las Escrituras dio testimonio de la diligencia con que las había estudiado"** *La Educación*, página 180.

Debemos dejar claro que Jesús es y será Dios, pero la vida que vivió aquí fue la vida de un humano, en carne humana, vivió la vida de un ser completamente convertido a Dios *aquí* en la tierra. Si Jesús tuvo que estudiar las escrituras diariamente para vivir la vida que agrado a su padre, ¿quiénes somos nosotros para no hacer lo mismo? ¡Querida juventud: ésta es nuestra gran necesidad, estudiar, escudriñar las escrituras! Si de verdad deseamos ser como Jesús (como profesamos) santo y perfecto, haciendo lo que al Padre le agrada, debemos examinar nuestra agenda y asegurarnos que hemos y tomaremos tiempo todos los días para empaparnos de ella para nuestra propia salvación.

Como joven te confieso que me disgustaba cada vez que íbamos a leer la Biblia, en casa y la iglesia. Dedicarle tiempo para estudiarla por mi cuenta, no era parte de mi agenda. Recuerdo que para que la leyéramos en el colegio nos tenían que prometer dar puntos. Si no había puntos para alguna materia, sencillamente no la leíamos. Mis padres desde muy pequeño me enseñaron que la Biblia era sagrada y que había que leerla porque ella nos evitaba ser malos, sin embargo no era un libro atrayente. La Biblia fue mi primer regalo cuando aprendí a leer y aun así nunca la conocí más que por su pasta hasta que tuve quince años de edad, a través de los años mis padres me regalaron muchos libros cristianos, especialmente *Mensaje para los Jóvenes*, escrito por Elena de White, pero nunca los disfrute, intentaba leerlos, pero me era demasiado aburrido y honestamente difícil de entender. Llegaron las escrituras a ser un deleite en mi vida cuando en una de tantas veces me buscaba Jesús. Los leí hasta que tuve un encuentro personal con Dios. Allí llegaron a serme una carta de amor, porque desapareció la ceguera espiritual.

Había viajado un par de veces con mis padres a los Estados Unidos, pero nunca nos quedábamos estables en este país; veníamos y nos regresábamos. Un día estando en Guatemala, por varios problemas decidí irme de mi hogar. El destino era Estados Unidos. Aunque era centroamericano sin tener los papeles correspondientes contaba con los medios para poder viajar. Huyendo de casa en el autobús, oí una voz que me dijo, ¿crees qué Dios te bendecirá si te vas sin que tus padres lo sepan? ¿Cómo crees que está tu madre? ¿Estará ella orgullosa por lo que haces? Después de un par de horas de lucha interna, vencí mi rebelión y regresé a casa. De alguna manera me fue claro que el cielo no iba a estar conmigo si me iba sin decirle a mis padres, recordé el mandamiento que dice: "Honra a tu padre y tu madre, *para que tus días se alarguen en la tierra que el Señor tu Dios te da*" *Éxodo 20:12*. Aun en mi rebelión sabía que si viajaba sin la bendición de Dios y de mis padres, mi viaje no terminaría en éxito.

En este momento estaba cansado de siempre fracasar, de ser un desobediente. Algo dentro de mí gritaba que mi vida tenía que cambiar. Finalmente hablé con mis padres, les expresé como nunca antes mi arrepentimiento de desobedecerles, aunque aún deseaba viajar a Estados Unidos, les dije que había decidido irme sin su permiso, pero que algo me decía que no iba a prosperar a menos que fuese bendecido por ellos. Después de un par de charlas me bendijeron y estuve libre para empezar mi viaje.

Te cuento todo esto para resaltar el siguiente punto. Recuerdo muy bien que mi madre me dijo que me dejaría viajar con una sola condición, le dije ¿cuál madre? Prométeme que no te apartarás de Dios y que harás de la Biblia tu compañera, estudiándola como un hijo de Dios lo haría. También trata de buscar un hogar con quien puedas ir siempre a la iglesia. Sin pensarlo tanto le dije, ¡Sí, madre querida, así lo haré!

En una de esas noches frías, allá por la sierra madre me encontraba llorando por ser hipócrita, le mentí a mi madre con tal de contar con su permiso y bendición. Yo no iba a leer la Biblia, menos ir a la iglesia. Precisamente de eso estaba huyendo, estaba cansado de cultos en las mañanas, tardes, en la iglesia sábados, domingos, miércoles y viernes.

Toda una noche pensé sobre mi viaje, pero en toda esa meditación analicé la petición de mi madre y me di cuenta que había prometido algo que no era yo, algo que no era parte de mí. Recuerdo que en esa ocasión dentro de todas mis luchas internas tomé la decisión de hacer de Dios, mi Dios, leer su Palabra, estudiarla en cualquier circunstancia, de que ella siempre sería mi compañera. Aunque fue mi madre el medio que Dios usó para que me diera cuenta de mi descuido de tantos años, me di cuenta que por mí mismo que necesitaba tomar la resolución de hacer lo que mi madre me estaba pidiendo, no porque ella lo había pedido, sino porque en ese momento me convencí que eso sería mi única seguridad de bendición, felicidad, prosperidad y triunfo completo en todo mi existir en esta tierra. Le pedí a mi Dios que me permitiera prometerle serle fiel, no porque quería llegar con bien a Estados Unidos, sino porque esa era ahora mi necesidad y resolución.

El cielo me trajo a este país. El viaje que llevaría semanas, llevó un par de días, y por si fuera poco fue por avión. Cuando me tocó cruzar la frontera de México / Estados Unidos, el coyote nos dijo que estábamos por dar el último paso y por lo tanto todo lo que traíamos tenía que tirarse, casi lloraba porque traía una mochila con mi mejor ropa y libros que mi padre me había regalado al salir.

Lo único que no tire fue la Biblia que me había regalado mi madre, la cual tuve que esconder de tal manera que el coyote no la viera. No la vio, pero al llegar al lugar por donde habíamos de cruzar, era tan angosto que le tuve que pedir a un amigo que sostuviera la Biblia mientras cruzaba, pero mientras yo cruzaba llegaron los ladrones y les quitaron todo lo que traían, incluyendo mi Biblia. Si alguna vez he sentido que me han robado algo valioso fue en esa ocasión. Esa vez sentía que me estaban quitando algo de mi mismo. Nunca más he dejado mi Biblia. Hoy prefiero dejar cualquier cosa pero jamás mi Biblia. ¿Por qué? Porque "**... puesto que él obtuvo su conocimiento del mismo modo como podemos obtenerlo nosotros, su maravilloso poder mental y espiritual es una prueba del valor de la Biblia como medio educativo**" *La Educación*, página 180.

No me arrepiento haber tomado la resolución de aquel día que quise correr, fue mi encuentro con Jesús tal como le sucedió a Jacob, me había yo mismo mentido y había engañado y traicionado a mi Padre celestial.

Veamos la historia de este otro joven con una condición y situación que no era nada buena para lograr ese carácter al señor Jesús. La historia cuenta que después que el padre le pidiera a Esaú un guiso de su caza para bendecirlo, "Jacob respondió: "Soy Esaú tu primogénito. Hice como me pediste. Levántate, y come de mi caza, para que me bendigas". Entonces dijo Isaac a su hijo: "¿Cómo la hallaste tan pronto, hijo mío?" El respondió: "Porque el Eterno tu Dios la puso ante mí". E Isaac dijo a Jacob: "Acércate y te palparé, hijo mío, para saber si eres mi hijo Esaú o no". Jacob se acercó a su padre, y él lo palpó y dijo: "La voz es de Jacob, pero las manos son de Esaú". Y no lo conoció, porque sus manos eran vellosas como las de Esaú. Y lo bendijo. Isaac preguntó: "¿Eres tú mi hijo Esaú?" Y él respondió (Jacob): "Yo soy". Y agregó: "Acércamela, y comeré de la caza de mi hijo, para que te bendiga". El se la acercó, e Isaac comió. Le trajo también vino y bebió." Génesis 27:19-27. Así "Isaac su padre le dijo: "Acércate y bésame, hijo mío". Jacob se acercó y lo besó. Y olió sus vestidos, *y lo bendijo* diciendo…" Génesis 27:26,27. Así se engaño a sí mismo, le mintió a su padre y posteriormente lo cosecho.

Después de esto el resultado de su pecado se empezó a ejecutar. Estaba huyendo de su hogar, había engañado a su padre a su hermano y a el mismo. Traicionó a su Dios. Debido a la furia de su hermano tuvo que cosechar el resultado de su pecado, su destino era ahora ser fugitivo, la derrota lo abrazo, y el desaliento lo dominó, el miedo lo hizo correr, pero mientras corría el Eterno no lo abandono, vino a su encuentro.

La primera noche que estaba fuera de su hogar el cielo lo visitó. "Salió Jacob de Beerseba, y se fue a Harán. Llegó a cierto lugar y durmió allí, porque el sol ya se había puesto. Tomó una piedra y la puso de cabecera, y se acostó." Genesis 28:10,11. Que más podía hacer después de tan amarga despedida. Jacob sabía que había engañado a su Dios, que él mismo había mentido. Ahora su destino era desconocido. Sin embargo en ese preciso momento el Señor le permite soñar y dice las escrituras que "…Vio una escalera apoyada en tierra, que tocaba el cielo, y los ángeles de Dios subían y descendían por ella." Genesis 28:12. Pero ¿cuál era el propósito de este sueño, ver ángeles subir por ella, solamente? No. En ese sueño "vio al Eterno en lo alto de ella, que le dijo: "Yo soy el Eterno, el Dios de Abrahán tu padre, y el Dios de Isaac…"Génesis 28:13. Fabuloso encuentro con Dios, Dios quien vino a platicar con él. Vino a animarlo. Le dijo que el seguía siendo su Dios, su Padre.

El Dios que había sido traicionado por él, no lo abandono, al contrario alentó a su pequeño desconsolado y le dio el mensaje oportuno. Sabía que el joven Jacob era honesto y buscaba la bendición de su hermano Esaú, y aunque no trato de evitar las consecuencias, "…La tierra en que estás acostado te la daré a ti y a tus descendientes. Y tus descendientes serán como el polvo de la tierra. Te extenderás al este y al oeste, al norte y al sur. Y todas las familias de la tierra serán benditas en ti y en tu descendiente." Génesis 28:13,14. Que maravilloso Dios.

Joven si tú de verdad deseas ser un hijo de Dios, honestamente buscas honrarle y si caes, le fallas y lo traicionas, él aún sigue dispuesto a que tú llegues a reflejar su bendito carácter. Él no se da por vencido, es más él desconoce esa palabra. Él te dirá lo que le dijo a Jaco "…Yo estoy contigo, te guardaré por dondequiera que vayas…No te dejaré sin haber cumplido lo que te he dicho". Sin duda alguna éste fue más que un mensaje consolador, fue una promesa de que Cristo estaría constante con él. No lo abandonaría sino que lo acompañaría, lo iba a dirigir a donde fuera si Jacob así lo permitía. Después de esa noche Jacob no fue el mismo, creyó, dependió de la palabra de Dios y así después de ser mentiroso, traicionero llegó a ser el padre del pueblo de Dios.

Indudablemente digo que nuestros fracasos vienen a ser un medio para tener un encuentro verdadero con Jesús y no dudes que hay mensajes como el que Jacob escuchó. El resto de la historia la conoces, Dios no le falló a Jacob, quien cuidó sus pasos como nunca antes ante el Creador. Allí, esa noche, Jacob tomo la resolución de serle fiel a Dios. "Y Jacob hizo un voto: "Si Dios va conmigo, y me guarda en este viaje, y me da pan para comer y vestido para vestir, y si vuelvo en paz a casa de mi padre, el Eterno será mi Dios. Esta piedra que he puesto por señal, será casa de Dios. Y de todo lo que me des, sin falta el diezmo lo apartaré para ti". Génesis 28:20-22. Resoluciones así desea ver el cielo hoy en nuestra juventud. Dios claramente ha dicho que nos bendecirá y nos prosperará, pero no lo hará si no hacemos de su palabra, la Biblia, nuestro libro de texto.

Desde que tome la resolución de ser fiel a Dios he sido grandemente bendecido y espero pronto encontrar a Raquel, aunque me lleve catorce años encontrar su amor. De lo que si estoy seguro es que mientras haga de la Biblia mi compañera, jamás me puede ir mal, al contrario siempre será mi guía, mientras vivo aquí en Padan-aram, EE.UU. El Sabio sabía lo que decía cuando dijo: "Hijo mío, si recibes mis palabras, y guardas mis Mandamientos dentro de ti...si la buscas como a la plata, y la procuras como a tesoros escondidos, entonces entenderás el respeto al Eterno, y hallarás el conocimiento de Dios" *Proverbios 2:1-4.*

Sabiendo el tipo de vida que muchos hemos llevado, el cielo sabía que de alguna u otra manera íbamos a descuidar las escrituras, por ello hoy el cielo nos amonesta a:

- Recibirlas,
- Guardarlas,
- Buscarlas como a plata,
- Procurarlas como a tesoros,
- Hasta hallar el conocimiento de Dios.

La inspiración nos clama: **"¡Ojalá los jóvenes escudriñen las Escrituras y hagan como les parece que Cristo hubiese hecho en circunstancias semejantes!...Recibe y aprecia cada rayo enviado del cielo, y tu senda aumentará en brillo hasta el día perfecto"** *Mensajes para los Jóvenes,* página 30.

Compañeros jóvenes, saben, mi vida vacía, mi soledad, mi inquietud juvenil ha venido a ser suplida por esta *'Santa Palabra'* que añade todas mis necesidades, ¡Sí, todas! Dios no miente cuando dice: **"Mas buscad el reino de Dios y su justicia, y todas estas cosas serán añadidas"** *Mateo 6:32-33.*

Fue nuestro divino ejemplo quien hizo de la Biblia su libro de texto. El obtuvo el carácter que reflejo en la tierra porque dependió, vivió de toda la palabra de Dios. Hizo del reino de su padre y justicia su primer interés. Del tiempo que pasemos en las *'escrituras'* depende el tipo de carácter que representaremos. ¿Joven, por qué no comenzar hoy en el verdadero camino que nos llevará a tener ese carácter santo y perfecto, aunque muchos lo rehuyen porque es totalmente diferente a la religión que ha sido presentado ante la juventud?

Salgamos del montón y seamos singulares en lo que respecta a Dios. Tomar la decisión de *estudiar las escrituras constantemente,* caminar por ella no será en vano, pues nuestro *'divino ejemplo'* ya recorrió por allí, y cada paso que daba no decía que lo hacía, porque los demás lo practicaban o aprobaban, sino su lema era, *"escrito está" "como lees" "que dicen las escrituras" "en los negocios de mi padre me conviene estar".*

Pregunto: ¿es esa nuestra vida? ¿Es esa nuestra experiencia?, ¿quieres tener esa vida?, ¿deseas tener esa experiencia? ¡Sí!, el camino presentado en las escrituras es el único sendero seguro para nosotros en esta generación. Él fue y es nuestro divino ejemplo y hoy nos toca a nosotros lograrlo. Que hoy podamos decir como jóvenes que siguen al *'divino ejemplo'*: **"Se hallaron tus palabras y yo las comí, y tu palabra me fue por gozo y por alegría de mi corazón, porque tu Nombre se invocó sobre mí oh Dios de los ejércitos"** *Jeremías 15:16.* Bendito libro Sagrado, La Biblia.

Para Reflexionar y aplicar

¿Qué fue lo que más te impacto de este capítulo?

¿Qué aprendiste en este capítulo que pondrás en práctica?

¿Cuál es el punto más sobresaliente que compartirás con otros?

¿Quién es el verdadero ejemplo para nosotros los jóvenes?

¿Qué impacto ha hecho la biblia en nuestras vidas?

¿Somos lo que sabemos que debemos ser?

¿Cuáles serán nuestros siguientes pasos para dar un cambio verdadero en nuestra vida a ser lo que debemos ser?

Hoy me comprometo a: ¡Se bien especifico y consistente en darle seguimiento!

CAPÍTULO 16
¿QUIÉN ES LA SABIDURÍA?

Es un hecho que la salvación se logra únicamente en Cristo y que "Aun cuando estábamos muertos en pecados, nos dio vida... Por gracia habéis sido salvos" *Efesios 2:5*. Pero tristemente de este pasaje se agarran muchos diciendo que mientras aceptas a Cristo eres ya salvo y no necesitas estudiar las escrituras, ni mucho menos ser estrictamente obediente a ellas, pues todo ya ha sido hecho, todo es por gracia. Es posible que nosotros no digamos eso con nuestros labios; pero nuestra conducta levanta muchas preguntas.

Debemos entender que al aceptar a Cristo venimos a obtener algo que no nos merecíamos, pero eso sólo es el comienzo de nuestra vida nueva, vida espiritual y aquí es cuando diríamos que la salvación que ha llegado por gracia no serviría de nada si no aprendemos a amarla *y cuidarla* como un precioso tesoro, sería como tener un carro del año; pero si no lo sabemos manejar de qué nos serviría, sino para oxidarse. La salvación sin movimiento es parálisis mortal.

Es por eso que el cielo ha dejado su palabra para que podamos comprender, amar, cuidar y sobre todo disfrutar la salvación bajo la *'Sabiduría'* que es más que lo que la palabra misma significa. Cierta vez Tomás Jefferson, que iba de viaje a caballo, pasó por la ciudad de Baltimore. Entró al hotel principal. Fue al mostrador y pidió un cuarto para pasar la noche. El dueño del hotel lo observó con detenimiento y asumió que aquél era un agricultor. Le dijo a Jefferson que no había lugar para él. Jefferson quiso dar una segunda oportunidad al hotelero, de modo que volvió a preguntarle si tenía un cuarto para él. Recibió la misma respuesta negativa.

Poco después que Jefferson había montado su caballo y se había ido, un caballero adinerado entró en el mismo hotel. Dijo al dueño que el señor que acababa de salir era Tomás Jefferson, vicepresidente de los Estados Unidos. El dueño, consternado envió de inmediato a sus empleados a buscar a Jefferson para decirle que sí había para él un cuarto, y que podía recibir el mejor servicio que disponían. Pero Jefferson ya había encontrado cuarto en otro hotel. Envió de vuelta a los empleados con el mensaje de que si en ese hotel no había lugar para un agricultor, tampoco había lugar para el vicepresidente del país.

Joven ¿conocemos quién es la Sabiduría? ¿O somos igual a este ciudadano que desconocía a su vicepresidente? ¿Habrá lugar en el hotel de tu vida para la sabiduría o terminarás reconociéndola después de que se haya retirado? ¿Tienes cuarto en tu hotel hoy para la Sabiduría o la rechazarás porque no proviene de los grandes teólogos y sabios del mundo o porque no viene de la manera que nos han enseñado a recibirla? Conozcamos esta Sabiduría que busca hoy un lugar en nuestra vida juvenil.

Déjame compartir contigo por qué quise hablar de este tema. "El plan de la salvación ha sido claramente revelado en la Palabra de Dios; pero **la sabiduría del mundo ha sido demasiado buscada y muy poco la sabiduría de la justicia de Cristo"** *A Fin de Conocerle*, página 115. Busquemos pues la "sabiduría de la justicia de Cristo", porque Dios nos dice, **"Adquiere sabiduría, adquiere inteligencia. No te olvides, ni te apartes de las razones de mi boca. "No la dejes, y ella te guardará, ámala, y te protegerá. Adquiere sabiduría. Aunque te cueste todos tus bienes, adquiere inteligencia; engrandécela, y ella te engrandecerá; te honrará, cuando la hayas abrazado. "Adorno de gracia dará a tu cabeza, corona de hermosura te entregará". Hijo mío, oye y recibe mis razones, y se multiplicarán los años de tu vida. Por el camino de la sabiduría te he encaminado, por veredas rectas te hice andar"** *Proverbios 4:5-11.*

¿Qué es lo que debemos adquirir sobre todas las cosas? Sabiduría e inteligencia ¿por qué?
- Ella te guardará.
- Ella te protegerá.
- Ella te engrandecerá.
- Te honrará.

- Adornará tu cabeza con inteligencia.
- Te coronará de hermosura espiritual.
- Multiplicará tus años.

Notemos el versículo 11 cuidadosamente: "**Por el camino de la sabiduría te he encaminado**". ¡Qué afirmación! no dice que nos hará caminar en la sabiduría, **sino que él ya nos ha hecho caminar en ella,** esto se refiere a todos aquéllos que somos creyentes pues somos los únicos que deberíamos estar caminando en ese camino. *Sí caminando*, algo presente y progresivo en el camino de la sabiduría.

El tipo de '**Sabiduría**' que estamos hablando no es la que se adquiere en las grandes instituciones, ni mucho menos con dinero. La sabiduría de la cual estamos hablando aquí, supera todo esto, porque esta, "**...sabiduría es mejor que las piedras preciosas**" *Job 28:18*.

"**Sin embargo, ¿dónde se halla la sabiduría? ¿Dónde mora el entendimiento?** "**El hombre no conoce su valor, ni se halla en la tierra de los vivientes.** "**El océano dice: 'No está en mí', y el mar: 'Ni conmigo'.** "**No se compra con oro, ni su precio será a peso de plata.** "**No se puede adquirir con oro de Ofir, ni con precioso ónice, ni con zafiro.** "**Ni el oro ni el diamante se le igualan, ni se cambiará por alhajas de oro fino.** "**Ni el coral ni las perlas se mencionarán. La sabiduría es mejor que las piedras preciosas.** "**No se le iguala el topacio de Etiopía, no se podrá comparar con el oro fino. ¿De dónde, pues, vendrá la sabiduría? ¿Dónde está el lugar de la inteligencia? Está encubierta a los ojos de todo viviente, y oculta a las aves del cielo. La Destrucción y la Muerte dicen: 'Sólo su fama ha llegado a nuestros oídos'.** Aquí está la sabiduría "**Sólo Dios entiende el camino de la sabiduría, y conoce su lugar**" *Job 28:12-23*.

Es interesante ver que un hombre como Job con una gran experiencia, desconocía la Sabiduría, pero era su anhelo conocerla, sabía que era algo comprensible en Dios y el necesitaba comprenderla. Deseaba adquirirla.

Un joven que fue el resultado de un adulterio, conoció a Dios en su muy temprana edad, llegó a comprender que era también una gran necesidad encontrarla, obtenerla y sobre todo conocer la 'sabiduría'. Sucede que a veces el cielo tiene que permitir ciertas presiones en nuestras vidas, ya sea para que nos demos cuenta de nuestra gran necesidad del Señor y su 'sabiduría' o dejarnos elegir por nosotros mismos el camino que queramos recorrer.

Este joven se llamó Salomón, de quien tenemos mucho que aprender. Salomón cuando entendió la gran responsabilidad que había sido puesta sobre sus hombros, oró: **"Ahora, oh Eterno, oh Dios, confírmese tu promesa dada a David mi padre. Porque tú me has puesto por rey sobre un pueblo numeroso como el polvo de la tierra."** *2ª Crónicas 1:9*.

Si podríamos reconocer que no hemos logrado nada si Dios no lo habría permitido. Él nos ha dado grandes responsabilidades, como por ejemplo ser líderes en la iglesia, en la universidad, el trabajo, el hogar. La pregunta es ¿lo reconocemos? Él puso a Salomón aun siendo joven por rey, se aferró a las promesas del Señor de sus padres como Abrahán, Isaac, Jacob y David. El primer paso para reconocer, obtener y lograr la *sabiduría* es que reconozcamos que somos incapaces por nosotros mismo de obtener lo que tenemos.

Salomón sabía que estaba indefenso para cumplir el deber, lograr el éxito y contemplar la responsabilidad, esto lo llevo a clamar. **"Dame sabiduría..."***2ª Crónicas 1:10* la razón de esta petición era **"...para saber conducir a este pueblo. Porque, ¿quién podrá gobernar a este tu pueblo tan grande?"** *2ª Crónicas 1:10*.

Este joven también sintió la necesidad de esa 'sabiduría'. Pero preguntó ¿dónde crees que estaba él cuando la pidió? ¿Estaría complaciéndose, gozando de la vida juvenil de acuerdo a sus deseos, de acuerdo a la sociedad de su tiempo? De ninguna manera.

El joven comprendió *el peso* de la responsabilidad, y **"subió allá ante el Eterno, al altar de bronce que estaba en la Tienda de la Reunión, y ofreció sobre él mil holocaustos."** 2ª de Crónicas 1:6.

Esto nos muestra que a Dios se le encuentra, cuando la persona de todo corazón le busca. Salomón hizo su parte, "subió allá ante el Eterno" busco a su Dios en el lugar adecuado y señalado por él mismo. A Jesús podremos encontrarlo donde él ha dicho que debemos buscarle. Jamás le encontraremos en los clubes nocturnos, en la cama durmiendo los días de culto ni mucho menos ante la televisión, música o planes personales. Deseas un encuentro verdadero con el Señor, deja de buscarlo abajo en tus pecados, debes ir arriba en donde está el altar de reconciliación. Como el joven Salomón, debemos "subir ante el Eterno". Deja de hacer lo que haces, toma tiempo en buscarle a solas, en su palabra, en los lugares de reunión. No te arrepentirás.

En mi experiencia muchas veces he tenido que cerrar mis libros de estudio. Apagar el celular. Dejar de asistir a alguna cita o reunión aun religiosa con tal de buscar a mi Jesús a solas, platicar con él, oírle por medio de ese libro bendito. He dejado mi cuarto y he ido a la playa a solas, a la montaña, al valle, al río. Abajo en mis pecados jamás le he encontrado pero si cuando me arrepiento de ellos. Su voz cada vez es más familiar en mi vida cuando lo busco arriba.

Has lo que tengas que hacer, dedícale tiempo a Jesús, el quiere hablarte. Ese día donde el joven Salomón buscó al Eterno para dirigir su vida y así al pueblo, dicen las escrituras que "Aquella noche Dios se apareció a Salomón, y le dijo: **"Pídeme lo que quieras que yo te dé"**. 2ª de Crónicas 1:7.

Dios sabe contestar a sus hijos, él no está sordo a nuestros ruegos. Cuando oramos con fe, él contesta. Si hoy Dios nos dijera "Pídeme lo que quieras que yo te dé". 2ª de Crónicas 1:7. ¿Qué le pediríamos?, honestamente piensa que le pedirías. El joven Salomón tenía muchas otras necesidades y sin embargo eligió pedir 'sabiduría', sí 'sabiduría' era lo que necesitaba para ser dirigido y saber dirigir.

Esto impresionó a nuestro Señor. **"Dios respondió a Salomón: "Por cuanto esto desea tu corazón, y no pediste riquezas, bienes o gloria, ni la vida de tus enemigos, ni pediste muchos días, sino que pediste sabiduría y ciencia para gobernar a mi pueblo, sobre** el cual te he puesto por rey" *2ª Crónicas 1:9-11.* Joven aprendamos de Salomón, pidamos solamente obtener y conocer la sabiduría, y verás que todo lo demás nos será provisto como lo hizo con Salomón. Si eso hacemos tendremos el honor de escuchar a Dios contestando: "**te daré sabiduría y ciencia**" y con ello nos añadirá "**también riquezas, bienes y gloria**" *2ª Crónicas 1:12.*

No dudes joven, inténtalo y veras que Dios cumple. ¿Por qué crees que algunas veces nos va tan mal? Porque pedimos equivocadamente, pedimos primero lo material y por ultimo lo espiritual. No olvido en cierta ocasión que viajaba por San Francisco California, cuando me encontré con varios jóvenes de la iglesia, estudiamos, oramos y platicamos todo el fin de semana. Durante esos días se me acercó alguien y me pidió que hablara con x persona porque estaba teniendo problemas. Lo cual hice. Después de platicar un buen rato, -me dijo- "mira yo vengo aquí porque me gusta la hija de la hermana tal…" y yo le pregunte y ¿qué con las cosas de Dios? ¿Te bautizaste en vano? ¿No amas a Jesús? "Bueno dijo, ya te dije todo fue por la hija de la hermana y aun así no me hace caso…" finalmente le pregunte; cuáles eran sus planes para el futuro y su respuesta fue. "Estudiar, llegar a ser un gran Abogado o Doctor, gozar la vida y cuando tenga 50 años buscar a Dios. Tengo mucho por disfrutar"

Este joven de ninguna manera estaba equivocado en buscar a la muchacha, la universidad y lograr ser alguien grande en la vida, su problema radicaba en que Dios no era parte de su plan y por ello han pasado ya 10 años y aún no escucho que es de él. Creo que todavía no ha aprendido la lección. Regla número uno es, ¿quieres triunfar en la vida y progresar en los planes? Dios tiene que venir a ser el primero el mejor y el último.

Después de que mi vida había dado tantas vueltas, el cielo me abrió el camino para empezar a servirle, por primera vez a los 19 años Dios me dio el privilegio de venir a ser el director de uno de los departamentos de su obra mundial con sede en EE.UU. a esa edad honestamente era ignorante de la gran responsabilidad. Fue en mi vida un reto. Me pregunté ¿Por qué yo Diosito? ¿Acaso no hay otros para este puesto? Después de discutir con Dios, reconocí que el

Señor me estaba haciendo la invitación a conocer su *sabiduría* y como nunca en mi vida sentí la necesidad de la presencia de Dios y su bendita 'sabiduría' ahora emprendía una misión jamás esperada.

Recuerdo que después de ser elegido como Director de ese Departamento me aleje de todos y por primera vez estaba buscando a Dios para que me ungiera con una doble porción de su Espíritu y sabiduría para saber dejarme dirigir y sobre todo no acobardarme al deber que estaba comprometiéndome. Sabes qué, Dios me dio más que eso y hoy mi corazón rebosa de agradecimiento por haberme dado esa grande oportunidad cuando todo un pasado me decía que era inútil vivir y servir. Desde ese entonces la 'sabiduría' es mi compañera.

Siendo que la *'Sabiduría es todo'*, y se nos invita a adquirirla, amarla, guardarla en nuestro corazones, preguntamos ¿quién es esta sabiduría que tanto nos habla la Biblia como lo más, importante en la vida? El apóstol Pablo dijo: **"Empero hablamos sabiduría entre perfectos; y sabiduría, no de este siglo (mundo), ni de los príncipes de este siglo, que se deshacen". Mas hablamos sabiduría de Dios en misterio, la sabiduría oculta, la cual Dios predestinó antes de los siglos para nuestra gloria"** *1ª Corintios 2:6-7*. Con razón Job deseaba conocerla porque era un misterio al mundo, a la carne. Para comprenderla, conocerla y obtenerla se necesita ser alguien espiritual.

El apóstol Pablo, quien era instruido en las mejores universidades de su tiempo, llegó a conocer bien *'La Sabiduría'* de la que estamos hablando aquí, aunque esta sabiduría era y aún es un misterio para muchos, no para Pablo y espero que no lo sea para nosotros. Afirmando: "Empero a los llamados, así Judíos como griegos, **Cristo… Sabiduría de Dios.** *1ª Corintios 2:24.* Y sigue diciendo: "Mas de él sois vosotros en Cristo Jesús, el cual nos ha sido hecho por Dios: **Sabiduría…**" *1ª Corintios 2:30,* ¿entonces a quién Job deseaba conocer? Era a Cristo Jesús. De igual manera el joven Salomón sabía que sin Cristo, la sabiduría no podía gobernar sabiamente al pueblo. ¿Entenderemos esto queridos jóvenes, sabemos cuánto necesitamos de Cristo, o sea la sabiduría divina?

Sabes, el apóstol Pablo para llegar a estar seguro de lo que estaba diciendo, primero tuvo que decir. "...las cosas que para mí eran ganancia, las he considerado pérdida por amor de Cristo. Y ciertamente, aún considero todas las cosas pérdidas por el eminente *conocimiento* de Cristo Jesús, mi Señor, por amor del cual *lo he perdido todo, y lo tengo por basura*, para ganar a Cristo...la justicia...a fin de conocerle" *Filipenses 3:7-10.*

No es sino hasta que pongamos todo lo aprendido en nuestras universidades, todo lo que nos atrae y es nuestro orgullo en segundo lugar; puede sonar un poco rudo, pero no será hasta que consideremos todo lo que supuestamente nos hace sabios en este mundo, (la basura) que podremos entender que Cristo es y será la 'Sabiduría' la única que de verdad nos hará sabios para la salvación. Todo tiene su lugar, pero hay una regla y es que si no llegamos a negarnos a nosotros mismos no podremos experimentar este misterio para los incrédulos y locura para los sabios de este abismo perdido, el mundo con todos sus atractivos.

La sabiduría está allí a nuestro favor. De nosotros depende su permanencia en nuestras vidas. Como Salomón, que tuvo sabiduría, corresponde tener a Cristo y tener a Cristo es tener todo, "riquezas, honor y gloria". Es por eso que hoy día la mayoría de los que estudian en alguna universidad son sabios en todo menos en la salvación ¿por qué? Porque esa Sabiduría no existe más en sus materias, está fuera del pensar profesional y muchas veces, si no es que siempre esta, fuera de la misma teología que hoy se le enseña a nuestra juventud en el ministerio.

Por qué crees que Pablo le era como uno de los líderes de la nación judía, a quien le era difícil aceptar a Cristo en su tiempo, porque tenían todo, el nombre, la carrera, la teología, pero sin lo esencial que era la Sabiduría de Dios, Cristo mismo, El Mesías de su tiempo, fue rechazado porque él, vino no como ellos habían esperado que vendría. Hoy vivimos en una generación diferente pero no al pensar que existía en el tiempo de Pablo. Ojalá podamos llegar a inscribirnos en la universidad de Cristo, y no podremos jamás decir que todo lo que nos aleje de Cristo venga a ser considerado como **"basura"**.

Alabado sea nuestro Dios por tan claro mensaje, Cristo es y será la única sabiduría que necesitamos: pero la amonestación es adquirir de él todos los días, por eso es que al conocer de Cristo viene a lograrse la experiencia de que **"Por el camino de la sabiduría te he encaminado..."** *Proverbios 4:11*. Pero esta *'Sabiduría'* de la cual estamos hablando aquí ha sido tan ignorada que no deja de buscar alojamiento en la humanidad, especialmente en la cristiandad y sin duda alguna de manera especial en la juventud. **"La sabiduría clama en las calles, da su voz en las plazas, clama en los principales lugares de reunión, en las puertas de la ciudad da sus razones...Por cuanto llamé, y no quisiste oír, extendí mi mano, y no hubo quien atendiera. Antes desechasteis todo consejo mío, y no aceptasteis mi reprensión"** *Proverbios 1:20-25*. Es exactamente lo que Jesús está haciendo en la puerta de nuestro corazón e iglesia. **"He aquí yo estoy a la puerta y llamo, si alguno oyere mi voz entraré a él, y cenaré con él y él conmigo"** *Apocalipsis 3:20*.

Oh joven por qué no dejar que esta bella, '**sabiduría**' se reproduzca en nuestro carácter, que el mundo pueda reconocer lo que realmente somos en Cristo, que no sea algo imaginario, ni emocional, sino algo real, algo que hermosee nuestra misión y purifique nuestra visión, ¡oh! dejemos que el cielo nos inyecte su *'Sabiduría'*, será la bendición más grande en nuestra vida. Llegaremos a ser altamente reconocidos por el cielo y honrados por Dios hasta que como Jesús nos **"sentemos en lugares celestiales"**.

Entendamos que la única inteligencia aprobada por Dios no se identifica con títulos en las paredes, pues como Moisés y Pablo debemos llegar a decir. **"y ciertamente aún considero todas las cosas pérdida por el eminente conocimiento de Cristo Jesús, mi Señor, por amor del cual lo he perdido todo, y lo tengo por basura, para ganarme a Cristo"** *Filipenses 3:8*. Que podamos posesionarnos del precioso cofre – Biblia, en donde siempre obtendremos y conoceremos más de '**la Sabiduría divina**'.

Comparto todo esto contigo querido joven, porque es: **"Para dar sagacidad a los simples, y a los jóvenes inteligencia y cordura"** *Proverbios 1:4*. ¿Quién desea pasar por alto el único medio para ser sagaz, inteligente y tener cordura? ¿Quién? Yo, como joven, de ninguna manera. Deseo ser sabio, amar y servir a mi Jesús con Sabiduría, en Sabiduría. Porque él es y siempre será la Sabiduría que necesitamos.

Si hoy elegimos de la manera correcta y exaltamos la verdadera Sabiduría, el mundo dirá. **"…Ciertamente pueblo sabio y entendido, gente grande es ésta"** Deuteronomio 4:6. Así la *'Sabiduría'* te recuerda: **"Yo amo a los que me aman, y me hallan los que madrugando me buscan"** *Proverbios 8:17.*

Para Reflexionar y aplicar

¿Qué fue lo que más te impacto de este capítulo?

¿Qué aprendiste en este capítulo que pondrás en práctica?

¿Cuál es el punto más sobresaliente que compartirás con otros?

¿Quién es la sabiduría para mí?

¿Cómo obtengo de esta sabiduría?

¿Cómo me vuelvo sabio?

¿Cuál es la única fuente de sabiduría perdurable?

Aplicare esta sabiduría de la siguiente manera en vida:

CAPÍTULO 17
LA PALABRA

Por cientos de años la brújula ha existido. Los escritos del pasado hablan de ella, llevándonos al año 1200. Pero sólo en 1345 se informa del uso de una brújula en un barco específico: el navío inglés George. A lo largo de 200 años después de esa experiencia, los marinos todavía no estaban conformes con su escasa exactitud debido a su construcción deficiente. Las agujetas eran magnetizadas descuidadamente, lo que significa que era imposible confiar en la brújula. En ocasiones, las agujas mal magnetizadas perdían su magnetismo en medio de un viaje y se ponían a girar locamente. No servían para nada. Si bien muchos científicos estudiaron el poder de la brújula y la forma de mejorar dicho instrumento, pocos realmente la entendían suficientemente bien para mejorarla.

El Dr. Gowin Knight fue el que vino a descubrir la forma de mejorar la fuerza magnética de la brújula. Impresionaba a la gente verlo llevar una aguja pobremente magnetizada a un cuarto, y luego volver con ella fuertemente magnetizada. Aunque sabemos que el Dr. Knight simplemente colocaba la aguja débil entre un par de poderosos imanes para transferirle su fuerza magnética, nadie sabía cómo lo hacía. El Dr. Knight nunca lo dijo. Murió con su secreto.

En la actualidad la brújula no es un misterio. Sabemos cómo trabaja y por qué. Hoy sabemos que el Dr. Knight mejoró la fuerza magnética de la aguja exponiéndola al poder de dos poderosos magnetos, la cual hoy es el medio que facilita la vida de un mundo entero. Para nosotros jóvenes, ser cristianos es como ser la aguja magnética de la brújula. Cuanto más nos aproximamos al poder del Espíritu Santo por medio del estudio de la Santa Escritura, la oración y las acciones piadosas, tanto más fuerte se tornará nuestra fe, y así vendremos a ser capaces como la brújula de una manera natural, guiar a otros a los pies de Cristo. De igual manera la inspirada Palabra como la brújula, al principio cuenta con un bello misterio lleno de gloria para el que la profundiza y no hay duda que Dios está más que dispuesto en darnos rayos de ella si deseamos conocerla.

"Y habló Dios todas estas *'palabras'*, **diciendo:"** *Éxodo 20:1.* ¿Que habló Dios? Palabras. Por lo tanto debemos poner atención porque Dios nunca dice algo en vano. La voz del Salvador dijo mientras contemplaba a una multitud que deseaba seguirle. "Cualquiera, pues que *oye estas palabras*, y las hace (obedecer), le compararé a un hombre prudente, que edificó su casa sobre la Roca" *Mateo 7:24.* ¿Quién desea construir sobre esta Roca? Todos lo lograremos únicamente escuchando y obedeciendo *'las palabras'*, pero de igual manera: **"cualquiera que me oye estas palabras, y no las hace, le compararé a un hombre insensato, que edificó su casa sobre la arena"** *Mateo 7:26.* Siendo amonestados a escuchar y a practicar la palabra, grande es la necesidad de comprenderla, de tal manera que construyamos sobre la roca, no sea que sin saberlo, como jóvenes estemos construyendo sobre la arena, avecinando nuestra pronta caída. En una situación como la presente "... **la palabra a su tiempo, ¡cuán buena es!"** *Proverbios 15:23.* Cuán cierto es esto, cuando nos encontramos tristes, o en algún problema; cuándo alguien viene a nosotros con palabras de aliento en tal momento ¡cuán buena es!

¿Cuál es la condición de muchos jóvenes? ¿Será que la juventud necesita comprender la palabra hoy? Leamos. **"... muertos en vuestros delitos y pecados ... siguiendo la corriente de este mundo, conforme al príncipe de la potestad del aire, el espíritu que ahora opera en los hijos de desobediencia ... impulso de los deseos de nuestra carne, haciendo la voluntad de la carne y de los pensamientos; ...por naturaleza hijos de ira, igual que los demás"** *Efesios 2:1-3.*

Sabes querido joven, que aunque estemos en la iglesia muchos vivimos una doble vida, y honestamente ésta es la principal razón por la cual escribo este libro, sabiendo esto por experiencia sé cuánto necesitamos ser instruidos y alentados, pues por un lado profesamos ser parte del pueblo de Dios mientras hacemos, practicamos privadamente cosas que Dios no aprueba, y no es cierto que hemos tratado de salir de ellas y cada vez que tratamos empeoramos, siempre que podemos prometemos no volver a practicarlas o no ir donde no deberíamos estar, pero siempre hemos vuelto a caer en lo mismo y así con ello concluimos que jamás podremos ser lo que pide Dios de nosotros, llevándonos a vivir una vida liviana en medio del pecado, dentro de la iglesia.

No vengo a condenarte sino a decirte que hay esperanza de salir de todo aquello que no ha sido desarraigado con asistir a la iglesia. Necesitamos constantemente en nuestra vida, el ingrediente principal, *'la divina palabra'*.

"**Venir a Cristo significa algo más que pertenecer a la iglesia.** Hay muchos, cuyos nombres están inscritos en las hojas del registro de la iglesia, pero cuyos nombres no están escritos en el libro de la vida del Cordero. Venir a Cristo no requiere un gran esfuerzo y agonía mentales. **Es sencillamente aceptar los términos de la salvación que Dios presenta con claridad en su Palabra**" *Review and Herald*, febrero 14, 1888. Querido joven, sé de lo que te estoy hablando, pues nací en la iglesia y por gracia de nuestro Dios aún sigo en ella, pero no fue hasta que entendí "**el verdadero significado de la palabra**", que como joven tomó sentido mi vida espiritual y así encontré el secreto para ser no en mi fuerza, sino en la de nuestro Dios, más que un verdadero vencedor, quien hoy se gozó en la siguiente afirmación y promesa. "**Como descienden del cielo la lluvia y la nieve, y no vuelven allá, sino que riegan la tierra, y la hacen germinar y producir, y da semilla para sembrar y pan para comer. Así será mi Palabra que sale de mi boca, no volverá vacía, antes hará lo que yo quiero, y prosperará en lo que le ordené**" *Isaías 55:10, 11*.

Encontramos la Palabra de nuestro Dios representada por la lluvia y de igual manera la promesa que hará su Palabra lo que él se propuso hacer con ella; esto muestra que su palabra tiene una obra que realizar en nuestras vidas como la lluvia en la árida tierra, con buenos resultados y muy visibles que no sólo el que la recibe la disfruta sino aún los que le rodean. ¿Cuáles son los resultados después que la lluvia cae? La tierra es preparada, la semilla germina y produce grano, de igual manera la palabra tiene un principio que hace germinar en la vida del cristiano que hace que los resultados sean grandiosos y muy visibles como lo es la lluvia en el campo, esto sucede exactamente en el campo espiritual, de nuestro corazón debe fluir una experiencia reconocida y admirada por la gente.

¿Cuál es el primer trabajo de la palabra? **"hacer germinar"** la vida cristiana, hasta que produzca un hombre a la estatura de Cristo. Jesús se refiere a este proceso con lo siguiente; **"Porque la tierra (hombre) da su fruto por sí misma: primero hierba, luego espiga, después grano lleno en la espiga"** *Marcos 4:28*. Encontramos delineado el proceso de la Palabra que realiza en los cristianos, bajo los términos, "tierra, semilla, hierba, espiga, y finalmente, grano". Aunque es grande y completa la obra de la Palabra, su primer trabajo como la lluvia es **hacer germinar**, dar el inicio a la vida espiritual cuando se deja trabajar en el alma, siendo una de las lección que debemos aprender, dejar que la Palabra haga su primer trabajo, hacer germinar la vida espiritual.

En otras palabras, cuando uno acepta a Cristo es tan sólo el inicio del vasto campo espiritual que a menos que la reguemos con la Palabra diariamente no habrá crecimiento y por ello la mayoría de jóvenes cristianos no le encuentran sentido a la vida espiritual, porque no han comprendido la importancia de la palabra, en forma constante. ¿Por qué no dejar que la palabra haga su primer trabajo? Búscala como buscarías agua si estuvieras por morir y veras que no te arrepentirás, pues germinará una experiencia totalmente diferente.

¿Por qué no dejar que Dios haga prosperar su *'palabra'* para lo que la envió a nuestra sedienta vida? **"…necesitamos familiarizarnos con la Palabra de Dios, estudiarla y practicarla en la vida"** *A Fin de Conocerle*, página 309 de esta manera llegaremos a conocer el misterio de la brújula espiritual que nos hará un medio para llegar a la presencia de Cristo, a un mundo sin destino. Dejemos pues que esta bendita Palabra haga germinar esa experiencia cristiana con frutos para la eternidad.

Para Reflexionar y aplicar

¿Qué fue lo que más te impacto de este capítulo?

¿Qué aprendiste en este capítulo que pondrás en práctica?

¿Cuál es el punto más sobresaliente que compartirás con otros?

¿Qué es la palabra?

¿Dónde obtengo de la palabra de Dios?

¿Por qué estoy igual que el primer día que conocí de Dios?

¿Qué ha impedido que yo avance y crezca en mi vida espiritual, profesional y economica?

Buscare que la palabra de Dios germine en mí en las siguientes áreas:

CAPÍTULO 18
LA PALABRA, LIMPIA

Se nos cuenta que un hombre en el viejo mundo fue condenado a muerte. Cuando ya iba a ser decapitado, el príncipe que era el encargado de la ejecución le preguntó si tenía algo que pedir. Todo lo que el reo pidió fue un vaso de agua. Cuando se lo trajeron, temblaba tanto que no pudo acercar el agua a sus labios. Entonces el príncipe le dijo que se tranquilizara, pues nada le sucedería hasta que hubiese terminado de beber esa agua. *El hombre confió en la palabra del príncipe, y arrojó el vaso al suelo. No pudieron recoger el agua derramada y así el reo se salvó.* Mi amigo, tú puedes ser salvo ahora, no importa tu condición y sentencia, creyendo en la Palabra de Dios. El agua de vida se ofrece ahora a todo el que quiera tomarla.

¿Qué más hace la palabra de vida? comenta la inspiración. "Únicamente mediante un severo examen de nosotros mismos a la luz de la Palabra de Dios podemos descubrir nuestras desviaciones de su santa regla de bien" *A Fin de Conocerle*, página 301. Considero que el joven que hace esto, ha empezado una verdadera experiencia que lo llevará cada vez más cerca a Jesús, a una vida abundante. El sabio Salomón quien entendió el pleno significado de la palabra dijo: "...Toda Palabra de Dios es limpia" *Proverbios 30:5*. Encontramos que todas las palabras de Dios son limpias, entonces al dejar bañarnos de ellas, nos lava y limpia.

Veamos un ejemplo de esta obra de la palabra. Los discípulos sin haber sido llenos del Espíritu Santo en poder, pero estando ya en el proceso de haber aceptado al Mesías, Jesús les dijo; **"Vosotros ya estáis limpios por la Palabra que os he hablado"** *Juan 17:3*. Me gustaría mencionarles que la mayoría de los discípulos de Cristo fueron llamados cuando ya pertenecían al pueblo de Dios y como todos saben aún no estaban limpios pero sí lo llegaron a estar, cuando encontraron **"la palabra viviente"** que tiene el poder de limpiar. Notemos que esta experiencia la lograron los discípulos mucho antes de recibir el poder del Espíritu.

Vemos cómo es que somos limpios, es por la palabra de nuestro Dios, es tan cierto como lo fue 2000 años atrás con los discípulos. ¿Cuál es ahora el consejo y plan para nuestras vidas? **"Quitad los dioses ajenos que hay entre vosotros. Limpiaos, y** mudad vuestros vestidos" *Génesis 35:2*. Directamente nuestro Dios nos habla pidiéndonos quitar todos los dioses ajenos. ¿Dónde están estos dioses, aquello que hemos amado más que al Señor? Dice entre nosotros, su pueblo. Pero ¿cómo saber lo que es ajeno al carácter de Dios? Por medio de su *'Palabra'*. El mensaje inequívoco es 'limpiaos', ¿por qué? me dirás, porque Dios ve nuestras vidas sucias.

Jóvenes es tiempo de limpiarnos completamente de los dioses, ídolos que han tomado el lugar de Dios en nuestras vidas. A todo aquel que comprende su necesidad de ser limpio el Señor le dice: "**… Yo limpiaré a Jerusalén** (tú, yo, iglesia) como se limpia una escudilla, que después que lo han limpiado, la vuelven a poner sobre su haz" *2ª Reyes 21:13*. Notemos que la limpieza la hace Dios, no el hombre; es por medio de su Palabra que el Señor lo realiza y tiene un proceso que nos moverá de nuestra cómoda situación como la escudilla; con la promesa de que nos pondrá de nuevo donde debemos estar, *totalmente limpios.* ¡Que promesa!, pero ¿quién está dispuesto a un cambio? ¿Un cambio para nuestro bien? Entendiendo que el gran deseo de nuestro Dios es limpiarnos, nos recuerda: "Toda rama que en mí no lleva fruto, la quitará; y toda rama que lleva fruto, **la limpiará, para que lleve más fruto"** *Juan 15:2*. Dios no está satisfecho con nuestra condición actual, pero conociendo nuestros deseos de querer estar **limpios**, de querer **honrarle, servirle** y de **llevar fruto** para su nombre, Él se compromete **"limpiarnos"** para lograrlo. ¿No es eso magnífico, maravilloso? A pesar de lo que hemos sido o somos él está más que dispuesto a hacer que su **Palabra** nos haga lo que desea que seamos. Con esto en mente, nos dice: **"Lavaos, limpiaos…Dejad de hacer lo malo. "Aprended a hacer bien. Buscad justicia…"** *Isaías 1:16-17*. **"No tenemos derecho de reclamar las promesas de Dios hasta que** cumplamos con las condiciones reveladas en su Palabra (Manuscrito 6, 1878)" *A Fin de Conocerle*, página 316.

El ansiosamente vuelve a recalcar que sus promesas siguen firmes y con gozo las cumplirá si cumplimos alegremente con sus condiciones. **"Los limpiaré de toda la maldad que cometieron contra mí. Y perdonaré todos los pecados que cometieron, con que se rebelaron contra mí"** *Jeremías 33:8*. Permíteme ilustrar lo que he dicho hasta aquí con la siguiente historia. Un niñito de de seis años, había viajado con sus padres a un congreso de la iglesia en la capital del país. El viaje duraba de doce a catorce horas. Después de la grata reunión todos empezaron a regresar a casa. Debido a la situación económica ellos no podían darse el lujo de quedarse en un hotel. Así que tenían que emprender el viaje de regreso esa misma noche. Después de un buen rato, se pudo conseguir un bus, pero éste estaba lleno y el padre tuvo que rogarle al piloto que los llevara, finalmente él aceptó. La familia en total era de siete personas. Los otros pasajeros se enojaron, primero por el tiempo que había perdido al escuchar los ruegos de este hombre, luego por no haber lugar para ellos en el bus. Lo peor de todo esto fue cuando el niño quiso ir al baño, no pudiendo hablar por vergüenza, evitó dar más molestias, haciendo su necesidad allí adentro. El olor era más horrendo que llevar una familia de siete personas extras. Los pasajeros se dieron cuenta quien había sido, pero no quisieron decir nada abiertamente, y sus murmullos fueron peor que haberlos sacado de allí. El niño sabiendo su situación, sabiendo cuan sucio estaba y el molestar que estaba causando, deseaba un baño para ser limpio, era su deseo y la llegada del bus a su destino fue un gran alivio. Ese niño era yo, y créeme que sé cómo es estar sucio del baño ante mucha gente. Deseaba una limpieza con todo mi corazón.

Las circunstancias de esa ocasión me dieron una lección, así como en esa ocasión al pecar me ensucio en mi vida espiritual. Alivio sentí al conocer la palabra que me ha limpiado de toda esa suciedad. Examinando nuestro proceder como jóvenes, reconociendo que le hemos grandemente deshonrado, Dios nos ayuda a preguntar. **"¿Con qué limpiará el joven su camino?"** La pregunta no sólo viene de nuestro Dios sino que él mismo contesta: **"Con guardar**

tu Palabra" *Salmos 119.9.* La única manera de permanecer *'limpios'* y llevar bastante fruto en nuestra vida cristiana, depende de cuánto de la palabra tengamos, queriendo mantener nuestra vida limpia ¿no estudiaremos más la divina palabra? Querido joven cree, de verdad limpia, limpia tu pasado y te mantiene limpio en tu presente.

Para Reflexionar y aplicar

¿Qué fue lo que más te impacto de este capítulo?

¿Qué aprendiste en este capítulo que pondrás en práctica?

¿Cuál es el punto más sobresaliente que compartirás con otros?

¿Tiene poder cualquier tipo de palabra al hablarse?

¿Cuánto poder tiene la Palabra de Dios?

La palabra de Dios ha tenido poder sobre mí en las siguientes áreas de mi vida:

Solo la palabra de Dios me puede limpiar en las siguientes áreas de mi vida:

Aplicare el siguiente método de estudio para conocer más de su palabra:

CAPÍTULO 19
LA PALABRA, SANTIFICA

¿Otra vez? - Decía en mi mente cuando mi padre o maestro venían a mí con sus consejos y libro en mano. En aquel entonces no comprendía la razón que a ellos les motivaba buscarme y aconsejarme. Aunque parecía ser la misma historia, ellos trataban de hacerme entender mis males, y sobre todo la raíz de mis rebeldías. A muchos nos sucede que damos por sentado que ya comprendemos lo que Dios pide de nosotros, sin embargo de alguna manera nuestra vida lo contradice. Cuando oímos al pastor repetir lo mismo por un ángulo diferente, gritamos ¿otra vez? Si amigos ¡otra vez!

Para la mayoría el asunto de la 'santificación' es un misterio, un tema muy aburrido o duro. Para otros esto es algo imposible de experimentar. Bueno yo soy un joven que cree que es posible. Analicémoslo juntos, tratando de comprender este caracol que aunque está a la orilla del océano veremos que es posible verlo, comprenderlo y ciertamente experimentarlo. ¿Cómo somos santificados? El divino maestro contestó: **"Santifícalos en la verdad. Tu Palabra es verdad"** *Juan 17:17*. El Espíritu de Profecía comenta. "**...Si hemos de ser santificados por medio de un conocimiento de la verdad hallada en la Palabra de Dios, debemos tener un conocimiento inteligente de su voluntad allí revelada**". *Consejos sobre la Obra de la Escuela Sabática*, página 19. Recordemos que ésta fue la oración de Cristo para nosotros que fuésemos santificados y esto únicamente se logrará a través de su Palabra, pero no podremos lograr esta santificación a menos que tengamos un conocimiento de la voluntad de Dios allí revelada. Esto será lo único, como una pared fuerte contra los engaños y tentaciones del enemigo, vendrá a ser nuestra única espada para pelear diariamente contra la carne, sus concupiscencias y pasiones. A todo este proceso y obra de la palabra se le llama *santificación*.

El apóstol Pablo escribiéndole al joven Timoteo dejó claro que esto no se logra por el sermón o experiencia de alguien, fue bien específico al decir: "Porque **todo** lo que Dios creó es bueno... porque **queda santificado por la Palabra de Dios**" *1ª Timoteo 4:4, 5* constante en nuestra vida.

La santificación no debe pues asustarnos, sino motivarnos a buscar más íntimamente al Señor, porque no hay nada que Dios creó que no tenga en su Palabra como base de vida que no esté santificado o que no pueda ser. Nosotros estamos en ese *"todo"* que Dios creó, por lo tanto no hay ninguna razón que impida que el joven de Dios no esté viviendo esa vida santificada, ésta pues es la única que el cielo acepta como verdadera vida cristiana.

En cierta ocasión un avaro enterró su oro al pie de un árbol que se alzaba en su jardín. Todas las semanas lo desenterraba y lo contemplaba durante horas. Pero, un día, llegó un ladrón, desenterró el oro y se lo llevó. Cuando el avaro fue a contemplar su tesoro, todo lo que encontró fue un agujero vacío. El hombre comenzó a dar alaridos de dolor, al punto que sus vecinos acudieron corriendo a averiguar lo que ocurría, y cuando lo averiguaron, uno de ellos le preguntó: ¿Empleaba usted su oro en algo? No, respondió el avaro. Lo único que hacía era contemplarlo todas las semanas. Bueno, entonces, dijo el vecino, por el mismo precio puede usted seguir viniendo todas las semanas y contemplar el agujero. Jóvenes, cuántos somos como el avaro, que hemos encontrado un tesoro, cuando conocemos a Cristo pero en la rutina venimos a enterarlo, a quien desenterramos sólo el fin de semana, lo contemplamos por un momento y luego lo volvemos a guardar después del servicio. A cuántos no nos sucederá que si seguimos encontrándonos con Cristo, sólo el fin de semana, vendrá el ladrón de nuestra salvación y nos robará todo lo que únicamente contemplamos de vez en cuando. No es el orgullo de tener gran conocimiento de la Palabra de Dios lo que nos hará realmente ricos, sino nuestra capacidad de disfrutarlo, utilizarlo e invertirlo en nuestro diario vivir, sin eso no será una delicia la santificación, tener la palabra, el tesoro que es la Biblia sin dejar que esa palabra nos santifique constantemente es como tener un carro pero sin motor, sin gas, sin llaves.

¿SANTIFICADO EN UN MOMENTO, O DÍA TRAS DÍA?

¿Qué papel desempeñamos en el proceso de la santificación, y cuándo es una persona santificada? "Esto es la santificación bíblica...Es la verdad recibida en el corazón, y llevada a cabo prácticamente" — *Testimonios para la Iglesia*, Tomo 1, página 339. Entendamos que "**...la santificación no es meramente una teoría, una emoción, o una forma de palabras, sino un principio vivo y activo, entrando en la vida cotidiana. Exige que nuestros hábitos de beber, comer y vestirnos, sean tales para conservación de nuestra salud mental y moral y que para que podamos presentar al Señor nuestros cuerpos - no una ofrenda corrupta por malos hábitos, sino - "un sacrificio vivo, santo, agradable para Dios. Romanos 12:1"** *Consejos sobre la Salud*, páginas 66-67.

Si tan sólo entendiéramos esto que acabamos de leer evitaríamos la rutina, escaparíamos de esta generación que depende totalmente de sus emociones. Un vivo ejemplo de esto es decir... bueno hoy no oraré porque no lo siento o decir hoy si creo que Dios estuvo conmigo porque lo sentí o poder sentir dolor por el pecado hasta que te pongan la "musiquita" en la iglesia. Sí esto y más es lo que te lleva siempre a creer que Dios está contigo o aprueba lo que haces, te diré que la vida entonces que vives es *'una vida de emociones de falsa santificación'*.

Al revisar toda tu Biblia no encontrarás tal cosa en la experiencia de los que ya caminaron como verdaderos siervos de Dios, un claro ejemplo de lo que es hacer lo que Dios dice y no depender de nuestras emociones es Cristo, cuando estaba a punto de ir a la cruz el no quería pasar ese tramo de su vida humanamente hablando y él al fin fue a la cruz no porque él lo sentía, sino porque ese era el plan de Dios, esa era su voluntad. En otras palabras, uno ora, lee su Biblia, va a la iglesia no sólo cuando quiere o siente, sino porque ese es el deseo de nuestro Dios y a eso se le llama morir al yo, negarnos a nosotros mismos para glorificar a Dios en todo, negando el yo para vivir una vida santificada. Esto será constantemente para vencer y cambiar nuestros malos pensamientos, deseos, hábitos de comer, beber y vestir que nos llevaran cada vez más a presentar un sacrificio vivo, una vida santa agradable a Dios.

Un sinónimo de santificación es "cambio progresivo", obra desde el momento que la información entra en la mente y genera un deseo en el corazón de hacer lo que se debe hacer. De manera humilde te comento algo de mi crecimiento en la santificación. La verdadera santificación te lleva a amar como Dios ama. Desde que conocí a Dios en su palabra, me ha llevado a perdonar a las personas que más habrá odiado en mi vida, y alguna de ellas fueron mi padre, maestros y compañeros, que de acuerdo a mi criterio no fueron buenos conmigo, pero al conocer a Dios por su palabra, la santificación en mi vida me llevó a perdonarlos. Hoy los amo no por el pasado, sino por la palabra de Dios que ha santificado ese mal sentimiento en mi corazón. Antes la palabra me aburría hoy me llena.

Jugar con el corazón de las mujeres no me importaba, hoy la palabra me ha hecho ver que ellas son hijas de Dios a quien debo proteger, respetar y amar como a mis hermanas. En el pasado lo que veían mis ojos y que oía no era le daba importancia, pero hoy al santificar mi vida a través de la palabra bendita, me ha llevado a cuidar lo que veo y oigo. Por ejemplo ver pornografía solo y con mis amigos era un deleite, pero hoy lo odio porque sé el mal que causa. La música del mundo era parte de mi nutrición diaria, ahora no es mas parte de mi comida espiritual, no porque la carne no lo pida, sino porque la santificación así lo declara.

Antes por mal testimonio y por falta de conocimiento de la palabra no hablaba ni siquiera mencionaba el nombre Cristo, pero hoy si no lo hago me entristece, hoy es mi gozo hablar y vivir por él. Podría dar muchos ejemplos de cómo la palabra santifica. En resumen una persona que está siendo santificada no es el que brinca y llora en la iglesia, sino es aquella persona que pone en práctica la palabra de su Dios, cambia su manera de ser, es "transformada progresivamente" conforme la palabra llega a ser parte de su vida.

¿De quién es este plan de santificación? **"Porque la voluntad de Dios es vuestra santificación"** *1ª Tesalonicenses 4:3.* Esa es la voluntad de Dios querido joven y a mí sólo me queda presentarla, así como Dios vio propicio revelármela a mí, en mi juventud, esto es lo que me ha llevado, no a ser un santurrón, sino un joven que ahora entiende que en mis antiguos vicios, hábitos, costumbres y placeres no podía más vivir. Deseo que la oración de mi Salvador sea una realidad. Sé que el concepto de santificación es casi ignorado por la cristiandad de hoy, pero siempre me he preguntado, ¿seguirá siendo así hasta que Cristo venga? ¿Será que no pueden hoy existir jóvenes como Abel, José, Esther, María? ¿Será posible que no se pueda en esta generación perversa escribir historias de jóvenes en santidad, que comprendan la palabra, la voluntad de Dios que se manifiesta en la vida diaria?

Los que no comprenden ni viven tal vida no han entendido que **"la verdadera santificación viene por medio de la realización del principio del amor. 'Dios es amor' y el que mora en amor mora en Dios y Dios en él"** *Hechos de los Apóstoles*, página 447. La santificación es también el reflejo que el amor de Dios está en nosotros. Es su sello en sus hijos. No hay amor verdadero sino hay santificación; ni santificación verdadera sino hay amor, Dios mismo en nosotros. No podemos lograr esa santificación a menos que Dios en su Palabra nos lleve a buscarla, amarla, consagrarla y obedecerla; en vano será todo lo que se haga, pues sin ese principio jamás habrá santificación verdadera, todo sería hecho a la fuerza y no por amor, pero aquel que se santifica es porque tiene su palabra. **"Más el que guarda su palabra, el amor de Dios está verdaderamente perfecto en él; por esto sabemos que estamos en él"** *1ª Juan 2:5*.

Es por eso que nuestro lema debe ser: **"Día tras día, hora tras hora, una obra vigorosa de abnegación propia y de consagración tiene que llevarse a cabo adentro"** *Consejos para los Maestros, Padres y Alumnos*, página 434. Jóvenes, no hay ningún momento desde que conocimos a Cristo hasta hoy en que podamos decir que hemos logrado la santificación, esto es un asunto de todos los días que involucra una total abnegación de uno mismo, segundo tras segundo, eso sí es un reto de cada minuto para el joven que desea ser cada vez semejante a Cristo y nota que esto comienza adentro, en lo profundo de nuestros corazones donde sólo Dios conoce de verdad de lo que hay. Es desde allí donde debemos empezar a consagrarnos a Dios, y terminará reflejándose en nuestra vida exterior. Todo aquel que recibe la palabra con gozo es inevitable que tenga una experiencia limpia de la carne y el espíritu, física y espiritualmente, a esto se le llama santificación, la cual debe ir perfeccionándose día a día en el temor del Eterno.

El joven que está siendo santificado jamás rechazará las verdades de Dios expuestas claramente en su Palabra, ni las descuidará, y sobre todo entendamos que el joven que está en el proceso de la santificación jamás vivirá en la ignorancia, sino buscará la luz progresiva de la palabra de Dios. Crecerá constantemente en las Escrituras que iluminan su sendero cada vez más hacia arriba. Sin embargo hay: **"Muchos... echan la palabra de Dios de tras de ellos, oran santificación, y gritan santificación...Dios pronto quitará este vestido falso de la profesa santificación que algunos que son** *de mente carnal llevan para esconder la deformidad del alma"* Testimonios para la Iglesia, Tomo 1, páginas 338, 336 (en inglés).

Oh joven, que no seamos de esa clase de cristianos que lo único que pueden es gritar santificación, pero en lo práctico nada saben, ¿estaremos entre ellos? ¿Entre los que son oidores de la palabra, pero no hacedores de ella? *Santiago 1:22.* ¿Avanzaremos en la luz que constantemente irradia de la palabra de Dios o continuaremos siendo ignorantes de la voluntad de Dios, viviendo vidas sin destino, sin motivo, sin propósito y lo peor de todo en un engaño de ser salvos así?

Jóvenes ésta es una de las razones del por qué no tenemos éxito en nuestra vida espiritual y en nuestras luchas diarias, es porque no ha habido:
- Esfuerzo severo y perseverante en Cristo y
- No hemos involucrado nuestro todo.

Sin esto no podremos estar con Cristo. Esforcemos, y que pueda haber un avance constante y perseverante hasta lograr esa corona de victoria. Seamos esforzados y consecuentes con lo que profesamos hasta lograr la conquista total sobre el yo. Esa santificación progresiva dará por resultado la verdadera santidad y finalmente el tan esperado cielo. Entendamos que es una batalla de toda la vida. Finalmente la realización del principio de la verdadera santificación en el corazón cristiano es ilustrada de una forma incomparable, en la parábola de la semilla que crece: "Primero hierba, luego espiga, después grano lleno en la espiga" *Marcos 4:28.*

Así de gracia en gracia, trepa la escalera a la verdadera santificación, que es el proceso dinámico de experiencia progresiva por el impartimiento continuo de la justicia de Cristo. El joven que entienda; lo que es la ¡**palabra que santifica!**, Dios le aconseja: "**No selles las Palabras de la profecía de este libro**, porque el tiempo está cerca. "El que es injusto siga siendo injusto, y el sucio siga ensuciándose. **El justo siga siendo justo, y el santo (o apartado para una obra especial) siga santificándose**" *Apocalipsis 22:10-11.* Muchas personas tienen una idea equivocada acerca de lo que constituye la verdadera felicidad. Ésta no se logra a través de la *'satisfacción de los deseos propios, sino de una santificación de nuestras decisiones diarias'* - **Anónimo.** La cual sólo se puede obtener al apropiarse de la Palabra que santifica. Que nuestras decisiones diarias puedan ser santificadas para poder vivir una vida santificada. Alguien dijo: "**La santidad desaparece cuando uno habla de ella, pero se hace gloriosamente notable cuando uno la vive diariamente".** Que el cielo nos permita vivir vidas santificadas por la palabra. Debes proponernos hacer de Cristo y su palabra una viva realidad. El joven Jesús no se equivocó cuando oró por ti y por mí **"santifícalos en tu verdad, tu palabra es verdad"** Juan 17:17.

Evitemos ser como aquel hombre que compraba y buscaba de vez en cuando peines, pero sin poder peinarse. Saben ¿por qué no se podía peinar? Le era imposible peinarse porque lamentablemente este hombre era calvo. Coleccionar peines todos los días o fines de semana, y no tener cabello para usarlos, es una locura. Cómo podemos lograr santificación con la palabra que leemos si no tenemos el deseo de cambiar.

Cuántos de nuestros maestros no estamos como el avaro y su tesoro, lo tenemos todo pero no lo estamos disfrutando, sino sólo contemplando y otros coleccionando peines pero estando espiritualmente calvos, sin santidad, sin santificación. Si no hemos aprendido a usar los peines o el oro, es porque lamentablemente tenemos en vano la palabra, no hemos apreciado el oro que el cielo nos ha regalado en ese bendito libro. Recuerda la Palabra 'santifica', y eso es igual a una vida espiritual que está en un cambio progresivo para salvación que es reflejado en su fe, obediencia y obras motivadas por el amor divino.

Para Reflexionar y aplicar

¿Qué fue lo que más te impacto de este capítulo?

¿Qué aprendiste en este capítulo que pondrás en práctica?

¿Cuál es el punto más sobresaliente que compartirás con otros?

¿Podemos salvarnos solo visitando la iglesia?

Santificación es:

De ahora en adelante hare más que leer:
La meditare (pensar más):

La reflexionare (Evaluarse:

La Aplicare de la siguiente manera (practicar):

CAPÍTULO 20
EL RESULTADO DE LA PALABRA EN EL CORAZÓN

En las majestuosas montañas de Guatemala hay un ave portentosa llamada quetzal. Su cuerpo es pequeño, un poquito más grande que el de una paloma. Su plumaje es precioso: escarlata, verde y dorado y una cola excepcional de aproximadamente tres pies de largo. Es un ave muy singular y virtuosa. ¿Cuál es la virtud de ese pájaro maravilloso? ¡*Ah, es que no puede vivir prisionero; nació para ser libre!*

Cuando el quetzal es enjaulado, por lo general a las dos o tres horas está muerto; muere de tristeza al verse cautivo, pues es privado de su vida, que es la libertad. Por eso el quetzal es llamado el ave libre, y se toma como símbolo o emblema de la libertad. Querido joven, el hombre fue creado para ser libre como el quetzal, sin embargo el pecado nos ha hecho prisioneros que nos roba constantemente la vida y la libertad, pero gracias al cielo *'Cristo y su palabra en nuestro corazón'* es la llave para sacarnos de la prisión del pecado y así llegaremos como el quetzal a ser para lo que fuimos creados, hijos libres, libres para siempre. ¿Por qué no ser en Jesús como el quetzal, libres?

Si estuviera en kínder o en los brazos de mi madre, y alguien me dijera que lo más perverso que tengo es mi corazón, y que me puede traicionar le diría que está fuera de sí, porque crecí creyendo que de nuestro corazón sólo sale amor. Siempre me preguntaba de dónde salía todo lo malo, que sin invitarlo, me visitaba en mis tempranos años. Honestamente fue hasta los 14 años que empecé a entender lo que había dentro de mí y cuando lo descubrí me llené de terror, era como haber nacido sabiendo que nunca más iba a haber una guerra nuclear, pero de repente descubres que no sólo vendría una guerra, sino que tu tienes dentro la bomba que en cualquier momento puede estallar.

¿Cómo poder quitar algo que llevas dentro de ti? ¿Cómo poder cambiarlo? ¿Cómo esconder lo que sólo yo sabía tenía dentro de mí? ¿Sabes por qué digo esto? Lo digo porque creo teóricamente que nuestro corazón es perverso, pero en realidad cuando ejecutamos algo inapropiado que se llama pecado le echamos la culpa a Satanás y no niego que no tenga parte, pero veremos que en realidad no es él siempre el que nos hace pecar, sino lo corrupto de nuestro corazón, la naturaleza con la cual nacemos, a lo cual algunos le llaman concupiscencia, celos, orgullo, egoísmo y mucho más. Dios mismo lo reconoce y él nos dice: **"Engañoso es el corazón más que todas las cosas, y *perverso...*"** ¿de quién? ¿Sólo de los incrédulos o de nosotros, los creyentes? Dios mismo nos pregunta **"... ¿quién lo conocerá?"** (El corazón) *Jeremías 17:9*. Claramente encontramos que de todas las cosas que poseemos, el más perverso, engañoso es el corazón y precisamente por ello, jamás podemos como cristianos obrar por nuestras emociones, pasiones o deseos, pues el corazón es totalmente engañoso y perverso. Debemos y darás un paso a tu felicidad buscando una solución que el cielo ha provisto.

Si nosotros escondemos el rostro a la realidad, el Señor nos recuerda que, "Yo, el Eterno, **examino el corazón, y pruebo la mente**, para dar a cada uno lo que merece, según sus obras" *Jeremías 17:9-10*. No podemos escondernos de Dios, él es el que sabe y examina lo que hay en nuestro interior, es el único que puede aprobar o desaprobar nuestro corazón y es el que nos dará lo que nos merecemos según lo sembrado en nuestro campo, el corazón. ¿Desde cuándo es engañoso y perverso el corazón en el ser humano? "...**Porque la inclinación del corazón del hombre es malo desde su juventud**" *Génesis 8:21*. Este versículo se refiere desde la *'juventud'* de nuestra historia como humanos e individualmente, esto es así desde nuestros primeros años, nuestro corazón es **'malo'**. Al analizar esto con cuidado nuestro corazón viene a ser como lo siguiente, toda nación últimamente le tiene un terror a los ataques terroristas, se cuida de todo, menos de ella misma. Sin embargo soy de la opinión que los más grandes terroristas los tenemos en nuestro ceno. Muchas de las veces sus mismos presidentes son los protagonistas de la situación en su nación. Si no me crees mira a nuestra nación está donde está por su propio sistema de gobierno.

Tú y yo le hemos echado la culpa al enemigo a todo lo que hacemos mal, sin embargo al analizarlo bien las cosas veremos que muchas de las veces el que ataca nuestra salvación no es el Diablo, sino lo que tenemos dentro de nosotros, especialmente en el corazón. El 11 de septiembre será un día inolvidable para Estados Unidos, uno de los ataques más grandes que haya podido sufrir fue provocado por uno de sus propios agentes, Bin Laden. Fue EE.UU. quien lo entreno, pero jamás se imaginó que vendría a ser uno de sus más grandes enemigos. Éste no usó un ejército extranjero, sino los propios aviones de la nación. Cuántos no nos hemos dado cuenta que tenemos nuestro Bin Laden, creemos que es nuestro amigo pero, termina provocándonos nuestra propia destrucción.

Con mucha razón el sabio le dice a la juventud de hoy, **"Por encima de todo, guarda tu corazón"** *Proverbios 4:23.* Pero ¿a quién le importa guardar el corazón?, ¿de qué? Muchos decimos que así nacimos y así vamos a morir, al cabo no somos perfectos sino hasta que Cristo venga podremos llegar a ser como él es, con un corazón limpio. Cuidar nuestro corazón, no dejar que haga lo que quiere lo consideramos como algo innecesario y probablemente un hecho futuro.

Dar rienda suelta a nuestro corazón es como tener en libertad al más gran asesino en nuestra nación, ¿sabiendo que su meta es sólo matar y destruir al que encuentre en su camino, no harías algo previamente si tuvieras que enfrentarte con este asesino que amenaza tu vida? Creo que sí, es exactamente lo que Dios quiere que hagamos con nuestro corazón al decirnos "por encima de todo guarda tu corazón" porque es el peor asesino de la humanidad, mata todo, lo que nos podría acercar a nuestro Dios. ¿Guardaremos nuestro corazón, lo haremos? Si es así ¿cómo lograrlo?

Preguntamos ¿cómo puede ser esto posible en un mundo tan perverso como éste? ¿Será que tenemos que aislarnos de tal manera que podamos guardar nuestro corazón? ¿Será lo que nos rodea, lo que nos lleva a pecar o lo que existe en nuestro corazón? Jesús hablando de lo que nos rodea dijo: "**No ruego que los quites del mundo (lo que nos rodea), sino** que los **guardes del mal (¿podrá ser esto nuestro corazón?)**" *Juan.17:15.* Nos comenta la inspiración: "**Él sabe que hay pruebas y peligros y nos lo ha manifestado abiertamente.** *El no ofrece a su pueblo quitarlo de en medio de este mundo de pecado y maldad, pero le presenta un refugio que nunca falla.* El Camino a Cristo, páginas 122-123.

Vemos entonces que nuestro Dios sabe muy bien los peligros, pruebas y tentaciones con las cuales nos enfrentamos mientras vivimos en este mundo. Sabiendo esto, él nos ha dejado el refugio para poder vivir en este mundo lleno de maldad. Entonces, ¿Cómo podemos guardarnos del mal que nos rodea y el existente en nuestro corazón? Dijo el salmista: "**Tú has sondeado mi corazón, me has visitado de noche, me has probado, y nada inicuo hallaste en mí.** (¿Podría ser esta nuestra oración en este momento?) He resuelto no pecar con mi boca...**por la Palabra de tus labios, me he guardado de las vías del violento"** *Salmos 17:3-4.* ¡Si! Es únicamente posible a través de *'la palabra del altísimo'*, eso es lo que nos guardará del sendero del enemigo y sus vías de pecado.

¿Dónde deben permanecer estas palabras? "Hijo mío, **está atento a mis Palabras**...*guárdalas en medio de tu corazón*" *Proverbios 4:20-21*. Teniendo esta linda experiencia el joven David dijo, *"En mi corazón he guardado tus palabras, para no pecar contra ti" Salmos 119:11*. Así de claro y sencillo es, *'con las palabras de nuestro Dios en el corazón tenemos el poder para no pecar'*, la falta de esto en nuestro impío corazón nos ha llevado a tener una experiencia mediocre, triste, desalentadora en nuestra vida espiritual, altos y bajos, pero he aquí la clave, el escudo contra el enemigo más grande que se llama PECADO es *la palabra*.

Por mucho tiempo he meditado en esto y me he preguntado si esto es así, ¿entonces qué se logra al conocer a Cristo, al bautizarnos, al empezar a ir a la iglesia y otras actividades religiosas que practicamos? Bueno sin duda alguna nuestra experiencia pasa de una vida carnal a una espiritual, pero nuestro corazón sigue siendo el mismo hasta que el Eterno nos lo cambie literalmente. Sin embargo, ¿cómo explicamos que ya somos cristianos, si esos deseos de la concupiscencia se siguen manifestando en nosotros, como el orgullo, los celos, envidia, el adulterio, fornicación, enojo y mil cosas más? Esto es el reflejo de un corazón no convertido, no familiarizado con la palabra. Estos males deben ser vencidos y desarraigados.

En otras palabras aunque venimos a ser nuevas criaturas espiritualmente, el viejo hombre sigue allí, esperando una oportunidad de volver a su pasado. Nunca te has preguntado ¿Cómo es que ciertos evangelistas, pastores y grandes líderes, con tanta sabiduría y entrega al Señor llegaron a caer y realizar grandes pecados? ¿Cómo es que el hermano tal llegó a caer nuevamente en el licor o adulterio? ¿Cómo es que la hermana tal engañó a su esposo? ¿Qué con el joven que prometió en su corazón no volverse a acostar con su novia, robar, tomar, fumar o masturbarse, calló? Una es la respuesta, el problema radica en el corazón. Es pues necesario recordar que nuestra victoria contra todo mal depende de cuan dispuestos estemos en rendirnos a Dios, alojando su palabra dentro de nosotros.

Jóvenes nuestro encuentro con Jesús es el inicio de nuestra salvación, pero allí no termina todo, debemos continuar sujetados al Señor por medio de su palabra, hasta que obtengamos un nuevo corazón. Ejemplos reales de esto son: David, Sansón, Ananías y Safira y Salomón, estos fueron personas que aceptaron a Cristo pero que en algún momento se confiaron y su corazón los traicionó, alejándose de su Dios y así vinieron a realizar barbaridades. ¿Por qué? Porque dejaron que su corazón los dominara, dándole rienda suelta, es por eso, aunque seamos cristianos, debemos cuidarnos de nuestro propio corazón *con la palabra de Dios allí presente*, sin ello el pecado siempre invadirá aunque hallamos nacido en la iglesia o tengamos años en ella.

Tal es el camino que nuestro Dios ha establecido y ningún otro camino nos lleva a su cumplimiento, esto es, no para estar esclavizados a Dios, sino porque su Palabra es el único camino que nos lleva a la salvación, es la única que servirá de barrera contra el mal; es la única manera en que Dios obra, manifestándose en nosotros el poder para guardarnos de nuestro perverso corazón. Recuerda que aunque lo que nos rodea influya en nosotros, no es eso lo que nos lleva a pecar, sino lo que acumulamos dentro de nuestro corazón.

Imagínate como se viera la Casa Blanca, la capital de la nación, si no fuera cuidada y limpiada constantemente. Es un orgullo de nuestra nación, la capital de este país, por la gente que allí trabaja y por su bella vista, pero si llegase a ser descuidada, ¿crees que sería digna de ser nuestra capital? ¿Habría orgullo en llamarle nuestra capital? Claro que no. Bueno desde que el hombre cayó, nuestro corazón ha venido a ser el basurero de Satanás, y sin evitarlo nos encanta que el siga poniendo su basura allí, si no me crees, pregúntate ¿qué hay en mi corazón?, ¿qué es lo que nos lleva a pecar? Recuerda Satanás nos puede aconsejar a pecar, pero no nos puede obligar, así que después de su sugerencia ¿qué es lo que nos lleva de verdad a ejecutar el pecado?, no puede ser más que la directriz (mal) que habita en el centro de nuestra capital, el corazón. ¡Necesitamos protección! ¿Cuántas veces nos ha engañado nuestro corazón? Hemos comprobado que la Biblia dice la verdad cuando habla de lo engañoso que es. ¿Cuántas veces hemos dicho que nunca más haríamos alguna cosa, y a las veinticuatro horas ya la hemos hecho de nuevo? Un hombre puede creer que ha podido llegar hasta el fondo de su corazón, pero ha de encontrar que hay profundidades que aún no ha podido sondear. Martín Lutero solía decir que tenía más miedo a su propio corazón que al Papa y todos sus cardenales.

Por eso "Oh Eterno, **tú mantienes** mi lámpara encendida, mi **Dios alumbra mis tinieblas.** Contigo desharé ejércitos, y con **mi Dios asaltaré murallas.** Perfecto es el camino de Dios. **Es acrisolada (pura, sin mancha), la Palabra del Señor. Es escudo a todos los que esperan en él**" *Salmos 18:28-30*. Si tan sólo dejáramos que Dios mantenga nuestra lámpara encendida, y es mejor que le permitamos porque si no, está por apagar nuestra lámpara, o quizás ya lo hizo y no nos hemos dado cuenta: "Por lo tanto, recuerda hasta dónde has caído. ¡Arrepiéntete!, y vuelve a las primeras obras. **Si no te arrepientes, vendré a ti, y quitaré tu candelabro (lámpara), de su lugar**" *Apocalipsis 2:5*.

¡Oh! que Dios nos guarde y mantenga en nuestro corazón encendida la luz de *"Su Santa Palabra"*, pues ella es la única que *'alumbrará nuestras tinieblas'*, es la única que *'DESTRUIRÁ ejércitos de enemigos (tentaciones)'*. Sí, así es, es la única que nos dará el poder y la fuerza para saltar todo obstáculo, *'murallas (pecados)'*, que nos impiden entrar al castillo santo donde no existe iniquidad. Hoy Dios nos llama a tomar el bendito escudo disponible para nosotros contra todo, todo, lo impuro.

¿Por qué no dejamos que la palabra reine, en nuestro corazón? Dependamos y esperemos en la palabra del Eterno y verás los grandes resultados de lo sembrado por ella (la palabra). Por eso joven escucha lo que Dios te dice en este momento. Por experiencia te digo que lo único que ha sostenido mi vida espiritual es la palabra de Dios en mi corazón, el día que ella falte es la brecha para mi derrota, porque la tentación dominaría. Hoy, "reconcíliate con Dios, y tendrás paz, y te vendrá bien…*y pon sus palabras en tu corazón*" Job 22:21-22.

No hay duda que la falta de paz es la causa de nuestras inquietudes, pero ella sólo viene hasta que nos reconciliemos con Jesús y ¿cómo empieza eso? **Tomando su ley y sus palabras en nuestro corazón.** ¿Quieres saber por qué he caído tantas veces después de aceptar a Cristo como mi Salvador? Primero, porque sus palabras no las puse en mi corazón; segundo, porque ignoré las palabras de Dios, y tercero, porque **"…me revelé contra su palabra"**. *Lamentaciones 1:18*, o sea, he sido indiferente a ella, no queriéndola obedecer. ¿Ha sido esa tu experiencia? Hoy podemos empezar de nuevo en Cristo, poniendo *sus palabras en nuestro corazón*.

Jóvenes estamos en la hora cero y aún Dios dice de muchos, muchos de nosotros: "¡Hipócritas! Bien profetizó Isaías de vosotros: **"Este pueblo me honra con los labios, pero su corazón está lejos de mí. En vano me honran"** *Mateo 15:7-9*. Un hipócrita es una persona que dice ser lo que no es y esa condenación tristemente ya ha caído sobre muchos jóvenes. Notemos que es Dios el que dice que su pueblo con sus labios le honra, pero que su corazón está lejos de él. En otras palabras, su Palabra no ha estado en nuestros corazones, aunque por rutina profesamos honrarle; debemos salir de esta condenación. No creen que es hora de despertar a la realidad, y ver que le estamos deshonrando con nuestra manera de vivir, pues 'hipócrita' quiere decir que estamos profesando algo que no somos, y esta actitud Dios la odia en el profeso creyente, más que ver a un pagano en pecado.

Jesús habla de todos aquellos que después que aparentemente lo aceptamos, seguimos igual, sin ningún cambio interno: **"¿Por qué no reconocéis mi lenguaje? Porque no podéis oír mi palabra.** Vosotros sois de vuestro padre el diablo, y los deseos de vuestro padre queréis cumplir... Pero como yo digo la verdad, no me creéis. **El que es de Dios, oye las Palabras de Dios.** Por eso no las oís vosotros, porque no sois de Dios" *Juan 8:43, 44, 47*. Esta es la razón joven que nuestro divino Salvador conociendo lo que somos y lo que tenemos nos aconseja; "Oye tú hijo mío, **se sabio. Y endereza tu corazón al camino**" *Proverbios 23:19*. **"Aplica tu corazón a la enseñanza, y tus oídos a las palabras de sabiduría...Dame, hijo mío, tu corazón, y miren tus ojos por mis caminos"** *Proverbios 23:12-26.*

¿Por qué hoy no rendimos todo lo que somos y dejar que haga en nosotros lo que nosotros no podemos hacer? Aliéntese tu corazón querido joven, aún el cielo espera restaurar totalmente nuestra vida. Hoy querida juventud, sí a ti, que lees y escuchas esto, el cielo te amonesta, "**Amarás** al Señor tu Dios **con todo tu corazón**, con toda tu **alma** y con todo **tu poder**. *"Y estas palabras que te mando hoy, estarán sobre tu corazón" Deuteronomio 6:5, 6*. La palabra de Dios en el corazón es como una aseguranza, no te invita a chocar el auto, pero sí está activa para cubrirte en un accidente. La aseguranza está a tu favor y te protege del pecado.

En mi vida he tenido varios accidentes automovilísticos. Recuerdo el primero fue en el estado de Florida, un amigo le pidió a mis padres que me dejaran ir con el a un paseo lo cual aceptaron pero quien se iba a imaginar que esa noche no regresaría a casa. De regreso a casa uno de esos vehículos grandes choco contra nosotros mientras esperábamos la luz. Habíamos como quince personas en la van y yo quede en medio de todos, fuimos llevados al hospital pero me sacaron pronto porque, el que nos había chocado, ni la van mucho menos yo teníamos aseguranza. Estábamos sin protección y hasta hoy sufro de dolores de ese accidente. Contrario a otros accidentes en que también me han chocado la aseguranza se ha hecho cargo de todo. Así obra la palabra en nuestro favor cuando nos encontramos con el pecado, ella nos defiende, ella pelea por nosotros y nos da la protección necesaria para la situación. Joven sé que vale la pena tener esa bendita aseguranza en el corazón, ella nos protegerá contra el enemigo llamado pecado. Inevitablemente este será el resultado glorioso del que deje que la *'divina palabra more en su corazón'* será un poder para resistir todo pecado y una pared contra la tentación, sin duda alguna será un quetzal que nació, no para estar prisionero sino para ser libre, libre del poder del pecado que por toda una vida nos ha tenido prisionero, se un quetzal del cielo, libre. Deja que hoy reine la palabra dentro de ti, es la invitación. **"Si Cristo se queda (en el corazón) el pecado se marcha; si el pecado (se queda en el corazón) Cristo se marcha"** - Martín Lutero. ¡Seamos libres!

Para Reflexionar y aplicar

¿Qué fue lo que más te impacto de este capítulo?

¿Qué aprendiste en este capítulo que pondrás en práctica?

¿Cuál es el punto más sobresaliente que compartirás con otros?

¿Cuándo fue la última vez que evaluaste tu vida y corazón?

¿Estas satisfecho con lo que hay en tu corazón?

¿Podemos confiar en nuestro propio corazón, pensamiento, deseo? Da tu honesta opinión:

¿Qué impacto ha hecho la biblia en nuestras vidas de tal manera que este sumiso nuestro corazón, deseo y pensamiento a ella?

¿Cuánto de nuestra vida, pensamiento, deseo, corazón es influenciado por las escrituras?

¿Cuál es el enemigo más grande del ser humano?

¿Cómo podemos ser vencedores?

Hoy me comprometo a: ¡Se bien especifico y consistente en darle seguimiento a promesa!

CAPÍTULO 21
¿QUIÉN ES LA PALABRA?

Es una ley psicológica que cuanto más se asocia uno con alguien a quien se respeta, se admira y se ama, porque más se le conoce; y cuanto más se le conoce, más se le respeta, se le admira y se le ama. Por eso es menester tener una estrecha relación personal con Dios, a fin de conocerlo como Creador, Padre amoroso; y un contacto íntimo con Cristo, para conocerlo como Maestro, Salvador personal y amigo incomparable. La mejor forma de conocer a Dios es leyendo y meditando en su palabra. Que ésta pueda ser nuestra experiencia mientras conocemos mejor la Palabra bendita. ¡Su obra maestra!

Ilustrémoslo de la siguiente manera. El recinto de la Facultad de Filosofía y Letras de la Universidad de Buenos Aires se hizo pequeño. Una multitud inusitada lo colmaba de esquina a esquina. El aula magna, las aulas de clase, los laboratorios, los pasillos, vestíbulos y salas de profesores, todo estaba ocupado por una masa compacta de gente que se había dado cita a la misma hora. Había estudiantes y profesores, intelectuales y gente común, jóvenes y personas de más edad, hombres y mujeres. ¿Qué ocurría? Esa noche debía hablar allí José Ortega y Gasset. En los diversos ambientes se habían instalado altavoces para que la voz del genial filósofo español fuera escuchada con claridad, aunque no todos pudieran verlo. Aunque el orador disertó acerca de temas filosóficos, que podrían parecer abstrusos y secos, la atención fue extraordinaria, podría decirse perfecta.

Uno de los muchos que se acercaron para felicitarlo le dijo emocionado: *"Maestro, usted habla como escribe. ¡Cuánta satisfacción haberlo escuchado esta noche!"*. ¿Por qué había una concurrencia tan extraordinaria? ¿Por qué tanto interés en escuchar aquella prolongada conferencia? Sencillamente, porque aquella masa lectora ya conocía al orador. Habían leído sus libros. Lo habían oído hablándoles a través de cada página de sus diversas obras. Esto debiera repetirse entre los creyentes quienes por experiencia propia deberían expresar lo mismo del autor del libro más odiado como amado del mundo, la Biblia.

Hasta aquí hemos encontrado lo que logra la Santa Palabra:
⇒ *Germina la vida cristiana,*
⇒ *Limpia,*
⇒ *Santifica,*
⇒ *Nos guarda contra el pecado.*

La obra de la palabra se descubre más en lo que dijo el salmista: **"Por la Palabra** del Eterno **fueron hechos** los cielos, **y todo** el ejército de ellos por el aliento de su boca. Porque él dijo, y fue hecho; él mandó, y surgió" *Salmos 33:6, 9.* Encontramos que fue por la palabra de nuestro Dios que los cielos y la tierra fueron creados y no sólo fueron creados sino, son aún sostenidos por la misma palabra. Poniéndolo de otra manera no tendríamos la luz o estrellas si no fuera por la misma palabra que los sostiene, el apóstol Pedro afirma que "…ellos ignoran voluntariamente que…**los cielos fueron hechos por la Palabra de Dios… y los cielos y la tierra de ahora son conservados por la misma Palabra"** *2ª Pedro 3:5-7.*

Deseo que nosotros no ignoremos o hallamos olvidado qué fue la Palabra la que creó y sostiene todo lo creado en el cielo y en la tierra, porque olvidar esto es ignorar al único capaz de sostenernos por su *Palabra*. Somos parte de lo que creó en la tierra, por lo tanto, debe quedar claro que la misma *Palabra* que sostiene el universo entero es la que sostiene al cristiano en sus luchas diarias, es la única que da vida, fuerza, energía, sabiduría, sí, es la que provee todo, pero Dios viéndonos en el peligro de olvidarlo nos vuelve a recordar; "Así dice Dios, el Eterno, **el Creador de los cielos, el que los despliega, el que extiende la tierra y sus productos; el que da aliento al pueblo que mora en ella, y vida a los que andan por ella"** *Isaías 41:5.*

¿No es maravilloso? El 'CREADOR' hablándonos individualmente como si fuéramos los únicos existentes aquí, creer en esto, depender y esperar, a esto se le llama fe. Él es el único que da vida y sostiene a los que viven en la tierra *'por su palabra'*, y entre ellos nos encontramos nosotros, tú y yo. ¡Qué promesa!, ¿por qué no nos aferrarnos de ella? Imagínate estar sostenidos por esa Palabra, la que sostiene todo, todo el universo, "**Yo, el Eterno, te llamé** en justicia, y te **sostendré por la mano. Te guardaré**..." *Isaías 41:6.* El apóstol Juan dejó escrito: "...**Yo hago nuevas todas las cosas**". Y agregó: "Escribe, **porque mis Palabras son ciertas y verdaderas**" *Apocalipsis 21:5.*

Oh joven, dice él Creador que el no sólo creó y sostiene parte de ello, sino *'todas las cosas'*, si todas. Ve los cielos, las estrellas, la mar, la hormiga, el elefante, la mariposa, el árbol, la hierba, la lluvia, etc., y exclama. ¡Gracias Dios por la palabra que me sostiene por el poder Creador, Restaurador, y sostén de todas las cosas! Querido joven, que luchas y a veces te desanimas, ¿no crees que esta Palabra que sostiene los mundos incontables, sea capaz de sostenerte a ti? En este pensamiento, "¡aliéntese tu corazón!" *Salmos 27:14.* Confiemos en ella, nunca nos **fallará**. Te lo aseguro y si no me crees mira el universo entero, ¿Quién lo sostiene? No se puede explicar con palabras humanas, pero si se puede creer por fe.

Viendo que esta preciosa Palabra creó los cielos y la tierra, la cual también sostiene *todas las cosas* en ella, nos impulsa a conocerle mejor. El más joven de los discípulos, el joven del amor, el apóstol Juan, el que más cerca estuvo de Cristo entendió lo que la Palabra es, y le impresionó tanto que su libro comienza hablando de *'ella'*, diciendo "**En el principio ya existía la palabra, y la palabra estaba con Dios,** *y la palabra era Dios*" *Juan 1:1.*

Vemos entonces que la palabra que venimos estudiando ha existido desde el principio, tiene el poder de sostener porque es Dios, sí, Cristo el que desde el principio estado con Dios porque es Dios, Él creó los cielos y la tierra, el cual es el poder que sostiene *'todas las cosas'* en el cielo como en la tierra y tú y yo nos encontramos entre ellas, *'todas las cosas creadas'*, eso debe animarnos, fortalecernos hasta que lleguemos a comprender que no hay nada alrededor de nosotros que no se mueva más que por la Palabra misma, porque la *"Palabra es Cristo"* mismo.

Cuando dice que la Palabra ya existía en el principio, el sabio Salomón le llama la Sabiduría y la presenta de esta manera: **"El eterno me poseía en el principio de su obra, antes de sus obras más antiguas. Desde la eternidad fui establecida (La Palabra-Cristo) desde el principio, antes de la tierra. Antes de los océanos fui engendrada, antes que los manantiales de agua, antes que los montes fueran fundados, antes de los collados, fui engendrada. No había aún hecho la tierra, ni los campos, ni el principio del polvo del mundo"** *Proverbios 8:22-26.*

Nadie dudará que esta *'Sabiduría, la Palabra',* es nuestro amante Jesucristo, el único que existía antes que todo fuera creado. Hablando de él mismo, Cristo dice: **"Yo Soy el Alfa y la Omega - dice el Señor Dios - el que es, el que era y que ha de venir, el Todopoderoso"** *Apocalipsis 1:8.* Él es la Palabra que todos necesitamos, es una necesidad no una opción, porque en el radica el poder que sostiene todo el universo.

Juan sigue diciendo **"la palabra estaba con Dios"**, Esto lo expone Salomón así. **¿No clama la sabiduría y da su voz la inteligencia?"** *Proverbios 8:1.* **"Cuando él formaba los cielos, allí estaba yo, cuando señalaba el horizonte sobre la faz del gran mar, cuando condensaba las nubes en la altura, y las fuentes del profundo mar, cuando fijaba al mar su estatuto, para que el agua no pase de su límite, cuando establecía los cimientos de la tierra. Con él estaba ordenándolo todo, fui su delicia todos los días, ante él solazándome en todo tiempo"** *Proverbios 8:22-30.* Vemos como la Sabiduría o Palabra estaba con Dios Padre creando los mundos y poniendo todo en orden, Cristo mismo en unión al plan de creación allí estaba con Dios, porque él es Dios.

El apóstol sigue diciendo de la *'Palabra (Cristo)'* mientras creaba, **"Desde el principio estaba con Dios. Todas las cosas fueron hechas por él. Y nada de cuanto existe fue hecho sin él (La Palabra)"** *Juan 1:2-3.* Con esto entendemos por qué Juan dice que realmente la Palabra era Dios. Así que esta Palabra creadora no es más que Dios en Cristo Jesús nuestro Salvador, es de suma importancia conocer su Palabra, al conocer su Palabra en realidad estamos conociendo más de Jesucristo, la palabra de Dios siempre viviente. Por tal razón, que Satanás hace todo con tal que no conozcamos la palabra de Dios porque al hacerlo conocemos más de Jesucristo.

Esta Palabra viniendo a la tierra, Juan dice: **"Y la palabra se hizo carne**, y habitó entre nosotros, lleno de gracia y de verdad. Y vimos su gloria, gloria que, **como Hijo único**, recibió del Padre" *Juan 1:14*. Es pues claro que esta bendita Palabra fue hecha carne en la persona de Cristo cuando estuvo aquí en la tierra, y vimos y seguimos viendo la santa gloria del Padre manifestada en la persona de su único unigénito Cristo Jesús, quien sostiene todas las cosas hasta este mismo momento que lees y respiras.

Es por eso que cuando estamos leyendo la Biblia, estamos leyendo de Cristo, ya sea el Génesis, los mandamientos, el Levítico, el santuario y sistema de ceremonias, los Jueces, la Crónica de los reyes, los Salmos, los Proverbios, la profecía, los evangelios, todos nos presentan a *'Cristo, la Palabra'* de Dios, por eso Jesús le dijo a los judíos: **"Porque si vosotros creyeseis a Moisés, me creeríais a mí; porque él escribió de mí. "Pero si no creéis en sus escritos, ¿cómo vais a creer en mis Palabras?"** *Juan 8:46, 47*. Que serio es rechazar las palabras de los profetas de Dios, al hacerlo estamos rechazando a Cristo mismo. Joven no te engañes pensando tener a Jesús sin sus palabras y cuando digo su Palabra, me refiero a toda, la única que nos puede sostener escondidos en Cristo y Cristo en Dios.

Lucas comenta. "Estas *son las palabras que os hablé*, cuando estaba aún con vosotros; que era necesario que se cumpliese todo lo que **está escrito de mí en la Ley de Moisés, en los Profetas y en los Salmos"** *Lucas. 24:45*. ¿Crees que tendremos el conocimiento de quién es Cristo, de acuerdo a todo lo que está escrito de él por los profetas? ¿Se podrá decir que conocemos realmente a este Cristo, el Cristo revelado en toda la Biblia? Me es un gran placer compartir contigo lo que realmente es Cristo para mí; porque **"Quien ha encontrado consuelo en la Palabra de Dios debe compartirlo con otros. Solamente así podrá continuar recibiendo consuelo"** *Alza Tus Ojos*, página 378.

A algunos nos pasa lo que experimente años atrás, cuando llegué a este país, EE.UU., siendo muy pequeño de edad, tenía que esperar que me recogieran para trabajar, como no me preguntaban mi edad no era un problema. En varias ocasiones fui levantado para trabajar los fines de semanas por un señor de edad a quien le agradaba mi trabajo. Un día hablamos más allá de lo acostumbrado y descubrí que estaba trabajando con un gran empresario; al verme trabajar, me pregunto sí me gustaría trabajar en su compañía, sin titubear le dije que si, esto llegó a ser una gran bendición. Esto le sucede a muchos, Cristo está cerca, y sin embargo, no lo conocemos como debiéramos, estaba ante alguien que podía darme trabajo permanente, y sin embargo, por no conocerlo me estaba perdiendo una fortuna. Logré el trabajo y lo mejor, fui su empleado favorito por la eficiencia de mi trabajo.

Deseo que juntos le conozcamos mejor y que no sólo sean para nosotros letras sus palabras, sino lo que Jesús dijo, "**…Las palabras que yo os he hablado, son espíritu, y son vida**" *Juan 6:63* ¿Por qué? Porque Jesús dijo de él "**Yo soy el camino la verdad y la vida**" *Juan 14:6*. Querida juventud es mi deseo y oración que "**la palabra de Cristo habite en vosotros en abundancia, en toda sabiduría, enseñándoos y exhortándoos…**" *Colosenses 3:16*. "**Nuestra fe debe ser un poder que tiene en Cristo su origen. Y la Biblia, su Palabra, debe hacernos sabios para la salvación**" *Cada día con Dios*, página 100. Porque Cristo la *"…**Palabra… permanece perpetuamente, y ésta es la palabra que por el evangelio os ha sido anunciada**" 1ª Pedro 1:25*.

No hay por qué desanimarnos, porque 'está Palabra' es la que 'crea, restaura y sostiene todas las cosas. Querido joven, en 'todas las cosas' que la Palabra sostiene estamos tú y yo, dejemos que la Palabra (Cristo) habite siempre en nosotros. Creer, depender y esperar porque ella tiene el poder de cumplir. Depender de ella nos dará finalmente vida eterna. Nos sostendrá como es sostenido el universo completo.

Mientras seguimos en este sendero, debemos recordar a viva voz que "**La naturaleza nos forma; el pecado nos deforma; la escuela**

nos informa; pero sólo Cristo, la Palabra nos transforma" - Martín Lutero.

Para Reflexionar y aplicar

¿Qué fue lo que más te impacto de este capítulo?

¿Qué aprendiste en este capítulo que pondrás en práctica?

¿Cuál es el punto más sobresaliente que compartirás con otros?

¿Quién es La Palabra?

¿Vive Cristo en mí?

¿Qué impacto ha hecho la biblia en mi vida?

¿Estoy siendo con La Palabra de Dios, Cristo consistentemente?

¿Cuáles serán nuestros siguientes pasos para dar un cambio verdadero en nuestra vida a ser lo que debemos ser?

CAPÍTULO 22
LA DISCIPLINA TIENE RECOMPENSA

Entraremos a ahora a un fascinante tema, según mi criterio. La disciplina es una palabra que repugna mucho a la carne, especialmente a los jóvenes. Como nunca antes, déjame confesarte me encanta estudiar y experimentar la disciplina, porque por su medio he llegado a conocer mucho mejor a mi Jesús y no dudo que muchos otros han comprendido el propósito de la disciplina divina. Pero aun así veo que nuestra juventud cristiana aún no capta la razón de la disciplina, especialmente aquéllos que cuentan con pastores o líderes sensacionalistas, aquéllos que sólo hablan de amor, según la vista del mundo, y según ellos, con conocer a Dios, ya está alejándote de él. Me refiero aquellos que nos han enseñado que si somos fieles al Señor tendremos dinero, trabajo o el amor de nuestra vida.

De ninguna manera dudo que Dios tiene tesoros de diferentes formas, y está dispuesto a dárnoslos, pero por alguna razón Dios *permite* ciertas circunstancias que nos sucedan para disciplinarnos y lograr aquello que él cree conveniente.

En este contexto Epícuro dijo. **"Cuanto mayor es la dificultad, mayor es el placer que se deriva de superarla. Los timoneles diestros logran su reputación gracias a las tormentas y a las tempestades"**. Cuan sabias y ciertas son estas palabras, pues las tormentas y las tempestades disciplinan en la vida en cualquiera de sus formas, especialmente las que Dios permite, porque nos dan una rica recompensa invalorable e incomprensible por el sentimiento humano, necesarias por sus resultados visibles de prosperidad en todas sus formas.

Son tantas biografías Bíblicas que han llamado la atención del mundo. En esta ocasión estudiaremos la vida de José que entendió el proceso de la disciplina para llegar a ser algo grande en el plan de nuestro Dios. Esta vez veremos su vida bajo los ojos de un joven (yo) que ha sido tocado, grandemente impresionado e influenciado por su ejemplo. Una de las principales razones que me lleva a escribir sobre esto es para desarrollar un carácter simétrico. La inspiración nos aconseja: "Todos los que en este mundo prestan verdadero servicio a Dios o al hombre, **reciben una educación preparatoria en la escuela del dolor.** *Cuanto mayor sea la confianza y más elevado el servicio, más estrecha será la prueba y más severa la disciplina.* **Estudiad las vidas de José** y Moisés, de Daniel..." *La Educación*, página 146.

Todos los que estamos o estaremos prestando servicio, ya sea para el hombre o para Dios, es necesario de acuerdo al cielo, ser preparados, instruidos, capacitados por medio de la escuela llamada disciplina, con materias como la prueba y el dolor. Muchos quieren servir en algo o para algo, pero son pocos los que se gradúan en esta universidad. Te aseguro desde ya, que en cuanto más elevada sea la responsabilidad que recaiga sobre nuestros hombres, mayor será la prueba y más grande será la necesidad de la educación en la disciplina.

Recordemos a este joven altamente honrado por el cielo quien se llamó José. Vivía en una familia grande y bien acomodada, siendo el primer hijo de Raquel, la mujer que su padre Jacob amaba, llegó a ser el hijo favorito y muy amado. ¿Cuántos años tendría José? ¿Qué estaba haciendo cuando las escrituras empieza a hablar de él? ¿Qué hizo que José entrara en la escuela disciplinaria? Las Escrituras contestan: "**...José siendo de edad de diecisiete años, apacentaba las ovejas con sus hermanos; y el joven estaba con los hijos de Bila y con los hijos de Zilpa, mujeres de su padre; noticiaba José a su padre la mala fama de ellos**" *Génesis 37:2*.

Aquí vemos tres cosas sumamente importantes:
- José tenía 17 años,
- apacentaba las ovejas,
- comentaba a su padre la mala fama de sus hermanos.

Encontramos que José era muy joven cuando el cielo lo empieza a poner en el horno de la disciplina. También muy interesante notar que era un joven muy trabajador, mientras que sus hermanos tenían mala fama. El Espíritu de Profecía dice: **"Sin embargo, hubo uno de carácter muy diferente; a saber, el hijo mayor de Raquel, José, cuya rara hermosura personal no parecía sino reflejar la hermosura de su espíritu y su corazón. Puro, activo y alegre, el joven reveló también seriedad y firmeza moral."** *Patriarcas y Profetas*, página 209.

José no participaba con los hechos de sus hermanos, sin embargo, él le comunicaba esto a su padre, porque le importaba el bienestar de ellos, con esto esperaba que su padre hablara con ellos, siendo que ellos no obedecían. Dice: **"Al ver José la mala conducta de sus hermanos, se afligía mucho; se atrevió a reconvenirlos suavemente, pero esto despertó tanto más el odio y el resentimiento de ellos. A José le era insufrible verlos pecar contra Dios, y expuso la situación a su padre, esperando que su autoridad los indujera a enmendarse"** *Patriarcas y Profetas*, página 209.

¿Qué fue lo que hizo que José empezara sus clases de disciplina? La disposición a ser diferente a sus hermanos para con Dios, esto despertó el odio y el resentimiento contra él. Que lección joven, buscar ser diferente nos traerá situaciones difíciles, nos introducirá al horno de la disciplina. También el amor hacia nuestros compañeros jóvenes o hermanos no se muestra escondiendo sus faltas o pecados, recuerda que el amor verdadero busca el bien y la salvación de ellos como lo hizo José, pues la palabra dice: **"Mejor es represión manifiesta que amor oculto"** *Proverbios 27:5*. Hagámosles saber a nuestros compañeros y hermanos sus peligros o males si es necesario, en el amor de Cristo y bondad, recordando que nos toca sanar, no herir, animar, no desalentar. Seamos diferentes.

Meditando en esto veo cuan equivocado he estado, pensando que amar a mis amigos era ocultando sus vicios, cuantos hoy quizás han muerto espiritual o físicamente por mi descuido al no ser un buen ejemplo o aconsejarles a no seguir pecando contra nuestro Dios.

Hace poco hablé con uno de mis maestros y le preguntaba cómo estaba uno de los jóvenes que fue mi compañero de clases. Su respuesta fue que estaba alejado de la iglesia y que había caído en el vicio del alcohol; no me sorprendió pero sí me dolió porque recuerdo que cuando estábamos en el colegio, salíamos a la ciudad, él y otros se iban a tomar, fumar, y mi manera de mostrarle mi amistad a él era no diciendo nada a los profesores; yo me las arreglaba para que nadie supiera que ellos estaban tomados. Cuando llegábamos al colegio todo lo arreglábamos de tal manera que parecía todo una broma, y siempre me salió bien, por amarles erróneamente, hoy muchos de ellos están muertos espiritualmente, sin que nadie les provea consejo, ayuda, aliento, apoyo, palabras del cielo.

Es un pensamiento triste el pensar en mi pasado, mi descuido para con mis compañeros, que pensamiento. Ojalá podamos hoy tomar la decisión que, en nuestra juventud seremos primeramente diferentes a los demás en conducta, pensamientos, actos, y por amor a nuestros amigos o hermanos y su salvación no ocultaremos sus males, sino hablaremos por el bien de ellos no importando las consecuencias, con tal de salvarles de la desgracia y encaminarles en el camino que nuestro Dios nos ha llamado recorrer.

Volviendo al caso de José, el ser diferente lo llevó a ser muy querido por su padre, tanto que la escritura dice, "y amaba Israel a José más que a todos sus hijos" *Génesis 37:3*. José llegó a ser el hijo favorito de Jacob, el más amado. Sin embargo por el otro lado esto como ya sabemos llegó a despertar celos en sus hermanos, además José tuvo algunos sueños que su interpretación (Véase *Génesis 37*) colaboraron para que naciera un odio hacia él, que ni el cielo mismo podía parar. Los hermanos lo odiaron tanto que los llevó a pensar en matarlo, finalmente decidieron venderlo como esclavo, algo que era peor que la muerte misma. La Palabra dice "Y viendo sus hermanos que su padre lo amaba más que a todos sus hermanos, le aborrecieron, y no le podían hablar pacíficamente" *Génesis 37:4*.

E antecedente de José nos ha reflejado que era un joven de Dios. Sin embargo nos vemos obligados a preguntar ¿Cómo es que Dios viendo su gran interés en servirle a él, permitiera este gran odio de parte de sus hermanos? Toda esta actitud de sus hermanos era parte del plan de Dios, pero jamás de José. En una de las veces que los hermanos tuvieron que llevar las ovejas lejos de su hogar por pastos, pasaron varios días en que Jacob no sabía nada de ellos, por lo tanto comisionó a José para llevarles comida y ver cómo estaban. Fiel al deber, él fue, sin saber que *nunca más* iba a regresar a su casa. **"Y como ellos lo vieron de lejos, antes que cerca de ellos llegara, proyectaron contra él matarle"**. Pero uno de los que no estaba dispuesto hacer eso con su hermano dijo **" ¿…que provecho hay en que matemos a nuestro hermano y encubramos su muerte?** Y así les propuso: **"Venid vendámoslo a los Ismaelitas…sacaron a José de la cisterna y le trajeron arriba y le vendieron a los Ismaelitas por veinte piezas de plata y llevaron a José a Egipto"** *Génesis 37:18, 26-28*. Aparte de ser despreciado por ser diferente en su hogar, terminó por tirado en la cisterna. Esto lo llevó a pensar, ¿qué he hecho para merecerme todo esto?

En ese momento era inexplicable para él, como para muchos de nosotros las cosas que nos pasan. Finalmente todo sucedió para el bienestar de José. Hoy todo lo que te esté pasando por ser diferente, cumpliendo con tu deber, sirviendo al Señor verás que es para tu propio bien y es guiado por el mismo Dios de ayer. No te prometo que saldrás de allí mejorándose todo, sino que probablemente empeore, pero repito, éste es el plan de Dios para disciplinarnos, capacitándonos para honrar su nombre, como José de una manera más amplia, superior y elevada.

¡Qué cambio! de hijo estimado, a ser el más aborrecido; de ser el hijo más amado, a esclavo. Tú y yo preguntaríamos ¿cómo podía estarle pasando a un joven todo esto? Sabes, antes también preguntaba lo mismo y no fue hasta que acepté y conocí el proceso de la disciplina que supe por qué, así que, no más preguntar ¿por qué? sino ¿para qué le pasó todo esto? La Inspiración contesta "Pero en la providencia de Dios, **aún** esto (aborrecido, ignorado, tirado en la cisterna y el haber sido vendido como esclavo) **había de ser una bendición para él**" *Patriarcas y Profetas*, página 214.

Analicemos que José estaba recibiendo en '*todo esto,*' que parecía ser un huracán en su temprana vida, la **bendición más grande de**

su vida, la cual le estaba, en cierto sentido, robando su propio hogar. Dios en su providencia permitió todas estas circunstancias, que lo llevaron a la universidad más grande del mundo, donde los que han aceptado registrarse han logrado pasar el examen no han fracasado, al contrario han llegado a ser los grandes héroes de Dios y del cielo. En la experiencia de José vemos que las circunstancias divinas lo llevaron a un proceso que lo prepararía para el puesto grande que le esperaba.

Preguntamos: ¿sabía José para qué le estaba pasando todo esto? La respuesta es No. Vemos que aún José necesitaba ser disciplinado de tal manera que Dios pudiera usarlo a un nivel que el jamás se imaginó, pues poseía actitudes que lo descalificaban para los planes de Dios. Aunque José era un joven fiel a la luz que conocía, sin embargo tenía aún mucho por conocer y desaprender. Todo esto que vino a su vida llegó a ser la *'bendición más grande'* que alguna vez allá recibido.

Bien ¿qué con nosotros, jóvenes? ¿Esperamos que nos vaya mejor que lo que le fue a José?, creo que si hemos entendido que el cielo tiene un gran plan para nosotros, y aun si somos fieles a Cristo en este mismo momento también tendremos que experimentar circunstancias que si las llegamos a ver del punto de vista divino, vendrán a ser la más **"grande bendición"**. Yo no sé por lo que tú has pasado, estés pasando o vayas a pasar, lo que sí sé es que será una bendición, que de otra manera no recibiríamos, ni disfrutaríamos a menos que sea por la manera señalada por Dios, en la escuela de la disciplina divina.

¿Por qué comparto contigo el beneficio de la disciplina? *Mente, Carácter y Personalidad,* Tomo 1, página 290, comenta, **"Después de la disciplina del hogar y la escuela, todos tienen que hacer frente a la severa disciplina de la vida. La forma de hacerlo sabiamente constituye una lección que debería explicarse a todo niño y joven".** Es a través de circunstancias amargas y difíciles que el Cielo te pule, limpia, transforma y prepara, para que puedas estar listo para la obra especial que él tiene para ti. No nos desanimemos, ni corramos mientras empezamos a ser parte de esta bendita escuela de la disciplina, sino soportemos con paciencia los medios que Dios utilice para limpiarnos del orgullo, envidia, celos, y sobre todo del egocentrismo, soportemos con toda paciencia y veremos que jamás nos arrepentiremos, pues nuestro galardón es grande.

Algo sumamente importante que debemos notar es que fue aquí la transacción de hijo amado a esclavo, donde José logró la experiencia grandemente necesitada en su juventud. Lo que llegó a ser una gran bendición que el Cielo le dio a través de esta amarga experiencia en la escuela de la disciplina el Espíritu de Profecía lo presenta de la manera más bella al decir. **"Su alma (la de José) se conmovió y tomó la alta resolución de mostrarse fiel a Dios y de obrar en cualquier circunstancia cómo convenía a un súbdito del Rey de los cielos. Serviría al Señor con corazón íntegro; afrontaría con toda fortaleza las pruebas que le deparara su suerte, y cumpliría todo deber con fidelidad"** *Patriarcas y Profetas*, página 215.

¡Qué cambio! ¡Qué experiencia! ¡Qué resolución! No hay duda que todos los que hemos llegado hasta aquí como jóvenes necesitamos esta experiencia, un cambio total, una entrega completa, sobre todo tomar una alta resolución de mostrarnos fieles a Dios, servir al Señor con todo el corazón, afrontar con toda firmeza las pruebas y cumplir fielmente todo, todo deber. Queridos compañeros por qué desanimarnos ahora, hoy es tiempo no de darnos por vencidos, sino agradezcamos a Dios por todas las circunstancias que ha permitido en nuestra vida, dejemos de darle crédito al enemigo, pues ni él pudiera hacer lo que hace, si Dios no se lo permitiera, por eso hoy debemos pasar el horno de pruebas, sabiendo que de esta manera Dios desea producir en nosotros la experiencia necesaria que nos preparara para la obra que nos espera.

Joven, también quisiera recordarte que si crees que todo está bien y sientes que lo has logrado todo, te digo que tengas cuidado, no sea que estés engañado creyendo estar bien cuando espiritualmente hablando todo anda mal. En otras palabras, al revisar la vida de todos los que entraron al servicio de Dios, vemos que sus vidas no fueron de tranquilidad o prosperidad, según el mundo, sino siempre estuvieron en conflicto para ver si alcanzaban aquello por lo cual fueron llamados. Podemos notarlo en el apóstol Pablo, Isaías, el niño Jeremías, Juan el bautista, el joven Daniel, Ester, María la madre de

Jesús, Rut y Noemí, siempre estuvieron en batalla contra los obstáculos y nunca en seguridad de haber logrado todo, nunca estuvieron sin ser atacados por las adversidades de la vida, entendieron que era parte de su escuela en esta tierra que los preparaba para algo sumamente mejor, todo lo concerniente a la vida espiritual. Por eso joven si has caído en la rutina, el formalismo, creyendo que todo está muy bien, ten por seguro que el cielo por amor a tu alma, está por ponerte en circunstancias adversas, duras, amargas, que nos llevarán a la única fortaleza, fuente de toda ayuda que muchos ya hemos olvidado, de otra manera peligraríamos sin esperanza, sin preparación y finalmente sin Dios.

Fue aquí en esta experiencia que José no sólo recibió la más grande bendición, sino que: **"Aprendió en pocas horas, lo que de otra manera le hubiera requerido muchos años"** *Patriarcas y Profetas*, página 214. Dime honestamente querido amigo(a) ¿no es Dios misericordioso al utilizar este tipo de enseñanza para prepararnos? Dios tenga misericordia de nosotros, y que hoy aprendamos como José en **'pocas horas lo que de otra manera nos llevarían años en aprender'**. El apóstol Pablo por inspiración y por experiencia dijo. **"Sabemos que todas las cosas obran para el bien de los que aman a Dios, de los que han sido llamados según su propósito"** *Romanos 8:28*. ¿Cuáles cosas? ¿Será sólo las cosas que nos agradan y alegran o también aquéllas que son desagradables, amargas y muchas veces difíciles de aceptar? La palabra dice: **"todas las cosas les ayudan a bien"** Sí todas, pero ¿quiénes entienden esto? Solamente los "que aman a Dios".

El Señor permita que nos encontremos entre ellos y con ellos aprovechemos la *"disciplina divina que tiene gran recompensa"*.

Era en mis más tempranos años que tuve que alejarme de mi hogar, quizás tenía como 6 años, nunca entendí la razón por qué mis padres lo permitieron. Recuerdo que me llevaron a la casa de una tía, lejos de mi hogar, donde había una academia cristiana. No sólo estaba yo lejos de mi hogar, sino que para complicar las cosas, mi tía sólo tenía hijas, cuatro en total y ¿sabes lo que esto significaba?, que las cosas iban a cambiar pues había llegado un varón a la casa. Fue con mucho trabajo que tenía que ganarme el pan de todos los días, de verdad te digo no sé cómo soporté todo este tiempo, mi tía era muy estricta, pero en todo esto aprendí mil cosas. Si quería subsistir lejos de mi casa y llevarme en paz con mis primas, debía trabajar duro.

Fue una experiencia que jamás olvidaré, pero que en ese momento no entendí, sino hasta años después. El ir a trabajar al campo con ellos, al río a lavar la ropa, el tener que cuidar de los animales, tener que cargar con los alimentos del mercado y sobre todo tener que participar todas las mañanas en los cultos, memorizando versículos. Siendo que era muy pequeño de edad no podía defenderme contra la manera en que mis primas me trataban, abusaban de mí en cuanto al trabajo, por alguna razón se propusieron hacerme la vida de cuadritos. Lloraba renegando de por qué la vida me había llevado allí. Sin embargo fue en verdad una escuela para mí, para lo que en el futuro me esperaba y tendría que desempeñar. Por primera vez le agradezco al cielo por tan bendita experiencia, pues sin ella no estuviera donde estoy hoy escribiéndote.

Sabes, José entendió esto, por eso en vez de murmurar agradeció a Dios por todas las cosas que le estaban pasando. ¿Lo harás tú? ¿Tomaremos en la adversidad de nuestra juventud la resolución de ser fieles a Dios, no importando lo que pase en nuestra vida? ¿Podremos con ojos espirituales ver que es la mano divina la que está guiando la disciplina de la vida con tal de prepararnos para algo grande en su voluntad? Aprendamos a apreciar las duras circunstancias, porque son bendiciones.

Amemos a Dios como el Joven José lo hizo, aun entre el odio de sus hermanos, lejos de casa y cubierto de una soledad amarga. El mensaje es que todo lo que le sucede a un joven cristiano, sirviendo al Eterno, no puede llevarlo a murmurar ni mucho menos justificar por qué se encuentra en un estado débil espiritualmente, al contrario su vida testificará que la disciplina es parte de las enseñanzas que el cielo le invitó a tomar para graduarse en la escuela de Cristo y así ejecutar su parte en el gran plan de su Dios. La murmuración es odiosa para su corazón y las resoluciones a ser fiel cada vez más es su lema. Comprendamos que **"Las dificultades (disciplina en pleno significado de la palabra) son misiones que cumplimos para Dios, y cuando somos enviados a cumplirlas (disciplinados)** debemos considerarlas como prueba de su confianza en nosotros y como un halago de su parte" - Henry W. Beecher.

Para Reflexionar y aplicar

¿Qué fue lo que más te impacto de este capítulo?

¿Qué aprendiste en este capítulo que pondrás en práctica?

¿Cuál es el punto más sobresaliente que compartirás con otros?

¿Qué Disciplina para Ti?

¿Aprecias la Disciplina?

¿Te gusta la Disciplina de la vida, de Dios, de tus padres?

Explica de qué manera la disciplina te ha visitado:

¡Me comprometo a tomar en cuenta todo lo que pasa en vida para no perder la bendición de la disciplina!

CAPÍTULO 23
¡NO TE DEJES MIMAR!

Es importe saber que Dios nos ama, pero su amor difiere mucho de lo que hoy se le llama amor. Casi a todos los seres humanos nos gusta ser queridos, apreciados y sobre todo amados. En este capítulo examinaremos una de las razones por la cual la mayoría de los jóvenes en el mundo no tienen éxito en general. Veremos que en sus hogares, estos niños y jóvenes han sido altamente 'mimados', proveyéndoles todo, al hacer esto, es como si se les inyectara una sustancia para que jamás se desarrollen por sí mismos, dejándolos paralizados, enanos en todos los aspectos de la vida. No estoy mintiendo, vean a la juventud de hoy. Sin duda alguna vivimos en una generación caprichosa. Su lema hoy es *"yo primero, luego y finalmente yo"*.

"Los niños y jóvenes…difieren grandemente unos de otros en carácter, hábitos y educación. **Algunos no tienen propósito definido ni principios establecidos.** Necesitan que se los despierte para que comprendan sus responsabilidades y posibilidades. **Pocos son los niños que han sido debidamente educados en el hogar. Algunos han sido los** *mimados* **de la casa.** Toda su educación ha sido superficial. Por habérseles permitido seguir su inclinación, evitando las responsabilidades y los quehaceres, **carecen de estabilidad, perseverancia y abnegación.** Consideran a menudo toda disciplina como una restricción innecesaria" *La Educación*, página 280. El propósito de este capítulo es guerrear contra la enfermedad de ser 'consentido (mimados) en el mismo hogar o en cualquier otro medio', ¿por qué?, me preguntarán, porque creo que necesitamos jóvenes con:

1. Estabilidad,
2. Perseverancia,
3. Abnegación,
4. Responsabilidad,
5. Propósitos,

6. Principios,
7. Y sobre todo, aprovechar todas las posibilidades.

El comentario anterior da la razón del por qué no hay jóvenes con estas características. Sin titubear nos dice que es porque en su mayoría no han recibido la educación correcta, y si la han recibido, según Dios, la han recibido superficialmente, así han preparado el camino para que muchos crezcan 'mimados en casa' descalificándolos para un futuro admirable.

Repelemos contra esto para llegar a ser jóvenes como responsabilidad, estabilidad, perseverancia, abnegación, propósitos, principios. Jóvenes que sepamos aprovechar toda posibilidad, dispuestos a todo por Dios, sin murmuración.

Veamos en la experiencia de José, una segunda lección por la que tuvo que pasar para llegar a desarraigar esta enfermedad, con la cual se contaminó en su propio hogar. La Biblia nos dice, **"Y amaba Israel (Jacob) a José más que a todos sus hijos"** *Génesis 37:3.* Examinemos un poco más de cerca el amor que Jacob, su padre, le rendía al joven. José al recibir toda la atención y amor de su padre, vino a ser *'un joven mimado'* y esto le impedía estar preparado para enfrentar las circunstancias de la vida, sobre todo le impedía estar preparado para participar del plan de Dios. Veremos que este amor en lugar de hacerle un bien fue el inicio de una desgracia que acabó con toda la felicidad de una familia.

"Habiendo muerto su madre, sus afectos (José) se aferraron más estrechamente a su padre, y el corazón de Jacob estaba ligado a este hijo de su vejez. "Amaba… a José más que a todos sus hijos. **"Pero hasta este *cariño* había de ser motivo de pena y dolor. *Imprudentemente* Jacob dejó ver su *predilección* por José, y esto motivó los celos de sus demás hijos"** *Patriarcas y Profetas*, página 209.

Sin duda alguna que Jacob tenía razones de amar más a José, pero aún esto no justificaba la razón para mostrar preferencia, sin embargo, no fue prudente en ello, esto no sólo afectó a José evitándole ser independiente para enfrentar la vida, sino también fue principio de dolores, pues produjo odio, celos en sus hermanos. *'Esta preferencia y amor imprudentemente'* obstaculizó para que José dependiera totalmente del amor y poder de Dios. El amor y sobre todo la preferencia de Jacob opacaron en cierto sentido la belleza del amor de Dios, dando como resultado defectos en el carácter de José, que ni él mismo se daba cuenta que tenía.

De igual manera, hoy muchos de nosotros hemos sido criados como José, dando en nosotros los mismos frutos y defectos de carácter. Muchos se preguntan ¿por qué mis hijos son así conmigo, cuando yo les he dado todo, no he sido mala con ellos? Precisamente allí está el error; **darles todo**, especialmente ese *'amor imprudentemente'*. La inspiración comenta: **"Por fuerte y tierno que hubiera sido el cariño de su padre, le había hecho daño por su parcialidad y** *complacencia*. Aquella *preferencia poco juiciosa* había enfurecido a sus hermanos, y los había inducido a llevar a cabo el cruel acto **que lo alejaba** de su hogar... *Sus efectos se manifestaban también en su propio carácter (el de José)"* Patriarcas y Profetas, página 215.

El amor que Jacob le profesaba a su hijo le causó un daño imperecedero, la parcialidad y complacencia no fue nada beneficioso en la educación de este joven. Esto le sucederá a todo joven con la misma experiencia de parcialidad, complacencia y preferencia manifestada por sus padres poco sabios, un carácter troceado por la sobreprotección. Sé que no es esto nada agradable de escuchar pero de acuerdo a la inspiración, este amor nada imprudente injertó defectos en la vida de José que sus efectos no tardaron en manifestarse. Lo mismo sucederá con nosotros si hoy no abrimos nuestros ojos contra la enfermedad del *'consentimiento'*.

El Espíritu de Profecía lo enfoca de esta manera. *"En él (José) se habían fomentado defectos que ahora debía corregir. Estaba comenzando a confiar en sí mismo y a ser exigente. Acostumbrado al tierno cuidado de su padre, no se sintió preparado para afrontar las dificultades que surgían ante él en la amarga y desamparada vida de extranjero y esclavo"* Patriarcas y Profetas, página 215.

Este amor dado sin consideración ni juicio formó en José:

⇒ Defectos,
⇒ Autosuficiencia,
⇒ Era exigente,
⇒ No estaba preparado para las dificultades de la vida.

Comprendemos ahora por qué es que muchos no contamos con valor para enfrentar la vida y sus dificultades, por qué muchos somos exigentes y egoístas. No estoy diciendo que el amor de los padres es deshonesto, pero con *'parcialidad'*, es con amor descalificado para ser siervos de una causa digna de sus energías dormidas por el *'consentimiento'* del mismo hogar. El consentir a un joven en 'todo' lo aleja de la abnegación altamente necesitada en la humanidad, especialmente en el servicio de Dios.

Nuestra sociedad hoy muestra que todo debe ser nuestro y que los demás no existen, pues su amor ciego los ha llevado al defecto de la ceguedad, que no les permite enfrentar la vida y nos esconde para no reflejar ese verdadero amor del cielo, tal como Cristo lo mostró, él hizo la voluntad de su padre al reflejar su amor a toda esta humanidad. Pero como nadie entendió su amor, supo enfrentar las dificultades y llegar hasta la cruz porque su amor estaba tan lleno de *abnegación* que estuvo dispuesto a dar su propia vida por nosotros. La abnegación es un elemento tan altamente necesario en nuestra juventud.

Cuando José, más seguro, más tranquilo se sentía, más querido, más consentido, 'mimado', que el gran cambió le sorprendió. Fue aquí donde el verdadero Padre, Dios se manifestó, aquí fue donde el verdadero amor, empezó a florecer en su tierna vida, fue en esta terrible soledad, provocada por la esclavitud, donde empezó a recibir y sentir de una manera especial los tiernos rayos del amor divino, aquí fue donde recordó y corrió al Dios de Abraham, Isaac y Jacob. Fue hasta ahora que puso a un lado el recuerdo humano, el *'consentimiento'*; exactamente aquí en esta nueva forma de ser amado, fue donde dio un paso, subió más arriba en su vida espiritual.
"Entonces sus pensamientos se dirigieron al Dios de su padre" *Patriarcas y Profetas*, página 215.

Notemos lo que sucedió con José, dice la inspiración que "**sus pensamientos**" se dirigieron a Dios. ¿Pero no habían estado sus pensamientos totalmente sometidos a Dios? Pues no los estaban, aunque vivía en un hogar religioso. ¿Pero qué no siempre hemos visto a José como lo máximo, un verdadero ejemplo? Claro, lo vino a ser en su totalidad después de su experiencia inolvidable. Pero ¿acaso no había sido instruido en las cosas de Dios en su hogar para que tuviera siempre sus pensamientos dirigidos al Eterno? Amigo, no digo que José no pensaba en Dios, claro que lo hacía, porque "en su niñez se le *había enseñado* a amarle y temerle (a Dios)" *Patriarcas y Profetas*, página 215. Lo que estoy diciendo aquí es que el amor del padre lo había consentido tanto que José estaba centrado en el amor de su padre más que de Dios y así sus pensamientos eran desviados del verdadero manantial del amor.

Todo esto me puso a pensar, ¿cómo es que José, después de haberle enseñado a amar a Dios, sus pensamientos no estaban dirigidos a Dios en su totalidad? Sigue diciendo la inspiración: "A menudo, en la tienda de su padre, había escuchado la historia de la visión que Jacob había presenciado cuando huyó de su casa desterrado y fugitivo. **Se le *había hablado* de las promesas que el Señor** le hizo a Jacob, y de cómo se habían cumplido; como en la hora de necesidad, los ángeles habían venido a instruirle, confortarle y protegerle. **Y había comprendido el amor manifestado por Dios** al proveer un Redentor para los hombres" *Patriarcas y Profetas*, página 215.

Si había sido instruido y había aprendido como Dios había guiado a su padre cuando huyó de su hogar, como Dios había hecho promesas y las había cumplido, pero todo esto no había tenido significado y valor, como cuando estuvo en esclavitud, esto lo llevó a la experiencia que necesitaba, *sus pensamientos se dirigieron a Dios* y sucedió todo lo que había aprendido en su niñez. "**Ahora, *todas estas lecciones preciosas se presentaron vivamente ante él. José creyó que el Dios de sus padres sería su Dios*"** *Patriarcas y Profetas*, página 215.

Esto me muestra que muchos pudimos haber sido enseñados en nuestros hogares y aun habiendo nacido dentro de la iglesia, pero aun así no nos garantiza depender y estar unidos a Dios de los cielos. Claro José sabía de Dios, pero nunca había venido a ser tan cierto, tan verdadero, tan vivido como ahora, ya no era porque le contaban, ahora estaba experimentando el amor, y la presencia del único que iba a poder guardarlo, amarlo y prosperarlo como lo hizo con su padre. Por tal razón para José no fue en vano haber sido instruido en las cosas de Dios durante su niñez, pues toda lección recibida de su padre vino a tener valor y vida que terminó creyendo de todo corazón *'que el Dios de su padre sería su Dios'*. Aquí se cumplieron en José lo que comprendí en mi propia experiencia. **"Instruye al niño en su camino y aún, cuando sea viejo (joven), no se apartará de él"** *Proverbios 22:6.*

La falta de una instrucción correcta produce hijos **'mimados'** como dice la inspiración. "Para evitar la tarea de educar pacientemente a sus hijos en hábitos de abnegación, muchos *padres los complacen* dándoles de comer y beber lo que les plazca. El deseo de satisfacer el gusto y complacer las inclinaciones no disminuye con el correr de los **años en esos** *jóvenes mimados*, al crecer, son gobernados por el impulso, son esclavos del apetito (pecado). **Cuando ocupan su lugar en la sociedad y comienzan la vida por sí mismos, no tienen poder para resistir la tentación.** En el glotón, el aficionado al tabaco…y el ebrio, vemos los malos resultados de la educación errónea… *(Mimados, consentidos en casa)*" *Conducción del Niño*, páginas 383, 384.

Por la falta de la verdadera educación, que no es la del mundo, produce *jóvenes mimados* que no están listos para vivir en la sociedad, ni mucho menos para resistir la tentación, por eso cuidémonos de ser *'mimados'* en cualquier área de la vida, para no perder de vista la única fuente de amor que proveerá a nuestra existencia sabor de vida para vida, no importando el lugar o circunstancia, siempre será nuestro sostén y refugio.

Joven ¿qué tiene que pasar en tu vida para que aprecies todo lo que te han enseñado de nuestro Dios en tu hogar o en la iglesia? Si hoy lo aprecias y sigues las instrucciones del Eterno te animo a seguir adelante, y si no lo has hecho hazlo antes que venga algo que te llevará, sino a entregarte por completo, sí a recordar todas esas instrucciones. '*Por eso por nada del mundo te dejes mimar porque te puede estar robando la más grande bendición de tu vida'*, preparándote para sólo ser un gusano de la sociedad, quien no podrá vivir sin el cuidado de los padres, con resultados como el ser glotón, enviciado con el tabaco, el licor, drogas etc. Si esto no es cierto entonces qué me dices de nuestra generación, encuentra en ella la respuesta del porque nuestra juventud está como está.

Ojalá nuestros padres biológicos o espirituales puedan leer esto y ayudarnos, educándonos de la debida manera contrario a mimarnos o sea dejándonos obtener, tener y hacer lo que queramos. Abramos los ojos jóvenes y evitemos ser mimados, halagados, consentidos, en el contexto de lo explicado en este capítulo no es bueno porque nos descalifica para llegar a ser hombres semejantes a Jesús llenos de abnegación enfrentando la vida espiritual y física sola, si fuera necesario.

La razón por el cual me estoy enfocando en esto, es porque, veo que José fue un joven como tú y yo, no había tenido un encuentro total y completo con Dios por haberse dejado *'mimar'* en su hogar esto le había evitado, poner todos 'sus pensamientos en Dios', como también experimentar por si mismo la dependencia de un Dios tan amoroso, porque de alguna manera sin darse cuenta su padre intervenía en ello. Como acabamos de leer en las citas anteriores, su amor le hizo mucho mal a él en su carácter, vida y a su propio hogar.

Para José la esclavitud había sido un medio de corrección que lo llevo a prepararlo para enfrentar la vida y la sociedad, *"Entonces, allí mismo, se entregó por completo al Señor"* Patriarcas y Profetas, página 215. Esta tormenta en la vida de José lo llevó a dar una entrega completa de su vida al Eterno, la cual de otra manera no la hubiera logrado.

Aplicando este principio a nosotros, se nos dice: **"¡Cuántos son los que nunca habrían conocido a Jesús si la tristeza no los hubiera movido a buscar consuelo en él!"** *El Discurso Maestro de Jesucristo*, página 15. Dime ¿no fue está la experiencia con José? Fue aquí donde su vida dio un giro de 180 grados rumbo a la experiencia necesaria en su juventud, la cual en su hogar no pudo haber obtenido debido a la manera correcta de Jacob amar a su hijo. Ahora tenía José que desaprender y volver aprender a la manera de Dios. La esclavitud para esta ocasión especial fue el medio para lograrlo. Todo esto no se puede comprender humanamente, pero sí espiritualmente. Dios sabe lo que hace, dejemos que nos pula.

Esta fue la circunstancia donde el cielo utilizó **'la tristeza'** como la mejor herramienta para que José analizara su verdadera condición, llevándolo a ver en una revelación nueva, a Jesús, el único que podía amarle y consolarle. Cuanto necesitamos queridos amigos entender que el *'consentimiento'* en cualquiera de sus formas, siempre nos hará más daño que bien. Ser *'mimados'* por todos es algo que a la carne le agrada, pero precisamente está diseñada para robarnos la bendición de nuestra vida. Por tal razón creo que el cielo permitirá alguna experiencia que nos lleve a comprender y aceptar únicamente el amor de Dios que nos preparara para obrar de una manera abnegada, listos para decir como Cristo lo dijo, 'consumado es'.

Agradece al Cielo por haber permitido alguna situación difícil, amarga o triste en tu vida, porque en ella vendrá un raudal de bendiciones, trayéndonos la libertad tan añorada por nuestra alma, esa circunstancia nos dará la experiencia que todos debemos lograr, la de hacer una entrega completa de nuestros pensamientos y todo nuestro ser a Dios. ¿Qué significo para José darse completamente? Escuchemos. **"Su alma se conmovió (cuando fue vendido por sus hermanos) y tomó la alta resolución de mostrarse fiel a Dios y de obrar en cualquier circunstancia como convenía a un súbdito del Rey de los cielos. Serviría al Señor con corazón íntegro; afrontaría con toda fortaleza las pruebas que le deparara su suerte, y cumpliría todo deber con fidelidad"** *Patriarcas y Profetas*, página 215.

A todo lo mencionado se le llama ***conversión***, fue entonces que José estaba siendo convertido ***'completamente'***, nota lo que hizo. Tomo una gran resolución de:

- Mostrarse fiel a Dios.
- Obrar como convenía a un súbdito del rey de los cielos.
- Servir al Señor con corazón 'integro'.

- Afrontaría todas las pruebas con fortaleza.
- Cumpliría todo deber con 'fidelidad'.

La humanidad, especialmente los hijos de Dios, su pueblo, han tenido que aprender las cosas del cielo, su amor, bondad, misericordia y su plan a través del dolor, puedes confirmarlo con la vida de Adán, Abraham, Jacob, David, Pedro y muchos más, y creo querido joven que tú y yo también o hemos ya desfilado allí o estamos por desfilar, pero tranquilo, acepta cualquiera sea tu suerte, que detrás de todo ello lo que el cielo desea mostrarte es su **'bendito amor'** que ha sido apocado por el 'amor' de algo o el amor a alguien más que no es Dios. Es la soledad, problemas, el desprecio o quizás la tristeza, el medio que el cielo puede usar para hacernos ver su amor, de verdad amigo sólo acéptalo y verás que será el medio para conocer y convertirnos con toda nuestra alma a Dios y ver únicamente a Jesús, quien anhelosamente nos espera revelar su 'bendito amor'. De allí que, no te dejes mimar por nada, te puede estar robando la bendición de esa experiencia, esa revelación del amor de nuestro padre celestial.

A mí me sucedió así. Recuerdo que mientras estaba en el colegio, un sábado nos llevaron a la iglesia del centro de la ciudad. Al regresar del culto todo iba de maravilla; mis compañeros venían atrás del autobús platicando, mientras yo venía con mi amiga cantando el corito que dice; *'oh Dios de mañana me presentare ante ti'*, cuando de repente todos los que estaban atrás, empezaron a gritar y a bromear, lo que de alguna manera me llamó la atención. Me levanté y fui donde estaban mis amigos. Se trataba que en el camino encontramos a un grupo de pandilleros, los cuales empezaron a burlarse de nosotros y a decirnos nombres que a cualquier joven hubiera ofendido y provocado (recuerda todos necesitamos una experiencia, esta era el inicio de la mía, un llamado para mi conversión); esto nos llevó a responderles desde el autobús, gritándoles cosas ofensivas y hacer señas. Honestamente te digo que nunca pude haber imaginado los resultados de esa pequeña broma.

Sucedió que yo fui el último que les gritó y sacó las manos haciendo malas señas que terminaron los pandilleros enojándose, nos empezaron a seguir en sus vehículos y esto sí que nos preocupó, porque los maestros iban en la parte de adelante del bus, pero nos consolamos pensando que se iban a cansar de seguirnos. Ocurrió todo lo contrario. Nos propusimos que los íbamos a enfrentar al llegar al colegio, como estudiantes teníamos que defender nuestro nombre. Todos acordamos que bajándonos del autobús íbamos a enfrentarlos y nadie iba a correr. Llegando al colegio, los pandilleros ya nos estaban esperando y mis compañeros uno por uno al verlos, disimuladamente se alejaron. Se que no fue lo correcto, pero yo (el 'yo' que no había muerto,) no corrí y los enfrente solo, en frente de los maestros sin importar las consecuencias.

Ellos se dieron cuenta que todos estaban ignorándolos, lo que hizo que en voz alta nos empezaron a insultar y nadie se animaba a decir algo. Esto hizo que los maestros intervinieran en el asunto sin saber de lo que se trataba. Los maestros tuvieron que separarme, pues estábamos por darnos de golpes. Los pandilleros se enojaron tanto que en venganza, ellos *gritaron* que iban a quemar el colegio para que de esta manera ellos fueran respetados y así supiéramos que ellos no estaban jugando con nadie. Esto si que nos preocupó. Los maestros sólo nos dijeron que luego hablaban con nosotros; mis compañeros y yo nos pusimos de acuerdo en reconocer ante la directora y los maestros que todos habíamos provocado el incidente esa tarde. Eso era lo que yo creía que íbamos hacer.

Quizás fue una de las tardes que no quería que terminara, sabía lo que venía. La tarde terminó e inmediatamente la directora llegó al dormitorio y muy enojada nos pidió una explicación de lo sucedido, nuevamente mis compañeros, actuaron como si les habían arrancado la lengua, nadie dijo nada, entonces ella dijo que si algo le pasaba al colegio nosotros éramos los responsables, porque ella conocía a los pandilleros, que con ellos no se jugaba. Después de decir esto preguntó nombre por nombre si estaban involucrados en la provocación y uno por uno dijo que no y cuando llegó conmigo, en son de burla me dice ¿usted me va a decir que no estaba involucrado? Por un momento callé y luego le dije 'no maestra, yo soy el responsable de todo lo sucedido'; traté de explicarle cómo sucedieron las cosas, ella me dijo: *'usted no debería ser hijo de un predicador'*, nuevamente me dirigí a ella diciendo, maestra por favor tenga misericordia de mí, permítame explicarle, yo quiero cambiar..., entonces escuche las palabras que cambiaron mi vida. *'Sabe, me da un asco, me da vergüenza tener jóvenes como usted y desde este momento 7:15 p.m. queda expulsado del colegio, sin más explicación y quítese de mi presencia porque lo único que me da es ganas de vomitar'.* Salió enojada del dormitorio. Traté de seguirla sólo para ser ignorado.

Toda esa noche lloré. Mi mundo se terminó, se desmoronó porque en mi casa no me querían por ser muy rebelde, me tenían de interno, pensando que allí cambiaria, ahora cómo explicarle mi expulsión a mi padre, con esta noticia se iba a morir. El colegio era mi único hogar y ahora expulsado, todos esa noche me dieron la espalda. Salí del dormitorio, traté de hablar con la directora sólo para sentirme más miserable. Esa noche yo le grité a Dios *'¿por qué Dios mío? ¿Por qué a mí? Diosito tú si sabes que quiero cambiar, pero nunca he podido. ¿Dónde estás? Mira Dios nunca quizás te había orado con dolor, tristeza pero hoy sólo quiero hacerte una petición y es que si de verdad existes, cambiaré y si me sacas de está, te prometo que te serviré toda mi vida... Amen'.* Esa noche fue la más amarga de mi vida, las palabras de la directora quebraron mi corazón, me llevaron a una realidad que no quería aceptar, correr no podía; viajar a algún lado tampoco, pues no tenía dinero; ir a la casa de alguien, tampoco pues casi todos habían perdido la confianza en mí.

Esa noche estaba lloviendo, allí solito me encontraba, el dolor era tanto que no dejaba de llorar, lo único que me acompañaba era la lluvia, el frío, el dolor, el pensamiento de que era un miserable y que lo único que daba era asco y vergüenza. No hay duda que allí fue donde tuve un encuentro con mi Dios y esa noche aunque no lo vi, él lloro conmigo, me abrazó y me besó como a su hijo. Era quizás la primera vez en mi juventud que volvía mis pensamientos al verdadero Dios con un espíritu de constricción, un alma necesitada, un corazón totalmente vacío y una mente sin destino, ni metas. Allí fue cuando Dios, se reveló en mi vida y entendí de una manera muy especial que el *yo* tenía que morir para poder cambiar y ser usado por Dios, porque yo no podía por mí mismo.

Quise morirme, pensé lo peor, pero luego me consolé en que ya había orado y Dios nunca había fallado, esa noche fue mi noche. Allí en la desesperación Cristo me abrió los cielos y un mundo nuevo a mi vida espiritual. Recordé muchas historia de la Biblia que había escuchado en casa, predicaciones que nunca habían tenido sentido estaban enfocándome un rumbo diferente. Termino diciendo que Dios me escuchó y contestó, pero yo no sabía cómo cumplir con la promesa que le había hecho, la de *"servirle toda mi vida"*. Espero en otra ocasión contarte cómo es que gracias a mi Salvador Jesucristo terminé aprendiendo cómo cumplir esa promesa y hasta donde me llevó la experiencia de esa noche. La oración hoy es una realidad y sólo puedo exclamar oh **'bendito amor'** esa noche te conocí y hoy te revelo, te exclamo, te exalto. '¡Que la honra y gloria sea sólo para ti **'mi bendito amor!'**.

Reafirma la inspiración de la noche amarga de José, de aquel día sin sol, de aquella noche sin estrellas, de aquel desierto sin agua, si de aquel momento miserable en su vida que: "**La experiencia de ese día fue el punto decisivo en la vida de José.** *Su terrible calamidad le transformó de un niño mimado que era, a un hombre reflexivo, valiente, y sereno*" *Patriarcas y Profetas*, página 215.

Alabado sea nuestro Dios, él hace todo lo que esté a su alcance para que podamos ver su maravilloso amor, quién está siempre interesado en todo nuestro bien, sobre todo en que hagamos **"una entrega completa"**, como lo hizo José para dejar de ser un *'niño mimado a un hombre reflexivo, valiente y sereno'*. Hay necesidad de una experiencia como la de José, llevándonos a ver el verdadero amor de Dios que resulta en una conversión total, para ser jóvenes reflexivos, valientes y serenos.

Tristemente hay "entre los jóvenes que asisten a la escuela… una gran diversidad de caracteres y educación. *El maestro hará frente a los impulsos, la impaciencia, el orgullo, el egoísmo, y la estima propia desmedida.* Algunos de los jóvenes… *han sido mimados*, y **sus padres, excediéndose en sus afectos (cariño, amor, consentimiento), les han permitido seguir sus propias inclinaciones. Han disculpado sus defectos** *hasta deformarles el carácter*" *Mente, Carácter y Personalidad*, Tomo 1, páginas 280, 281.

Pregunto ¿estamos en esa clase de jóvenes qué han sido mimados? La manera de saberlo, es preguntándonos si somos impacientes, orgullosos, egoístas; si somos de los que nos han disculpados los defectos de carácter, dejándonos ser únicamente unos bichos del mundo. Si está es nuestra condición, es muestra que de alguna manera hemos sido mimados, ya sea en el hogar o en alguna otra parte. Dios permita hoy, que nuestros ojos espirituales se abran y podamos ver y correr de esa enfermedad que está destruyendo a miles de jóvenes que muy bien pudieran estar cumpliendo algo grande para Dios, salvando este mundo de la miseria. Vamos querido joven dejemos de ser mimados y enlistémonos para guerrear contra ello, dando un ejemplo de entrega completa a Dios.

Te pregunto joven ¿qué impide que veamos y disfrutemos ese amor hoy y obtengamos esa experiencia? ¿Habrá algo que nos esté impidiendo ver todo el amor de Dios? ¿No será que necesitamos tener un encuentro completo con nuestro Salvador, como la que tuvo José, de tal manera que nuestros pensamientos puedan dirigirse completamente y solamente a nuestro Creador? No sé si vas a la iglesia, no sé si lees la Biblia de vez en cuando o si vas a reuniones de culto o cumples con una responsabilidad en la iglesia. La pregunta es ¿Quién posee tus pensamientos? ¿De qué se tratan tus pensamientos? La respuesta a estas preguntas contestara si necesitamos una experiencia como la de José o no. Yo no puedo decirte quién posee tus pensamientos, pero lo que sí sé es lo que dijo el sabio. **"Porque cuál es su pensamiento en su alma, tal es él"** *Proverbios 23:7.*

Querido joven, si nuestros pensamientos no están de un todo entregados al cielo el, mensaje divino es: "Deje el impío su camino, **y el hombre malo sus pensamientos; y vuélvase al Señor,** quien tendrá de él misericordia,... nuestro Dios, que es amplio en perdonar" *Isaías 55:7.* Querida juventud oremos y luchemos en el poder de Cristo para someter todos, todos nuestros pensamientos a Dios y digamos: "Examíname, oh Dios...**pruébame, y reconoce mis pensamientos**. Mira si voy en mal camino, y guíame por el camino eterno" *Salmos 139:23, 24.*

Sé que como jóvenes tenemos grandes luchas, pero te pregunto, ¿quién ha fracasado al entregarle todo a Dios? Tú bien sabes que nadie, y nosotros hoy tenemos el mismo privilegio de tener la más bella experiencia, que es conocer y llegar a ser jóvenes convertidos al Dios de José. No sé qué esté permitiendo Dios en tu vida, quizás Dios permita algo o te quite algo que tu amas más que a Él. Tal vez te aleje de tu hogar y amigos, o traiga circunstancias adversas, no sé qué te pueda venir, de lo que sí estoy seguro es que todo esto será para que conozcas más y de lleno el **"amor de Cristo que excede a todo conocimiento, para que seáis llenos de toda plenitud de Dios"** *Efesios 3:19*.

Hoy con seguridad y gozo les digo que el conocer más de este Santo Amor, nos llevará a conocer a "aquél que es poderoso **para hacer todas las cosas mucho más abundante de lo que pidamos o entendemos**, por la potencia que obra en nosotros" *Efesios 5:19, 20*. Como lo hizo con José, después de ser esclavo, a los dos años llego a ser el más poderoso del mundo de su tiempo, llego a ser la salvación de todo un mundo.

"Dios permite que las pruebas asedien a los suyos, para que mediante su constancia y obediencia puedan enriquecerse espiritualmente...Los mismos sufrimientos que prueban más severamente nuestra fe, y que *nos hacen pensar que Dios nos ha olvidado, sirven para llevarnos más cerca de Cristo,*" Patriarcas y Profetas, página 122. Agradezcamos al Dios que nos ama tanto y permite circunstancias, con el único propósito de que veamos su gran compasión hacia nosotros, pues su amor es tanto que sólo tiene lugar para hacernos el bien en todo tiempo.

Que el Señor nos provea visión divina para poderle ver obrando en cada circunstancia, que cada una de ellas nos lleve más y más cerca a Cristo. Es el propósito de Dios que las pruebas nos puedan enriquecer, llevarnos a madurar como cristianos para que nuestro ejemplo sea una fuente de poder para otros.

Por eso el mensaje para nosotros hoy es. "Encomienda al Eterno tus obras, y **tus pensamientos serán afirmados**" *Proverbios 16:3*. Busquemos depender siempre del único amor que no falla, la del

Altísimo, quien desea todos tus pensamientos y así usarte en su plan de salvación. Recuerda que nunca es tarde para desarraigar todo defecto que haya sido producido por ser 'mimados'. José aprendió su lección y hasta hoy su experiencia nos llama a volvernos totalmente a Dios mientras somos llamados a dejar de ser *'mimados' pues esto nos puede estar robando la más grande bendición'* que el Cielo desea otorgarnos. Piensa en las siguientes palabras inspiradas mientras dejamos de ser jóvenes mimados a jóvenes maduros con caracteres aprobados por el cielo.

"En esta era de rebelión, los hijos no han recibido la debida instrucción y disciplina y tienen poca conciencia de sus obligaciones hacia sus padres. *Sucede a menudo que cuanto más hacen sus padres por ellos, tanto más ingratos son, y menos los respetan.* **Los niños que *han sido mimados* y rodeados de cuidados, esperan siempre un trato tal; y si su expectativa no se cumple, se chasquean y desalientan. Esa misma disposición se verá en toda su vida. Serán incapaces, dependerán de la ayuda ajena, y esperarán que los demás los favorezcan y cedan a sus deseos. Y si encuentran oposición, aun en la edad adulta, se creen maltratados; y así recorren su senda por el mundo, acongojados, apenas capaces de llevar su propio peso, murmurando e irritándose a menudo porque todo no les sale a pedir de boca. En el cielo no caben los hijos ingratos (mimados)**" *El Hogar Cristiano*, página 267.

Vamos, hagamos hoy la diferencia, dejemos de ser jóvenes *mimados* y lleguemos a ser jóvenes, hijos de Dios listos para cumplir su voluntad y honrarle con toda fidelidad en comprensión de ese amor bendito. Por eso **"Cuatro cosas debe aprender a hacer un hombre si desea tener una buena historia personal, a pensar con mente clara, amar a sus semejantes con sinceridad,** *actuar sólo por motivos puros, a confiar plenamente en Dios"* - Henry V. Dyke.
Hasta aquí José empezó su nueva vida, una nueva experiencia, su juventud tomó un nuevo rumbo, tanto espiritual como material, por lo tanto no olvidemos 'si todavía sigues respirando, tienes la oportunidad de mejorar con el único requisito que ¡YA NO TE DEJES MIMAR! Aprendiendo esto José, vino a ser prosperado y sin duda nosotros también.

Para Reflexionar y aplicar

¿Qué fue lo que más te impacto de este capítulo?

¿Qué aprendiste en este capítulo que pondrás en práctica?

¿Cuál es el punto más sobresaliente que compartirás con otros?

¿Te consideras alguien mimado? Explica:

¿Por qué vienen reveses en la vida según este capítulo?

¿Es malo todo lo que nos sucede?

Me comprometo a evaluarme consistentemente para evitar estar mimado:
Padres
Amigos
Patrones

CAPÍTULO 24
EL JOVEN 'PROSPERADO'

En uno de los aeroplanos que estaba efectuando un bombardeo sobre territorio alemán, durante la Segunda Guerra Mundial, iba 'como simple observador' un capellán del ejército. Zumbaban en torno los aviones enemigos y los proyectiles antiaéreos. El bombardeo era intenso y el combate tan recio que difícilmente se garantizaba la vida humana de los participantes. Deseoso de infundir calma al personal del citado aparato, el capellán tomó el teléfono interior y dijo con voz serena: Todo va bien, amigos míos, no tengan miedo. Dios está con nosotros. Inmediatamente el artillero que iba en la cola del aeroplano, replicó: Estará con ustedes los del frente. LO QUE ES AQUÍ, NO ESTÁ. Segundos después, una bomba atravesó el fondo de la torre de cola y salió por la cúpula SIN ESTALLAR. Hubo un momento de estupefacción y luego el artillero de cola agregó apresuradamente: RETIRO MIS PALABRAS. DIOS ACABA DE ENTRAR.

Cuántos no hemos dicho en alguna ocasión, Dios podrá estar con ustedes ¿pero conmigo? Eventos en la vida muchas veces nos llevan a dudar, si Dios realmente cuida de nosotros, pero alabado sea nuestro Salvador, que también llegan los eventos donde claramente, ocurren milagros y decimos como dijo este artillero, *'retiro mis palabras, Dios acaba de entrar'*. Querido amigo, cuando Dios entra ninguna bomba del enemigo podrá obstruir nuestra prosperidad, ninguna aunque sea la bomba atómica de Satanás, Dios sabe salvar y prosperar.

Después de la amarga despedida de su familia, José aceptó lo que el cielo le estaba ofreciendo, así comenzó su vida de desterrado y esclavo, aparentemente olvidado por el cielo y el Dios de sus padres.

"…y llevaron a José a Egipto" Génesis 37:28. "Mientras tanto, José y sus amos iban en camino a Egipto. Cuando la caravana marchaba hacia el sur, hacia las fronteras de Canaán, el joven pudo divisar a lo lejos las colinas entre las cuales se hallaban las tiendas de su padre. **Lloró amargamente al pensar en la soledad y el dolor de aquel padre amoroso...Con el corazón palpitante pensaba en que le reservaría el porvenir. ¡Qué cambio de condición! ¡De hijo tiernamente querido (mimado) había pasado a ser esclavo menospreciado y desamparado! Solo y sin amigos, ¿cuál sería su suerte en la extraña tierra a dónde iba? Durante algún tiempo José se entregó al terror y al dolor sin poder dominarse"** *Patriarcas y Profetas*, página 209.

¿A cuántos de nosotros no nos ha tocado pasar la experiencia de algo que nos ha llevado al dolor y terror sin poder dominarnos? José llegó a ser lo que fue, sin embargo perdió el control por un momento no pudo dominarse, al ver situación tan negativa.

Cuántos de nosotros hemos sido alejados de nuestros hogares por razones inexplicables, y hemos llegado a momentos donde a veces no encontramos respuestas a nuestras preguntas; lloramos y el miedo de lo que nos pueda pasar en el futuro nos desalienta, sin ganas de seguir viviendo. De una u otra manera nos ha pasado algo similar, especialmente aquellos que hemos tenido que viajar de otro país a éste, que circunstancias inexplicables nos empujaron a tomar la decisión de viajar sin saber el porvenir, sin embargo, la inspiración dice que a José, **"... la providencia de Dios, aún esto (la situación que estaba pasando) había de ser una bendición para él"** *Patriarcas y Profetas*, página 209. Pregunto, ¿hasta qué magnitud esto vendría a ser una bendición para él?

Compañeros, todo lo que ha pasado en nuestras vidas veremos que están encerradas de grandes bendiciones como al joven José, sí, aún lo negativo y lo sombrío. "**José fue llevado a Egipto, y lo compró Potifar**, egipcio, oficial de Faraón, capitán de la guardia, de mano de los Ismaelitas que lo habían traído. **Y el Eterno estuvo con José y *fue prosperado en todo lo que hacía*.** Y..." Génesis 39:1, 2. Según este versículo José fue:

- Llevado a Egipto,
- comprado por Potifar,
- acompañado por Dios,

- prosperado en todo lo que hacía.

Veamos primeramente que para prosperar, tendremos que, como José, recibir circunstancias que nos probarán, luego seremos llevados a donde menos nos imaginamos, nuestro Egipto, vendremos a estar bajo control por un momento de varias circunstancias y personas, pero en todo esto el Eterno estará dirigiendo, poniendo los medios para nuestra prosperidad, si así se lo permitimos. Después de todo que más quería José, si tenía a Dios de su parte, todo esto fue un examen para él, la esclavitud. El fue en todo sentido de la palabra probado, pero también muy 'prosperado'.

Cuando nosotros aprovechemos toda circunstancia para tomar una resolución de servir y honrar únicamente a Dios, veremos que los resultados aún de lo que aparenta ser una desgracia se transformará en el más bendito medio para tener al lado al Creador y no sólo eso, sino que como lo dijo el salmista, las cuales se cumplen enteramente en nosotros, cuando dice: "**Dichoso el hombre que no anda en el consejo de los malos, ni se detiene en el camino de los pecadores...Será como árbol plantado junto a corrientes de agua, que da su fruto a su tiempo, y su hoja no cae,** *y todo lo que hace prosperará*" *Salmos 1:1-3*.

Estas palabras se cumplieron con José, así será también con nosotros, cuando decidamos apartarnos del camino del mal, y fielmente obedecer a Dios. Los hermanos de José pensaban que con matarlo o venderlo, se estaban deshaciendo de él, odiaban la idea de un día tener que rendirle reverencia de acuerdo a los tantos sueños que él les había contado (*Génesis 37*) y sin embargo mientras ellos pensaban estar destruyendo esos sueños al desaparecer a José, en realidad con ello, al venderlo, José estaba siendo prosperado y todos los que conocemos la historia sabemos *que fue prosperado en todo*, así que mientras ellos creían estar destruyendo, en verdad estaban contribuyendo para el cumplimiento del plan de Dios, la prosperidad de José. Ahora ya no sólo era amado de Jacob, sino de Dios mismo.

Sepamos también que mientras a Satanás se le permita ponernos tantas trabas, para tenernos derrotados o muertos, en realidad hasta eso el Señor lo utiliza para el pulimento de sus planes y la segura prosperidad. Aprendamos también que tienen que haber lágrimas, para que conozcamos el consuelo; el odio, para conocer el amor; soledad, para que sepamos que no estamos solos; tinieblas, para que veamos la luz. En otras palabras, es después de que la lluvia caiga, que la semilla germina, en esta lección se aprende que después de la desgracia, la *'prosperidad'* que jamás vendría si no hay un duro conflicto y una lluvia de circunstancias, que sin ellas la semilla de la prosperidad jamás, jamás, florecería tan bellamente como la flor en primavera. Nunca lo olvides y no habrán más preguntas, ni murmuración, solamente paciencia.

Sabes yo lo he aprendido por experiencia, que todos aquellos que han hecho difícil nuestra vida por ser fiel a Dios o que sienten celos por la manera en que la gente o Dios nos bendice, en realidad han estado colaborando para nuestro progreso en todas las cosas, especialmente en lo espiritual. El Dios de José nos dice. **"No te impacientes a causa de los malignos"** *Salmos 37:1* **"...Porque los malignos serán talados"** *Salmos 37:9.*

Es por eso, no importa lo que nos hagan o digan, Dios se ha comprometido a tomar tu caso en sus propias manos. Debes estar tranquilo, que el cielo te dice que te espera algo muy especial y grande. **"Deja la ira y abandona el enojo. No te impacientes, que eso sólo conduce al mal"** *Salmos 37:8.*

En todo esto se necesita fe y fuerza de voluntad para hacer del siguiente versículo una realidad. **"Confía en el Eterno, y haz el bien... deléitate en el Señor, y él te dará los deseos de tu corazón. Encomienda al Eterno tu camino, confía en él, y él obrará"** *Salmos 37:3-5.* ¡Que promesas, queridos jóvenes! ¿Por qué desesperarnos, o desanimarnos? Nunca hemos estado solos, y hay de aquél que nos toque, **"... porque el que os toca, toca a la niña de su ojo"** *Zacarías 2:8.* En verdad Dios está diciendo que somos lo más delicado de sus posesiones y hay del que nos toque, porque está tocando lo más especial y delicado del Eterno.

Sabes a veces el Sol de Justicia permite las nubes que nublen nuestro sendero, para ver el tipo de actitud y reacción en nosotros, en la cual mostraremos si de todo corazón y fielmente dependeremos de él y solamente de él. Es decir, creer en el sol aunque hoy no haya salido, creer en Dios cuando su voz no se puede escuchar debido a la tormenta que nos rodee. Cuando aprendamos a ver a Jesús en su aparente ausencia, y escuchar su voz en su silencio, eso será el principio de nuestra prosperidad, porque la palabra claramente dice: 'Deléitate en el Eterno, y él te dará los deseos de tu corazón… Confía en él y obrara'. Salmos 37:4,5.

Sabes, Dios no se impresiona tanto por nuestros lloros y murmullos, sino en la firmeza a sus promesas, a su fidelidad, a su misericordia, en obediencia bajo la más ruda prueba y presión por ser fiel a él, entonces es cuando el primer rayo del Sol de Justicia te concederá las peticiones de tu corazón, prosperándote en todo tu camino. Aunque cierto es, que **"muchos son los males del justo, más de todos ellos lo librará El Eterno"** *Salmos 34:18*. No así con los impíos, ellos tendrán que enfrentar a nuestro Dios, cobrándoles el más mínimo detalle hecho a sus fieles, a menos que se arrepientan, lo manifiesta así: "El que haga tropezar a uno de estos pequeños que creen en mí, mejor sería que le colgaran al cuello una piedra de molino, y lo hundieran en lo profundo del mar. **"¡Ay del mundo por los tropiezos! Es forzoso que vengan escándalos, pero, ¡ay del hombre que los ocasione!"** *Mateo 18:6, 7.* ¿Por qué? **"No así los malos, sino como el tamo que arrebata el viento"** *Salmos 1:4.* Eso vendrán a ser todos aquellos que vayan contra los hijos de Dios. Así que no nos impacientemos por ellos, al contrario agradezcamos a Dios por lo que nos hacen, pues son parte de nuestra bendición en el proceso de la 'prosperidad divina', entendiendo esto: **"… bendecid a los que os persiguen, bendecid y no maldigáis. No seas vencido de lo malo, más vence con el bien al mal"** *Romanos 12:14, 21.*

Volviendo a la experiencia de José, la escritura nos dice que, aunque no estaba en casa, porque era ahora un desterrado, ejerciendo lo más odioso en la vida, la esclavitud, aun en esto José fue fiel a Dios. **"Vio su Señor que Dios era con él, y que todo lo que hacía, Dios lo prosperaba en su mano"** *Génesis 39:3.* Es importantísimo notar que por segunda vez la escritura nos afirma que el Eterno lo estaba *prosperando*, notemos que las palabras están en presente y progresivo, no en pasado; si no diría, lo próspero o había prosperado. Mi punto en esto es que la prosperidad de José era progresiva y además de esto, su patrón egipcio se dio cuenta de ello como 'un rayo en la media noche' de cómo Dios lo bendecía y prosperaba a José.

Jóvenes deseo con todo mi corazón que el Espíritu Santo pueda impresionar nuestros corazones y podamos entender que todo aquel que se entrega completamente a Dios, nunca, nunca, le irá mal después de todo lo que le toque pasar, al contrario, aún los que nos rodean sabrán y claramente notarán que el Eterno está con nosotros, por lo tanto nuestra prosperidad será visible e indudablemente reconocida.

Se dijo: "**La notable prosperidad que acompañaba a todo lo que se encargara a José no era resultado de un milagro directo, sino que su industria, su interés y su energía fueron coronados con la bendición divina**" *Patriarcas y Profetas*, página 216. Aparte de que Dios lo bendecía, José estando en la peor condición como esclavo, colaboró con el plan de Dios con:

- Su industria,
- Su interés,
- Su energía.

Si deseamos ser prosperados, tendrá que ser así también con nosotros como con Jose. Si queremos que Dios nos corone con su bendición divina, entendamos que la prosperidad con este joven no fue el resultado de un **milagro** como muchos creen, fue el resultado de su total entrega a los deberes, no importando cual fuera, con todo de honrar a Dios lo hacía. Y a todo esto **"José atribuyó su éxito al favor de Dios, y hasta su amo idólatra aceptó eso como el secreto de su sin igual prosperidad"** *Patriarcas y Profetas*, página 216.

¿No crees que fue un joven totalmente extraordinario? ¿No deseas ser bendecido y prosperado como él? De verdad este joven ha tocado mi vida como no tienes idea, espero lo haga contigo para bien y tu propia prosperidad inigualable, siendo el mundo testigo de ello.

De acuerdo a esta cita, entiendo que José se dio cuenta que estaba prosperando, esto en vez de llevarlo lejos de Dios como sucede con muchos de nosotros. José fue todo lo contrario, *"Le atribuyó su éxito al favor de Dios"*. He allí el secreto para el éxito cristiano, especialmente para nosotros los jóvenes. Así la inspiración vuelve a decir: **"Sin embargo, sin sus esfuerzos constantes y bien dirigidos, nunca habría podido alcanzar tal éxito (José)"** *Patriarcas y Profetas*, página 216.

Si, joven, de parte de nosotros debe haber un "esfuerzo constante", esto es perseverancia, y bien dirigidos, esto es ejecutar todo prudente y sabiamente, sin dejar pasar ninguna oportunidad, posibilidad o privilegio. Como dijo el campeón en derrotas, el apóstol Pablo. "Así que yo, de esta manera corro, **no como a cosa incierta; de esta manera peleo, no como quien hiere el aire**" *1ª Corintios 9:26*. En otras palabras, sabía lo que hacía y quería, esto es saber hacer todo bien dirigido, saber lo que puede llegar a ser en las manos del Eterno. Del que dijo y nos dice. "Yo el Eterno, y ninguno más hay. No hay Dios fuera de mí. **Yo te ceñiré (prepararé, prosperaré)**, aunque tú no me conociste" *Isaías 45:5*.

Nuestra parte es, **"Sólo que te esfuerces y seas muy valiente, para hacer conforme a toda la Ley que mi siervo Moisés te mandó. No te apartes de ella ni a la derecha, ni a la izquierda,** *para que seas prosperado en todo lo que emprendas*" *Josué 1:8*.

Debemos ser como José, Pablo, Josué y otros, *esforzarnos*, ser muy valientes no importando la circunstancia, obedecer estrictamente la Ley de Dios o sea su Palabra y no apartarnos de ella, ni a derecha, ni a izquierda, **'para que seamos prosperados en todo lo que emprendamos'**. Ves como vendrá la prosperidad tan anhelada, sigamos el consejo de Dios y veremos los resultados inequívocos de la presencia de Dios en nuestra vida de jóvenes. También Dios permita que nuestra mente comprenda que **"el secreto del éxito estriba en la unión del poder divino** *con el esfuerzo humano*" *Patriarcas y Profetas*, página 543.

Joven, sería yo un mentiroso si no te digo todo lo que Dios desea ver en nosotros antes de poder darnos la experiencia de prosperidad como en la vida de José, él fue prosperado no por un milagro, no por el favoritismo de Dios, no sólo porque se esforzó, sino porque él logró lo que a muchos de nosotros nos falta, y eso *fue fidelidad a Dios en todo*, pureza de corazón e integridad incondicional, por eso para que el cielo hoy nos considere hombres para ser *prosperados* necesitamos buscar lo que ya mencioné, pues la Inspiración nos dice, **"Dios llama a hombres que sean leales ante él...*Los hombres deben recordar que para que el Señor los considere hombres, su conducta debe ser justa, pura y leal"** Hijos e Hijas de Dios, página 197.

Por la manera de vivir de José ante su amo y con las responsabilidades como esclavo, **"Dios fue glorificado por la fidelidad de su siervo"** Patriarcas y Profetas, página 216. Cuánto me ánima esto, sé que todo el que se entrega al Señor y hace todo con diligencia y esfuerzo será prosperado, no importando la condición en que se encuentre. Esta es la bendición de hoy para el que lo reconoce y lo busca en la circunstancia más adversa. Jóvenes, aún los que nos rodean, empleadores, maestros y padres sabrán a las claras que nuestra prosperidad es por nuestra fidelidad, pureza y lealtad al Dios de maravillas; el Dios que dijo: **"Yo el Eterno...hago, todo esto"** *Isaías 45:7.*

Querido joven, si tal '**progreso**' no se ve en nuestra vida espiritual, y material, es tiempo de parar y examinar la razón del por qué no es así, examinando nuestros pasos, pensamientos, planes, deseos, vida completa, para hacer todo arreglo necesario de manera que esta bendición no la sigamos alejando de nosotros. Al final los únicos causantes de no disfrutar de la prosperidad seremos nosotros mismos, es por ello la urgente necesidad de examinar la Palabra para ver dónde estamos fallando o dónde necesitamos mejorar, mientras nos asechan circunstancias adversas.

Por un buen tiempo no entendía por qué tantos problemas en mi vida. Los tuve en mi hogar, mi conducta no era nada agradable y entre más me corregían, la rebeldía florecía en mí. Las circunstancias me han llevado a tantos lugares a vivir, con mis tíos, internados y patrones y si no es por una u otra cosa, siempre terminaba fuera de allí, sin encontrarle sentido a mi vida continué viviendo hasta que encontré respuesta a mis preguntas y la respuesta a ellas es que todo eso me estaba preparando para lo que me esperaba en los planes de Dios. No cuestiono por qué no prosperaba en nada, pero también no me arrepiento el haber pasado en todo eso, estoy convencido que Dios no ha perdido su tiempo en mi vida, a pesar que fue por rebeldía que sufrí tantas cosas.

Lo más que viví en mi hogar fue 7 años, el resto lo he vivido fuera y ¿por qué?, porque como José tenía que aprender muchas cosas, mi carácter debía y ser siendo pulido. Hoy comprendo por qué Dios me alejo de mi hogar, por qué me llevó a tantos lugares a vivir. Hoy comprendo por qué me trajo a Estados Unidos. Estoy convencido que Dios sabe el principio y el fin. Él sabía mi futuro. Honestamente he murmurado muchas, muchas veces por lo que a veces pasó, pero lo más lindo que puedo decir, es que he aprendido a contentarme con cualquier circunstancia, ellas me han llevado a los pies de Cristo y más adelante. Posteriormente relatare el fruto de todo esto en mi vida. ¡Sin duda alguna el cielo me ha prosperado!

Amigo(a) aprendamos que no importando la circunstancia que estemos pasando todo saldará como con José siendo una bendición, cuando aprendamos esto, hemos empezado el camino a la prosperidad verdadera. Mi oración es: "**Espero que Dios les dé prosperidad. Si nos sometemos a su cuidado y buscamos su aprobación, tendremos buen éxito doquiera estemos y no importa qué hagamos. Sin la bendición de Dios, la mayor prosperidad dejará de ser éxito. Nuestra primera preocupación debiera ser tratar de conseguir que Dios sea nuestro amigo**" *Cada día con Dios*, página 368.

Para gozar de '**plena prosperidad**', no importa la circunstancia, debemos decir como el artillero, *¡***retiro mis palabras de murmuración, Dios acaba de entrar!**

Para Reflexionar y aplicar

¿Qué fue lo que más te impacto de este capítulo?

¿Qué aprendiste en este capítulo que pondrás en práctica?

¿Cuál es el punto más sobresaliente que compartirás con otros?

¿Qué opinas de la prosperidad?

¿Eres una persona prospera?

¿Qué impide que yo sea prospero? ¡Debes ser bien honesto!

Buscare la prosperidad de la siguiente manera: Escoge tu método para llegar a ser prospero

Fiel a Dios, principios y valores.
Fiel al pecado, deshonestidad, mentira.
Fiel al placer, malos hábitos, a la pereza etc.

CAPÍTULO 25
¡OBEDECE!

En este capítulo trataré de compartir contigo el problema principal que nos impide prosperar en todo. Especialmente en el área espiritual, como consecuencia también en tu profesión, escuela, trabajo o cualquier otra ocupación en la vida. He aprendido que obedecer trae bendiciones de lo alto, prospera nuestro sendero, pero desobedecer trae tristeza, amargura y sobre todo maldición. En este capítulo veremos que obedecer es un mandato divino que debe ser recordado en nuestra juventud.

Hoy obedezco porque es un principio que el cielo ha instituido en mi vida; hoy sé que la obediencia no nos da la salvación, pero sí es el resultado de ello. **"No ganamos la salvación con nuestra obediencia; porque la salvación es el don gratuito de Dios, que se recibe por la fe, pero la obediencia es el fruto de la fe"** *El Camino a Cristo*, página 61.

Nuestro Creador dice, **"Pero si no obedeces al Eterno tu Dios, para cuidar de poner por obra todos sus mandatos y normas, que te ordeno hoy, vendrán sobre ti y te alcanzarán todas estas maldiciones"** *Deuteronomio 28.15*. Leemos de manera clara, que a menos que obedezcamos a Dios como lo demanda no sólo no seremos prosperados, sino estaremos maldecidos, lo cual sólo de pensarlo, me hace implorar a nuestro Dios que tenga misericordia, y nos unja con "su colirio" (*Apocalipsis 3:18*), para que como jóvenes podamos ver nuestra gran necesidad de examinar nuestra vida, de tal manera que veamos la gran urgencia de obedecer por amor, estrictamente de manera tal que huyamos de la maldición que nos pueda estar amenazando. La desobediencia nos lleva a vivir en pecado que trae maldición.

No me mal entiendan, vamos a luchar contra el pecado; el pecado siempre será el enemigo más grande contra quien siempre lucharemos, pero una cosa es batallar contra él y otra es vivir, acariciar y aún contemplar el pecado, lo cual Dios lo detesta. La obediencia a Dios nos llevará a evitar la maldición, no tomar esto en serio como cristianos nos ha llevado a ser jóvenes inestables, viviendo siempre en el espíritu de culpabilidad, y aún sin saberlo muchos están bajo maldición. Joven ésta no es mi palabra, Dios es quien lo dice y yo como tú estoy en la misma necesidad de entender que no puedo jugar, ni aun contemplar el pecado más. Lo que trato de decir es que la desobediencia termina siempre en pecado y en cualquiera de sus formas trae maldición.

Siempre había soñado con una bicicleta. Por mucho tiempo le rogué a mi padre que me comprara una. La condición era que si mejoraba en mi conducta quizás un día la tendría. Esta petición era en aquellos días como tener un carro. Los días, semanas y meses pasaron cuando finalmente una tarde me llamó y dijo, **"hijo te lo ganaste"** mira lo que está en esa caja; cuando vi la bicicleta no lo podía creer, ¡tenía una bicicleta! Todos saben que cuando uno recibe algo nuevo lo cuida y en mi caso hasta quería dormir junto a ella; los días me eran muy cortos.

Después de varios meses las cosas me habían ido muy bien, pero rompí las reglas y me tuvieron que quitar la bicicleta. La condición era *'obedece y la tendrás de nuevo'*. Honestamente no pensé nunca volver a manejarla pues no veía que mejorara. En uno de esos días alguien visitó a mi padre, y ¿qué crees que llevaba?, si, una bicicleta. No dudé en preguntarle si podía usarla, dijo que sí. Aunque en ese momento en mi mente una voz me decía, 'no lo hagas, recuerda a tu padre'. No me importó, salí con ella, después de dar varias vueltas, le quebré los pedales. Sentí la muerte. Después de varias horas no me quedó otra que decirle al dueño, el cual tuvo que pedirle a mi padre que se la arreglara. Mi padre la mandó arreglar pero a mí se me quebró para siempre la esperanza de volver a ver mi bicicleta. Desobedecí y coseché el fruto de ese impulso.

Aunque no lo creas, lo peor del caso fue que sabiendo que iba a durar mucho sin mi bicicleta, un día no me importó sacarla de donde mi padre la tenía guardada, sólo para salir a estrellarme con una señora que estaba embarazada; le quebré una bolsa de huevos y unas bocinas que llevaba. Creo hasta hoy que por la gracia de Dios al bebé no le pasó nada. Sus hijos me quitaron la bicicleta y el padre de ellos, mandó una nota a mis padres que no me darían la bicicleta hasta que no fuera con ellos a hablar con él. Imagínate que gran problema tenía, ahora la bicicleta no la tenía ni siquiera en las manos de mi padre. Sin duda alguna que, obedecer trae bendición; pero la desobediencia, trae maldición.

Por desobediente nunca volví a ver mi bicicleta, sino hasta 7 años después, porque al golpear a la señora me amenazaron sus hijos, creí haber matado al bebe que llevaba en el vientre, esos eran grandes problemas que experimentaba a los 12 años. Tuve que viajar con mi padre a Estados Unidos un día después del incidente.

La desobediencia en esta experiencia, me metió en grandes problemas, me alejó de mi hogar, me dejó sin bicicleta. Gracias a Dios las cosas se solucionaron y hoy sé que puedo evitar muchas cosas aprendiendo del pasado. Sé que solamente obedeciendo aprendí a hacerlo con la ayuda de mi Señor, y desde entonces nunca me ha ido mal. No prosperé por un tiempo hasta que aprendí como hacerlo, la palabra clave fue, es y será *'obediencia'*.

En otra ocasión, sin que mi padre se diera cuenta yo estaba con un amigo aprendiendo a manejar automóvil. Varias veces el chofer del negocio de mi padre me dejaba manejar el carro con tal que cuando el saliera a algo personal no le se lo dijera a papá. Un día mi padre salió por varios días y quería que todas las mañanas le prendiera uno de los carros para calentarlo por unos minutos, despidiéndose con las siguientes palabras: "Ni se te ocurra moverlo". En una de esas ocasiones sin que mi madre se diera cuenta, arranqué el carro y no pude resistir moverlo un par de metros, después de jugar unos minutos terminé alejándome cada vez más de donde estaba estacionado. Me dije 'le voy a dar una vuelta a la cuadra, que al cabo ya sé manejar'; solo para ir a chocarlo. Regresé a casa, y no sabía cómo explicar lo que había hecho. Mi desobediencia me quitó el privilegio de aprender a manejar con los carros de mi padre, mucho menos manejarlos libremente, perdió en mi la confianza. Lo había hecho a propósito, para enseñarme una lección. Casi siempre yo mismo me robé la bendición de prosperar en mi propio hogar, el no obedecer siempre me robó la bendición de tener acceso a todo.

El Señor dijo a su pueblo en cierta ocasión, que el desobediente, "En pleno día andarás a tientas, como anda a tientas el ciego en la oscuridad, **y no serás prosperado en tus caminos**. Estarás oprimido y serás robado toda la vida, y no habrá quién te libre" *Deuteronomio 28:29*. ¿Cuántos jóvenes cristianos creyendo andar en pleno día espiritualmente y aún en lo material creen que todo está bien? Andan como ciegos, no en la luz, sino en las tinieblas, en pecados secretos y quizás públicos, que la mayoría ya no ve como pecados. Está claramente establecido por el cielo que tal persona no **'prosperará'**, siempre estará oprimido, robado de tantas bendiciones y nadie podrá librarlo. ¿Será esto la razón del por qué no hemos prosperado queridos jóvenes? Sé que nuestro Dios nos está hablando, pues hasta que estemos dispuestos el cielo nos bendecirá como lo hizo con sus fieles en el pasado, queriendo Dios prosperarnos, él nos dice lo que odia ver en nosotros.

Seis cosas aborrece el Eterno, y una séptima abomina su corazón: **Los ojos altivos, la lengua mentirosa, las manos que derraman sangre inocente, el corazón que elabora pensamientos inicuos, los pies presurosos para correr al mal, el testigo falso que habla mentiras, y el que enciende rencillas entre hermanos"** *Proverbios 6:16-19*.

- → Cosas que Dios odia son:
- → Los ojos altivos (orgullo),
- → Lengua mentirosa,
- → Derramar sangre inocente,
- → Pensamientos inicuos,
- → Correr - buscar el mal,
- → Ser un testigo falso (chisme),
- → Rencillas (pleitos).

Dios no hace acepción de personas, por lo tanto José tuvo que superar todos estos pecados abominables a la vista de Dios, para que pudiera ser "bendecido y prosperado". Si fue así, ¿crees que de nosotros se pide menos que esto? **"La compañía de los impíos será estéril, y fuego consumirá las tiendas del soborno. "Conciben dolor, y dan a luz iniquidad. Y engaño traman en sus entrañas"** *Job 15:34, 35*. Ningún joven que no evite la compañía de los impíos o participar con ellos en la desobediencia, **"No prosperará, ni durará su riqueza, ni extenderá por la tierra su hermosura"** *Job 15:29.*

¡Si! no habrá:

- Prosperidad, y esto es en todo sentido de la palabra.
- Ni durará su riqueza - todo lo material vendrá a ser como el tamo que se lleva el viento.
- Su hermosura, no se extenderá, o sea el carácter divino jamás podrá reflejarlo.

Este tipo de jóvenes se conforman con ser del montón y nunca tienen metas más altas en la vida, ni mucho menos en la vida espiritual. Sin duda alguna su hermosura, carácter divino, jamás se extenderá más que lo que siempre han sido, "cuitados, miserables, ciegos y desnudos" *Apocalipsis 3:17.* Oh joven es por esto que el cielo nos amonesta el día de hoy, no mañana: **"Aparta de ti la perversidad de la boca, aleja de ti la iniquidad de labios. Tus ojos miren lo recto, y tus párpados directamente delante de ti. Examina la senda de tus pies, y todos los caminos sean rectos. No te desvíes ni a la derecha ni a la izquierda, aparta tu pie del mal"** *Proverbios 4:24-27.*

Querido joven a nuestro Dios no lo podemos engañar, él no nos está condenando sino al contrario nos está mostrando cómo podemos llegar a ser lo que él siempre ha querido de nosotros, como jóvenes en esta generación. Él desea prosperarnos, pero tiene que ser a su manera. Por eso recuerda que para Dios no hay pecado grande o pequeño, todo lo que hagamos fuera del plan de Dios y en contra de su palabra es pecado, por eso el corazón de Jesús nos dice: **"El que encubre sus pecados, *no prosperará*".** Proverbios 28:13

¿Queremos prosperar? cumplamos este principio, confesemos todo pecado, no importa su tamaño, el perdón está allí con la promesa de prosperidad, pero si no confesamos, eso será el gran obstáculo para no ser prosperados. Crees que Dios nos va a prosperar no habiendo confesado los pecados del pasado ¿qué te hace pensar que lo hará estando en pecado? "...pero **el que los confiesa y se aparta,**

alcanzará misericordia" *Proverbios 28:13.* Todo lo que nuestro Dios nos pide es confesar todo pecado y la promesa es bien segura, dice que alcanzaremos misericordia, si nos apartamos de todo mal seremos prosperados. Quizás tú digas; "a pesar de que le fallo me ha ido muy bien, tengo trabajo, casa, comida, carros, profesión y muchas otras cosas". Bueno, sabías que también Satanás da a sus discípulos, solamente que, lo que él da, durará sólo por un momento, la mejor manera de saber que lo que tenemos vino de Dios o de Satanás es examinando el termómetro de nuestra espiritualidad. ¿Oramos en secreto? ¿Estudiamos la Biblia a solas? ¿Asistimos a toda reunión de culto? ¿Somos abnegados? ¿Está muriendo el yo? ¿Deseamos menos de este mundo? ¿Amamos la compañía de los que buscan el cielo? ¿Evitamos los placeres de este mundo? Éstas son algunas preguntas que tenemos que hacernos. No te pregunto si lees u oras cuando asistes de vez en cuando a la iglesia, porque eso también Satanás lo hace y muchas veces mejor que nosotros.

Acepta hoy la propuesta de este momento y deja que el cielo cumpla su palabra, prosperándote. Esto debe suceder ahora, pues el mismo cielo nos dice: **"… hagan conmigo paz. Sí, hagan paz conmigo"** *Isaías 27:5.* Dios, después de confesar el promete exaltarnos más, y más en lo que siempre deseamos tener, quizás lo haga como con Daniel, Abel, Pablo, Jeremías, Elíseo, Débora, Josué, Ester, Samuel, Josías, María la madre de Jesús, Martín Lutero. Oh si joven, nunca sabemos lo que nuestro Dios tiene guardado para nosotros. Si hoy hacemos paz con él, y la razón que pide esto es porque mientras exista pecado, desobediencia en nosotros, hay enemistad con nuestro Dios, pues es bien cierto, que ama al pecador pero odia el pecado, por eso "hagamos hoy paz con Dios", confesando nuestros pecados, no importando cuáles han sido, el no hacerlos, evitará nuestra victoria interna y prosperidad externa.

El resultado de esa transacción será: **"Reconcíliate con Dios, y tendrás paz, y te vendrá bien.** *Job 22:21.* Queridos amigos ¿no es esto maravilloso? ¡Cómo el cielo desea vernos en paz con Dios! Los resultados serán grandes. Cuando cumplamos esto, él dirá **"No hay enojo en mí"** *Isaías 27:4.* ¡Qué precioso! porque sin merecer nada, él me da todo después de todas mis ofensas a su nombre, todas mis tonterías, pecados, todas mis estupideces quedan por siempre perdonadas y borradas. Después de confesar, sólo podremos decir como el profeta Miqueas: **"¿Qué Dios como tú, que perdona la maldad, y olvida el pecado del remanente de su heredad? No retiene para siempre su enojo, porque se deleita en su invariable amor. Dios volverá a compadecerse de nosotros, sepultará nuestras iniquidades, y echará nuestros pecados en la profundidad del mar"** *Miqueas 7:18, 19.* Mi alma sólo puede decir. ¡Gracias mi amante y misericordioso Salvador!

"Si obedeces cabalmente la voz del Eterno tu Dios, para cumplir todos sus Mandamientos que te prescribo hoy, también el Señor tu Dios, te exaltará sobre todas las naciones de la tierra" *Deuteronomio 28:1.* Esta promesa aunque se hizo varios siglos atrás aún sigue vigente para los fieles hoy. Así será cumplida la promesa de prosperidad. **"El Eterno te pondrá por cabeza y no por cola, estarás encima y nunca debajo; si obedeces los Mandamientos del Eterno tu Dios, que hoy te ordeno que guardes y cumplas"** *Deuteronomio 28:13.*

Que nuestra obediencia sea completa en Cristo y de todo nuestro corazón depender de El para vencer y odiar todo lo que tenga que ver con el pecado, lo que siempre le ha robado a la juventud toda, toda, prosperidad divina. Joven te pregunto, ¿te lo robara a ti también? El plan divino es que seamos *'cabeza'* y vencedores en todas las cosas.

"Dios fue glorificado por la fidelidad (obediencia) de su siervo (José). Era el propósito divino que por la pureza y la rectitud, el creyente en Dios apareciera en marcado contraste con los idólatras, para que así la luz de la gracia celestial brillase en medio de las tinieblas del paganismo" *Patriarcas y Profetas,* página 216. Por eso **"Temblad, y no pequéis"** *Salmos 4:4.* Y así empezar a gozar hoy la prosperidad aguardada para ti.

"De esta manera hizo Ezequías en todo Judá. Y ejecutó lo bueno, recto y verdadero ante el Eterno su Dios…en obediencia a la Ley…lo hizo de todo corazón, *y fue prosperado"* *2ª Crónicas 31:20, 21.*

"Un hombre nunca debe avergonzarse de confesar que ha estado en pecado, lo que equivale a decir que necesita de Dios, lo cual después de no mucho tiempo se dará cuenta que confesar fue el primer paso para la prosperidad espiritual y de todo, sí, todo lo demás" - Autor desconocido. Confesemos, apartémonos de lo desaprobado por Dios y obedezcamos fielmente que allí radica nuestra prosperidad y paz interna. La primera victoria para nosotros será confesar y la segunda vendrá por sí misma.

Para Reflexionar y aplicar

¿Qué fue lo que más te impacto de este capítulo?

¿Qué aprendiste en este capítulo que pondrás en práctica?

¿Cuál es el punto más sobresaliente que compartirás con otros?

¿Qué tan importante es la obediencia para ti en tu vida?

¿Cómo te consideras en el momento de obedecer lo que sabes?

Fiel.
Descuidado.
De vez en cuando.
No me importa.

CAPÍTULO 26
EL SECRETO DE LA ASCENCIÓN

Creo que todos deseamos superar nuestra situación actual en todos sus términos. Debemos recordar que todo requiere de esfuerzo y aprender que en los planes de Dios hay un secreto para la ascensión.

Lo ilustraré con la siguiente historia. Se cuenta que un desconocido tenedor de libros trabajaba en una compañía petrolera de Nueva Delhi, India. Había llegado de Holanda, donde era el empleado que menos ganaba, pero cumplía su trabajo en una forma esmerada, exacta y fiel. Cuando el gerente de la sucursal de Nueva Delhi descubrió que los libros de la empresa se encontraban en pésimas condiciones, llamó a ese empleado, ignorando a otros con más años en la compañía, pero que daban muestras de indolencia. Enrique - le dijo - es urgente que revise estos libros y los actualice para presentarlos al jefe. ¿Puede usted concederme cuatro días para hacerlo? La respuesta fue afirmativa. En el tiempo fijado terminó su trabajo y los libros quedaron en condiciones tales, que al presentarlos al jefe, merecieron comentarios favorables. Y así fue como el tenedor de libros fue subiendo de ascenso en ascenso. Durante toda su vida cumplió con el plan de hacer las cosas lo mejor que le era posible. Llegó a ser conocido como un notable empresario: Sir Henry Deterding, fundador de la compañía petrolera Shell.

Jóvenes tenemos que recordar con voz de trompeta en esta generación que *'lo que merece ser hecho, merece hacerse bien'*. Si adoptamos esta frase como nuestro lema, encontraremos el camino a la ascensión. Cuando nuestro Dios ve nuestra entrega a él y sólo a él, no sólo nos ascenderá, sino que aun hace que hallemos gracia ante nuestros superiores, ya sea en el trabajo, escuela, hogar o con quien nos relacionamos. En el caso de José, se nos dice que: "…su amo vio que el Eterno estaba con él, y que todo lo que él hacía, el Señor lo prosperaba. Así, **José halló gracia en sus ojos,** *y le servía.* **Y Potifar lo nombró mayordomo de su casa, y entregó en su poder todo lo que tenía"** *Génesis 39:3, 4.*

En el asunto material, las cosas empezaron a cambiar para José, habiendo puesto todo lo espiritual en orden, ahora por su fidelidad y entrega a Dios, el Señor le daba la bendición en lo material y social. ¿Por qué? porque en todo lo que él hacía, el móvil de cada acción o cumplimiento de algún deber era por el amor del Eterno en su corazón. Esto iba hasta lo más insignificante, como barrer o lavar, por decir algo en su estado de esclavo. Tanto fue que el cielo hizo que hallara gracia ante Potifar, que de *'esclavo'* lo promovió a *'mayordomo'*. Recordemos que para comenzar era un esclavo, en segundo lugar era un hebreo, y tercero era un joven, no un adulto, o sea, de acuerdo al pensar de muchos era inexperto, incapaz, pero no para el cielo. Así fue como Dios empezó a recompensar su fidelidad, su entrega a Dios, permitiendo que toda la casa y pertenencias que él viniesen ahora a estar bajo su administración.

Ahora él mandaba, tenía siervos bajo su dirección, ahora él era el patrón y no más un simple esclavo. Esto, la ascensión, es un problema para muchos jóvenes, no entienden que para poder ser promovidos a algún puesto en la vida, la primera regla *es estar en paz con Dios,* mostrando nuestro amor hacia él en una fiel obediencia y total dependencia de él. Segundo que a menos que *aprendamos a recibir órdenes*, y hacer *todo* con gozo y sin murmuración, no tendremos la bendición de ser *'ascendidos'* en ningún aspecto, ya sea espiritual o en este caso, material y aun físicamente. De seguro jamás nos irá como a José, seremos como siempre, enanos en todos los aspectos de la vida. Joven, si quieres meter goles tienes que dejar de ser un espectador, ponte a entrenar en la vida de la preparación hacia la ascensión. ¿Quieres subir a la cima de la montaña? deja ya de decir que 'está muy lejos'. No tienes que empezar a correr, empieza a dar un simple paso, recuerda que un viaje de mil millas se empieza con un sencillo paso, con un lema que dice *'tengo que llegar'*.

Si comenzamos por donde debemos, seremos ascendidos a algún puesto que espera por nosotros. Él no sabía lo que le esperaba y sin embargo no se quejó por ser un esclavo, logró subir la muralla que le impedía ver el otro lado de la vida, y cuando cruzó el océano desconocido, jamás se arrepintió. De esta manera fue como toda la casa y todas las pertenencias de Potifar fueron bendecidas, pues todo lo que José tocaba y hacía era bendecido, la palabra que nunca miente dice: **"Y desde que le encargó su casa y todo lo que tenía, el Eterno bendijo la casa del egipcio a causa de José. La bendición del Señor estuvo sobre todo lo que tenía, así en la casa como en el campo"** *Génesis 39:5*.

Todo esto no vino por un milagro o casualidad, le llevó muchos, muchos años para mostrarse digno de ello, varios años de preparación para poder ser un buen jugador. La Palabra de Dios es firme y se cumplió con José, **"... más el justo saldrá de la tribulación"** *Proverbios 12:13*. ¿Cuantos años le llevarían para prepararse y salir de la segunda parte de la tribulación, (la primera fue el trato de sus hermanos en casa y luego venderlo, la segunda al ser un esclavo)? "Al llegar a Egipto, José fue vendido a Potifar, jefe de la guardia real**, a cuyo servicio permaneció durante diez años"** *Patriarcas y Profetas*, página 215. Diez años y después de ello fue *'ascendido a mayordomo'*. Ponte a pensar joven, ¿qué paciencia ejerció José? ¿Por cuánto tiempo estuvo haciendo lo mismo todos los días con mal trato? Por diez años. No creas que como esclavo era tratado bien, sin embargo, aún así no le impedía hacer todo con gozo, pues no importaba lo que le ponían a hacer, siempre lo cumplía con fidelidad y fiel obediencia. Las ordenes de su patrón eran un llamado de Dios a un pronto cumplimiento de su plan para con él. "El Eterno fue con José, y fue varón prosperado... Y vio su señor que el Eterno era con él, y que todo lo que él hacía, El Eterno lo hacía prosperar en su mano". **La confianza de Potifar en José aumentaba diariamente,** *y por fin le ascendió a mayordomo***, con dominio completo sobre todas sus posesiones**. "Y dejó todo lo que tenía en mano de José; con él no sabía de nada, más que del pan que comía" (Véase *Génesis 39-41*) *Patriarcas y Profetas*, página 216. Comprendamos pues, que la ascensión de José no fue un asunto de la noche a la mañana, sino que le llevó tiempo, obediencia y mucha paciencia. Fue una vida de completa sumisión, sin murmuración a las órdenes de su amo.

Es necesario mantener ante la juventud de hoy que la *ascensión* viene del sacrificio, entrega a las órdenes dadas, es el escalón que hoy rehuye y es precisamente eso lo que le impide 'ascender'. Por lo contrario José con esto se ganó la confianza de Dios y de Potifar que finalmente fue *'ascendido a mayordomo'*, después de diez años como esclavo. ¿Ahora por qué le llevó tantos años para esto? Bueno, la razón era que Dios le quería enseñar la lección de la *paciencia, perseverancia* y en esto él estaba aprendiendo a 'servir', en vez de ser 'servido', y así el cielo deseaba desarrollar con simetría, total perfección. ¿Cómo se esto? porque la Palabra dice que José, *"le servía"* (*Génesis 39:4*), y su entrega a esto lo llevó a ser el segundo en la casa de Potifar, el mayordomo de todas, todas sus cosas. Sí, llegó a ser el mayordomo de una de las empresas más grandes de Egipto.

Te cuento que mis primeros años fueron de vendedor ambulante. Yo mismo vendía frutas en bolsitas, todos los días después de la escuela y fines de semana. Me iba al campo de fútbol, a vender helados y mi padre siempre me decía que haciendo bien mi trabajo y otras cosas, me haría un buen hombre. No le entendía, una y otra vez me repetía que *"el qué sabía apreciar la vida en las cosas pequeñas la disfrutaría en las cosas grandes"*. Su ejemplo y diligencia en eso tan simple me inspira hoy a cuidar lo más insignificante en mi existir. El regalo más grande en mi vida lo recibí de mi padre. Me enseñó a trabajar. Él era de las personas que decía que nadie comía en casa a menos que hubiera ganado el desayuno, sé que no lo comprendíamos en ese entonces, pero mi padre tenía razón. Ese principio me enseñó a ser trabajador, y donde quiera que esté me ha regalado el respeto de otros, y me ha abierto caminos a la ascensión.

Los grandes hombres empiezan haciendo fielmente las cosas insignificantes y las pequeñas, sin duda algunas grandes. Quién iba a pensar que vender bolsitas con mango, papaya, piña y helados colaboraría en la preparación para lo que ahora hago. No dudo que un gran empresario puede empezar vendiendo chicles o empanadas y un predicador vendiendo bolsitas de mangos, papaya y helados.

Hoy que me toca estar ante miles de personas, traerles palabras de vida, ánimo y restauración, organizar departamentos de la obra en todas partes del mundo, y preparar líderes para un mejor futuro me lleva a honrar a Dios, agradeciéndole por haberme preparado mientras vendía frutas en el parque de mi pueblo.

De vender frutas a llevar salvación, es un milagro dado a los que saben apreciar el deber más insignificante, trabajando con alegría sin importar el pago de ello, si aprecias lo insignificante, lo pequeño y estarás donde menos te imaginas. De allí que la ascensión viene de abajo, de la nada para el que sabe esperar y trabajar duro. Jóvenes, si tan sólo aprendiéramos está lección, Dios nos da la bendición de la vida, no para ser servidos, sino para servir y beneficiar a todos los que nos rodean, no importando quiénes sean, pues, eso es el principio de la ascensión para algún puesto en la vida, y con esto no estoy diciendo que lo hagamos sólo con los que nos tratan bien y nos aprecian, acuérdate que José era esclavo cuando empezó este proceso, por lo tanto el trato que le daban sus superiores era peor que de un animal, sin embargo, esto no le impidió ser un fiel representante de Cristo, soportó y en Cristo hizo todo, no importándole a quién o qué, pues era como hacérselo a Dios y esa era siempre su base para no murmurar.

Benjamín Franklin dijo, **"la pregunta más noble que uno debe hacer siempre es ¿en qué puedo ayudar? No ¿a quién?"** Lo mismo debe ser con nosotros, el amor al Señor debe ser el móvil de nuestras acciones, palabras, deberes, y verás que dejaremos de quejarnos y de murmurar, pues alguien dijo: "Hermanos míos, tened por sumo gozo cuando os halléis en diversas pruebas, sabiendo que la prueba de vuestra fe produce paciencia. Mas tenga la paciencia su obra completa, para que seáis perfectos y cabales, sin que os falte cosa alguna (*Santiago 1:2-4*). ***"Y la prueba de nuestra fe obra paciencia, y no mal humor ni murmuración"*** *A Fin de Conocerle*, página 282.

El amor de Dios en el corazón de José hizo que hiciera todo con alegría y exactitud, no le importaba lo que le tocara hacer, y sobre todo quien se llevaría el crédito por su trabajo, pues se propuso desde el principio honrar en todo lo que hiciese y en cada detalle de su vida al Señor, fue esto lo único que de verdad lo corono de éxito y así terminó hallando gracia ante Dios y su patrón.

Esto será también lo único que debemos promovernos, hacer todo con amor, exactitud, haciendo todo cómo para Dios, no por lo que nos pagan, ni por cómo nos traten, no dar esperando algo, pues hacer lo contrario trae más que esperando todo. Dios permita que entendamos que la ascensión empieza exactamente donde nos encontramos ahora, no tenemos que correr por ello, no, sólo tenemos que agacharnos pues está allí exactamente donde la vida nos tiene, allí empieza todo cuando nos proponemos hacer todo, **"en el cuidado, no perezosos, ardientes en espíritu, sirviendo al Señor"** *Romanos 12:11.*

Cuando tu sirves a todos como al Señor, nunca te faltará la presencia del Dios de los cielos y de la tierra, en la experiencia de José, "desde que le dio el cuidado de su casa y todas sus cosas, Dios bendijo la casa del egipcio por causa de José, no hay duda que vale la pena ser leal a *'todo deber de la vida'*, pues Salomón sabiendo esto dijo, "La maldición del Eterno está en la casa del impío, **más él bendecirá la morada de los justos"** *Proverbios 3:33*. El que entiende esto sabe escuchar el consejo del Señor que dice: **"*Todo* lo que te viniere a la mano para hacer, *hazlo según tus fuerzas*"** *Eclesiastés 9:10*. ¿Cuánto debemos realizar? *'Todo'*, sea en las buenas o malas circunstancias. **"Tú puedes lograr hacer lo que sea, si no te importa quién reciba el reconocimiento"** - H. G. Weaver.

Joven, si esto llega a ser una regla en nuestra vida de ahora en adelante, verás que el cielo en su debido tiempo nos *'ascenderá'* a donde quiere tenernos, si empezamos donde debemos empezar, que es sin duda alguna en los pequeños detalles de la vida, obremos para el bien de otros y honra de Dios. He aprendido que los grandes héroes de la vida han llegado a ser grandes, porque supieron cuidar de los pequeños detalles de la vida, fue esto lo que los hizo héroes del cielo y aún en el mundo. ¿Por qué no nos alistamos en ese tipo de jóvenes que harán *'todo'* como haciéndolo para Dios? Comienza en este mismo momento, en este instante y verás que no te arrepentirás, es el cielo que nos dice: **"*...sobre poco has sido fiel (hoy)*, sobre mucho te pondré (mañana)..."** *Mateo 25:23*. Esta lindísima promesa, querido joven tiene una profunda aplicación en todas las cosas, no sólo en lo espiritual, sino también en lo físico y material, tal como lo hemos visto en José. Todos deseamos que las palabras que dicen, *'sobre mucho te pondré'* se cumplan en nosotros sin ningún esfuerzo de nuestra parte. Esta parte de la escritura se cumplirá cuando hayamos cumplido la parte que la mayoría rehuye, *'sobre poco has sido fiel'*. Empecemos allí y veremos grandes resultados. Siervo fiel, sí eso es lo que siempre deseo ser, ¿y tú? "**El hacer estupendamente bien las cosas pequeñas hace que la vida sea estupenda**" - Eugenia Price.

No trates de querer ser alguien grande sin Dios, mucho menos si no empiezas con lo que el Cielo te ha encargado ahora. Empieza con los detalles más pequeños de tu vida y la vida de los demás, así verás que ellos te promoverán, las pequeñas cosas, como dijo Jesús: "**Está bien, buen siervo;** *por cuanto en lo poco has sido fiel, tendrás autoridad sobre diez ciudades*" Lucas 19:17. Esto es exactamente lo que Dios tiene para los que lo han realizado, que lo poco bien hecho en honor a Dios únicamente te lleva a tener potestad sobre lo que jamás habías soñado; ésta es la manera como Dios ha escrito la historia de los grandes hombres que han sido sumamente honrados con haber hecho *'todo'* como al Señor; esa fue su clave para llegar a ser hombres fieles en la lista de Dios.

Hoy te toca a ti decidir, si quieres ser uno de ellos; ya sabes por dónde empezar. ¡No te engañes, no hay otra manera! Pues el joven que se ha convertido, nunca más murmurará porque su experiencia será la de "**Un corazón regenerado por la gracia divina, el amor (será en todo lo que haga) el móvil de sus acciones**" *El Camino a Cristo*, página 59.

Esto sin duda *'ascenderá'* a cualquiera. El problema es que muchos no deseamos pagar el precio que debe pagarse. Recordemos lo que José nunca olvidó, "**en el temor al Eterno está la fuerte confianza, y esperanza tendrán sus hijos**" *Proverbios 14:26*. "**Dios no tomará en cuenta nuestras medallas, títulos o diplomas, sino nuestras cicatrices, ¡sin sacrificio no hay beneficio!**" - **Benjamín Franklin**. El secreto de nuestra ascensión está en servir hoy a Dios fielmente sin mirar a quién, que los resultados serán en beneficio propio. Interesante, mientras servimos a otros nos atendemos a nosotros mismos. ¡Asciende! Es el mandato divino.

Para Reflexionar y aplicar

¿Qué fue lo que más te impacto de este capítulo?

¿Qué aprendiste en este capítulo que pondrás en práctica?

¿Cuál es el punto más sobresaliente que compartirás con otros?

¿Qué opinas de la promoción en general?

¿Por qué muchos no son promovidos en la vida y en el trabajo o negocio?

¿Cuán importante es para ti cumplir con las cosas pequeñas?

¿Cómo te consideras alguien que cuida los detalles?

¿Cuándo haces tu trabajo te importa quien lleve el crédito?

Aplicare el siguiente método para poder promovido por Dios:

Hare las cosas por más pequeña que sea fielmente.
Seré cuidadoso en hacer bien mis deberes.
Dios será mi guía y razón de hacer consistentemente mis trabajos.
No me importara quien lleve el crédito de lo que haga, lo hare con gusto y una sonrisa en el rostro.
No importa lo que me suceda Dios cuida de mi vida y yo no me quejare.

CAPÍTULO 27
EL PROFETA MENOR PROFETIZÓ UN EJÉRCITO DE 'SALVADORES'

Un hermoso árbol, con su tronco oscuro y reluciente, se erguía entre muchos otros sobre una preciosa colina, con sus magníficas ramas livianas agitándose con la brisa de la tarde. Al admirarlo, nos percatamos de un suave susurro de sus hojas, y escuchamos su débil murmullo: "Ustedes piensan que soy hermoso y admiran mis exquisitas ramas, pero no tengo nada de qué afanarme. Todo lo que tengo lo debo a mi Amo. Él me plantó en esta colina fértil donde mis raíces, que llegan hasta lo profundo y moran en ocultas fuentes, beben continuamente el agua de vida, recibiendo alimento, belleza y fuerza para todo mi ser. Las características de mi tronco son parte de mi mismísimo ser."-

-El proceso fue doloroso, pero fue la propia mano de mi Amo la que utilizó el cuchillo, ¡y cuando el trabajo estuvo terminado, reconocí con alegría su nombre en mi tronco! ¡Entonces supe que Él me amaba y que quería que el mundo supiera que yo le pertenecía a Él!- Mientras el árbol hablaba, el Amo mismo se colocó a su lado. En su mano tenía una afilada hacha; tengo necesidad de ti –dijo– ¿Estás dispuesto a darte a mí? Amo –respondió el árbol– soy todo tuyo, pero ¿de qué puedo servirte? Te necesito –dijo el Amo– para que lleves de mi Agua de Vida a lugares resecos donde no hay ninguna. Pero, Amo –dijo el árbol– ¿cómo puedo hacer esto? ¿Qué tengo yo que dar a los demás? La voz del Amo se hizo entonces maravillosamente tierna al responder: Puedo utilizarte si estás dispuesto.

El Amo continuó diciendo, me alegraría cortarte y quitarte las ramas, dejándote desnudo, y luego te llevaría de éste, tu hogar, a una distante colina donde no habrá nada que te susurre palabras amorosas: allí sólo habrá hierba y una vegetación enmarañada de berzas y malezas. Sí, y usaría el doloroso cuchillo para quitar de tu corazón todas las barreras hasta formar un canal donde pueda correr libremente mi agua de vida. Tu belleza desaparecerá; por lo tanto, nadie se fijará más en ti ni admirará tu frescor y tu gracia, sino que muchas, muchas almas sedientas se agacharán para beber del arroyo de vida que llegará a ellos tan libremente a través de ti. Es posible que no piensen en ti, ¿pero no bendecirán a tu dueño que les ha dado el agua de vida a través de ti? ¿Estás dispuesto a esto, árbol mío? Y el árbol contestó: – ¡Tómame y úsame como quieras, Señor, si sólo así puedes dar el agua de vida a las almas sedientas!

Aunque este relato no se cumplió literalmente, puedo decir que parabólicamente expresa la experiencia de muchos de nosotros. Sin duda alguna sé que el cielo nos ha hecho las mismas preguntas todo el tiempo, desde que decidimos darle nuestra vida. En lo personal Él quiso utilizarme a su manera y no vacilé en contestar, ¡sí Señor, utilízame!

Con razón Isaías profetizó que vendríamos a ser llamados "**... árboles de justicia, plantío del Eterno, para gloria suya**" *Isaías 61:4*. Amigo, ¿podríamos decir lo mismo de este árbol, si Dios nos llamara ahora mismo a un lugar diferente al que hemos ocupado para el honor de su nombre y la bendición de almas sedientas del agua de vida, que es la salvación? ¿Estamos dispuestos a ser consumidos como a Él le plazca? Ser de verdad *'árboles de justicia'* que traigan refugio al cansado, vida a través de nuestras raíces conectadas a la fuente de vida.

En una misión tan grande que tenemos, como nunca antes, y con tan poco tiempo para realizarla, se necesita *'un ejército de jóvenes'* que entienda su misión en esta tierra, que ellos no vinieron al mundo por casualidad, sino para ser parte del plan divino en salvar a todo un mundo que perece. El problema no es tener un plan para lograrlo, pues ya está planificado como realizarlo, el obstáculo es que no hay soldados para esta misión especial.

Déjame compartir una profecía que me llama mucho la atención, y es la que escribió uno de los profetas menores, más ignorado o desconocido por los cristianos, "Pero en el monte de Sión habrá un remanente que se salve, que será santo. **Y la casa de Jacob recobrará sus tierras (posesiones)**" *Abdías.17* (Versión "Dios habla hoy"). Aquí encontramos tres cosas importantísimas, las cuales han cautivado mi atención.

1. *Habrá un remanente que se salve en el monte de Sión.*
2. *Será santo.*
3. *La casa de Jacob,* **recobrará sus tierras** *(posesiones).*

La pregunta es ¿vemos ya ese remanente salvo, y sobre todo santo? No. Sabes deseo verlo, y ser también parte de él. Para lograrlo necesito entender que en esta generación debo tener la visión de la última parte del versículo que dice: la casa de Jacob o sea la iglesia, el Israel de hoy, *'recobrará sus posesiones'.* No sólo logrará cumplir su misión, sino que *recobrará* lo que el enemigo le quitó al hombre cuando pecó en el edén. El hombre perdió pureza, santidad, reverencia, amor, felicidad y sobre todo la imagen, carácter y compañía constante de Dios.

Joven, la hora viene, en que todo lo divino será *'recuperado'*, todas las posesiones del pueblo de Dios vendrán a ser pronto de nosotros, nuevamente. Pero la pregunta es ¿estamos dispuestos a hacer todo para recuperarlo, para recobrarlo? Recuerda que el tiempo de recobrarlo ha llegado.

Es entendido que por casi seis mil años el enemigo ha gobernado y tomado lo que no le pertenece, había estado perdido pero ahora la palabra dice que llegó la hora de *recobrarlo.* ¿Participaremos en esta obra de 'recobrar' lo que el enemigo nos ha quitado? Nota lo que sigue diciendo el profeta Abdías. **"La casa de Jacob (la iglesia-los fieles)** *será fuego*, **la casa de José** *será llama*, **y la casa de Esaú paja (los miembros infieles en la iglesia, recuerda que Esaú era hermano de Jacob Gen. 25.). Y los quemarán y los consumirán. Ningún resto quedará de la casa de Esaú", porque el Eterno lo dijo"** *Abdías 18.* Debemos entender que éstos son términos simbólicos de lo que el pueblo vendrá pronto a ser. Jacob y José aquí representan a la iglesia de Dios en los últimos días, pues ellos no existen más aunque la experiencia que pasaron dejaron marcado el camino que el pueblo de Dios debe pasar ahora si es que desea llegar ante el mundo como *"fuego y llama"*, símbolo del Espíritu Santo (Véase *Hechos 2:1-4*). Como Jacob y José que se levantaron y fueron los hombres de su tiempo.

En otras palabras, la iglesia pronto terminará la obra *con el* poder del Espíritu Santo como nunca antes visto y de esto deseo participarles, porque deseo que seamos compañeros en esta misión divina, pero sólo los que quieren ser parte de ese remanente y sólo los que desean llegar a ser santos hoy en Cristo, podrán ver la necesidad de *'recobrar nuestras posesiones'*. Si notas, dice que la casa de Esaú vendrá a ser como paja (basura), la casa de Esaú aquí representa a gente que está dentro del pueblo pero que no le importa lo que Dios dice. Recuerda que Esaú era hermano de Jacob, y fue Esaú el que menospreció el privilegio de representar a Dios en su hogar como era en su tiempo. Sin embargo Jacob lo añoraba, Dios se lo permitió desechando a Esaú. El apóstol Pablo aplicando una lección de esta historia nos dice: "**… A Jacob amé, más a Esaú aborrecí**" dijo Dios. *Romanos 9:12*.

Hoy sucede lo mismo con todos aquellos que sólo están ocupando un espacio en la iglesia, incluyendo jóvenes, quiénes son como Esaú, desechados por no tomar en cuenta lo que Dios pide de ellos. Por nada del mundo dejaré pasar este gran privilegio y espero que todo aquel que ha leído hasta aquí tampoco lo haga; es grande lo que viene para los que deseamos llegar a ser en carácter como Dios, representados por Jacob. Pecadores pero finalmente santos en Cristo.

El profeta Abdías sigue profetizando, espero que no digas que esto ya se cumplió, porque entonces el enemigo de verdad te ha robado lo último que pudo haber renovado tu esperanza. **"Y *vendrán Salvadores* al monte Sión para juzgar al monte de Esaú. *Y el reino será del Eterno"* *Abdías 21*. Claramente profetizó Abdías que *vendrán salvadores,* algo que él ubicó en el futuro. La pregunta es ¿dónde están y quiénes son?, nota que lo pone en futuro 'vendrán', y en plural 'salvadores' no Salvador, en otras palabras, estos que compondrán este ejército que Dios está buscando hoy, estarán tan convertidos a Dios que no sólo serán salvos y santos, sino que comprenderán su misión de ser salvadores del mundo como lo fue José cuando vino la hambruna, no porque él era Dios, pero sí por medio de él, Dios salvó al mundo de ese tiempo de morir de hambre. Así como lo fue también Daniel, quien fue un salvador para los sabios de Babilonia, aquí vemos que por su medio Dios nuevamente utilizó un salvador. En ese mismo sentido, los que hoy buscan a Cristo, vendrán a ser salvadores por los cuales el Señor se manifestara finalmente al mundo.

Las palabras de Cristo fueron y deben ser grandemente resaltadas **"y será predicado este evangelio del reino en todo el mundo, por testimonio a todos los gentiles; y entonces vendrá el fin"**. Mateo 24:14. Jóvenes, el fin no llegará sino hasta que hayamos hecho nuestra obra, predicar el evangelio *por testimonio* a todo el mundo.

En esta generación Dios salvará espiritualmente al mundo, por medio de los *'salvadores'*. ¡Qué privilegio llegar a ser parte de este ejército divino que está por surgir! Sé que para muchos esto parece fantasía, ya que lo único que se nos ha enseñado es que Jesús ya viene y que vamos al cielo no importando como estemos espiritualmente, que al cabo seremos perfeccionados cuando Cristo regrese. Sin embargo nunca se nos ha enseñado por qué el Señor todavía no ha llegado.

Él no ha llegado, porque los que tenemos la misión de evangelizar al mundo no hemos cumplido nuestro deber. Nosotros mismos no hemos sido salvos, no hemos vivido como personas salvadas, ni hemos llegado a ser santos en Cristo. Por eso la Inspiración es clara cuando dice y afirma lo que he dicho, ya queda en ti, creer o ignorarlo. Espero no hagas lo último. **"Si la iglesia de Cristo *hubiese hecho su obra como el Señor le ordenaba*, todo el mundo habría sido ya amonestado, y el Señor *Jesús habría venido a nuestra tierra con poder y grande gloria"** *El Deseado de todas las Gentes*, páginas 587-588.

Como iglesia no hemos hecho nuestra obra, y si hemos de hacerla debe ser como él la ordena, no como nosotros pensamos. Mira lo que Jesús mismo dijo con respecto a la obra misionera que debe hacerse. "Por tanto id *y doctrinad a todos los gentiles*, bautizándolos en el nombre del Padre del Hijo y del Espíritu Santo". Nota que tenemos que ir a *'doctrinarles'*, no a emocionarlos, tocando sólo sus sentimientos como la mayoría de predicadores hacen en este tiempo. La falta de estar nosotros verdaderamente adoctrinados nos ha llevado al estado de tibieza. La salvación no ha venido a ser una realidad para muchos y esto ha impedido que tengamos efectividad en nuestra obra. No podemos ir a salvar a otros y así ser llamados 'salvadores' si ella no ha sido una realidad en nuestras vidas.

No es tarde para empezar a caminar donde debemos hacerlo de la manera correcta, ordenada por Dios, quien añadió claramente, **"enseñándoles que guarden todas las cosas que os he mandado"** *Mateo 28:19-20.* ¿Cuánto debemos nosotros enseñar a los gentiles? Todo lo que nos ha mandado y que deben *'guardarlo'* como él lo ha dicho. Esa es nuestra misión nada, no la ignoremos. La profecía dice que vendrán otros que no lo harán, y espero que tú y yo podamos ver la bendición de ser llamados hoy a cumplir la profecía de Abdías y llegar con la ayuda de Dios a ser parte de esos 'salvadores'.

Por eso: "Cristo espera con un deseo anhelante la manifestación de cada uno en su iglesia. *Cuando el carácter de Cristo sea perfectamente reproducido en su pueblo, entonces vendrá él para reclamarlos como suyos".* Entendamos jóvenes que antes de esto él no vendrá, así que apresurémonos a cumplir lo predicho por el profeta Abdías, y entonces Jesús vendrá por nosotros como lo ha dicho. "**Todo cristiano tiene la oportunidad no sólo de** *esperar,* *sino de apresurar la venida* **de nuestro Señor Jesucristo. Si todos los que profesan el nombre de Cristo llevaran fruto para su gloria, cuán prontamente se sembraría en todo el mundo la semilla del Evangelio. Rápidamente maduraría la gran cosecha final y Cristo vendría para recoger el precioso grano"** *Palabras de Vida del Gran Maestro*, páginas 47-48.

La última parte del versículo 21 dice "**... y el reino será del Eterno".** Lo que impide que el reino de Dios pueda cumplir su misión en esta tierra es nuestra condición como pueblo, el reino vendrá a estar compuesto de personas que han captado la visión y misión, que Jesús nos encomendó, diciendo: **"la buena simiente (esos salvadores) son los hijos del reino".** Mateo 13:38. Ese fue el plan de Dios en el pasado, ese es su plan de hoy y lo cumplirá. "Y vosotros **me seréis mi reino** de sacerdotes (salvadores) y **gente santa**" *Éxodo 19:6*.

De esta manera este grupo de *'salvadores'* harán una realidad "…más el que bebiere del agua que yo le daré, para siempre no tendrá sed; **el agua que yo le daré, será *en él* (tu y yo) una fuente de agua que salte para vida eterna**" *Juan 4:14*.

Las veces que he viajado a los países tercermundistas, me hace ver cómo es que vendremos a ser salvadores, si tomamos la posición del lado correcto. Al llegar a estos lugares como misionero, turista o empresario; en la gente, desde el más pequeño al grande, se les puede leer en sus miradas que esperan algo de ti, porque saben que al viajar desde Estados Unidos traes algo que ellos no poseen. Cuántos niños me han hecho saber sus necesidades y gustos. Gracias a Dios muchas veces he podido ayudar, pero hay ocasiones en que no sé qué hacer.

El otro día nos encontramos con alguien que nos pidió ayuda en lo que pudiéramos, porque su familia y amigos no querían saber nada de él porque tenía sida. Eso quebranto mi corazón, y dije -¿Señor cuándo podremos ayudar a personas como ésta, no solo regalándole un peso, sino darle salud literalmente? En otras ocasiones me he encontrado con personas con cáncer que desean ser sanadas y servir a Dios toda su vida, sin embargo, los he visto morir, mientras clamábamos a Dios por su recuperación.

En circunstancias más desafiantes, me he encontrado con personas endemoniadas y no he podido hacer mucho, y viene a mi mente la pregunta ¿cuándo se repetirá la experiencia apostólica? En muchas ocasiones las personas han sanado y otras se han liberado de malos espíritus, pero creo que todos estamos conscientes que es rara la vez que sucede. La falta de poder al realizar obra misionera y por más consagrada que esté la persona hoy no vemos conversiones como en los días de los discípulos o en los días del pentecostés.

Esto incuestionablemente me hace ver la necesidad que existe mientras hago mi parte en llevar salvación, de que debo orar para el cumplimiento de las promesas aquí consideradas. No dudo que si somos fieles hoy podremos participar de ese grupo de salvadores que serán la admiración del mundo por la manera en que Cristo será reflejado y exaltado por su pueblo.

¿Estás listo para ser parte de ese remanente que aceptará esta oportunidad o privilegio? Este es reto divino de salvar a la humanidad que hoy perece sin el conocimiento de un Salvador. Finalmente entendamos que todo el mundo tendrá la misma oportunidad y Dios no cerrará el tiempo de gracia sin que el mundo sepa lo que es hacer su voluntad aquí en la tierra, como lo es en el cielo a través del *'ejercito de salvadores'*. Pronto tendrá cumplimiento su oración. **"Venga tu reino. Sea hecha tu voluntad en la tierra, como en el cielo"** *Mateo 6:10.*

Escribamos en nuestra mente que **"El futuro de la sociedad está indicado por la juventud de hoy. En los jóvenes vemos a los futuros maestros, legisladores y jueces, los dirigentes y el pueblo que determinarán el carácter y el destino de la nación. Por lo tanto, cuán importante es la misión de los que han de formar los hábitos e influir en las vida de la generación que surge"** *Mente, Carácter y Personalidad,* Tomo 1, página 4.

Que hoy podamos ver la necesidad de *'recobrar'* lo que hemos perdido por casi seis mil años y aceptar la invitación que el cielo nos hace de ser parte del grupo de *"salvadores"* que el mundo pronto conocerá. **¡Dios te manda más obligaciones! ¡Te sorprenderás!, ¡cuando veas lo que Dios te exigirá!** Sé un salvador en Cristo Jesús, llevando agua de vida al que perece.

Para Reflexionar y aplicar

¿Qué fue lo que más te impacto de este capítulo?

¿Qué aprendiste en este capítulo que pondrás en práctica?

¿Cuál es el punto más sobresaliente que compartirás con otros?

¿Crees en las profecías?

¿Qué opinas de la obra misionera?

¿Crees que Dios tiene un plan para ti?

¿Cómo te vez cumpliendo el papel de hijo de Dios?

Explica en que te gustaría invertir tus dones, talentos y capacidades:

¿Quisieras ser un salvador con Cristo?

En que te comprometes servir a Dios y el salvar almas:

CAPÍTULO 28
¡NO ESQUIVES EL PRIMER ESCALÓN, SI DESEAS SER UN GRAN LIDER!

El otro día leía algo que me impresionó y llamó la atención; lo cual me llevó a examinarme como siervo de Dios, que creo que lo hará contigo también. La anécdota se refiere a alguien desconocido para la mayoría, alguien que no es conocido por su fama, pero lo que experimenté es algo que debe regirnos a todos.

Se cuenta que un hombre pasaba junto a una caseta de teléfono en una estación del ferrocarril, y oyó a un hombre de raza morena que estaba en conversación con alguien. Hola, ¿es usted la señora Rivera? Aparentemente la respuesta fue "sí". Señora Rivera, ¿necesita usted un chofer? Aparentemente la respuesta fue "no". ¿Está usted completamente satisfecha con el chofer que tiene actualmente? De nuevo la respuesta fue "sí". Está bien, señora Rivera. Adiós. Cuando el hombre moreno salió de la caseta, el hombre le preguntó: Pues, no conseguiste el trabajo, ¿verdad? Oh, - replicó el hombre moreno-, yo no estaba tratando de conseguir trabajo; ya lo tengo. Solo quería saber si mi patrona estaba satisfecha de mí.

De igual manera nosotros también debiéramos examinarnos a sí mismos y hablar con el patrón de patrones y saber si Dios está contento y satisfecho con nuestro servicio. La inspiración nos dijo, "El verdadero objeto de la educación es formar hombres y mujeres *idóneos para servir...*" Consejos para los Maestros, Padres y Alumnos, página 479.

Dios indudablemente desea utilizarnos en el plan de redención, pero como maestro primeramente desea enseñarnos el verdadero objeto de la educación celestial y esa no son órdenes para realizar grandes hazañas, ni para planear la manera que el mundo nos elogie. El resultado de la verdadera educación de Dios es para aprender a *'servir'* en la misión que Dios nos dejó. En la escuela de Cristo, el aprender a servir, es la primera lección. El que la aprende ha encontrado un tesoro inagotable de resultados extraordinarios. Así que para ser idóneos para la causa es necesario aprender a servir.

En este capítulo estudiaremos un ejemplo de la Biblia, que nos mostrará la primera lección que debe aprenderse si deseamos ser grandes líderes. Ésta la encontramos en la experiencia del joven Eliseo, aunque él llegó a ser uno de los grandes profetas de su tiempo, tiene doblemente el poder que tuvo el profeta Elías. Él comenzó su ministerio de una manera tan insignificante para el hombre, pero con mucho significado para el cielo.

"Elías partió de allí, y **encontró a Eliseo hijo de Safat, que araba con doce yuntas delante de sí…Pasó Elías ante él** y echó sobre él su manto" *1ª Reyes 19:20.* Es importantísimo notar que los que Dios ha llamado a ser parte de su causa, han sido personas que están ejerciendo alguna ocupación sencilla, pero muy importante para Dios, Por ejemplo: Moisés estaba cuidando las ovejas de su suegro, David cuidaba las de su padre, Pedro estaba pescando, Maria la hermana de Moisés cuidando un bebe. Eliseo estaba arando, no estaba ocioso, cuando nuestro Dios lo llamó al *'ministerio',* vio que era fiel en el trabajo que ejercía en su hogar. Por tal razón alguien escribió **"los líderes del mañana no nacen, sino se hacen."**

Eliseo también fue alguien quien había sido instruido a saber escuchar el llamado de Dios, porque cuando Dios lo llamó a través del profeta Elías **"…él dejó los bueyes, fue *corriendo* en pos de Elías"** *1ª Reyes 19:21.* Otro principio que aquí hay, es que cuando los que aceptan el llamado, no importa lo que estén haciendo, ellos saben que esa es la oportunidad de su vida, ser parte de la empresa más grande que jamás haya existido. Esto hombres bajo la dirección de Dios, corren *"dejan sus bueyes"* o sea su ocupación por seguir al Eterno, como Eliseo. Nada les importa más que seguir a quien les ha llamado, esperando nuevas órdenes.

Algo más a notar en la experiencia de Elíseo es que, aceptó el llamado, pero pidió lo siguiente: "**Te ruego que me dejes besar a mi padre y a mi madre, y en seguida te seguiré**". Elías replicó: "Ve, vuelve" *1ª Reyes 19:21*. Que lección, este joven era temeroso de Dios, alguien que entendía lo que era honrar a sus padres en todo tiempo. Querido joven recuerda siempre estos principios del tipo de jóvenes que nuestro Dios está buscando. Si deseas seguirle, empieza en casa, realizando cosas insignificantes, respetando y honrando a tus padres como el joven Elíseo.

Había algo más en esta experiencia, el joven estaba siendo probado, "Elías respondió: "Ve, vuelve: ¿qué te he hecho yo?" *(1ª Reyes 19: 20, 21)*. "**No dijo esto para rechazarlo, sino para probar su fe. Elíseo debía tener en cuenta el costo, decidir por sí mismo si quería aceptar o rechazar el llamamiento...Pero el joven comprendió el significado del llamamiento. Sabía que provenía de Dios, y no vaciló en obedecer.**" Profetas y Reyes, página 164. Así fue como Dios llamó y probó al joven Elíseo, estuvo dispuesto a abandonar todo aquello que amaba, por seguir al Eterno, al punto que no le importó esquivar el primer escalón que lo llevaría a ser un gran mensajero, un profeta único. Sin vacilar "Elíseo... **Después se levantó, fue tras Elías** *y le servía*" *1ª Reyes 19:21*. En esta sección éste es el punto que deseo resaltar, cuando Elíseo comenzó su ministerio dejando todo, '*sirviendo a Elías*', no como profeta, sino como '*siervo*', he aquí el primer escalón para llegar a ser un gran líder en la causa de Dios.

"Lo que al principio se requería de Elíseo ***no era una obra grande, pues los deberes comunes seguían constituyendo su disciplina***" *Profetas y Reyes*, página 166. Vemos que lo solicitado al principio no fue algo grande, sino era algo que tenía que ver con los deberes comunes que seguían siendo su escuela de preparación y disciplina, que lo llevaba a ser cada vez más apto para la causa. "**Se dice que derramaba agua sobre las manos de Elías, su maestro. Estaba dispuesto a hacer cualquier cosa que el Señor indicase, y a** *cada paso aprendía lecciones de humildad y servicio*" *Profetas y Reyes*, página 166. Joven, aquí es donde empiezan todos los que desean seguir a Dios, en los deberes más sencillos, si hay algo que los jóvenes de hoy necesitamos aprender es está lección, si es que deseamos tener parte en la obra final en nuestra generación. Eliseo "Como ayudante personal del profeta, continuó demostrándose **fiel en las cosas pequeñas, mientras que con un propósito que se iba fortaleciendo con el transcurso de cada día, se dedicaba a la misión que Dios le había señalado**" *Profetas y Reyes*, página 166.

¿Cómo empezó este joven sus clases? No solamente se nos dice que en el cumplimiento de las cosas pequeñas, sino que era fiel al realizarlas, y así se fortalecía y preparaba cada día para la misión que le esperaba. Joven, ¿deseas cumplir tu misión en este tiempo? Ya sabes dónde debes empezar, sí en las *'cosas pequeñas'*, sirviendo fielmente en ellas, eso te hará grande ante el cielo y finalmente en la obra actual.

En breve te contaré, que no se debe esquivar el primer escalón del servicio que nos llevará lejos, no importando lo insignificante que parezca.

El otro día mientras viajaba de Nicaragua a Costa Rica me encontré con un muchacho que estaba vendiendo dulces, chicles y empanadas. Hizo todo para que le comprara y eso me permitió recordar mi pasado. Me contó su historia y la alegría que le daba vender una empanada. Una empanada que vendía era la señal de que ese día podría ir a escuela, si no vendía no tendría para el pasaje, ni para otras cosas. ¡Tenía que vender! El gozo que manifestó cuando le compraba me impresionó, pero más la manera en que vendía, aunque eran sólo dulces, chicles y empanadas, lo hacía con una elocuencia y dignidad que era de admirar. Mientras hablaba con él animándolo a seguir y que de ninguna manera esquivara ese escalón de la vida, pues él había nacido para servir y no para darse por vencido, logrando eso, llegaría a ser grande en la vida. Alguien interrumpió la plática diciendo, 'muchacho él (yo) tiene razón'.

La persona que interrumpió decía, -'Cuando yo era pequeño me quejaba del porqué éramos pobres, pero un buen día comprendí que la pobreza no era un destino, sino una decisión. Entendí, que los grandes hombres, líderes y empresarios no nacen, sino se hacen. Aprendí la lección que, "el que trabaja progresa". Mi padre siempre decía: 'Hijo el sudor es pariente de esfuerzo y padre del éxito. Oh recuerda que el servicio en las pequeñas cosas que parecen insignificantes, más aun sin recibir pago, es lo que te abrirá el mundo del progreso'. No contando con nada, empecé vendiendo mangos en las calles de San José Costa Rica, aún siendo niño; cuando llegue a ser joven vendía arroz con leche, el cual yo mismo cocinaba. Todo eso me colocó y me preparó para llegar a donde estoy, hoy tengo mi propia empresa y ahora yo soy el patrón, viajo por todo Centro y Sur América. ¡Tú puedes muchacho, dame una empanada!'- dijo el que interrumpió.

Mientras el terminaba, otra persona se unió a nuestra conversación contando cómo es que él sufrió, pero pudo estudiar. Contaba que su padre era zapatero y él su ayudante. Su padre quizás no fue más que un zapatero, pero le dejó el legado más grande, el ejemplo de servicio, y no le importaba a quien, así aprendió a servir, aunque comenzó su carrera en una humilde zapatería. Servir a otros le proveyó el patrocinador que le ayudó con todos los gastos de sus estudios. Su situación lo llevó por muchos días a ser ignorado por sus amigos y compañeros de escuela, pero él fue fiel a las cosas pequeñas que su padre le enseñaba, lo cual lo llevó a ser esforzado, no importando quien llevará el crédito. Hoy es un catedrático en unas de las universidades de Nicaragua.

Jóvenes no debemos evadir más las responsabilidades pequeñas, son ellas las que el cielo utiliza para prepararnos para algo grande. No pienses que lo harás por el pago, sino por lo que te espera después de ello, como con Elíseo. Recuerda siempre este principio divino, *'todo empieza sirviendo'*. Antiguamente se dijo; **"Los jóvenes necesitan prepararse** *para servir*" *Consejos para los Maestros, Padres y Alumnos,* página 494.

Llegué a entender que el descuido de la preparación y el no saber *'servir'* me estaban alejando del privilegio de ser educado para la obra actual. No hay obra más noble a la cual podemos dedicarnos con todos nuestros talentos, que el de rescatar a nuestros propios compañeros que perecen en este turbulento mar. La siguiente cita corrigió en mí el falso concepto de la generación presente, que en vez de servir, de alguna manera se nos ha inyectado la idea que nos tienen que servir para poder servirles o amar para que amemos, pero

Dios dice: "*Las personas que no ven sus necesidades de servir a Dios en las cosas pequeñas, realizando tareas humildes, ofrecen evidencias inconfundibles de que no están capacitadas para servir en las responsabilidades mayores.* **Al descuidar el servicio humilde y considerar que no es esencial, demuestran que no se les pueden confiar mayores responsabilidades**" *Cristo Triunfante*, página 171.

Por eso hoy tenemos la más alta necesidad de aprender de Elíseo, quien fue un tipo. Se dijo de Jesús: "Quien, aunque **era de condición divina**, no quiso aferrarse a su igualdad con Dios, **sino que se despojó de sí mismo,** *tomó la condición de siervo*, y se hizo semejante a los hombres" *Filipenses* 2:6, 7. Te pregunto querido joven ¿de qué manera empezó Cristo a restaurar y salvar a la humanidad? De acuerdo a lo que acabamos de leer, Jesús, despojándose de todo lo divino para ser ahora hombre, y hecho HOMBRE ocupó el puesto que la mayoría odia ser, se *"hizo siervo"*. Sí, Cristo siendo Dios, no le importó llegar a ser primeramente *'siervo'* para poder salvarnos, ¿nosotros quiénes somos para no seguir su ejemplo?

Sin embargo, "**Hay muchos que profesan ser cristianos y no están unidos con Cristo. Su vida diaria, su espíritu, dan testimonio de que Cristo, la esperanza de la gloria, no mora en ellos. No se puede depender de ellos ni confiar en ellos. Están ansiosos de reducir su servicio al mínimo esfuerzo, y al mismo tiempo obtener el máximo de bendiciones.** *El nombre "siervo" se aplica a todos los hombres, pues todos lo somos, y nos convendrá ver a qué molde nos conformamos. ¿Es el de la infidelidad o el de la fidelidad?* Mensajes para los Jóvenes, página 227.

Por naturaleza a nosotros no nos gustar servir y es por eso que esto es un principio divino que vino a ser ejemplificado en la persona de Cristo. Hoy necesitamos incorporar en nosotros esa actitud, si deseamos llegar a ser como Jesús, líderes de la humanidad, salvando al perdido, sirviendo al necesitado. Esto es un asunto de todos los días, diariamente en las acciones pequeñas que se demuestra, pero ¿hasta que punto nos llevará a ser como Eliseo o Jesús, un verdadero siervo? Veamos a Jesús. Al tomar la condición de hombre, "**se humilló a sí mismo, y se hizo obediente hasta la muerte, y muerte de cruz**" *Filipenses 2:8*. Aquí es donde honestamente tengo un problema conmigo mismo, me pregunto ¿cuán verdaderamente estoy dispuesto a dar mi vida como lo hizo mi Salvador, por los otros como un verdadero siervo? ¿Te has preguntado esto alguna vez? ¿Cuán dispuesto estoy en ser de verdad un siervo como Jesús y dar mi vida por los demás?

Te imaginas si tenemos problemas con servir y cumplir alegre y fielmente en las cosas pequeñas, ¿qué será con las cosas mayores y sobre todo si tendríamos que dar la vida por alguien? No estoy diciendo dar la vida para salvar a alguien de sus pecados, pues ese trabajo de salvación sólo en Cristo lo puedo haber hecho, sino ¿estoy dispuesto a empezar donde Dios quiere que empiece a 'servir' y si fuera su voluntad dar mi vida por otros? Aquí es donde encaro mi propio egoísmo con la siguiente amonestación: "**Si alguno viene a mí, y no aborrece (poner en segundo lugar) a su padre y a su madre, a su esposa y a sus hijos, a sus hermanos y hermanas,** *y aun a su propia vida, no puede ser mi discípulo*. "**El que no carga su cruz y viene en pos de mí,** *no puede ser mi discípulo (siervo)*" *Lucas 14:26, 27*.

Esto no nos está pidiendo que ignoremos o descuidemos a nuestra familia, sino que, al colocarlos a ellos y nuestra propia vida en primer lugar, nos impide totalmente llegar a ser verdaderos siervos (discípulos) en su pleno significado. "Muchos sienten el anhelo de poseer algún talento especial para hacer una obra maravillosa, **mientras pierden de vista los deberes que tienen a mano, cuyo cumplimiento llenaría la vida de fragancia**…El éxito no depende tanto del talento como de la energía y de la buena voluntad…**Las tareas más comunes, realizadas con una fidelidad impregnada de amor, son hermosas a la vista de Dios**" *Profetas y Reyes*, página 164.

Querida juventud, reconozcamos que la visión que hemos tenido, de llegar a ser grandes a la vista de Dios y del hombre es diferente a lo que el cielo nos presenta. Nunca es tarde para comprenderlo. Dios nos ha permitido llegar hasta aquí, porque él sabe que muchos de nosotros deseamos ser sus siervos, verdaderos discípulos. Pues bien, hoy él nos dice dónde empezar. Hasta que no comprendamos esto, no estaremos caminando en el camino del verdadero servicio a Dios, **"haya pues en vosotros este sentir que hubo también en Cristo Jesús"** *Filipenses 2:5.* Una vida de servicio abnegado.

Así que los que deseamos entender esto en su verdadero margen se nos dice: "Únicamente los que estiman las Escrituras...*Abren su entendimiento a la instrucción divina, y oran por gracia, a fin de obtener una preparación para servir*" *Consejos para los Maestros, Padres y Alumnos,* páginas 434-435. Con esto vemos que todos los que desean llegar a ser algo grande en el plan del Señor para la humanidad, no deben esquivar el primer escalón que los elevará al puesto que les espera, como en el caso del joven Elíseo, antes de ser uno de los más grandes profetas fue primeramente *'siervo'* Jesús mismo se despojó de su gloria, dejó de ser Dios para hacerse *'siervo'* y de allí llegó no sólo a rescatar al hombre, sino, hasta la salvación está a alcance nuestro.

Esta es una de las lecciones más grande que debemos aprender. Saber que hay que ser siervos antes de querer ocupar un alto puesto y esto como hemos visto es empezando con las cosas pequeñas no importando a quien sirvamos y donde estemos. Las palabras de Cristo diría así: **"Humillaos ante el Señor, y él os exaltará"** *Santiago 4:10.* Ser siervos primero, luego él se encargará de engrandecernos.

Pero Jesús los llamó, y les dijo: "Sabéis que los que son tenidos por gobernantes de las naciones, se enseñorean de ellas, y los grandes ejercen autoridad sobre ellas. **"Pero entre vosotros no será así.** *Antes el que quiera ser grande entre vosotros, sea vuestro servidor.* **"Y el que quiera ser el primero,** *sea siervo de todos.* **"Porque el Hijo del Hombre tampoco vino para ser servido,** *sino para servir, y dar su vida en rescate por muchos*" *Marcos 10:42-45.* Sabes, Jesús jamás hubiera dicho esto, si sus discípulos no hubieran tenido la necesidad de ser primeramente siervos antes de ser los grandes líderes que fueron ante el pueblo, y hoy ante todo el mundo. Jóvenes no será que nosotros hemos estado de lado de Jesús tantos años y como los discípulos, aún no hemos aprendido la lección, de ser siervos primero. Ten cuidado, podemos estar por mucho tiempo junto a Cristo sin haber tenido un cambio total. Como Judas, somos tocados, pero no transformados y no hacemos más que reconocer que estamos mal y que no hemos avanzado sin hacer nada por cambiar. Debiéramos examinar nuestro proceder, no sea que tengamos que aprender esta lección como los discípulos. Pregunto, ¿seguirás peleando por ser el primero en todo? O ¿retener algún puesto en la iglesia porque crees que eres el mejor de todos o el único? Si quieres ser grande, recuerda que todo empieza por ti, *¡siervo, sirviendo a todos como Cristo!*

"**Porque el que estima de sí que es algo, no siendo nada, a si mismo se engaña**" Gálatas 6:3. El principio básico del cielo es servir, por lo tanto viene a ser el primer escalón para poder llegar a ser como él en carácter, servir como él sirvió. Porque "**El que dice que está en él, debe andar como el anduvo**" *1ª Juan 2:6*. Por eso, querido joven "**servid al Eterno con temor y alegraos con temblor**" *Salmos 2:11*. Quizás hemos estado sirviendo de una manera equivocada, no hay problema, si estamos dispuestos como los discípulos a reconocer nuestro mal, Jesús hará por nosotros todo lo que tenga que hacer para que seamos salvos del orgullo, egoísmo, envidia, ambición, y todo lo que nos aleje de ser sus verdaderos siervos.

"**...así, ahora presentad vuestros miembros** *para servir a la justicia, que conduce a la santidad*" Romanos 6: 10. Por eso: "**Los que hayan tenido comunión con Cristo en el aposento alto,** *saldrán a servir como él sirvió*" El Deseado de Todas las Gentes, página 607. Con un alto deseo de pasar el primer escalón de la escalera que nos lleva a ser verdaderamente grandes líderes como lo fue Jesús y Eliseo en la obra de nuestro Dios, nosotros también debemos realizar grandes hazañas.

Que Dios pueda decir de ti y de mi "*...**tú mi siervo eres. Yo te formé. Siervo mío** eres tú...no me olvides. Yo deshice como a nube tus rebeliones, y como a niebla tus pecados. Tórnate a mí, porque yo te redimí, Oye **tu siervo, quien yo elegí**" Isaías 44:1,21-22.* "**Si estamos consagrados a la causa de la humanidad, pronto estaremos aplastados y acongojados porque con frecuencia** encontraremos más ingratitud en los hombres que la que encontraríamos en un perro. Pero si nuestra motivación es el amor a Dios, ninguna ingratitud podrá impedirnos *servir* a nuestros semejantes" - Oswald Chambers.

Desde hace muchos años conozco una mujer que desde pequeña sufrió las consecuencias de la pobreza, debido a esto desde muy pequeña empezó a trabajar en un comedor de su vecindad. Sus manos testifican de ello. Así vivió por muchos años, sin poder ir a la escuela como otros niños, aprendió a leer por su propio esmero. Por su buen trabajo y servicio logró escalar momentos difíciles, regalándole el privilegio de llegar a ser una mujer dichosa. Cuando vino a ser joven conoció a un misionero con quien se casó. Su espíritu servicial no evitó la pobreza. Continuamos siendo amigos.

Cuenta ella que si no hubiera a aprendido a vivir con lo que poseía, la primera noche de boda se hubiera divorciado, debido a que si no le hubiesen regalo cobijas hubiera dormido en el suelo, sin ellas. La pobreza la llevó a vender dulces hechos por ella misma en la calle de su casa. Años más tarde llego a tener su propia tienda de comestibles y aunque la vida le ha dado muchos reveses, ella siempre es servicial, fiel a las cosas pequeñas le han abiertos muchas puertas para un mejor futuro. El regalo más grato que pudo haberle dado la vida es ver a sus hijos en el cuadro de honor en la escuela, y que la llaman la gente sus hijos bienaventurada.

Por haber cumplido el deber más pequeño y haber servido con alegría al mundo que le rodeaba, actualmente es propietaria de un restaurante. Esta gran mujer es mi madre y de ella herede el don del servicio, cuyo don me ha llevado a la posición que poseo actualmente.

Siempre mantengamos en mente que lo que podemos hacer por Cristo, es la prueba de cuan dispuestos estamos de *"servir"*. Lo que podamos sufrir por Él, es la prueba de nuestro amor. Líderes verdaderos no se encuentran ociosos, sino sirviendo. ¡No esquivemos el primer escalón, el servicio nos llevará a ser grandes líderes del mañana, subamos ese escalón!

Para Reflexionar y aplicar

¿Qué fue lo que más te impacto de este capítulo?

¿Qué aprendiste en este capítulo que pondrás en práctica?

¿Cuál es el punto más sobresaliente que compartirás con otros?

¿Has pensado ser famoso, grande y respetado?

¿Cuál es el camino que debes recorrer para ser famoso y grande en la vida?

¿Te consideras una persona servicial?

¿Te molestar servir a otros o te fascina?

En que te comprometes servir de ahora en adelante para ser prosperado por Dios: ¡Se específicó!

CAPÍTULO 29
¡LA INTEGRIDAD PROBADA!

Es con vergüenza que escribo este capítulo porque sé que no soy digno de hablar de tal tema. ¡Integridad! ¿Quién la tiene? ¿Quién puede decir yo soy íntegro sin remordimiento? Sin embargo, es mi deseo que el tema llegué cada vez más a ser una realidad en mí, mientras vivo y maduro en la vida espiritual. Muy triste es ver a tantos cristianos en esta situación, sin palabras y sobre todo sin *'integridad'*.

Los padres creerían que es una gran calamidad tener hijos mudos. Pero, ¿has pensado alguna vez en los muchos hijos mudos que tiene Dios, especialmente en lo que concierne a consagración, pureza e integridad? Tristemente las iglesias están llenas de ellos. Nunca hablan de Cristo, más que en él todo está hecho por ellos. Pero cuando se trata de vivir su *vida integra*, son pocos los que lo predican con su testimonio, los demás se quedan mudos.

David escribió **"El Eterno...*No quitará el bien a los que en integridad andan"*** Salmos 84:11. Es el plan de Cristo darnos de los tesoros del cielo y no quitárnoslos, pero hay un precio para ello que se llama integridad. Sabemos hablar de música, profesiones, deportes, política, películas etc. Entre las mujeres y varones jóvenes; hablamos con autoridad de la moda de la época, de la canción que está tocando la radio, la película o novela del día; pero no tenemos nada que decir acerca del hijo de Dios, especialmente de su pureza e integridad, con la cual pudo representar a su Padre como hombre, en este mundo tan perverso.

Muchos de nosotros cuando es probada la *'integridad'* que profesamos, nos quedamos mudos en el momento de la tentación, se nos olvida que hablamos. Yo mismo me he quedado mudo ante mil tentaciones, manchando la 'integridad' que profeso. Pero a la vez es con agradecimiento que escribo este capítulo, no con orgullo porque sé que he sido en este asunto el primero en fallar a la integridad, en otras palabras, a Cristo.

Deseo que sea el cielo quien nos lleve a *hablar* en el momento en que nuestra integridad es probada. Alguien decía que, *'cuando uno tiene que tomarse su propia medicina, la cuchara parece muy grande'*. La realidad es que muy pocas veces nos hemos mostrados fieles a nuestra integridad, cuando somos probados. Aceptar esa cuchara requiere de honestidad y disposición a cambiar.

En años pasados, mi integridad fue probada y fracasé, en situaciones grandes y pequeñas. También he aprendido que cuando alguien tiene una gran misión de parte de Dios que cumplir, el enemigo *siempre* está buscando como derrotarnos. A él no le importa que quebrantemos toda nuestra integridad, él vive feliz cuando la manchamos. Algo que casi siempre sucede es que cuando se empieza a progresar y tener éxito muchos nos olvidamos de Dios; corremos el riesgo de empezar a confiar en nosotros mismos y nos olvidamos de todos los obstáculos y las tantas veces que fuimos en oración a pedirle la mano al Eterno para que nos ayudara y guiara, pero todo esto ahora ha desaparecido, descuidado y olvidado.

Creo honestamente que la juventud tiene que cuidarse de esto, porque cuando todo pareciera ir de maravilla, tanto la historia y experiencia ha demostrado que es exactamente allí donde la prueba viene, la integridad de los que profesan ser siervos de Dios y sean probados.

Veremos todo esto claramente expresado en la experiencia de José como mayordomo de una de las empresas más grande de Egipto. "Y Potifar dejó todo lo que tenía en mano de José, y no se ocupaba de nada más que del pan que comía. **Y José era de hermoso semblante y bella presencia**" *Génesis 39:6*. Cuando fue *puesto todo* en las manos de José, la palabra afirma que él era **"de hermoso semblante y bella presencia"**. ¿Por qué se dijo esto de José aquí y no en otra parte de su experiencia? Para dejarnos una gran lección que cuando todo parezca ir bien, vendrá la prueba para ver si estamos listos a dar otro paso en la agenda de Dios. Le llegó el momento a José de ser puesto en el horno de prueba, que lo puliría para un puesto más alto.

Era físicamente hermoso y contaba con cualidades que hacían de su presencia en cualquier lugar, algo deseable. ¿Por qué atraía a todos? porque el Señor lo prosperaba en todo y no había nada que hiciera sin ser bendecido, aquí fue donde el enemigo de las almas, al ver que en nada había podido distraerlo o hacerlo caer, se propuso usar una de sus estrategias que casi nunca le ha fallado, pocos son los que han podido resistir; fue una mujer la que ahora empezó a usar el enemigo para seducirlo y ver si lo hacía caer. Es importante ver que esta prueba en su vida, no vino por estar de ocioso, como el caso de Sansón, David y Salomón, sino mientras cumplía fielmente sus deberes diarios ante su amo terrenal y celestial.

La historia dice que en el momento inesperado, **"Después de esto**, la esposa de su amo puso sus ojos en José, y le dijo: *"***Duerme conmigo"** *Génesis 39:7*. Querido joven, estudiemos esto con mucho cuidado pues tiene varias lecciones para nosotros. Las primeras palabras del versículo dicen, *"después de esto"*, pregunto ¿después de qué? Después de lo que antecede al versículo 7. Leamos qué había sucedido antes del versículo 7. "**Y el Eterno estuvo con José y fue prosperado en todo lo que hacía. ... el Señor lo prosperaba...Y Potifar lo nombró mayordomo de su casa... Y desde que le encargó su casa y todo lo que tenía, el Eterno bendijo la casa del egipcio....La bendición del Señor..."** *Génesis 39:1-6*. Fue después de *todo esto* que le sorprendió el artero enemigo.

Cuando todo estaba floreciendo en su vida espiritual y material la prueba de su integridad vino. **"El Señor prosperó a José, pero junto con su prosperidad vino también la adversidad más funesta"** *Cristo Triunfante*, página 98. Hemos encontrado lo que había acontecido antes que se escribiera que 'la **esposa de su amo puso sus ojos en él'**, y no sólo eso, sino que le dijo: **"Duerme conmigo"** *Génesis 39:8*. La tentación llegó cuando estaba en plena prosperidad, fue aquí donde fue nuevamente probado de una manera muy severa, la inspiración le llama, 'la adversidad más funesta'. Pregunto joven, ¿estaba él buscando ser tentado? ¿Fue él, el que dio lugar a la tentación? He aquí la diferencia a ser tentado o provocar la tentación, la Biblia claramente dice que *ella*, "puso sus ojos en José", no él en ella, diciéndole "duerme conmigo".

La inspiración comenta que "**La esposa de su amo era una mujer licenciosa**, cuyos pasos se apresuraban al infierno. **¿Habría José de ceder** el áureo patrimonio moral de su carácter **ante la presión seductora de una mujer corrompida?** ¿Recordaría que el ojo del Señor estaba sobre él?" *Cristo Triunfante*, página 98.

Esta mujer como vemos era una licenciosa, estaba enferma moralmente ¿qué mejor instrumento para el enemigo contra este joven inocente, quien buscaba ser fiel a su Dios ante toda una nación? Si no viera como hoy veo las cosas, diría como muchos jóvenes ¡qué oportunidad! Pregunto ¿cómo actuaríamos en una circunstancia como esa? O quizás tendría que preguntar, ¿cómo hemos actuado en situaciones similares? ¿Nos han provocado o hemos provocado? José fue lo suficiente firme, fiel y maduro para que se dejara escrito, **"Pero él no quiso..."** *Génesis 40:8*.

Permíteme contarte lo que a mí me sucedió. Un día estando en el negocio de mi padre, conocí a una muchacha que sin titubeo me sugirió que me acostara con ella, pensé que estaba bromeando, pero no, estaba hablando en serio. ¿Crees que huí de la tentación? No. Caí. No me da vergüenza contarte esto porque mi pasado esta lavado en la sangre de Cristo Jesús, y él me ha dado una nueva experiencia. En esa y muchas otras ocasiones en que fui probado resbale. Dios hace todo para que sepamos el bien y el mal con el deseo que resistamos.

Una de las lecciones importantes en la vida de José es que entendamos que la decisión de ceder o no, fue de él y no de Dios, quien lo estaba prosperando. Cuando dice **"y él no quiso"** muestra que como joven y hombre luchó, peleó contra su propia voluntad y pasiones pues no era de hierro, sin embargo *'la firmeza a su integridad'* con la cual había peleado hasta aquí se estaba fortaleciendo para esta gran tentación. Aquí su *"firmeza contra lo malo floreció"* llevándolo a decir, "... **¿Cómo, pues, haría yo este gran mal, y pecaría contra Dios?"** *Génesis 39: 9*. ¡Qué joven!

pudo resistir, respetar y honrar al Eterno con su integridad, diciendo en alta voz, –"**como pues haría yo este gran mal y pecaría contra Dios**".

Llegó a la iglesia un cantante joven muy importante en Guatemala. Participó en el servicio y su manera de cantar fue extraordinaria. Días después de conocerlo nos encontramos en la ciudad con otros amigos. Nos saludamos, bromeamos y cuando estaba a punto de despedirse nos preguntó '¿alguno por casualidad conoce un bar en esta ciudad?' le pregunté ¿Qué? Él me contestó, 'bueno quiero una mujer'.- Le dije ¿Estás bromeando, verdad? Aunque yo era tremendo me sorprendió lo que estaba escuchando y después de hacer un par de chistes, uno de mis amigos (todos cristianos) le dijo que sí conocía algunos. Todos empezamos a dirigirnos hacia ese lugar. No podía creer que el cantante, a quien toda la iglesia le había dicho "Amén" por la manera en que cantó, estaba buscando un bar y mujeres.

Cuan fácil recuerdo haber cedido con el resto de mis compañeros a la propuesta del amigo cantante. Nuestra integridad como jóvenes cristianos fue probada y fácilmente tropezamos. Aquí vemos dos situaciones en un joven, buscando la tentación y otros cediendo a ella. A pesar de nuestro pasado sé que aún así por su misericordia y amor, Dios está dispuesto a enseñarnos a decir como José *"… como haría este gran mal y pecaría contra mi Dios".* Los años han trascurrido y puedo decir que se puede aprender ese lema. Honestamente te digo que no ha sido nada fácil, pero es posible por la gracia de Dios, he podido vencer muchas cosas y muchas más me quedan por superar.

José era como tú y yo, humano, nacido en pecado, lleno de pasiones como nosotros. Sepamos que la tentación no es pecado, pero el ceder a la tentación sí lo es. José lo sabía bien, entendió que ceder involucraba, no ser firme contra la tentación presentada en bandeja de oro. Pero él dice: ¿cómo pecaría contra Dios? Así honró también a su amo quien tanta confianza le había dado y no lo iba a traicionar por nada.

Amigos no sé cómo hemos sido tentados, pero me gustaría que evaluáramos nuestra historia en la tentación con la experiencia de este joven. **"¡Qué diferencia hay entre el caso de José y el de los jóvenes que se aventuran en terreno del enemigo, exponiéndose a los fieros asaltos de Satanás!"** *Cristo Triunfante*, página 98. Pregunto ¿Con qué propósito sucedía esto en la vida de José? Contesta la inspiración. **"Pero la fe e integridad de José habían de acrisolarse mediante pruebas de fuego"** *Patriarcas y Profetas*, página 216. Esta era la razón principal del por qué Dios permitió esto, '*la fe e integridad*' de José fue purificada hasta lo máximo. Aunque el enemigo quiso con esto destruir al joven, Dios lo bendijo con el triunfo.

Jóvenes ¿cómo enfrentamos nosotros hoy todas aquellas cosas (tentaciones) que Dios *permite* para probar nuestra integridad hacia él y hacer crecer nuestra fe? Dios permita que la prueba pueda acrisolar nuestra integridad. **"¿Por qué nuestros jóvenes, aún los de edad madura, son tan fácilmente inducidos a la tentación y al pecado? La razón está en que no se estudia la Biblia ni se medita en ella como se debe.** *Consejos para los Maestros, Padres y Alumnos*, páginas 427, 428.

Preguntamos joven, ¿Qué pensamiento viene a nuestras mentes cuando somos tentados de victoria o sometimiento? Recuerda que el enemigo hará todo lo que tenga que hacer para hacerte caer y tú 'integridad' así sea derrumbada o por lo menos manchada.

Si hay algo que odia el enemigo, es vernos vencer la tentación, bajo cualquier presión desea destruirnos. ¿Crees que él le hubiera tentado en esta área si él (José) no hubiese estado peleando contra ello? Claro que no, pienso que como joven era una de sus grandes luchas, y debilidades. Piensa, él enemigo sabiendo el tipo de joven que era no le iba a tentar con algo que le era fácil vencer, sino con su lucha más grande. Creo que todos luchamos con diferentes tentaciones. Puede ser los deseos carnales, la comida, moda, música, el dinero, las mentiras o quizás con el vicio de la masturbación. Bueno tú sabes tú lucha y tus debilidades de las cuales debes con la ayuda de Dios cuidarte y triunfar.

En mi experiencia como joven recuerdo haber caído muchas veces en pecado deliberadamente. ¿Tal vez tú dirás de que está hablando esté aquí? Bueno te estoy hablando de una realidad que yo vivía y que viven muchos jóvenes cristianos. Esa era mi situación. ¿Cuál es la tuya? ¿No es cierto que hay cosas que solo tú sabes que está comprometiendo la fidelidad a Dios?

Otras ocasiones no deje ir las oportunidades que el mal me presentaba. No conocía lo que era integridad y si me visitaba la ignoraba. Jugué con el pecado y lo peor es que quienes participaban conmigo eran jóvenes que profesaban ser cristianos y sin embargo terminábamos diciendo que éramos débiles y por lo tanto resistir era un imposible para nosotros excusa satánica. Después de todo nuestro Salvador nos amaba y perdonaba, es cierto él lo hace, pero nosotros usábamos su amor para cubrir nuestros horrendos pecados. Es posible que muchos se disgusten por lo que digo aquí pero dime, ¿no hay necesidad de hacer un llamado a nuestra juventud a que logremos la experiencia de José, victoria sobre el pecado? La intención de aquí es decirte que hay ayuda divina para lograr victoria, hay esperanza para el caso más desesperante.

Te cuento que muchos caemos en la tentación fácilmente, espero que no te desanimes sino que pueda junto a ti exaltar el poder salvador de Dios. Que nuestro testimonio pueda mostrar que el poder de Dios es suficiente para transformar. Te lo dice alguien que nació y vivió todo esto en la misma iglesia y en la situación más desesperante, él me dijo que podía cambiar.

Todo el que quiere cambiar puede, sin embargo debemos comprender que tiene que ser de la manera señalada por Dios. Todo tiene consecuencias y las sufro hoy por mi manera sucia de vivir el cristianismo pasado. No culpo a nadie, pues creo honestamente que yo mismo elegí vivir así. Hoy alabo a mi Salvador por darme el privilegio de haber visto mi condición, buscando una nueva vida, un nuevo nacimiento y jamás dudó en dármela. Ésta es la razón que estoy aquí para decirte que cualquiera sea tu mal, tu lucha y conflicto el cielo está dispuesto en darte una oportunidad más para exaltar tu integridad pisoteada. Hay esperanzas querida juventud. Si no me crees estudia la vida de María Magdalena o la de David y sobre todo la de Salomón.

Yo no sé tus luchas, pero sí sé que tú 'integridad' será probada también. Tú conoces tu debilidad y allí te atacará, por eso no importando nuestra condición espiritual o material, si has tomado la decisión de consagrarte a Dios con todo corazón, ten por seguro que la prueba vendrá, por esto mismo comparto te escribo esto para que no caigamos en el pensamiento de que todo está bien y de esta manera caer en el campo de encantos del enemigo. En otras palabras huyamos de la ociosidad, y aún así verás que como José que no era ocioso, cumplió fielmente nuestros deberes ante Dios y el hombre. La prueba vendrá, como con José, nuestra *¡integridad será probada!*

Debemos con la fortaleza del Eterno vencer, no importando la tentación, recuerda que no tiene que venir como le sucedió a José, pues cada quien tendrá que *luchar en sus debilidades*. La pregunta es ¿cuáles han sido los resultados contigo y conmigo cuando la tentación nos ha visitado? Dios permita que en cada tentación que enfrentamos podamos usar las palabras que dijo el joven que venció, **"¿Cómo, pues, haría yo este gran mal, y pecaría contra Dios?"** *Génesis 40:9*. Debido a mi manera de vivir en el pasado, hoy sufro tantos males, pero gracias a nuestro Dios, él me ha ayudado a vestirme con la Palabra y la experiencia para hacer de mis fracasos un joven fuerte en el Señor, creciendo en *integridad*, **"Ahora veo que el Eterno guarda a su ungido (a ti, a mí). Óiganlo desde los cielos de su santidad. Con la fuerza de la salvación de su diestra... ellos, arrodillaron, y cayeron (los que no quieren reconocer su condición, ni buscan la ayuda divina para levantarse); Mas nosotros nos levantaremos, y estaremos en pie"** *Salmos 20:6-8*.

Hagamos de este salmo nuestro lenguaje en el momento de tentación. Mientras el enemigo nos presenta sus tentaciones o nuestros propios impulsos y deseos nos, gritemos en lo más profundo de nuestros corazones, **"detén, así mismo a tu siervo de las soberbias (pecados); que no se enseñoreen de mí. Entonces seré íntegro, y estaré limpio de gran rebelión"** *Salmos 19:13*.

Sabes, no importa lo que fuimos, o en que hemos caído, lo que sí importa es que deseamos de ahora en adelante. Saber cómo enfrentar la prueba que ya llegó es una educación noble de alcanzar. Hagamos de nuestro presente, un honor a nuestro Dios. Integridad probada, no es integridad caída ni mucho menos comprometida.

Para Reflexionar y aplicar

¿Qué fue lo que más te impacto de este capítulo?

¿Qué aprendiste en este capítulo que pondrás en práctica?

¿Cuál es el punto más sobresaliente que compartirás con otros?

¿Cómo has enfrentado las tentaciones en tu vida?

¿Las tentaciones te vencen o vences?

¿Qué otras palabras describen el mismo significado de Integro?

¿Eres una persona de decisión o eres fácil de suceder al mal?

¿Te comprometes hoy afirmar tu posición en contra del mal, pecado?   SI   Lo Pensare   No

CAPÍTULO 30
FUERZA DE VOLUNTAD

Alguna vez te ha tocado negarte al pastelito que aunque es rico al paladar tu salud dice que es tu muerte. Siempre será una tentación. ¿Qué sucede con la tentación cuando se resiste? ¿Se aleja la tentación? Contestémosla con la experiencia de José **"Pero ella hablaba a José *cada día*,** y él no consintió en acostarse con ella, ni aun en estar con ella" *Génesis 39:10.* Esto nos enseña que la tentación no huye cuando es primeramente resistida, encontramos que José siguió siendo tentado por la mujer día tras día, no sólo insinuándole, sino diciéndole claramente que se acostara con ella, que cediera. Nota que todo el asunto no empezó proponiendo eso, trato primeramente de seducirlo, *'poniendo sus ojos en él'*.

Esto fue algo que ella estaba pidiendo todos los días, me muestra que la tentación llegará de una manera sutil, al principio no se verá mal, pero mientras resistamos con firmeza te darás cuenta que la tentación en cualquiera de sus formas tarde o temprano, se declarará abiertamente como con José. Joven ¿qué es lo que te está tentando para comprometer tu integridad hoy? ¿Qué es lo que te acosa día tras día?

Si se quiere resistir, requiere "fuerza de voluntad" fortalecida en la agencia de Dios. Así como caí en el pasado, también el cielo hoy me ha ayudo a resistir. La tentación no me ha abandonado. Un par de veces he sido perseguido por mi pasado, mujeres han hecho muchas sugerencias al mal. El otro día abiertamente me propusieron ceder a la carne, la propuesta nunca fue abierta al principio, pero terminó siendo descarada. Alabo a Dios por ayudarme a decir no. Gracias al cielo he podido resistir mientras viajo, al estar solo en los hoteles, no ha sido fácil evitar ver películas sucias mientras busco ver un programa de información o noticias. De igual manera pornografía al estar en línea. Cosas que jamás busco se presentan como tentación, te digo con toda seguridad si practicamos la *'fuerza de voluntad'* en Dios es siempre posible resistir.

Altamente necesitamos afilar diariamente la espada de la "voluntad", no podemos usarla en momentos de guerra si ella no ha sido afilada. Necesitamos gemir al cielo por una voluntad santificada. Nuestra voluntad necesita nacer de nuevo. Si la juventud entendiera que en nosotros está el poder al ejercer la voluntad de vencer, resistir y huir. Usemos nuestro don. Que no te pase lo que me sucedió, estaba en deudas con varias personas, a la misma vez teniendo un cheque de casi 100,000 que por descuidado no había cambiado como por 3 años que en contre en mis libros. Muchas de las veces estamos como estamos, no porque no haya ayuda, sino porque no hemos aprendido a utilizar nuestros dones y uno de estos es la "fuerza de voluntad".

Por favor no pienses que con tan sólo orar y estudiar la Biblia quedaras libre de ser tentado, al contrario serás más presionado, dime si miento, entre más tomas la decisión de consagrarte a Dios, el mal nos presiona como nunca antes. Ahora ya sabes por qué. Resistamos con la ayuda de Dios que a la larga será para nuestro bien eterno. Escribiéndose de nosotros, *'él (tu y yo) no consistió'*. José usó el don de la voluntad, algo que afilo en el transcurso de los años, por medio de todas sus experiencias, dependencia de Dios y el conocimiento de sus palabras.

¿Cuál era en si la meta de Satanás contra José? La inspiración contesta y dice que: **"La esposa de su amo trató de seducir al joven a que violara la ley de Dios"** *Patriarcas y Profetas*, página 217. ¿Por qué? Porque **"Hasta entonces había permanecido sin mancharse con la maldad que abundaba en aquella tierra pagana"** *Patriarcas y Profetas*, página 216. ¿Es eso lo que Dios dice de nuestra vida en el colegio, el trabajo, la universidad? ¿Nos hemos mantenido sin mancha de la maldad allí prevaleciente? El cielo pregunta de nosotros como preguntó de José en esa hora de prueba **"Pero ¿cómo enfrentaría esta tentación, tan repentina, tan fuerte, tan seductora?"** *Patriarcas y Profetas*, página 217. ¿Esperaba José esa tentación? No. La inspiración dice que fue *"repentina"*, y no era fácil de resistir porque dice que fue *"tan fuerte"* y *"seductora".* Hemos caído tantas veces jóvenes porque vemos la tentación livianamente o como algo que futuro no como algo presente. Es hoy, ahora cuando debemos vencer, resistir, es nuestro deber "velar hoy" con tal de no ser sorprendido ni seducidos. Con toda la luz que hemos recibido, debemos estar preparados para resistir la tentación en cualquier momento que llegué, no importando si es tan seductora o fuerte, pues la promesa es que **"no seremos tentado más de lo que no podamos resistir"**.

"José sabía muy bien cuál sería el resultado de su resistencia. Por un lado había encubrimiento, favor y premios; por el otro, desgracia, prisión, y posiblemente la muerte" *Patriarcas y Profetas*, página 217. Notemos que él sabía que si no cedía iba perder más humanamente hablando, pero prefirió perder todo eso que perder al que lo había conservado sin mancha, hasta ese momento crucial en su experiencia. Jóvenes ¿qué estamos dispuestos a perder por no deshonrar a Dios? ¿Aceptaremos las consecuencias por no ceder? Muchos cuando hemos sido probados y tentados comprometemos nuestros principios y aún más por temor de perder algo, tú sabes que muchas veces preferimos ceder al mal por no perder alguna amistad u honor.

Espero que sea diferente tu experiencia, pero si no ha sido, llegó la hora de serlo, ¿no crees? **"El que menosprecia la palabra, perecerá por ello; mas el que teme el mandamiento, será recompensado"** *Proverbios 13:13*. Amigo, Dios no miente, si hoy nosotros menospreciamos las palabras de consejo y advertencia tropezaremos y finalmente caeremos, pero si reverenciamos el mandamiento, seremos *"recompensados"*

¿Qué involucraba esa decisión en la escena de la vida de José? ¿Sería tan importante que el cielo la dejó escrita? Dice la inspiración que **"Toda su vida futura dependía de la decisión de ese momento"** *Patriarcas y Profetas*, página 217. Jóvenes podemos hablar mucho del progreso de José, pero si no vemos los puntos decisivos de su vida de donde dependía todo, jamás podremos ni siquiera desear algo así, si no vemos los puntos importantes del cual dependió su gran prosperidad. ¡Sí! De esta decisión dependía *'toda su vida futura'*. ¿Y qué con la nuestra? ¿En qué momento nos encontramos ahorita? ¿Estaremos por decidir nuestra vida futura como José? Dios pregunta hoy de nosotros lo que preguntó del joven José "¿Triunfarían los buenos principios? ¿Se mantendría fiel a Dios?" *Patriarcas y Profetas*, página 217 Yo no puedo contestar por ti, ni tampoco podemos evadir la pregunta. ¿Qué triunfará, "los buenos principios", la fidelidad (integridad)? **"Recordando la contestación de José a la tentación, revela el poder de los buenos principios incorporados en la vida del joven, José no quiso traicionar la confianza de su amo terrenal y cuales quiera que fueran las consecuencias sería fiel a su amo celestial"** *Patriarcas y Profetas*, página 217. Jóvenes con la magnitud de ese pensamiento necesitamos hoy, que no se vendan ni vacilen cuando se trata de honrar, respetar y obedecer a nuestro Salvador.

Tristemente "Bajo el ojo escudriñador de Dios y de los santos ángeles, **muchos se toman libertades de las que no se harían culpables en presencia de sus semejantes**" *Patriarcas y Profetas*, página 217. Que podamos orar constantemente **"Integridad y rectitud me guarden, porque en ti espero"** *Salmos 25:21.* Que firmeza e integridad tan codiciable de José, prefirió subyugar sus pasiones, ignorar y vencer la tentación y sobre todo mantenerse fiel a los principios divinos, honrando así la ley celestial y a su soberano rey. Vivo ejemplo de ejercer la fuerza de voluntad.

La mayor necesidad creo del mundo hoy es de jóvenes como José, '*íntegros en todo*', bajo toda circunstancia, fieles al único Dios que siempre nos hará victoriosos sobre toda tentación que venga a probar 'nuestra integridad' a los principios y valores correctos. Fidelidad e integridad debe ser, ¡cada día, minuto, segundo, nuestra meta!

Ese es el llamado de hoy, querido joven, por amor a Dios y nuestra alma protejamos '*nuestra integridad*' hoy y siempre a cada paso del camino, recuerda lo que el sabio dijo; **"No tenga tu corazón envidia de los pecadores,** *antes persevera en el temor del Eterno* **en todo tiempo"** *Proverbios 23:17.*

Se cuenta que un barco había encallado en el Río Mississippi, y el capitán no podía zafrarlo. Por fin llegó un joven que le dijo: - Capitán; tengo entendido que usted necesita un piloto que lo saque de este apuro. - Así es. ¿Usted es piloto? - Si señor -¿Conoce usted todos los peligros, y los bancos de arena? - No, señor. - Entonces, ¿cómo piensa sacarnos de aquí si no sabe dónde están? - Es que sé dónde no están, señor Capitán - contestó el joven. La lección es que aunque no conozcamos por experiencia ciertos males no nos deshabilitan el conocer cómo evitarlo. Que nadie nos haga sentir culpables cuando nos gritan, "tú de que hablas si nunca lo has experimentado" que podamos nosotros como este joven no conocer los bancos de arena en nuestra carne sino como evitar el peligro de no caer en ellos, recuerda, ¡**no necesitamos meter las manos en el fuego para saber que quema!** Oremos **"júzgame, oh Eterno, porque yo en mi** *integridad he andado.* **Confiado he así mismo en el Eterno, no vacilare. Pruébame, o Dios y sondéame, examina mis riñones y mi corazón. Porque tu misericordia está delante de mis ojos, y en tu verdad ando"** *Salmos 26:1-3.*

He sido vegetariano por más de diez años y aunque no lo creas las carnes aun me tientan. Varias ocasiones debido a mi trabajo viajo a diferentes países y en ocasiones es difícil encontrar platillos sin carnes. Muchas, muchas veces he sido tentado a comer de lo que no debo. Pero razono y me pregunto ¿dónde dejo mis principios de salud? Es en ocasiones así donde disfruto del don de "fuerza de voluntad". La fuerza de voluntad la he desarrollado más en mis tentaciones más severas. Allí es donde la utilizo y gracias a Dios es la espada más bella que pueda tener un joven. Fuerza de voluntas es la bendición de poder razonar, considerar las consecuencias de ceder o no al mal. Es el 'poder' de expresar un sí o no a cualquier pensamiento o deseo.

Querido joven, debemos renovar nuestros votos con nuestro Dios hoy y tomar la alta resolución de que nos mantendremos fieles, no importando las consecuencias que eso traiga, ejerciendo la fuerza de voluntad que el cielo ha puesto a nuestro favor. El mensaje final de este capítulo a mis compañeros jóvenes es lo que Josué le dijo al pueblo: "Ahora, pues, reverenciad al Eterno. ***Servidle con integridad y en verdad"*** *Josué 24:14.*

Para Reflexionar y aplicar

¿Qué fue lo que más te impacto de este capítulo?

¿Qué aprendiste en este capítulo que pondrás en práctica?

¿Cuál es el punto más sobresaliente que compartirás con otros?

Explica que es Fuerza de Voluntad:

¿Tienes fuerza de voluntad?

¿Usas siempre tu fuerza de voluntad?

¿En qué te gustaría usar tu fuerza de voluntad de ahora en adelante?

CAPÍTULO 31
NO PIERDAS LA PAZ EN LA TORMENTA

Indudablemente los fieles serán siempre probados al máximo, el enemigo de las almas los detesta a morir y nosotros no podemos ignorar esta realidad. Como el hierro mismo tendremos que ser puestos en el horno, hasta ponernos rojos y todo con el objetivo de darnos forma después de varios golpes. Lo cierto es que no fuimos hechos para la basura. No puedo decirte que todo saldrá bien a la vista del hombre por más fiel que seas a nuestro Dios. Las potestades del mal harán todo lo necesario para destruirnos, pero gracias a Dios tenemos la bendita promesa, **"El que habita bajo el abrigo del Omnipotente, morará bajo la sombra del Altísimo"** *Salmos 91:1.*

Vivía en Turder, Provincia de Buenos Aires, Argentina, un herrero llamado Asisclo Rivas. Tenía una familia numerosa y muchas aflicciones y pruebas en su vida diaria. Un amigo incrédulo dijo un día: Crees en Dios y siempre estás feliz; dime, ¿cómo es que el Dios en el cual crees tan fervorosamente te pude afligir así? El es misericordioso y dices que te ama, ¿Por qué te aflige tanto? Francamente, no comprendo cómo puedes cantar en medio de las luchas de tu vida, siempre golpeado y afligido. – Amigo – contestó don Asisclo – tú no sabes algo importante que yo sé. De la manera que el hierro está en el yunque y también completamente en mis manos, así estoy yo en las manos de mi buen Dios. Tomó un pedazo de hierro, lo pongo en el fuego hasta quedar rojo y entonces sobre el yunque lo golpeo, lo doblo, lo raspo, le doy la forma que quiero hasta convertirlo en un utensilio útil que prestará buenos servicios por mucho tiempo. Así mi oración a Dios es: *"Señor, méteme en el fuego si tú quieres, hazme un objeto útil para servirte, haz conmigo lo que quieras, pero por el amor de mi Salvador, no me eches a la basura".*

"Sed templados y velad porque vuestro adversario el diablo, cual león rugiente, anda alrededor buscando a quien devorar" *1ª Pedro 5:8*. Con este peligro ante nosotros debemos ser **"templados y velar"**. Verbos presentes, mostrando con ello que la guerra contra el enemigo es constante, es algo presente no pasado o futuro es un asunto de todos los días, cada hora, cada segundo. De verdad ¿cuántos entendemos lo que debemos velar contra nuestro adversario?

El enemigo como no pudo hacer caer al joven José, intentó destruirlo y borrar su nombre de la tierra, destruyendo su reputación, pisoteando y dejándolo en los suelos. Como no cayó en las seducciones de esta mujer licenciosa, ella se vengó y "**José sufrió por su integridad; pues su tentadora se vengó acusándolo de un crimen abominable, y haciéndole encerrar en una cárcel**" *Patriarcas y Profetas*, página 215. Esto fue la consecuencia de su integridad, aparentemente derrotado una vez más, sólo que en esta ocasión con una prueba mayor. En lugar de 'ascender' el cielo vio necesario hacerlo 'descender' para seguir preparándolo para algo sumamente más grande. Esta fue la consecuencia de fidelidad y en venganza la mujer fue utilizada por Satanás para promover su deshonor y desgracia. Dios aún *esto* lo utilizó para una bendición mayor en la vida de su hijo. "**Tomó su Señor a José, y púsole en la casa de la cárcel, donde estaban los presos del rey, y estuvo allí en la casa de la cárcel**" *Génesis 39:20*.

Hay cosas que no se entienden, ¿cómo es que siendo José integro, el cielo lo trataba de esta manera? Sabes, estoy de acuerdo contigo, pero esto es así desde el punto de vista humano porque de acuerdo al divino ésta era la última prueba que lo iba a calificar o descalificar, ya no para ser tan sólo él:

- → El más amado de papá.
- → El joven más sabio entre sus hermanos.
- → El esclavo admirado.
- → El mayordomo prosperado.
- → El preso más valioso.

→ Sino para ser el más grande de los jóvenes de su tiempo, intérprete de sueños, el primer ministro de la nación más grande su tiempo, y sobre todo el salvador del mundo antiguo amenazado por una hambruna de siete años.

¿Tú crees que él lo sabía? Claro que no, él no lo sabía, sin embargo como siempre fielmente aceptó su situación y progresó en sus enseñanzas con un buen ánimo. Querido joven, yo me quedo totalmente admirado de cómo el cielo preparó a José para el puesto que le esperaba. Al ver esto me avergüenzo de cómo me he quejado cuando he sido probado, muchas veces he murmurado, pero gracias a Dios que hoy juntos podemos ver el proceso que el cielo usa para pulirnos, limpiarnos de tal manera que estemos listos, preparados para la gran obra que nos espera.

Es así como hoy alegremente acepto mi suerte, estoy seguro que el cielo nunca permitirá que pase situaciones o me quite cosas que amo, si no es para mi bien, El nunca, escúchalo muy bien quita algo para darnos lo peor, siempre l tiene algo mucho mejor para nosotros. De esta manera acepto continuar en la escuela de Cristo, hasta que con su ayuda logre graduarme. ¿Qué contigo joven?

Estando José en la cárcel, en el abismo más oscuro de su vida y experiencia, el cielo no lo dejó solo, la palabra que permanece para siempre nos dice: "Mas el Eterno fue con José y **extendió a él su misericordia**, y dióle gracia en los ojos del principal de la casa de la cárcel" *Génesis 39:21*. Aún en la cárcel, el enemigo no pudo evitar que el cielo bendijera a su hijo, no importaba el lugar, José siempre se distinguió como un embajador de Dios. Pero entendamos que esto no vino por milagro o favoritismo de parte de Dios, también en la cárcel él fue probado, la Biblia nos dice: "**Afligieron sus pies con grillos; en hierro fue puesta su persona**" *Salmos 105:18*. Una vez más el cielo probaba a su hijo y a la misma vez lo pulía para la responsabilidad que le esperaba.

"Al principio, José fue tratado con **gran severidad por sus carceleros**" *Patriarcas y Profetas*, página 218. Pero ¿cuál fue el principal motivo de todo esto? **"Pero el verdadero carácter de**

José resplandeció, aún en la oscuridad del calabozo. Mantuvo firme su fe y su paciencia; los años de su fiel servicio habían sido compensados de la manera más cruel; no obstante, esto no le volvió sombrío, ni desconfiado" *Patriarcas y Profetas*, página 218. Es claro ver que el verdadero oro se conoce en el fuego. Dios prometió, "*…Meteré en el fuego la tercera parte (únicamente sus verdaderos hijos, siervos, pueblo.)…y probarélos como se prueba el oro… (Entonces diremos)… El Eterno es mi Dios*" *Zacarías 13:8-9*. Bueno aunque parecía que las llamas de la aflicción consumían a José, aquí fue donde su carácter se pulió más, de manera que resplandeciera el carácter aprobado por el cielo.

Mantuvo firme su fe y paciencia, ingredientes que no pueden faltar en la hora de la prueba, lo que sostuvieron sus pasos en el camino asignado por su líder divino, evitándole volverse quejumbroso, sino al contrario su confianza en el Eterno se fortaleció como nunca antes. Con esto estaba viniendo a ser de verdad 'oro puro'. En la circunstancia más adversa de su experiencia se nos comenta que: "**Tenía la paz que emana de una inocencia consciente, y** *confió su caso a Dios*. **No caviló en los perjuicios que sufría, sino que** *olvidó* **sus penas y trató de aliviar las de los demás.** *Encontró una obra que hacer*, **aun en la prisión**" *Patriarcas y Profetas*, página 218. Notemos la clave para pasar pruebas de esta magnitud, no es lamentándonos de nuestra miserable circunstancia, porque con eso no impresionamos a Dios, pero sí con nuestra confianza puesta completamente en Él, José superó esto ayudando a los demás en quienes *encontró* un medio para sanar su herida; un medio que lo fortalecía, animando a los demás. Es una regla que no debemos ignorar, nos librará de tantos momentos tristes y lamentos innecesarios que bien podrían cambiar nuestra congoja en alegría, ayudando a otros que están peor que nosotros. Hazlo y experimentaremos la paz que José tenía en este momento de su vida, Jesús dijo: "La paz os dejo, mi paz os doy; **no como el mundo la da, yo os la doy**, no se turbe vuestro corazón, ni tengan miedo" *Juan 14:27*.

Esta paz divina, se experimenta en medio de la tormenta de la vida, cuando los vientos más soplen queriendo arrasar con todo, es cuando la paz de Cristo se experimenta en la vida de los verdaderos cristianos, la promesa no sólo es que nos la da, sino que es contrario a cómo el mundo lo experimenta, en momentos tales. Debemos siempre recordar, "no se turbe vuestro corazón, ni tengan miedo" Porque el **"Eterno guarda a los que le aman"** *Salmos 145:20*.

¿Cuál era el propósito de Dios con José en esta desgracia? **"Dios le estaba preparando *en la escuela de la aflicción*, *para que fuera de mayor utilidad*, y no rehusó someterse a la disciplina que necesitaba. En la cárcel, presenciando los resultados de la opresión y la tiranía, y los efectos del crimen, aprendió lecciones de justicia, simpatía y misericordia que le prepararon para ejercer el poder con sabiduría y compasión"** *Patriarcas y Profetas*, página 218.

Dios sabe lo que hace, este joven necesitaba mucha más instrucción y el Señor se la dio. Le dio un vasto campo que exploraba la necesidad de su corazón, su mente, su carácter y personalidad, aquí aprendió a ser amoroso, justo, bondadoso y misericordioso, todo lo aprendió donde menos lo esperaba, en la cárcel.

Comprendamos que en la escuela de Dios sus hijos son preparados a través de la aflicción, en el caso de José tuvo que venir esta tormenta que desarraigaba todo defecto de carácter que lo descalificaba para la misión. Así fue preparado para saber ejercer bien el poder con sabiduría y compasión y para ello no rehusó someterse a la disciplina. ¿Qué me dices de ti apreciado joven? ¿Soportaremos la 'tormenta' que nos disciplina para el bien y el poder que pronto ejerceremos, esperamos la ejecución del plan de Dios, o nos daremos por vencidos? De mi parte, he llegado tan lejos para que ahora en momentos de aflicción y disciplina me dé por vencido. El apóstol Pablo dijo, **"...han olvidado ya lo que Dios les aconsejó como a hijos suyos... No desprecies... la corrección del Señor, ni te desanimes cuando te reprenda. Porque el Señor corrige al que ama y castiga al que recibe como a hijo...ustedes están sufriendo para su corrección"** *Hebreos 12:5-7*.

Ahora mismo que escribo esto, estoy en medio de la 'tormenta' y sé que de ella sólo Dios me sacará en victoria. Aquí es donde yo gozo de esa paz, que sólo Jesús puede dar, con la plena seguridad de sacar mi barca a la orilla. Su sabiduría me prepara para una mayor responsabilidad. Es a través de esta aflicción, angustia, prueba y corrección que venimos a ser cada vez más capacitados, con caracteres desarrollados a su imagen, llenos de amor, bondad, justicia y misericordia. Toda circunstancia que nos toque pasar, preguntemos, ¿qué quiere Señor que aprenda? ¿Qué me hace falta que no he desarrollado en mi carácter?

En la tormenta de su vida, José empezó a ver el sol. **"Poco a poco José ganó la confianza del carcelero, y se le confió por fin el cuidado de todos los presos. Fue la obra que ejecutó en la prisión, la integridad de su vida diaria, y su simpatía hacia los que estaban en dificultad y congoja, lo que le abrió paso"** *Patriarcas y Profetas*, página 218. En la cárcel, José siguió ejerciendo su religión como lo hacía en la prosperidad, ganando la confianza del carcelero, esto en combinación con su integridad diaria le abrió camino en medio de altos y pesados obstáculo que lo llevaban cada vez más cerca de honores futuros que él no conocía, pero que pacientemente esperaba.

Nosotros debemos recordar que **"Cada rayo de luz que derramamos sobre los demás se refleja sobre nosotros mismos. Toda palabra bondadosa y compasiva que se diga a los angustiados, todo acto que tienda a aliviar a los oprimidos, y toda dádiva que se otorgue a los necesitados, si son impulsados por motivos sanos, resultarán en bendiciones para el dador"** *Patriarcas y Profetas*, página 219.

Compañeros jóvenes, agradezcamos a nuestro Dios por todas las circunstancias adversas, son la escuela para desarrollar cualidades con las que no contaríamos y no sólo aprendemos, sino que es en ellas que llegamos a tener el estadio para lucir, en lo que ya hemos crecido, madurado y logrado. Así es como llegamos a estar preparados para algo que por el momento desconocemos, recuerda siempre que aunque el sol no salga para ti hoy, el sol sigue existiendo, tarde o temprano resplandecerá para nuestro bien y éxito futuro, fue en experiencias similares que el apóstol Pablo aprendió a decir: **"No lo digo en razón de indigencia pues he aprendido a**

contentarme con lo que tengo" *Filipenses 4:11.* ¡Esa fue la experiencia de José! ¡Esa tiene que llegar a ser la nuestra!

Si estás de acuerdo conmigo, entonces ya sea que estés en la cárcel de circunstancias que te están puliendo o estás por entrar a ella, cualquiera que fuere tu situación, recuerda, para qué lo permite Dios. El nunca permitiría algo sin que no fuera para nuestro bien y progreso espiritual. La recompensa se avecina y te va a sorprender como a José que pacientemente esperó. *¡Querido joven, no pierdas la paz en la tormenta! La tormenta es para nuestro bien.* Hoy a través de la aflicción llegamos a conocer completamente a Jesús que nace en nosotros amor y obediencia implícita, vistiéndonos con la promesa dicha por Moisés. **"El Eterno te ha ensalzado hoy para que le seas su peculiar pueblo, como él te lo ha dicho ... y para ponerte alto sobre todas naciones que hizo, para loor y fama y gloria, y para que seas pueblo santo al Eterno tu Dios, como el lo ha dicho"** Deuteronomio 26:18-19. Se lo dijo al pueblo del pasado, hoy te lo recuerdo yo, como joven que lucha como tú. Si soportamos la tormenta y dejamos que se logre en nosotros el propósito del cielo, nos coronará de *'loor, fama y gloria'*, convirtiéndonos en un *'pueblo, jóvenes peculiares, únicos'* en la historia. Porque él lo ha dicho, y lo hizo con José.

Toda tormenta en la vida viene con propósito de modelarnos a la semejanza divina. **"Las preciosas gracias del Espíritu Santo no se desarrollan en un momento. El valor, la mansedumbre, la fe, la confianza inquebrantable en el poder de Dios para salvar, se adquieren por la experiencia de años. Los hijos de Dios han de sellar su destino mediante una vida de santo esfuerzo y de firma adhesión a lo justo"** *Mente, Carácter y Personalidad,* Tomo 1, página 17.

Cierto día un violinista tocaba en un concierto ante un numeroso auditorio. ¡Cual sería su espanto al ver romperse una de las cuerdas de su violín! Sin hacer la menor pausa transportó la música de la pieza a otro tono y la terminó tocando en sólo tres cuerdas. El auditorio se levantó en conjunto para aplaudirle su proeza. Su grandeza no estaba sólo en su talento, sino en vez de quejarse de su mala suerte y situación usó lo que tenía para terminar la tarea.

Frecuentemente decimos, 'en esta condición no puedo seguir, si contara con *esto* o *aquello* qué no pudiera lograr'. Bueno lo único que te puedo decir es que otra mejor condición no vendrá a menos que utilices y aproveches la que hoy tienes, no importando cual sea, verás que esa no sólo te hará oír el aplauso de la audiencia universal, sino que pronto te dará un violín nuevo.

Por tal razón, *¡no perdamos la paz en la tormenta, es ella el empujón para salir de la cárcel, de circunstancias inexplicables, pero provechosas para toda una vida de crecimiento!* El creador nos afirma. "**En aquel tiempo, reuniré a los fastidiados por causa del largo tiempo...para quienes el oprobio** (aflicción, prueba, cárcel) **era una carga... los pondré por alabanza y renombre en todo país**" *Sofonías 3:18-19.*

Para Reflexionar y aplicar

¿Qué fue lo que más te impacto de este capítulo?

¿Qué aprendiste en este capítulo que pondrás en práctica?

¿Cuál es el punto más sobresaliente que compartirás con otros?

¿Qué es crisis para ti?

¿Qué haces cuando eres probado?

¿Podemos entender y explicar todo lo que nos ocurre en la vida?

¿Quién está en control de nuestra vida?

¿Puedes dormir en paz cuando tienes problemas?

¿Qué cruza en tu mente cuando las cosas no van como quisieras?

CAPÍTULO 32
VAMOS ¡CAMINEMOS EL CAMINO CORRECTO!

En septiembre de 1923, un escuadrón de 14 barcos destructores regresaba a su base en San Diego, California, después de efectuar maniobras. El capitán Watson, que comandaba el escuadrón, ordenó que se efectuara una formación de tres columnas y se mantuvieran una distancia de 50 metros entre barco y barco. También debían mantener una velocidad de 20 nudos. Cuando llegó la noche, se levantó una ligera niebla a lo largo de la costa. En 1923 los barcos todavía no estaban equipados con radar, y tanto el capitán Watson como el capitán Hunter, comandante en jefe del barco insignia Delphi, decidieron no usar el sistema de radio que emitía las señales de dirección, y trazaron su propio rumbo por otro método de navegación.

Posteriormente hicieron otra comprobación de ruta por medio del sistema localizador de dirección. La señal indicó que estaban más cerca de la costa que lo que Hunter o Watson creían. El precavido navegante hizo una comprobación de rumbo adicional; algunos minutos después, una vez más no coincidía con el rumbo trazado por Watson y Hunter. Sin embargo, Watson ignoró la sugerencia de precaución del navegante. Minutos después, suponiendo que estaban entrando en el canal de Santa Bárbara, Watson y Hunter ordenaron que el escuadrón cambiara de rumbo con la misma velocidad de 20 nudos. Momentos después, el Delphi se estrelló contra las rocas, seguido, después de dos minutos de intervalo, por los barcos S. Lee, Nicholas, Woodbury, Oung, Chauncey y Fuller. Los seis barcos se estrellaron contra las rocas costeras juntamente con el Delphi. Pero no todas las naves del escuadrón se perdieron, porque algunos de los capitanes manifestaron suficiente sabiduría para pensar por su propia cuenta, y contra la misma autoridad que les dirigía no dejaron de examinar el camino, la ruta, el rumbo que estaban tomando y eso les salvó su vida, sus barcos y su reputación como capitanes.

Ellos se dieron cuenta antes de que fuera demasiado tarde que su comandante estaba errado y que el camino que había tomado iba rumbo al desastre. Así sucede hoy, también en la vida cristiana, la gente deja que otros piensen y decidan por ellos, y muchos aunque sepan que llevan el camino equivocado, carecen del valor para retroceder y decir 'nos hemos equivocado, este no es el camino que me llevará a mi destino anhelado'.

Compañeros, ¿el camino que hoy recorremos nos está llevando al destino eterno o estamos como los capitanes, equivocados en el rumbo que hemos tomado, llevando a otros a la perdición, al desastre? Deseo que seamos como los otros que tuvieron la sabiduría para examinar por su propia cuenta el camino que debían llevar y el valor para decir 'nos hemos equivocado, éste no es el camino que Jesús quiere que sigamos'.

La Biblia está llena de instrucción para los que desean aprender la voluntad de su Creador, en esta ocasión analizaremos la vida de otro joven que empezó su experiencia sobre el 'camino verdadero'. El cielo de acuerdo a su voluntad lo promovió al puesto que sólo él podía ocupar, gobernar e instruir al pueblo de acuerdo al plan divino. Su nombre fue Josías. Nos dicen las escrituras que **"Cuando Josías empezó a reinar tenía ocho años**, y reinó en Jerusalén 31 años. Su madre fue Idida hija de Adaía, de Boscat. *Hizo* (Josías) *lo recto ante los ojos del Eterno*, y *anduvo en todo el camino de David su padre,* **sin desviarse a la derecha ni a la izquierda"** *2ª Reyes 22:1, 2*.

Aunque Josías en su temprana edad llegó a ocupar un puesto altamente honrado, la palabra inspirada dice que hizo lo recto, ¿ante quién? ¿El pueblo? ¿Su familia? ¿Sus amigos? No. Sino **"ante los ojos del Eterno"**. La Biblia nos dice claramente que **"no se apartó del camino divino, ni a diestra ni siniestra"**. No es esto una represión para muchos de nosotros que teniendo más años que este jovencito, no hemos podido tener la firmeza de lo que es, para no ceder al mal, al orgullo, egoísmo, a la tentación ni a **"diestra ni siniestra"**. No pudiendo lograr esto, nos hemos desviado del camino correcto, y así tristemente no hemos podido caminar ni alcanzar o llegar a ser algo en la vida, porque tan pronto lo alcanzamos, el orgullo nos empieza a dominar y nos desviamos aún más.

Son muy pocos los que cuando llegan a ocupar puestos de responsabilidad como Josías no se apartan del sendero trazado por el cielo, en el cual los fieles caminaron. Como Daniel, Josué, Esther, Débora, Samuel y muchos más. Otros no tuvieron que llegar a tener responsabilidades; eligieron caminar en su propio camino y su historia no fue, ni es nada agradable. Pregunto, ¿En qué camino andas en este momento? ¿Lo aprueba nuestro Dios? ¿Te da gusto saber que fue Dios el que te llevó hasta donde estás, gozando de alguna responsabilidad? o ¿crees que tú lo lograste y así andas como quieres en la vida, sin importarte por el camino en que debes estar? Con esto te digo que no podemos seguir engañándonos con el dicho que dice, "no importa como llegas a Roma, pues todos los caminos nos llevan allá". Quizás lo sea a Roma querido amigo, pero según la Biblia, para el cielo sólo existe uno y caminamos por ése, o no hay cielo.

A menudo hemos oído decir que hay muchos caminos que conducen al reino de eterna paz y de prosperidad. ¿Cómo sé esto? Lo sé porque hoy la religión ha venido a ser un negocio, que ha fabricado caminos para todos de tal manera que todos entren, según ellos al cielo, así en cada esquina se nos dice que nosotros podemos tomar cualquier camino y llegar allá, esto no lo predican audiblemente, pero sí con sus acciones y ejemplo. Las tantas religiones lo afirman. De acuerdo a la historia Bíblica hay un camino que conduce al reino celestial, en el cual los hijos de Dios podrán morar y hay otro que conduce a la destrucción. Como base, porque creo que solamente hay dos caminos, daré lectura en el libro que nunca se equivoca. "**Entrad por la puerta estrecha; porque ancha es la puerta, y** *espacioso el camino* **que lleva a la perdición, y muchos son los que entran por ella, y** *angosto el camino que lleva a la vida*, **y pocos son los que la hallan**" *Mateo 7:13, 14*.

¿Cuántos caminos hay? Sólo dos. El verdadero y el camino falso. Estos dos caminos siempre han existido y existirán siempre que exista el hombre natural y el hombre espiritual en la tierra. Estos caminos vinieron a su existencia con los dos primeros jóvenes y hermanos que vivieron en la tierra, Caín y Abel. Los que van por el camino estrecho son los Abeles, y los que van por el camino ancho son los Caínes. Analizando el asunto vemos que hay muchos caminantes en el segundo camino mencionado, porque todos los que vienen al mundo comenzamos por naturaleza en el camino equivocado y la mayoría de ellos permanecen en él para siempre. "La clase de adoradores que siguen el ejemplo de Caín abarca la mayor parte del mundo; pues casi todas las religiones falsas se basan en el mismo principio, *que el hombre puede depender de sus propios esfuerzos para salvarse*...No tiende a subir hacia lo divino, sino a descender hacia lo satánico. Cristo es nuestra única esperanza" *Patriarcas y Profetas, páginas 61, 62.*

Esto es así, porque desde el principio nosotros hemos nacido con la naturaleza de pecado; y somos nacidos ***"Caínes."*** Por consiguiente, antes que seamos nacidos otra vez, nacidos del Espíritu y de esta manera puestos en el camino estrecho o correcto por el cual anduvo Josías en su temprana edad, debemos reconocer que todos nosotros hemos caminado por el camino ancho. ¿Sabes por qué nacemos en ese camino y la mayoría permanece allí?, porque, el camino ancho es bastante amplio para que llevemos por él todo lo que el pecado nos ofrece, mientras que el camino estrecho es tan angosto que excluye todas las cosas con la única excepción del viajero mismo (joven) convertido, dependiendo únicamente de su esperanza y salvación, Cristo Jesús. Por consiguiente, hablando comparativamente, hay muy pocos que eligen negarle a la carne sus deseos; y abandonar el pecado en todas sus formas. Naturalmente entonces, muchos van por el **"camino que al hombre parece derecho"** aunque **"...su fin son caminos de muerte"** *Proverbios 14:12.*

Recuerdo que cierto día después de venir de un culto mi compañero y yo regresábamos a casa, deseando llegar más rápido. Decidimos acortar el camino yendo por otro camino que supuestamente cruzaba la ciudad. Pronto nos dimos cuenta que habíamos escogido un mal camino. Esto nos sucedió como a las once de la noche. La calle dejó de ser asfaltada y el primer susto que nos llevamos fue cuando corríamos a 70 millas por hora, al cambiar la calle de asfalto a terracería, el carro brincó lo suficiente como para que nos diéramos cuenta que el asfalto había terminado, en vez de darnos la vuelta, mi compañero me dice: 'mira, ya hemos recorrido muchas millas, ya estamos aquí, *así que este camino nos tiene que sacar a alguna parte'*. Creo que tenía razón, iba a llevarnos a alguna parte, pero lo que no sabíamos era a dónde. Como siempre, los jóvenes no nos damos por vencidos. Decidimos seguir, pensando encontrar una calle principal, pero no encontramos más calles, sino que sin darnos cuenta estábamos perdidos y si la calle no hubiera terminado en una zanja, hubiésemos terminado sin carro, no hubiéramos parado. No sólo no llegamos temprano a casa, sino que ahora estábamos tratando de salir de allí. No nos quedó más que reconocer que estábamos totalmente equivocados en cuanto a nuestras expectativas de ese camino que tomamos. Ahora estábamos perdidos entre los mismos matorrales. Gracias a Dios después de un par de horas y varios sustos logramos salir y la única manera de llegar a casa fue regresando hasta donde habíamos creído encontrar un camino que nos haría cortar la distancia.

Fue en verdad una lección para mí, no sé si para mi amigo. Te cuento esto porque, a muchos de nosotros nos ha pasado algo similar en nuestra vida cristiana, muchas veces tratamos de acortar o rebajar las normas claramente delineadas por nuestro Dios y así empezamos a recorrer un camino equivocado. Muchas veces no lo aceptamos hasta que llegamos a tropezar con alguna circunstancia que nos golpea duramente, abriéndonos los ojos y el corazón a la voz de Dios o definitivamente nos lleva a decidir continuar sin importar las consecuencias y así terminar donde la mayoría terminará, en la perdición. Ojalá hoy podamos abrir bien nuestros ojos y ver el 'único camino' trazado para nosotros.

Apreciado amigo, que Dios nos pueda ayudar a ver que estamos en peligro como jóvenes cristianos, de creer que hemos encontrado un camino diferente al trazado desde siglos antes, por el cual el Señor siempre quiso vernos caminar. ¿No crees que debemos examinar nuestro sendero y ver si tenemos el blanco fijo y puestos los ojos en el único guía, quien jamás nos traicionará, y caminando en el camino ordenado por el cielo? ¿Se podrá decir de nosotros como se dijo de

Josías, estos, o sea nosotros no se apartaron ni a "diestra ni siniestra"? Sabes, es posible y será posible si firmemente seguimos este bello sendero, muy estrecho pero suficientemente seguro a la salvación y aunque no tiene lugar para los placeres, gustos, costumbres, hábitos, pecados acariciados, vicios, ídolos si lo tiene para ti querido joven, si amamos a Jesús.

En otras palabras, en este camino sólo hay lugar para tu persona convertida, gritando a cada paso que todo lo demás, fuera de Cristo es "basura" Filipenses 3:8, comida de "puerco" Lucas 15:16, "vómito de perro" Proverbios 26:11. ¿Quién de todos los jóvenes que hemos vivido en la basura y vómito del pecado queremos regresar a nuestro horrible pasado? De mi parte yo seguiré en *'este camino'*, que aunque no hay lugar para todo lo que el mundo ama y hace, sé que mi salvación es más que segura aquí y lo que hoy deje por amor a Cristo, mañana me será recompensado cien veces más. Muchas veces como el apóstol Pedro le he preguntado a mi Dios, **"Nosotros hemos dejado todo, (¿será que todo?) Y te hemos seguido, ¿qué, pues, tendremos?** Y todo el que deja casas, hermanos o hermanas, padre o madre, esposa o hijos, o tierras, por mi Nombre, **recibirá cien veces más, y heredará la vida eterna"** *Mateo 19:27-29*. Jesús reconoció que hay que dejar *todo* y aunque aparentemente uno pierde todo hoy por él, mañana vendremos a ser recompensados, así gozaremos no por una noche o día de placer, sino por toda una eternidad. Esto yo no lo quiero perder, pues mi Jesús nunca ha fallado, porque la última vez que leí de Él, se me hizo claro que él aún sigue fiel a sus promesas. Por favor ora por mí, mientras oro por ti, para que alegremente caminemos el camino angosto, y así no sólo recibimos cien veces más de lo que dejemos por seguir en el camino correcto, sino heredamos lo tan anhelado, "la vida eterna". ¿Te quieres perder esto? Yo no.

"Dijo Jesús: yo, para juicio he venido a este mundo: para que los que no ven, vean; y los que ven, sean cegados" *Juan 9:40*. Aquí se nos dice que Jesús vino para juicio, juicio que ocasionará que aquellos que ven sean vueltos ciegos; y los que sean ciegos, vean. El profeta Isaías respaldando las palabras de Jesús dijo: **"Entorpece el corazón de este pueblo, agrava sus oídos, y ciega sus ojos; para que no vea con sus ojos, ni oiga con sus oídos, ni**

su corazón entienda, ni se convierta y sea sanado" *Isaías 6:10.* La expresión es rara, pero el significado es claro: El vino a cambiar a cada ser, y a invertir la situación de cada uno. A los que son ciegos Él les dará capacidad para ver y a los que ven Él los hará ciegos, ¿cómo entender esto y cómo se aplica a nosotros? Es bien sencillo, ahora juzguemos nuestro propio caso queridos jóvenes.

Si en estos momentos nosotros somos lo mismo desde que conocimos a Cristo; si seguimos en las mismas costumbres, hábitos y pensamientos malos entonces sencillamente su venida y muerte no nos ha sido de ningún provecho todavía. Si creemos que vemos y sabemos bastante y gritamos en todo el camino que vemos y que no tenemos "necesidad de nada" Apocalipsis 3:17, y no podemos ser convencidos a ver de otra manera, entonces vendremos a ser ciegos espiritualmente para siempre, nunca seremos capaces de ver lo que Él quiere que veamos. Pero si admitimos que somos ciegos a las cosas espirituales, que le hemos fallado y le necesitamos como nunca antes, Cristo nos hará ver.

Los que lleguemos a notar nuestra necesidad por experiencia dirán, **"Una vez yo estaba ciego, pero ahora veo"** *Juan 9:25.* La experiencia del hombre ciego debe ser nuestra experiencia, si es que deseamos empezar o continuar en el *'camino verdadero'* sin apartarnos a *'diestra ni siniestra',* pues ésa es la única manera de proteger y vivir la bendita salvación consistentemente.

Puede ser posible que algunos quieran oponerse a lo que he mencionado. En el tiempo de Cristo dice que, **"algunos de los fariseos que estaban con él oyeron esto, y dijéronle: ¿Somos nosotros también ciegos? Díjoles Jesús: Si fuerais ciegos no tuvierais pecado: más ahora porque decís, vemos, por tanto vuestro pecado permanece"** *Juan 9:41, 42.* Jóvenes, si ustedes dicen vemos, estamos muy bien y siguen pecando, errando y tomando las cosas de Dios livianamente, entonces ustedes mismos serán responsables de sus propios pecados. Pero si ustedes reconocen que no ven, ni han actuado como debieran, Él los hará ver y ayudará para poder dejar de pecar.

Ruego al Creador que juntos entendamos que el único camino seguro será el señalado por el cielo, por eso pues empecemos donde debemos comenzar, entrando por la puerta correcta del mismo. **"De cierto, de cierto os digo: El que no entra por la puerta en el corral de las ovejas, más sube por otra parte, el tal es ladrón y robador"** *Juan.10:1.* ¿Queremos ser parte y entrar en el redil? Si es así, *debemos entrar por la puerta* y si tratamos de entrar por otra parte o sea hacerlo de otra manera, con el tiempo seremos arrojados a las tinieblas de afuera, allí para crujir los dientes. Debemos hacer nuestra elección entre estas dos alternativas. Entrar por la única puerta y caminar en el verdadero camino o seguir nuestro propio fracaso, destrucción eterna.

"Más el que entra por la puerta, el pastor de las ovejas es" *Juan 10:2.* En el versículo 9 Cristo dice, "Yo soy la puerta." Conectemos el versículo 9 con el versículo 2, y veremos que los que entran por el camino del Señor son los únicos que él reconoce, así como los pastores reconocen a su rebaño. Con esto el Señor implica que hay pastores o jóvenes desautorizados, pastoreando sus ovejas. **"Éste abre el portero, y las ovejas oyen su voz: y a sus ovejas llama por su nombre, y las saca"** *Juan 10:3.* El portero, el que está a cargo, abre la puerta solamente a los que han cumplido con los requisitos para ser admitidos. En otras palabras, el Señor claramente nos dice que ninguno puede evadir la inspección del portero y para siempre escapar así.

Recordemos *Juan 14:6* **"Jesús le dice: Yo soy el Camino, y la Verdad, y la Vida: nadie viene al Padre, sino por mí".** De esto nosotros vemos que Jesús es el único camino que conduce al Reino. La única puerta por donde debemos entrar, sin la cual nadie podrá ver al Padre. Entonces la creencia de que hay muchos caminos que conducen al Reino, mientras que hay uno sólo, "Jesús", el de la Biblia, es solamente el *"susurro de un embuste"* que a los corazones faltos de consagración les agrada escuchar. Estos son los que están escabulléndose del portero que está a la "Puerta", éstos saben que sus hechos no pueden resistir inspección, por eso le huyen a la realidad que nos enseña una vida Bíblica.

Si hemos de tener un hogar en el Reino, nunca deberíamos ser como ellos. Debemos saber lo peor de nuestro caso, si deseamos de verdad pasar la inspección del *"portero"*, entrar en la *"puerta"* y así caminar en el *"camino correcto"*, sólo me queda decir que Josías en su temprana edad paso la inspección del "portero", abrió sus ojos a la *"puerta correcta"* que lo condujo a caminar en el *"camino verdadero"*, llevándolo en su juventud a ser digno de tomar responsabilidades que ningún otro niño, ni joven tuvo en su tiempo. Recordemos que la clave para Josías fue, que desde el principio de su llamado decidió "hacer lo recto ante el Eterno, y así anduvo en todo el camino de David su padre, sin apartarse a "diestra ni a siniestra".

Aquí es donde el cielo le dice a todos los jóvenes que han decidido caminar en el camino angosto, **"Bienaventurado el varón que no anduvo en consejo de malo, ni anduvo en camino de pecadores"** *Salmos 1:1*. Nunca debemos, decir que si fulano o zutano llegaran allí, nosotros también llegaremos. O el hijo o la hija del pastor o el hermano tal lo practican, entonces nosotros también podemos hacerlo, entendamos que ellos no son nuestra norma y ejemplo a seguir. Dios nos está diciendo claramente que nadie más tiene que influenciar en nuestras decisiones, en cuanto hacer y caminar en lo correcto, pues es bienaventurado el que entiende y se aparta del camino ancho encontrar el único y verdadero camino.

Podría ser verdad que si "fulano y zutano" llegaran allí y que nosotros también pudiéramos llegar, pero "fulano y zutano" no están llegando allí, no sigamos ese ejemplo, pueden estar tan equivocados que jamás llegarán donde engañosamente creen llegar. No seamos ignorantes como para seguir el ejemplo de "fulano y zutano". Nosotros debemos seguir al Señor en su Verdad, pues es la Verdad la que nos hará libres. Como no hay más que un Camino verdadero y una Puerta, y como no todos los cristianos ven igual, ni caminan juntos, ¿será posible que todos estemos errados? ¿Viajando todos a una dirección errada? No, esto nunca puede ser así, siempre que el Señor no abandone la tierra. No, sin duda, porque Él debe tener un pueblo, a jóvenes a quienes confiar su Verdad y por medio del cual salvar a los que elijan andar en su camino.

Los que elijan ir por caminos propios descubrirán al fin que el diablo y no el Señor es el que está a sus espaldas, y que el infierno y no el Reino o cielo está delante de ellos, es por ello que el cielo nos dice en voz alta, en este mismo momento: **"Examina la senda de tus pies, y todos tus caminos sean rectos. No te desvíes ni a derecha ni a izquierda, aparta tu pie del mal"** *Proverbios 4:26, 27.*

Debemos estar alertas, saber el camino que caminamos no sea que vergonzosamente les pase lo que me sucedió. El otro día buscaba una dirección y en la preocupación de encontrarla me metí en el camino equivocado y en adición a esto iba en vía contraria. Lo peor fue que no me di cuenta hasta que me paro la policía. ¡Qué vergüenza y tristeza!, porque me dio un ticket nada envidiable. Por no tomarme tiempo para estudiar el mapa y preguntar la dirección, no llegué, perdí tiempo y dinero. Examinemos que tipo de camino recorremos, no sea que nos pare la policía y vergonzosamente tengamos que reconocer que nos hemos equivocado de camino.

Haríamos bien en recordar las palabras de Abraham Lincoln. **"Si pudiéramos saber de antemano dónde estamos y a dónde nos dirigimos, pudiéramos juzgar mejor, qué hacer y cómo hacerlo".** Querido joven, es posible que el 'camino' para el logro de una meta sea un camino angosto y muy largo especialmente en lo espiritual, pero nunca está demasiado lejos del último paso que se da antes del logro de la meta. ¡Vamos caminemos el camino correcto! El resultado vale la pena.

Para Reflexionar y aplicar

¿Qué fue lo que más te impacto de este capítulo?

¿Qué aprendiste en este capítulo que pondrás en práctica?

¿Cuál es el punto más sobresaliente que compartirás con otros?

¿Cuál es tu estilo de vida en el presente?

¿Estas satisfecho con tu vida hoy?

¿El camino que recorres tiene en paz?

¿Eres feliz con lo que ahora haces?

¿Tiene Dios tu corazón?

¿Si tendrías que cambiar de rumbo en tu vida que cambiarias y a donde irías?

CAPÍTULO 33
UN JOVEN REFORMADOR, TÚ PUEDES SER UNO HOY

En una ocasión un joven dijo, debido a la gran tarea que debía realizar: *"Todo tiene un precio que pagar, un sacrificio que someter.* Mi mente - continuaba diciendo él - no comprende todo lo que el cielo ha hecho por mi redención, pero cada vez que pienso en ello, es lo más, más bello que inspira mi ser, por tan incomprensible amor. Si la guerra del Señor pide por mí, aquí estoy para pelear la buena batalla, la batalla que sólo los que se humillan ganan y obtienen victoria los que sacrifican su ser, ya sea viviendo o muriendo por él con el divino pensamiento, el pensamiento que *"solo sacrificándolo todo, obtienes todo"* aun lo que habías perdido. -¡Aquí estoy!- gritó el joven que no hallaba como pagar todo lo que el cielo había hecho por él. -¡Listo para sacrificarlo todo por ti!"

Es muy importante que la juventud cristiana de hoy se pregunte, ¿Cuán dispuesto estoy en sacrificarme por Dios? ¿Cuán dispuesto estoy para dar todo por mi Cristo? Jóvenes con la mentalidad del mencionado arriba, necesitamos en este mismo instante, darlo todo, a someter todo, a sacrificar todo por Cristo y la salvación de sus semejantes.

En un tiempo como éste, ¿cuáles son las cualidades que Dios desea ver en nosotros para enlistarnos en la guerra? Seguiremos estudiando la vida de Josías para aprender lo que lo hizo un ejemplo a seguir, en esta generación casi al derrumbe y grandemente necesitada de jóvenes con el espíritu, celo y energía que tuvo Josías para la 'restauración y reforma' del pueblo de Dios, quien debe ser la luz de un mundo perdido. "**...a los doce años** *empezó a limpiar* **a Judá y a Jerusalén...**" *2ª Crónicas 34:3*. Debemos notar que la Biblia es bien clara en cuanto a la edad de este muchacho. Dice que él tenía apenas doce años cuando fue inspirado y motivado a comenzar lo que muchos adultos habían descuidado en el pueblo.

Empezó una obra de limpieza en Jerusalén repito él tenía apenas doce años cuando empezó esta gran obra. No sólo gobernaba, sino que entendió lo que muchos reyes olvidaron y habían dejado de hacer, que el pueblo de Dios tiene que ser un pueblo singular y santo.

¿Por qué será que la inspiración utiliza la palabra, *'limpiar'*? se nos menciona que el empezó a limpiar, ¿limpiar a quién? Sí, al pueblo de Dios, ¿pero de qué lo iba a limpiar? ¿Qué no debía ser un pueblo limpio? La respuesta la tiene la Biblia y nos dice: "…empezó a limpiar a Judá y a Jerusalén de **los altos, postes idolátricos, esculturas e imágenes de fundición**" *2ª Crónicas 34:3*.

El pueblo estaba mal y muy sucio, lleno de ídolos y abominaciones, los cuales los alejaron de Dios y llegaron a ser peor que los paganos, pero no por eso Dios los desechó, les dio una oportunidad más a *través del joven* Josías, quien contaba con ese nuevo pensamiento de llegar a ser lo que profesaban y así el celo divino lo llevó a empezar la limpieza de Judá, el pueblo de Dios. Veamos por qué es que el pueblo estaba en esa condición, esto lo haremos regresando un poco a ver lo que hicieron el abuelo y padre de Josías como reyes del pueblo de Dios. (Líderes del pueblo)

"El Reino de Judá, que prosperó durante los tiempos de Ezequías, **volvió a decaer durante el largo reinado del impío Manasés, cuando se hizo revivir el paganismo,** y muchos del pueblo fueron arrastrados a la idolatría. "Hizo pues Manasés desviarse a Judá y a los moradores de Jerusalén, para ser aun peor que las gentes que el Eterno destruyó" *(2ª Crónicas 33:9)*…**Brotaron y florecieron males graves: la tiranía, la opresión, el odio a todo lo bueno. La justicia fue pervertida; prevaleció la violencia**" *Profetas y Reyes*, página 281. Fue después del reinado de Ezequías que Manasés abuelo de Josías, descarrió al pueblo haciendo *'revivir el paganismo'* que había empezado a ser borrado por Ezequías en su tiempo. Fue en el tiempo del reinado de Manasés que el pueblo llegó a ser peor que las otras naciones paganas que Dios había destruido, después de la muerte de Manasés, su hijo Amón padre de Josías subió al trono.

"He hizo lo malo a los ojos del Eterno, como había hecho Manasés, su padre, porque a todos los ídolos que su padre Manasés había hecho, sacrifico y servio Amón... *y aumentó el pecado*" *2ª Crónicas 33:21-22.*

Amón empeoró la situación del pueblo, aparentemente el enemigo ganaba terreno y la obra en ese tiempo se estancó y la idolatría casi borraba el medio que el cielo había escogido para llevar las nuevas al mundo. "**Entre aquéllos cuya vida había sido amoldada sin remedio por la apostasía fatal de Manasés, se contaba su propio hijo, quien subió al trono a la edad de veintidós años** (un joven). Acerca del rey Amón leemos: 'Anduvo en todos los caminos en que su padre anduvo, y sirvió a las inmundicias a las cuales había servido su padre, y a ellas adoró. *Y dejó* al Eterno el Dios de sus padres' *(2ª Reyes 21:21, 22)*; '**...No se permitió que el perverso rey reinase mucho tiempo. En medio de su impiedad temeraria, tan sólo dos años después que ascendió al trono,** fue muerto en el palacio por sus propios siervos, y 'el pueblo puso por rey en su lugar a Josías su hijo' *(2ª Crónicas 33:22-24)*" *Profetas y Reyes*, páginas 282, 283.

Dios quiso darle la oportunidad a un Joven, Amón de veintidós años para que cambiara la dirección que el pueblo había sido inducido a seguir por su padre Manasés, pero el desaprovechó ese privilegio e hizo peor que su padre; indujo al pueblo a alejarse de Dios completamente.

Un joven más, fracasó en llegar a ser un grande líder de Dios; prefirió seguir sus propios caminos que lo llevó a la muerte inesperada. Indudablemente el pueblo cuando vino a estar bajo el gobierno del joven Josías estaba en gran apostasía, totalmente alejados de Dios. Josías lo vio y analizó la situación y decidió hacer lo que el cielo desea, sino sintió un vivo celo de honrar a quien tanto se ha deshonrado como en el tiempo de Manasés y Amón.

Vemos que Dios en vez de destruirlos como a las otras naciones, a su pueblo en apostasía les bendijo con un joven que estaba dispuesto a cambiar con la ayuda de Dios, el rumbo de la vida de toda una nación rebelde, su pueblo. De esta manera fue como Josías vino a ser no sólo un rey, sino un fiel atalaya como líder que el cielo ponía, *a esto le llamó un fiel reformador* por el tipo de obra que se tenía que realizar, pues su obra consistía en cambiar, reformar, limpiar al pueblo de su Dios. Él sabía quién era su Dios, sabía lo que el odiaba y decidió comenzar una revolución contra el mal, una reforma contra la idolatría, no en contra de las naciones paganas, ni contra quienes lo practicaban en el pueblo, sino contra la idolatría que arrasaba con la iglesia de Dios en ese tiempo, contra todo aquello que los alejaba de Dios.

Querido joven, Josías llegó a ser un joven con visión divina, entendió su misión en medio de una condición desesperante del pueblo, quien también si hubiera querido, pudo haber seguido el ejemplo de sus antepasados, gozar de placeres, abusar del poder y utilizar todas las bendiciones concedidas para satisfacer sus deseos, *contrario a esto, decidió ser la diferencia,* ser el fiel atalaya, alguien en quien el cielo pudiera confiar, sobre todo sabía que no había sido la gente quien lo había llamado a esa responsabilidad, sino el cielo mismo, en una hora tan crítica decidió ser fiel al deber, empezando a limpiar su propia casa, todo el pueblo, y de esta manera dijo públicamente que estaba de parte de Dios.

Leemos de la gran obra de reforma que hizo en el tiempo antiguo: "... **Derribaron ante él los altares de los baales, e hizo pedazos las imágenes del sol, que estaban encima. Despedazó también los postes idolátricos, las esculturas y las estatuas de fundición; las desmenuzó y esparció el polvo sobre los sepulcros de los que les habían ofrecido sacrificios"** 2^a *Crónicas 34:3, 4.*

Todo esto que hizo un joven por amor a su Dios y a su pueblo. Supo aprovechar la bendición de estar en el trono. Josías hizo en su tiempo una obra que ningún adulto se animó a realizar. Este joven supo someter todo, sacrificar todo, y dar todo, aún su vida si era necesaria. Ahora te pregunto ¿Qué tiempo querido joven? ¿No habrá necesidad de una limpieza en el pueblo de Dios, hoy? Seas un líder como Josías o no, ¿no crees que hoy hay gran necesidad de jóvenes con ese mismo espíritu y disposición? jóvenes consagrados únicamente a Dios, llenos de celo, valor, coraje hacia lo recto, íntegros, fieles no a los líderes que están encima de ellos, (aunque con todo mi corazón sé que hay que respetar a nuestros líderes) sino al cielo quien a todos nos hace responsables del progreso del evangelio, primero en nuestras vidas, hogares, iglesias y finalmente en el mundo. Notemos todo lo que hizo este joven.

1. *Derribó:* altares falsos.
2. *Despedazó:* imágenes al sol, falso dios, bosques, esculturas, estatuas.
3. *Desmenuzó:* hasta que quedaron como el polvo, en nada.

De esta manera este joven empezó una reforma y reavivamiento en el seno del mismo pueblo, pero esto no podía ser una realidad sino hasta que fuera destruido todo lo que impedía a lo verdadero salir. Notemos que el pueblo contaba con una religión, que no sólo era falsa sino de la peor clase de las religiones falsas. Jóvenes ¿no sucede con nosotros hoy lo mismo?, el cielo te necesita, quiere que empecemos la misma obra en nuestras vidas, hogares e iglesias para que lo logremos con éxito en el mundo. En el pasado se dijo algo que debemos escuchar con mucho cuidado y reverencia. Escuchemos el consejo divino para este tiempo y lo que el cielo desea ver en nuestras iglesias hoy.

"Poned el yo detrás de vosotros y dejad que Cristo vaya delante como vuestra vida y poder…**Cuando tales fuerzas comiencen a trabajar en todas nuestras iglesias,** *habrá un poder renovador, reformador y vigorizante, una reforma de enérgico poder en las iglesias***, porque los miembros estarán haciendo la verdadera obra que Dios les ha dado para realizar.** (Nota lo que tenemos que promover dentro del pueblo, querido joven) *Haced* **que todas nuestras iglesias** *sean activas, celosas y estén llenas con el entusiasmo del Espíritu y del poder de Dios.* (Recordemos que) **es posible que tengáis que tener un muy pequeño comienzo en algunos lugares; pero no os descorazonéis. La obra se desarrollará mucho y vosotros realizaréis la obra de un evangelista.** Considerad las maneras de trabajar de Cristo y **esforzaos para obrar como él lo hizo**" *Review and Herald*, Septiembre 29, 1891.

No sé cuál sea ahora tus planes, pero Dios es bien claro de lo que desea ver en su pueblo, nuestras iglesias necesitan *'un poder renovador, una reforma vigorizante'*, se necesita hacer que nuestras iglesias lleguen a ser 'activas, celosas de buenas obras', y que puedan llegar a estar llenas de 'entusiasmo' y sobre todo 'llena del Espíritu de Dios', ¿si esto no fuera una gran necesidad en la iglesia actual, por qué se le pide todo esto? Por eso, los falsos altares, imágenes del sol y cosas que de alguna manera se han introducido en nuestras vidas, a través de varias costumbres y prácticas que nos llevan a adorar o tener a un falso dios, hoy debes *'derribar, despedazar, desmenuzar'*. A menos que ocurra esto en nuestras vidas e iglesias no tendremos jamás un reavivamiento, ni reforma hacia la piedad primitiva.

Para este tipo de obra como Josías necesitamos ese espíritu vigorizante de reforma que sólo Dios nos puede dar y lo hará si así lo deseamos. No sé dónde tienes que empezar, no vine a decirte que dejes de hacer esto o aquello, sino para hacerte un llamado sincero y divino, para que te hagas un examen en tu vida, en tu hogar y en la iglesia. Lo que sí sé es que si continuamos con todo lo que nos aleja de Dios, no somos dignos de llamarnos cristianos, pues ser un cristiano es ser como Cristo. Así como un chino es chino porque es de china, no puede ser de otro país, de igual manera con nosotros, o somos de verdad jóvenes cristianos, o no lo somos, no hay intermedio pues recuerda sólo hay dos caminos y en uno de los dos estamos caminando. Tarde o temprano no sólo nos quitará de dónde estamos hoy burlándonos de él, con el tipo de vida que llevamos y por lo que vemos en el pueblo y no hacemos ni decimos nada, sino que nos terminará excluyendo de su obra y pondrá a otros que están más que dispuestos en honrarle como Josías lo estuvo. Hoy es el tiempo *'de empezar a limpiar'*.

Querido joven ¿por qué rechazar esta oportunidad que solamente llega una sola vez a nuestra vida? Aprovechémosla y hagamos lo que tengamos que hacer. Hagamos de la Biblia, el estándar para todo lo que enseñamos, decimos y practicamos; empecemos a limpiarnos y limpiar con nuestro testimonio y palabras al pueblo, la iglesia. Si esto lo logramos veremos pronto un mundo amonestado y los fieles vendrán pronto a ser parte del pueblo purificado.

Hoy tendríamos que estar ciegos para no ver que todas la cosas que Josías quitó en su tiempo existen de manera abundante en nuestra iglesia, quizás no literalmente, pero sí de mil formas más, las cuales mucho tiempo atrás han penetrado a la iglesia, tales como: costumbres, vicios, hábitos e ídolos mundanos a través de la moda, la música, las fiestas que celebramos, el no respetar el mensaje pro salud, los sermones que hoy se predican en su mayoría no reprenden todos estas cosas, ni se nos enseña a vivir como cristianos bíblicos. Es bien cierto que la gracia nos perdona y nos inviste de salvación, pero ella también nos llama a vivir como nuevas criaturas, diferentes a los demás, venciendo el pecado hasta ese día glorioso en el cual seremos transformados completamente.

¿Y quieres que te diga porque hoy no se escuchan sermones que amonesten contra todos estos males? Porque muchos de ellos mismos como en el tiempo de Manasés y Amón son culpables. El pueblo ha sido bombardeado con un falso concepto de santidad y salvación que no ve la necesidad de ser diferente al resto del mundo y así muchos son un estorbo para el progreso del evangelio, comenzando con el liderazgo.

El cielo hoy nos dice, no más, a través del moderno Josías hará lo que la mayoría de adultos y líderes han fallado en la iglesia. ¿Estás listo para esta tarea? ¿Aceptas esta responsabilidad? Hoy es tu oportunidad, ¿qué harás con ella, la sacrificarás por lo que te ata al mismo espíritu mundano, por amigos, familia, por temor de ser tildado fanático, extremista, o de ser censurado por los adultos y líderes livianos que en su mayoría han estado dirigiendo al pueblo a la apostasía con su ejemplo mundano e idolátrico? ¿Cuál es tu temor que te impide decir, aquí estoy Dios? Podrías decir, con toda firmeza y seguridad, ¿qué quieres que haga por ti querido Jesús?

Josías **"...limpio a Judá y Jerusalén... y como hubo derribado los altares y los bosques, y quebrado y desmenuzado las esculturas, y destruido todos los ídolos por toda la tierra de Israel, volvió a Jerusalén"** 2ª *Crónicas 34:5-7*. Nota que él no regresó a casa, sino hasta haber logrado, limpiar, derribar, quebrantar, desmenuzar *todo* lo que deshonraba a Dios e impedía al pueblo ver su insensatez. ¿Tendremos esa visión?

Joven, "*A cada uno (tu y yo) se le ha de legar una herencia para bien o para mal (en el hogar, en la iglesia, en el mundo)…* **Josías, el joven reformador, en su celo religioso destruyó esas imágenes de Astrarot, Quemas y Moloc**" Carta 8b, 1891" *Cristo Triunfante*, página 162.

Es una tarea que no podemos ignorar ni rehuir, tenemos que realizarla, si no otros tomarán nuestros lugares, pero esta obra se tiene que realizar, y quieras o no, al profesar ser parte del pueblo tu influencia será para bien o para mal. La elección es tuya. Los que ya hemos captado la visión y misión escuchemos lo que debemos realizar inmediatamente. **"***Despertad a vuestros compañeros* **para que trabajen organizados en algún grupo que lleve un nombre especial, a fin de cooperar en una acción armoniosa.** *Conseguid que trabajen los jóvenes de uno y otro sexo que hay en la iglesia*" *Joyas de los Testimonios*, Tomo 2, páginas 504, 505.

"*La juventud ha de ser organizada y disciplinada para la obra final…Tanto los jóvenes,* como los mayores*, serán llamados del campo, de la viña y del taller y enviados por el Maestro para dar su mensaje.* Si ellos (los jóvenes) ponen sus corazones en el trabajo y continúan aprendiendo, *él los preparará* para trabajar con él."

"*Con una preparación tal como la que ellos pueden obtener, miles y miles de jóvenes* y de adultos podrían *estar consagrándose a esta labor…Los ángeles hablan por medio de su voz y obran por medio de sus manos…*Como un elemento educativo, ¿qué "curso universitario" puede igualarse a éste? Con semejante ejército de obreros como el que nuestros jóvenes, debidamente preparados podrían constituir, ¡cuán pronto podría llevarse! ¡Cuán pronto podría llevarse al mundo el mensaje de un Salvador crucificado, resucitado y próximo a volver!* Youth's Instructor*, Marzo 3, 1908.

¡Qué oportunidad! ser hoy un reformador. Sé que no suena moderno, pero es necesario. No te des por vencido, *'sé hoy un joven reformador'*. Se nos llama a ser un reformador, no porque debemos cambiar de iglesia, sino porque un reformador es alguien que busca un cambio, hace la diferencia de la mayoría. Es el cielo que te ha llamado, no dudes de ello, el cielo se hace responsable de nuestra preparación y éxito y si has tropezado o no has cumplido con tus responsabilidades y olvida el pasado y seguro que al perdón comienza hoy con una hoja en blanco que Dios te da en este momento. A ti ahora te toca escribir esa nueva vida, esa historia que en voz alta hablará y testificará que Dios aún tiene jóvenes dispuestos a vivir o morir por él, así pues no te des por vencido, renuncia a todo mal, placer y veras que serás honrado por el cielo. Cumplamos la misión celestial de ser *'hoy un joven reformador'* que entiende su misión.

"**El pueblo de Dios** (incluyendo a los jóvenes) **debe ejercer un poder *preservador y reformador* en el mundo. Debe contrarrestar la influencia corrupta y destructiva del maligno**" (*Review and Herald*, 22 de agosto, 1899). ¿Crees que Dios puede realizar la obra de contrarrestar toda influencia corruptora y destructiva en tu vida, en la iglesia y el mundo? ¿Podremos ejercer el papel de reformadores como Josías en este tiempo, dentro del mismo pueblo? Quizás digas, nadie entiende esto, a nadie le importa la condición del pueblo. Dios siempre ha usado al humano para lograrlo y en esta generación desea hacerlo a través de ti. Sé que son muy pocos los que desean realizarlo, pero lo importante no es saber cuántos quieren, sino que nosotros seamos parte de los que desean hacer la *'diferencia'* como en el tiempo de Josías. Ahora deseo que la siguiente historia te llene de valor para ello, pues en esta obra jamás estaremos solos.

El 18 de octubre de 1918, en el bosque de Argonne, Francia, el peso del comando de un reducido grupo de soldados norteamericanos repentinamente recayó sobre los jóvenes hombros del cabo Alvin York. Pero todo hacía pensar que su responsabilidad no duraría mucho tiempo, puesto que los soldados que el cabo York tenía bajo sus órdenes estaban rodeados por una fuerza más numerosa de alemanes. El cabo York no estaba dispuesto a abandonar la lucha. En cambio se atrincheró contra un árbol y devolvió el fuego. Varios soldados alemanes cayeron. Más alemanes se lanzaron al ataque. Pero el cabo York continuó resistiendo valientemente.

Los alemanes no sabían que estaban peleando contra un grupo reducido de norteamericanos. En cambio, comenzaron a creer que eran más numerosos que ellos. De modo que se rindieron y entregaron sus armas. El cabo York y sus seis soldados de pronto descubrieron que habían capturado a 92 prisioneros. Emprendieron la marcha hacia las líneas norteamericanas. Mientras el cabo York y sus hombres se dirigían hacia sus posiciones, encontraron otros nidos de ametralladoras alemanes. En todos los casos, los soldados alemanes no se dieron cuenta a tiempo que los seis norteamericanos no eran los prisioneros sino los captores. Cuando el cabo York llegó a las posiciones norteamericanas, había capturado a 132 prisioneros.

Si el cabo York hubiera dependido de su reducido número, y no hubieran confiado en que podían salir milagrosamente en victoria, y no hubieran luchado con lo que tenían a mano y hacer lo que tenían que hacer bajo el honor de la responsabilidad puesta sobre ellos, ¿crees que hubieran logrado lo que obtuvieron?

Joven con la ayuda de Dios podemos realizar y lograr lo que aparenta ser imposible. ¡Atrévete y experimentémoslo! Hagamos historia. **"Y me dijo el Eterno: No digas: Soy un niño; porque a todo lo que te envíe irás tú, y dirás todo lo que te mande. No temas delante de ellos, porque contigo estoy para librarte, dice el Eterno"** *Jeremías 1:7, 8.* ¡Se un joven reformador, hoy!

Para Reflexionar y aplicar

¿Qué fue lo que más te impacto de este capítulo?

¿Qué aprendiste en este capítulo que pondrás en práctica?

¿Cuál es el punto más sobresaliente que compartirás con otros?

Explica lo que es reforma para ti:

¿Eres un reformador en tu carácter?

¿Crees que eres común en pensar o independiente?

¿Cuánto más decisiones en tu vida te preocupa lo que otros opinan o sigues tus convicciones?

¿Qué te comprometes hacer para traer mejoría, reforma a la sociedad, tu familia, tu iglesia, tu institución y carácter?

Sociedad:
Familia:
Iglesia:
Institución:
Carácter:
¿Serias un reformador por Dios?

CAPÍTULO 34
APRENDAMOS A MINISTRAR Y ESCUCHAR, PUEDE SER LA VOZ DE DIOS

Un viejo marinero dejó de fumar cuando vio que su loro tosía cada vez más. Tenía miedo de que el humo de su pipa, que casi siempre llenaba la habitación, fuera perjudicial para la salud de su loro. Luego hizo que un veterinario examinara al animal. Y tras un concienzudo reconocimiento, el veterinario llegó a la conclusión de que el loro no padecía de psicosis ni de neumonía, *sencillamente, imitaba la tos del fumador empedernido que era su dueño.* Al analizarnos, muchos de nosotros somos como el loro que aprendemos a actuar por el ejemplo que nos dan y muchos nos han hecho creer que estamos enfermos y sin esperanza, cuando en realidad lo que necesitamos es cuidar de quien estamos aprendiendo, siendo influenciados o quien nos está ministrando.

Cuidadosamente debemos considerar nuestros maestros, no siempre los que profesan ser nuestros líderes (dueños) están en lo correcto; como el marinero, que no te hagan creer que estás enfermo, pues te hacen creer que ese es un problema, y la realidad es que hemos aprendido mal, en muchos casos se nos ha ministrado de la manera equivocada y así hemos formulado conceptos que no son aprobados por Dios, nos aleja cada vez del blanco, de ser ministrados por el ejemplo divino.

Todos hemos nacido en pecado, pero gracias a Dios que hoy podemos aprender a ser jóvenes que representen a su dueño verdadero, a Jesús, recordando que él es nuestro único ejemplo. Debemos entender que nuestro ejemplo será para bien o para mal, según con quienes entremos en contacto, especialmente si ministramos a los demás jóvenes. Haremos bien en discutir las cualidades que los líderes y pastores jóvenes deben tener, a fin de que pasen la inspección de Cristo. Haré uso de la experiencia de otro joven que logró ser ministrado para poder ministrar a otros y aprendió a escuchar, lo que lo llevó a la altura de su experiencia con Dios, esto nos hará ver lo que debemos experimentar si deseamos ser los verdaderos líderes de hoy en el pueblo de Dios.

Recuerdan que hubo un niño llamado Samuel quien desde su tierna infancia comenzó a andar por "el Camino verdadero," y de esta manera fue enseñado. Como sabemos, este niño fue el resultado de una oración ferviente de una mujer casi sin esperanzas de tener un hijo, pues era estéril, lo que llegó a ser siempre un pleito en su hogar. En su desesperada situación clamó al Dios que jamás nos ha fallado. Ella prometió al Señor que si le daba un hijo lo dedicaría para siempre a su servicio. Dios le contestó. Cuando el niño Samuel fue llevado al tabernáculo, empezó a servir a Dios siendo el ayudante más pequeño del Sacerdote Elí. Me llama la atención que la Biblia registre tres veces que Samuel ministraba ante el Eterno, una en su niñez y dos en su juventud, aunque Samuel sirvió a Dios toda su vida, se me hace interesante esto porque es en su juventud que se menciona dos veces que **"el ministraba ante el Eterno"**.

Creo que el Señor dejó registrado esto porque Dios quería dejar una lección para nosotros, los jóvenes que deseamos servirle con todo el corazón, pues **"Dichoso el que tú eligieres, e hicieres llegar a ti** (¿con qué motivo? El responde y nos dice) **para que habite en tus atrios** (¿con qué propósito?) Para ser... **saciados del bien de tu casa"** *Salmos 64:4*. Nuestra mente finita es incapaz de comprender la bendición que existe en el ser elegidos por el Señor para forma parte de su sacerdocio, su liderazgo, sus representantes aquí en la tierra. La Palabra dice que el que lo cree es dichoso porque ha sido 'elegido' para ser investido únicamente con bien, persistiendo, perseverando en el atrio, la casa, la iglesia, la obra de Dios.

He aprendido que cuando Dios dice dos o más veces la misma cosa es porque es más que importante. Me he convencido que esta parte de la vida del joven Samuel se repite tres veces, que *ministraba* al Señor porque el cielo sabe la necesidad de nuestra juventud, de aprender eso, saber ministrar y sobre todo saber ante quien lo hacemos. Cuando digo ministrar, no sólo me refiero a predicar, sino el saber representarle con los diferentes dones, talentos y habilidades que el cielo nos ha otorgado. Nuestra juventud es lo más importante en nuestra vida, bueno así lo creo yo, aunque todo empieza en nuestra niñez, es en nuestra juventud que nuestro carácter florece para bien o para mal. Por eso comprendamos que **"la necedad es alegría al falto de entendimiento. Más el hombre (joven) entendido enderezará su proceder"** *Proverbios 15:21.*

Estudiemos a Samuel. "Y Elcana volvió a su casa en Ramá, **y el niño ministraba al Eterno ante el sacerdote Elí"** *1ª Samuel 2:18.* La Biblia es clara en decirnos que la experiencia de Samuel empezó en su temprana vida a *'ministrar'* que es igual a servir, esto nos muestra que para servir, ministrar a favor del Señor, la edad no importa, lo que importa es la disposición en obrar para él. Notemos que aunque ministraba ante Elí, no lo hacía a él *sino al Eterno*. Este es uno de los principios que necesitamos incorporar en nuestra relación con Dios, porque nos llevará a trabajar, estudiar, prepararnos, obrar, ministrar, servir ante cualquiera, ante quien sea, como si lo hiciéramos al Señor. Comprendamos esto, porque en nuestra hemos hecho muchas cosas como servicio, pero preocupados por agradar al ser humano y otras veces lo hacemos por compromiso y no de corazón, sin embargo, cuando aprendemos a hacer todo como si lo hiciéramos a Dios, no nos importara de quién vengan las órdenes, sencillamente ministraremos, especialmente en el tabernáculo (iglesia).

"Pero el joven Samuel ministraba ante el Eterno, vestido de un efod de lino" *1ª Samuel 2:18.* La segunda vez que se nos dice que Samuel ministraba al Eterno es cuando era ya un joven. En contraste con otros que por derecho les tocaba ministrar, los hijos del sacerdote Elí, el gran líder de todo el pueblo de Israel. Ellos mostraban una actitud totalmente diferente mientras ministraban en el tabernáculo, lo más triste y serio es que eran jóvenes que tenían puestos, grandes responsabilidades que ejercían, pero que no les importaba la manera en que lo ejecutaban. El cielo se vio obligado a dejar escrito de ellos para nuestra amonestación. Que "Los hijos de Elí **eran hombres impíos, y no respetaban al Eterno"** *1ª*

Samuel 2:12. La Palabra claramente dice que eran jóvenes corruptos, que estaban en la iglesia con responsabilidades divinas que no merecían tener, pues deshonraban al Señor.

El respeto al Eterno era desconocido para ellos, irónico pero cierto, ellos como ningún otro joven, debieron conocer y respetar al Eterno por ser los hijos de la máxima autoridad en la iglesia. Eran jóvenes impíos con responsabilidades sagradas. Actualmente muchos toman livianamente las responsabilidades que han sido puesto sobre sus hombros, que "**... dicen y no hacen**" *Mateo 23:3.*

El padre de estos jóvenes era alguien que conocía las leyes de Dios, pero que descuido su propio hogar. Lo peor es que Elí los honraba más que a Dios, en otras palabras les permitía realizar todo lo que ellos querían, a pesar de lo que el Señor ya había claramente prohibido; aun lo que hacían en el tabernáculo. Aunque sabía de la conducta de ellos lo ignoraba, por eso Dios le dijo: "**¿Por qué habéis hollado los sacrificios y presentes que yo ordené, y has honrado a tus hijos más que a mí,** engordándoos de lo principal de todas las ofrendas de mi pueblo?" *1ª Samuel 2:29.*

Queridos jóvenes, esto lo está diciendo Dios y no yo, ¿sabes por qué se dejó esto escrito? Porque hoy también hay muchos pastores, líderes en la iglesia que en vez de corregir a sus hijos en la iglesia, no sólo les dejan que hagan todo lo que quieran, sabiendo que están deshonrando a Dios, sino que aún les consienten todo, dándoles todo lo que quieren a expensas del mismo pueblo, por ejemplo los diezmos. De esta manera, al igual que Elí honran más a sus hijos que a Dios.

Comprendamos que no son todos pero si la mayoría, los que toman la educación de sus hijos livianamente en cuanto a lo que Dios estrictamente pide. Ojalá esta experiencia de los hijos de Elí les haga reflexionar, honrando primeramente a Dios y evitar la muerte de sus hijos de una manera muy triste, como terminaron los hijos de Elí.

El cielo con palabras claras nos dice que ésta era la otra clase de jóvenes que estaban *ya ministrando* en el tabernáculo (iglesia) cuando Dios nos introduce al joven Samuel. Nota que aunque

Samuel ya ministraba, todavía no se le llama sacerdote. Los hijos de Elí ya lo eran y eso los hacía más responsables. Terminemos de ver lo que la palabra dice con respecto a estos jóvenes livianos que ministraban sin respetar al Eterno. **"Este pecado de aquellos jóvenes era muy grave ante el Eterno, porque los hombres menospreciaban traer ofrendas al Eterno"** *1ª Samuel 2:17*. Y no sólo eso, sino que **"Dormían con las mujeres que velaban a la puerta del tabernáculo del testimonio"** *Salmos 2:22*. Los hijos de Elí practicaban los peores pecados ante los ojos del Eterno en su propio templo.

Pongámonos a pensar, lo grande que era su pecado ante el Eterno, pero en contraste a esto, había un joven diferente a ellos, al cual Dios estaba preparando para hacerlo un sacerdote en lugar de ellos, (te recomiendo que leas los capítulos 2 y 3 de 1ª Samuel) para que veas todo lo que hacían, quizás en otra ocasión hablaremos de ello. Dios le dijo a Elí claramente el mal que estaba haciendo como padre y sus hijos también; además les dijo lo que les iba a suceder por ello.

Dios es un Dios de misericordia, pero cuando pasamos los límites y nos burlamos de él como estos jóvenes insensatos, Dios viene a ser un Dios de juicio. Esta parte de Dios, a la mayoría no les gusta decirlo. Es cierto que Dios ama al pecador y murió por él, pero una cosa es saber que ama al pecador y otra es saber que aborrece el pecado.

Dios no sólo nos ha enseñado cómo lograr victoria sobre el mal, sino que nos ayuda para lograrlo, pero si no deseamos hacer exactamente lo que dice y requiere, nos borrará de la tierra como lo hizo con los antediluvianos, Sodoma, Jerusalén, y en esta ocasión, como los hijos de Elí, burladores de lo divino. La sentencia fue **"Y te servirá de señal lo que sucederá a tus dos hijos, Ofni y Finés, ambos morirán en un día"** *1ª Samuel 2:34*. Esta fue la sentencia contra estos jóvenes que no entendieron, ni quisieron arrepentirse ante Dios. Ésta será también la suerte de todo aquél joven que no viva de acuerdo a la luz que ha recibido, sobre todo aquéllos que contamos con responsabilidades de sacerdocio, pero que no lo estamos ejerciendo de acuerdo al plan de Dios. Si deseamos cambiar para bien no tratemos de obrar independientemente de Dios, sino obremos como Dios dice o fracasaremos, pues el resultado será la muerte, a menos que decidamos hacer exactamente lo que Dios dice, no por temor al castigo sino por amor a él y a su causa.

También Dios dijo a Elí, que no sólo iba a matar a sus hijos y que jamás iba a haber anciano en su casa, sino que él, Dios se iba encargar de suplir la falta de verdaderos y consagrados sacerdotes. **"Y yo levantaré un sacerdote fiel, que obre conforme a mi corazón y a mi deseo. Y le edificaré casa firme, y andará ante mí Ungido todos los días"** *1ª Samuel 2:35.*

Querido joven, quien puede ir en contra de lo que Dios se ha dispuesto a hacer, el mismo Elí dijo con respecto a sus hijos que cuando uno ya no entiende viene ante juicio de Dios. **"No, hijos míos. No es buena fama la que oigo, que hacéis pecar al pueblo del Eterno. "Si el hombre peca contra el hombre, los jueces lo juzgarán. Pero el que peca contra el Eterno, ¿quién rogará por él?" Pero ellos no escucharon la voz de su padre, y el Eterno dispuso quitarles la vida"** *1ª Samuel 2:24, 25.* Vemos que el aprender a ministrar es sumamente importante, pues de ella depende nuestra salvación.

Seremos más sabios que estos jóvenes volviéndonos a Dios, dejando que él nos prepare para ser hoy sus verdaderos sacerdotes, jóvenes que sepan, como dijo Pablo: **"procura con diligencia presentarte a Dios aprobado, como obrero, (sacerdote, ministro) que no tiene de que avergonzarse, que usa bien la palabra de verdad"** *2ª Timoteo 2:15.* Notemos que es un asunto serio como nos presentamos y ministramos ante Dios. El Señor nos permita ver que es un asunto de diligencia, de constancia, vigilancia todos los días, horas, minutos y segundos, pues tenemos que usar bien la palabra de verdad en este tiempo lleno de hipocresía, en el cual la mayoría de los cristianos profesamos ser algo que no hemos llegado a ser, especialmente líderes en la iglesia de hoy.

Es un tiempo en que el mundo cristiano, nuestra iglesia, clama por jóvenes como Samuel, que hagan la diferencia en el ministerio dentro del mismo pueblo de una manera diligente, usando apropiadamente la Palabra. ¿Aceptarás esa invitación de ser diferente en el ministerio, o en tu área de capacidad? **"Andad pues, y aprended"** *Mateo 9:13.*

Es aquí donde por tercera vez se nos dice; "**El joven Samuel ministraba al Eterno ante Elí. En aquellos días, la palabra del Señor era rara, no había visión frecuente**" *1ª Samuel 3:1*. En otras palabras no había profetas en este tiempo cuando Dios llamó a Samuel. Esta tercera vez en que se nos menciona que Samuel ministraba ante el Eterno, se da después de la sentencia que dio a los hijos de Elí y es la segunda vez en su juventud que el cielo dijo que *ministraba*, pero en esta segunda vez se nos da más información de cómo lo llamó al sacerdocio. Ahora fíjense lo que pasó: Recordarán que una noche, Samuel fue despertado súbitamente por una *voz*. Pensando él que era llamado por Elí, al instante acudió a la cama de Elí para inquirir lo que deseaba. Todo esto está en el capítulo 3. Por supuesto Elí se sorprendió, pero con calma le dijo **"Yo no te llamé, vuelve a acostarte"** *1ª Samuel 3:5*. Desde que alrededor no había otra persona más que Elí, Samuel estaba seguro de que el anciano lo había llamado, sin embargo obedeció y se fue derecho a la cama.

No pasó mucho tiempo, tal vez tan pronto como Samuel volviera a dormirse, la *Voz* llamó por segunda vez. Ustedes saben que Samuel fácilmente podía haberse dicho así mismo, "Este anciano debe estar soñando. He aquí está llamando otra vez, pero no me molestaré más por él. Lo dejaré que llame todo lo que pueda." Más en lugar de decir todo esto, Samuel, no obstante, tan presto como antes, acudió de prisa a la cama de su señor, solamente para oír las palabras, "Vuelve a la cama, yo no te llamé." *1ª Samuel 3:6*. Esto me muestra que Dios podrá permitir que varios factores se involucren para enseñarnos lecciones antes de poder hablar con él, aunque esto será el principio de escuchar su voz. Dios usará todos los medios necesarios hasta que la impaciencia desaparezca y la paciencia florezca en el oído de nuestro corazón.

Todavía por la tercera vez él oyó que llamaban, con tanta voluntad y respetuosamente como antes, él fue a la cama de su señor. "***Por tercera vez*, el Eterno llamó a Samuel. Y él se levantó, fue a Elí, y le dijo: "Aquí estoy, ¿para qué me llamaste?" Entonces Elí entendió que el Eterno estaba llamando al joven. Y le dijo: "Ve** y acuéstate. Y si te llaman otra vez, dirás: 'Habla, Señor, que tu siervo oye". Así Samuel volvió y se acostó en su lugar" *1ª Samuel 3:8, 9.* Elí al fin percibió que el Señor había estado llamando al niño, e instruyó a Samuel en lo que debía hacer. Joven ¿qué fue lo que Samuel hizo? Exactamente lo que le fue dicho. *Aprender a escuchar, es algo que muchos no hemos aprendido*, pero lograrlo es un tesoro. Así como con Samuel, nos puede estar llamando, pero como no es de la manera que esperamos, nos cansamos de esperar. Dios no guarde a no cansarnos y nos permita aprender a escucharle. De seguro que nos hablará de una manera inesperada como con el joven Samuel, quien aprendió a estar atento a la voz que lo llamaba. Nosotros también si así lo deseamos podemos aprender a escuchar su bendita voz.

Le llevó tres llamados para que entendiera que Dios lo estaba llamando, sin embargo no estando convencido "…**vino el Eterno y llamó como las otras veces: "¡Samuel, Samuel!"** Entonces Samuel respondió: "Habla, que tu siervo oye" *1ª Samuel 3:10.* ¿Si Samuel no hubiera sido tan obediente, *'paciente en escuchar'* y respetuoso al responder, piensan ustedes queridos jóvenes que alguna vez habría ocupado el puesto más alto de la tierra? Seguro que no. Las cualidades de carácter que Samuel mostró aquella noche, **le promovieron a los oficios de profeta, sacerdote y juez.**

Nos preguntamos todavía ¿por qué Samuel fue despertado tres veces en sucesión y por qué a él y a Elí se les molestó durante la noche? Por dos razones: (1) Para probar que a pesar de las inconveniencias, Samuel no vaciló, ni vacilaría en levantarse cuando le llamaran, y no se enfadó, ni se enfadaría, después de haber aprendido a *escuchar la voz de Dios.* (2) El Señor quería ayudar a Elí; Él quería evitar la posibilidad que Samuel pusiera en tela de juicio su habilidad para disciplinar a sus hijos, pues Dios le dio un mensaje para Elí esa noche. Si a Elí no se le hubiera dado la oportunidad de saber de cierto que el Señor era quien hablaba al muchacho, entonces fácilmente hubiera concluido que Samuel armaba complot en contra sus hijos. Pero siendo las circunstancias como eran, no le cupo la menor duda a Elí de que Dios tenía un mensaje para él. Dios estaba llamando a Samuel y dando un mensaje para él. Esto me muestra querida juventud que mientras Dios nos esté preparando y llamando, estará quitando a los infieles, a la vez que nos está llamando como lo hizo con Samuel.

Los jóvenes de hoy, así como los de los tiempos pasados, están ansiosos de ser algo en la vida, y no obstante millones de ellos fallan en llegar a la meta y muchos de ellos arruinan sus vidas. Anhelan ser grandes hombres, pero ni siquiera llegan a la medianía. Y ¿cuál es la razón? sencillamente porque han confiado demasiado en su propio poder y han despreciado el poder de Dios. No saben que con el poder de Dios no hay fracaso y que con Él somos capaces de ***"llegar a cualquier lugar."*** "Cualquiera pues que me confesare delante de los hombres, le confesaré yo también delante de mi Padre que está en los cielos" *Mateo 10:32*. ***"De manera que teniendo diferentes dones según la gracia que nos es dada, si el de profecía, úsese conforme a la medida de la fe. O si ministerio, en servir, o el que enseña en doctrina. El que exhorta en exhortar; el que reparte, hágalo en simplicidad; el que preside, con solicitud; el que hace misericordia con alegría"*** *Romanos 12:6-8*.

Sin embargo, el Señor pregunta: **"¿A quién hablaré y amonestaré, para que oigan? Sus oídos son incircuncisos,** *y no pueden escuchar*. **La Palabra del Eterno es para ellos cosa vergonzosa, no la aman"** *Jeremías 6:10*. ¿Seremos de este tipo de gente que no desea escuchar o aprender a hacerlo? Jóvenes, varones y señoritas, rindámonos sin reserva a Dios. Él necesita grandes hombres y Él puede hacer de nosotros tales cosas, como con Samuel. Cuando aprendas **a escuchar** en los caminos de Dios y llegues a ser persona de responsabilidad como lo fue Samuel, Dios no pasará por alto tu celo, integridad, y sinceridad. El nos dará una gran recompensa por ello. ¡Sí!, entonces seremos verdaderamente grandes si aprendemos a *oír y ministrar en donde estemos.* Recuerda, puede ser la voz de Dios que en diferente circunstancias nos esté llamando y preparando. Por eso ten siempre presente que: **"Cuando vayas a la casa de Dios, guarda tu pie, y acércate más** *para escuchar* **que para ofrecer el sacrificio de los necios; porque no saben que hacen mal"** *Eclesiastés 5:1*.

No te canses pues, la paciencia de Samuel en aprender a ***ministrar y escuchar lo llevó a ser el joven que ocupó tres grandes puestos,***

Profeta, Sacerdote y Juez de toda una nación. Jesús dijo de una manera clara que nosotros debemos aprender a oír: *"El que tenga oídos para oír, oiga"*. Y aún para esto él dijo también: *"Mirad lo que oís"*, porque de acuerdo a Dios los que aprendamos a discernir entre la voz de Dios, la del hombre y la nuestra se cumplirá la siguiente promesa que, "**Al que tiene, se le dará**"; pero el que no aprenda a *oír*, a escuchar cuidadosamente, se le promete: " **y al que no tiene, aun lo que tiene le será quitado**" *Marcos 4:23-25*. Si no aprendemos como el joven Samuel a discernir la voz del Altísimo, tendremos que pasar la experiencia de los hijos de Elí, que aún lo poco que tenían por no aprender a escuchar la voz de Dios y ministrar, fueron por su propia elección destruidos.

Entendamos que el no aprender a ministrar, escuchar y discernir la voz de Dios nos llevará obligatoriamente a ministrar y escuchar otra voz que no es de Dios. Valioso es para el cielo y para nuestra propia salvación aprender a escuchar. Espero poder reafirmar la enseñanza con el siguiente relato. Un relato japonés narra de la siguiente manera: **El discípulo dice al maestro, "Usted está escondiéndome el secreto final de la contemplación". El maestro dice: "¡No, no lo estoy haciendo!" El discípulo responde: "¡Sí, lo hace!". Un día estaban caminando por los declives de una montaña, oyeron cantar un pájaro. El maestro dijo al discípulo: "¿Has oído aquel pájaro cantar?" Y el discípulo respondió "Sí". ¿Sabes lo que sucedió? El oyó con el corazón, escuchó con el corazón.** Eso es una gracia que puede sernos dada, pero hay que quererla de corazón, entonces la voz de Dios nos será bien conocida. Será algo natural.

El problema del discípulo no era que no quería oír, y aprender a meditar, su problema era el de muchos jóvenes de hoy, que no hemos aprendido a escuchar con el corazón entero; he allí la clave para escuchar a Dios.

Joven ¿por qué no escuchar a Dios mientras nos llama? Que pueda decirse de nosotros como se dijo de Samuel: **"y el joven Samuel iba creciendo, y adelantando delante de Dios y delante de los hombres"** *1ª Samuel 2:26*. Querido amigo(a), quizás hoy estemos durmiendo como Samuel y si hemos sido fieles como el lo fue en lo poco o mucho que tenía a mano, discernamos la voz del Eterno, no importando cuántas veces nos llame, pues el Eterno nos dice: "**Oíd ahora... Levántate**" *Miqueas 6:1*. Que de lo más profundo de nuestro corazón podamos decir: Señor, "**... Habla que tu siervo oye**" *1ª Samuel 3:10*. Aprendamos a escucharle mientras nos habla a través de la creación, las circunstancias, la Biblia y su Santo Espíritu.

Mientras nos preparamos para ser los Samueles de este tiempo, nos haría bien recordar que el buen ejemplo es mejor que mil sermones, porque como siempre los ojos del pueblo estarán sobre nosotros. Se cuenta que cuando se interpretó por primera vez en Londrés El Mesías de Haendel, el Rey, que se encontraba presente, se sintió tan arrebatado por el sentimiento religioso durante el *'Aleluya'* que, olvidando los convencionalismos, se puso en pie para rendir un silencioso homenaje de respeto a la obra maestra que estaba *escuchando*. Al verlo, todos los nobles que allí se encontraban siguieron el ejemplo del rey y se pusieron también en pie. Naturalmente, aquello era una señal inequívoca de que todo el mundo debía ponerse en pie. Desde entonces se considera respetuoso ponerse en pie siempre que suena el *'Aleluya'*. Que nuestro ejemplo pueda ser un ejemplo digno a seguir. Recuerden que nos están viendo, y muchos harán lo que ven de nosotros. Seamos fieles **ministradores, oidores y seguidores** de Cristo para que seamos los mejores ejemplos. El Dios de Samuel nos dice, **"Hijo mío está atento a mis palabras. Inclina tu oído a mis razones"** *Proverbios 4:20*.

Para Reflexionar y aplicar

¿Qué fue lo que más te impacto de este capítulo?

¿Qué aprendiste en este capítulo que pondrás en práctica?

¿Cuál es el punto más sobresaliente que compartirás con otros?

¿Explica lo que es escuchar atentamente? :

¿Eres o te gustaría ser un servidor del prójimo?

¿De 1 al 10 cuanto crees que tú escuchas a los que te hablan? El número más alto mejor.

¿Has escuchado a Dios alguna vez?

¿Qué prometes hacer para ser una persona atenta y buscar escuchar a Dios?

CAPÍTULO 35
¡NO TE IMPACIENTES! TODO TIENE SU TIEMPO Y HORA

Sucedió que un día salió una niña con su padre a pescar. Después de estar varias horas pescando, la niñita arrojó repentinamente la caña y gritó ¡Renuncio! ¿Qué sucede? Le preguntó el padre. Nada dijo la niña, **excepto que no me gusta que me hagan esperar.** A cuantos nos pasa lo mismo de la niña, en nuestra vida. La pasión de la impaciencia domina. Queremos ser y tener algo en la vida, sí, queremos peces pero no nos gusta esperar. El mensaje de este capítulo es: sigamos con la caña en la mano y verás que Dios no se ha olvidado de verte todo el día esperando ese pez.

David enfáticamente dijo: ¡Dad gracias al Eterno, invocad su Nombre! **¡Dad a conocer sus obras en los pueblos!** ¡Cantadle, cantadle salmos, *pregonad todas sus maravillas*! *Salmos 105:1, 2.* Él pudo decir esto porque él supo esperar y Dios lo coronó en su debido tiempo. He aprendido por experiencia que la impaciencia me ha robado grandes victorias. Es uno de los demonios que sigue a muchos, si no es que a todos.

¿Cómo poder contar las maravillas de Dios y sus grandes obras? ¿Cómo poder contar y recordar lo que hizo en otros jóvenes que supieron ser pacientes? ¿Cómo querido amigo? De mi parte lo haré comentando la parte final de la experiencia de José. El Señor vio en él algo que no encontró en sus hermanos, entrega, disposición, sacrificio, amor y sobre todas las cosas *paciencia.* No solamente fue el hijo favorito de su padre, sino también el favorito de Dios. Dios tenía en su pensamiento algo grande para José, mayor que el mundo jamás pudiera pensar. Pero José tenía que venir a ser esclavo, para probar que era digno de confianza. Él tenía que ser educado para una gran obra. De verdad grande, y la paciencia fue el ingrediente de su victoria.

De acuerdo a la Providencia, sus hermanos lo vendieron como esclavo. Exactamente entonces él recordó lo que el Señor le había prometido en un sueño que además de sus hermanos, aún su padre y su madre se inclinarían a él (aunque su madre murió antes de eso). ¿Se pueden imaginar cuan espléndida oportunidad tuvo José de maldecir a Dios cuando se vio a sí mismo llegando a ser esclavo, luego en la cárcel por algo que no había cometido? Él podía haber dicho, ¿Para qué servir a un Dios que en lugar de la gloria que promete, da humillación, dificultades y rechazo? Pero José sabiamente hizo como Job, santificó a Dios en su corazón y dijo: **"Aunque El me quite la vida, todavía así yo confiaré en El"**.

A través de los años he aprendido a madurar en los momentos más difíciles de mi vida. La compañía con quien trabajaba me llamó para cubrir una reunión de negocios el próximo fin de semana en Texas. Estando en California decidí viajar en carro; era miércoles de noche y por alguna razón el compañero de trabajo no me pudo acompañar, así que tuve que buscar a alguien más para que me acompañara. Lo encontré. Como a las nueve de la noche comenzamos el viaje; el carro nunca se había recalentado, pero lo empezó a hacer mientras empezábamos el viaje, sin embargo, debido al compromiso traté de ignorarlo, pero se complicaba el asunto; decidimos ver si podíamos arreglar el problema, lo logramos y seguimos. Como a las doce y media de la noche le pedí al amigo que me ayudara a manejar, quien aceptó.

Me pasé a dormir en la parte de atrás; pero antes de dormir recuerdo haber hecho una pequeña oración. Sin saber nada de lo que iba a suceder esa madrugada, me dormí. Cuando desperté, estábamos en medio de un huracán; mi compañero se había estrellado mientras cruzábamos Arizona. En ese desierto, a esa hora no había tráfico, cuando reaccioné fue horrible; no sé cómo no salí volando por el impacto. Trate de caminar, pero no pude ni siquiera ponerme de pie y por el frío que hacía era insoportable el dolor; mi amigo después de un buen rato reaccionó, y me dijo que se encontraba bien.

Mientras estaba aún acostado en el carro, antes de volver completamente en sí, recuerdo que allá dentro de mi ser estaba tratando de volver, de regresaren mí; debido al impacto quedé sin respiración y probablemente inconsciente. Lo primero que vino a mente fue, *'aquí terminé, esto fue toda mi vida'*. En segundos recuerdo haber visto una película de toda mi vida. Pude maldecir a Dios por lo que había pasado, pero en lugar de eso en lo más profundo de mi corazón le dije a Dios, *'deme otra oportunidad de vivir, si ésa es tu voluntad y te serviré más fielmente'*. Aparte de lo que había pasado, estaba yo en problemas, porque el amigo que llevaba el carro no estaba en la aseguranza y me habían dicho mis empleadores que nadie más, sino yo podía manejar el carro si alguien lo hacía y pasaba algo yo era responsable. Así que yo ya sabía lo que venía, trate de buscar una salida sin que se involucrara la policía, pero de alguna manera el taxi que llamé les avisó. Horas más tarde llegó la ambulancia y me llevaron al hospital; mi amigo estaba bien así que me fui solo; cuando me revisaron, lo único que el doctor pudo decirme fue que, 'era un milagro' que no había quedado inválido para siempre, pues los golpes eran para que la columna se me hubiera quebrado. Aunque todavía no me podían asegurar si iba a ser operado o no. Ese día en la tarde me comunicaron que tenía varios golpes en la columna y que por el momento no podría caminar. Como por tres días no pude ir al baño. Mientras pensaba en todo lo que había sucedido, le oré a Dios agradeciéndole por haberme guardado la vida. Aparentemente no podría caminar por un buen tiempo. Traté de no pedirle que me ayudara sólo porque quería caminar de nuevo, sino que me ayudara a aprender de esa experiencia.

Después de una semana me empezaron a dar terapia para poder mover los pies, las piernas y me construyeron un chaleco de plástico para sostenerme la espalda, porque no podía sostenerla por mí mismo. Créeme que los dolores eran fuertes y la soledad inmensa y sin recursos para cubrir los gastos, pero gracias a eso pude pensar en la vida y aunque siempre había buscado a Dios, entendí que ahora lo necesitaba como nunca antes.

Después de una semana me dieron de alta porque pude comenzar a mover los pies. Con la ayuda de unas muletas podía por lo menos ir al baño. No pude regresar al apartamento donde vivía porque necesitaba de alguien que cuidara de mí constantemente. El Señor proveyó una linda familia que cuidó de mí fielmente. Estando en esa casa tuve un encuentro más con mi Dios, tal vez porque no tenía nada más que hacer, solamente acostado y estar mirando constantemente hacia arriba, pude meditar, llorar, pedir perdón de pecados ignorados, evaluar mi situación, estudiar la Biblia como nunca antes y consagrarme de nuevo a mi Dios. Allí aparentemente en el fracaso de mi vida, sin poder caminar, sin trabajar, sin ningún familiar a mi lado (viven fuera de los Estados Unidos), aprendí que Dios sólo había puesto una coma a mi historia, no un punto.

Fue esa la ocasión que hablé como nunca antes con mi bendito Jesús, trate de no murmurar, lo logré pero no me fue fácil, le hice mil preguntas a Dios. Todo esto sucedió cuando yo estaba tratando de andar en sus caminos y me preguntaba ¿porque no le sucedía esto a otros que no lo estaban buscando, ni mucho menos sirviendo? Aparentemente estaba completamente derrotado, porque pensé que no iba volver a caminar normalmente, y eso me mortificaba y hería como no tienes una idea. Fue para muchos enemigos un gusto verme en esa situación y no dudaron en decir que me había sucedido, porque de seguro andaba mal con Dios.

Para la honra y gloria de Dios, el cielo no se había olvidado de mí. Mientras yo estaba en cama, él estaba obrando de una manera maravillosa en mi vida, en mi mente, corazón, y a favor mío en toda su extensión. Con oración, fe y coraje me levanté de donde estaba, empecé a caminar con las muletas y el chaleco, lo cual tuve que usar casi por un año, cosa que no fue nada agradable, pero en todo esto Dios me disciplinó, corrigió y sobre todo me instruyó. Su misericordia me guardó y me prosperó por amor a su nombre, haciéndome crecer en mi vida espiritual que es el tesoro más grande que pude haber recibo como regalo en ese *'bendito accidente'*.

Los gastos del accidente fueron cubiertos por la aseguranza. Pude trabajar desde donde estaba. En el trabajo fui ascendido. Dios me regaló un carro doblemente mejor que el anterior. Y desde ese tiempo he llegado a apreciar la vida como nunca antes y no lo podré olvidar, porque como Jacob, después de pelear con Dios le quedó una señal de bendición para toda su vida, lo mismo ocurrió conmigo. Sé que el enemigo quiso usar esto para destruirme, y si le hubiera sido posible me hubiera matado, pero esta aparente derrota Dios la usó para mi propia salvación y prosperidad espiritual, pues con ello me preparó para reafirmar mi entrega a su pleno servicio, que sería ejecutado en mi vida años posteriores del *'bendito accidente'*.

Te cuento esto para decirte a través de esta experiencia que no importa lo que pueda venir a tu vida, Dios la usará para tu crecimiento espiritual, si así tú lo permites. Pronto José se reconcilió con su situación, confiando en que el Dios de su padre sabía todo acerca de sus sufrimientos. Así es como sus amos esclavistas, los Ismaelitas, reconocieron inmediatamente que tenían en su posesión un esclavo fino que podían vender a buen precio. ¿Cómo puedo yo saber esto? Lo sé porque los Ismaelitas lo llevaron al hombre que no compraría un esclavo si no era el mejor. Llevaron a José al hombre más rico de Egipto, que podía pagar el precio debido. Ustedes saben que los hombres ricos nunca compran algo de baja calidad, ni tampoco los vendedores se las ofrecen.

José aún en su dolor, pudo mostrar su habilidad para servir, y debe haber mostrado un gran respeto por sus dueños en el camino para Egipto. Así fue como estos hombres conocieron el valor de su cautivo y se dieron cuenta de que podían venderlo a alguien que necesitase algo bueno, pagando un buen precio por ello. Potifar también descubrió pronto, que bajo todas las circunstancias, José era digno de confianza. Por tal razón lo nombró mayordomo número uno de su casa. Hasta la señora Potifar se enamoró de él, siendo ésta una prueba fuerte para José.

Después de esta prueba, la más grande de su vida, fue cuando Potifar, *lo pone en la cárcel* y aquí fue donde él mostró paciencia, confianza en Dios, pues aunque estaba en un callejón que parecía sin salida, el cielo le abrió la puerta, no más para venir a ser un mayordomo de uno de los más ricos de Egipto, sino para ser virrey de la nación más poderosa de su tiempo y Dios lo hizo de la siguiente manera:

"El panadero principal y el primer copero del rey habían sido encerrados en la prisión por alguna ofensa que habían cometido, y fueron puestos bajo el cuidado de José. Una mañana, observando que parecían muy tristes, bondadosamente les preguntó el motivo y le dijeron que cada uno había tenido un sueño extraordinario, cuyo significado anhelaban conocer. "El panadero y el copero le dijeron: 'hemos tenido un sueño, y no hay quien lo declare. Entonces les dijo José: ¿No son de Dios las declaraciones? Contadme ahora'" *Génesis 40:8* dijo José, cuando cada uno relató su sueño: Dentro de tres días el jefe de los coperos había de ser reintegrado a su puesto, y había de poner la copa en las manos de Faraón como antes, pero el principal de los panaderos sería muerto por orden del rey. En ambos casos, el acontecimiento ocurrió tal como lo predijo" *Patriarcas y Profetas*, página 219.

Hasta aquí parecía el camino abrirse para José, pero la *'hora'* todavía no había llegado para ello, aunque el cielo fue el que permitió que el copero como el panadero llegaran a la cárcel, ellos iban a ser el puente entre José y su pronta posición. Todavía faltaba una pieza en este rompecabezas que con su experiencia estaba arreglando, y así que: **"El copero del rey había expresado la más profunda gratitud a José, tanto por la feliz interpretación de su sueño como por otros muchos actos de bondadosa atención"** *Patriarcas y Profetas*, página 219.

Aquí fue donde parecía abrírsele la puerta para salir de la cárcel. José no dejó ir esta oportunidad hizo su parte, **"... José, refiriéndose en forma muy conmovedora a su propio encarcelamiento injusto, le imploró que en compensación presentara su caso ante el rey. "Acuérdate, pues, de mí para contigo -dijo- cuando tuvieres ese bien, y ruegote que uses conmigo de misericordia, y hagas mención de mi a Faraón, y me saques de esta casa: porque hurtado he sido de la tierra de los Hebreos; y tampoco he hecho aquí por qué me hubiesen de poner en la cárcel"** *Patriarcas y Profetas*, página 219.

Comúnmente uno diría, claro que sí José, con todo lo que me ayudaste y la manera en que estoy saliendo de aquí yo presentaré tu situación ante Faraón, pero esto no fue el caso, **"El principal de los** coperos vio su sueño cumplido en todo detalle; pero cuando fue reintegrado al favor real, *ya no se acordó de su benefactor"* *Patriarcas y Profetas,* página 219. Vemos, que aunque estaba el copero dispuesto a ayudarlo se le olvidó de la petición de José, pero al cielo No, porque sabía la condición de José, el anhelo de su alma, su paciencia y la pronta disposición a los planes de Dios.

En circunstancias como ésta José necesitaba divina paciencia. **"Durante dos años más, José permaneció preso"** *Patriarcas y Profetas*, página 219. Honestamente te digo yo en esa condición no sé qué hubiera pensado. Recordando mi pasado veo que he caído en la murmuración, pero mientras escribo esto me fortalece y anima ver a Dios en las circunstancias que he estado y no las circunstancias en sí, pues como con José serán todas para mi bien y éxito futuro. Sin ignorar que esto requiere *paciencia, firmeza para esperar*, pues Dios sabe cuándo *es el mejor tiempo para manifestarse*. Lo que sí he aprendido es que él se manifiesta cuando menos lo esperamos y casi siempre que se ve imposible salir de la situación. Tristemente la mayoría de veces nos pasa lo que le pasó a José: **"La esperanza que se había encendido en su corazón se desvaneció poco a poco, y a todas las otras tribulaciones se agregó el amargo aguijón de la ingratitud"** *Patriarcas y Profetas*, página 219.

¿No te ha pasado esto querido joven?, a mi sí y a José también, pero no por eso se dio por vencido, espero y deseo que tú jamás lo hagas. El Señor amorosamente y firmemente nos dice: **"…esperadme…"** Sofonías 3:8. Porque en el caso desesperante de José dice la inspiración: **"…una mano divina estaba por abrir las puertas de la prisión"** *Patriarcas y Profetas*, página 219. Si, Dios estaba por abrirle la puerta a José, estoy seguro que lo hará con nosotros también.

Dios no olvidó a José aunque por dos años el copero se olvidó de él, pero cuando todo parecía estar en su contra, Dios seguía siendo el maestro de la situación, y ¿cómo demostró esto? ¿Por qué el cielo se tomó todo este tiempo para abrirle la puerta? La respuesta es porque todo tiene su **'tiempo y hora'** en la santa voluntad del Creador. En el caso de José se dijo: "… José fue vendido por siervo, afligieron sus pies con grillos; en hierro fue puesta su persona, *hasta* *la hora que llegó la palabra*, **la palabra del Eterno le probó"** *Salmos 105:17-19*. Así es como la Palabra describe esta historia, en verdad es una vislumbre de la mano de Dios en el timón de la vida de sus hijos no importando la circunstancia.

Para mí, ésta es una de las tantas maravillas que Dios hizo en el camino que tengo que recordar y proclamar, especialmente a mi juventud, quien como José hemos o estamos pasando circunstancias que parecen inexplicables, ¿no es esto una maravilla que Dios hizo, querido joven? La puerta para su liberación empezó a abrirse. La inspiración explica. "El rey de Egipto **tuvo una noche dos sueños** que, por lo visto, indicaban el mismo acontecimiento, y parecían anunciar alguna gran calamidad. *Él no podía determinar su significado*, pero continuaban turbándole" *Patriarcas y Profetas*, página 219. Aquí vemos que para sacar a José de la cárcel, el cielo tuvo que involucrar al más grande de la nación, para que la reputación de su siervo que había sido puesto en el polvo fuese no sólo sacado de la cárcel, sino que su reputación y su Dios no quedaran en los suelos, sino que fuese puestos donde debían estar, en alto para que todos los egipcios y para que todo el mundo lo reconociera. ¡Que Dios el nuestro!

Por eso no debemos preocuparnos más, así como con José, el Señor nos está por sacar de donde estemos y no sólo eso, sino en nosotros se gloriará de tal manera que no sólo la iglesia sabrá que fuimos llamados por Dios, sino el mundo entero también. Lo que estoy diciendo es que Dios está por *'exaltar a la juventud'* que está dispuesta como José a serle fiel, aun en la cárcel de circunstancias que estés pasando por tu integridad, a aun por nuestra desobediencia. ¿Cuánto tiempo más pasará para lograrlo?, no sé, pero lo que sí sé, es que muchos grandes hombres del mundo colaboran para ello, aunque los que se creen sabios para todo, serán humillados para que la mano de nuestro Dios se manifieste como en el caso de José.

La juventud que hoy se entregue sin reservas a Él, será *'exaltada'*, pues Dios nos dice: "*...en ti me gloriaré*" *Isaías 49:3*. "Y santificaré mi grande Nombre profanado **entre las naciones** (el Egipto moderno), el cual profanasteis vosotros en medio de ellas, y sabrán las naciones (el Egipto moderno) que yo soy el Eterno, dice el Señor, **cuando fuere santificado en vosotros delante de sus ojos"** *Ezequiel 36:23.*

¿Por qué estoy tan seguro de esto?, porque como joven estoy cansado de ser cola. El plan de nuestro Dios desde el principio fue que su pueblo fuese cabeza y el espíritu de profecía hoy me dice, que la juventud tendrá una parte importante en la obra final, que exaltará el nombre de Dios que ha sido grandemente profanado, y buscando luz sobre ello el profeta Joel me confirma lo siguiente: "Y será que después de esto, **derramaré mi Espíritu** sobre toda carne, y profetizarán vuestros hijos y vuestras hijas, vuestros viejos soñaran sueños, *y vuestros jóvenes verán visiones ... en aquellos días*" Joel 2:28, 29. En nuestros días, los últimos días, ¿acaso se ha visto esto en alguna iglesia, después del tiempo de los apóstoles? ¿Será que nuestro Dios terminará su obra en esta tierra de una manera mediocre, casi sin vida? ¿No crees que es tiempo de saber que Dios como afirma el profeta Joel, usará como *parte importante a la juventud en su obra final*, bajo la dirección del ungimiento total de su Santo Espíritu? ¿Comprendes por qué el enemigo ha atrapado a la mayoría de jóvenes cristianos con la idea de que no importa cómo vivas?, pues somos salvos por gracia, y se han mal entendido, creyendo que libertad en Cristo es igual a libertinaje. ¡Qué engaño! ¿Seguiremos engañándonos y así dejar que el enemigo de las almas nos robe la bendición de ser los últimos y poderosos misioneros? Espero que no. Esa es mi oración, vernos juntos terminando esta obra de una manera especial y extraordinaria, como lo describe el profeta Joel.

¿Quiénes fueron humillados para que el joven de Dios fuese exaltado después de tanto desprecio y amargos momentos de soledad y aparente derrota? **"Los magos y los sabios de su reino (de Faraón) no pudieron interpretarlos. La perplejidad y congoja del rey aumentaban, y el terror se esparcía por todo su palacio"** *Patriarcas y Profetas*, página 220. ¿Cuál era el propósito de Dios con todo este alboroto en el palacio del rey? **"El alboroto general *trajo a la memoria del copero* las circunstancias de su propio sueño; con él recordó a José, y sintió remordimiento por su olvido e ingratitud. Informó inmediatamente al rey cómo su** propio sueño y el del primer panadero habían sido interpretados por el prisionero hebreo, y cómo las predicciones se habían cumplido" *Patriarcas y Profetas*, página 220.

De esta manera el Dios de los cielos humilló a los grandes y sabios para levantar a su humillado hijo, quien humildemente había esperado en él. Y así fue como este joven que por años había sufrido tanto, después de haber sido pulido y probado por su fidelidad, Dios ahora le abrió todo el cielo a su favor, tanto que todo el mundo lo supo. Después de interpretar el sueño del rey, el cielo hizo que fuera promovido al trono de Egipto y pudiera gobernar el mundo de esa época.

"Envió el rey y le soltó. El señor de los pueblos *y desatándole, púsole por señor sobre su casa. Para que reprimiera a sus grandes como él quisiese" Salmos 105:20-22.* Fue pues hasta que el reloj de Dios marcó su liberación, y salió para ser grande sobre los grandes y reprimir y gobernar conforme lo dictase el cielo. Pero el punto de todo esto, es que ya fuera en su ascenso, José daba la gloria a Dios y honestamente hacía lo mejor.

En todo lo que le encargaron, no fue inferior a nadie y así él vino a ser el mayor entre los vivientes de la tierra en su tiempo. ¡Cuánta necesidad, cuanta necesidad, hay de jóvenes con esa actitud ahora! ¿Aprenderemos la lección antes de salir de nuestra cárcel? ¿Obtendremos la preparación que el cielo desea lograr en nosotros? Y ¿por qué se dejó todo esto escrito? Para que hoy nosotros contemos sus maravillas del pasado y mientras lo hacemos, él hará lo mismo con nosotros en el presente, pues él dice: "Gloriaos en su santo Nombre, alégrese el corazón de los que buscan al Eterno. Buscad al Eterno y su fortaleza, **buscad siempre su rostro,** *acordaos de sus maravillas que hizo" Salmos 105:3-5.*

En relación al verdadero secreto del éxito del joven José estaba fundado en un sencillo principio; *'la firmeza contra la tentación a pecar, y la fidelidad a su deber': "¡Ah! cómo puedo yo hacer este gran mal. No pecaré ni en contra del hombre, ni en contra de Dios, fue su réplica a toda tentación".* Esta es la razón porque José fue grande en la casa de su padre, en las manos de los Ismaelitas, en la casa de Potifar, en la prisión, en el trono de Faraón y en todo el mundo. Ésta es la razón porque todo el mundo antiguo se inclinaba ante él y es por ello que aún hoy su testimonio nos habla.

Por estos hechos biográficos, se puede ver que los mismos principios que trajeron el éxito a Samuel, a David y a José, pueden sin duda traer el éxito a todos nosotros. Y recuerden que el buen éxito comienza en el mismo lugar en que nos encontramos, ya sea en los atrios del templo, en el aprisco, en el patio con el amo de los esclavos, en la casa de prisión, en el palacio del rey; no hay diferencia en el lugar. No necesitamos correr o soñar para alcanzar el éxito, pero lo que sí tenemos que hacer es inclinarnos para levantarlo. Sí, no hay duda que el éxito viene de los cielos, pero para obtenerlo, tenemos que inclinarnos muy profundo en nuestra experiencia cristiana, así como lo hizo José. La paciencia es el secreto de la victoria, es ella la que nos permite ver que todo tiene su tiempo, todo tiene su hora. Esto es lo que debemos hacer si deseamos tener éxito en algo, ser pacientes mientras el Señor toma riendas de nuestra vida.

Ahora mismo jóvenes, el Señor nos está buscando, para que se cumpla lo que dice el profeta Joel, "**... Un pueblo grande y fuerte, nunca desde el siglo fue semejante, ni después de el será jamás en años de generación en generación**" *Joel 2:2*. Con clamor nos está buscando hoy, al menos 144.000 Salvadores de vida, ese ejército del que nos menciona el profeta Abdías, verdaderos misioneros, como los describe el apóstol Juan **"Y mire y he aquí el cordero estaba sobre el monte de Sión y con él, ciento cuarenta y cuatro mil, que tenían el Nombre de su padre escrito en sus frentes"** Apocalipsis 14:1. Desde que los menciona con el Cordero, nos muestra que aún es tiempo de gracia, porque el cordero es símbolo de Cristo, como el único sacrificio que toma nuestro lugar por nuestras transgresiones, como dijo Juan el Bautista, de Cristo **"He aquí el cordero de Dios que quita el pecado del mundo"** *Juan 1:29*. Recalco, a los 144.000 se les ve con el Cordero, porque ellos no sólo le reflejan en carácter, pues eso es tener su nombre y están sobre el monte de Sión, por haber alcanzado la cima de la experiencia en Cristo, que ahora están listos para testificar en poder ante todo el mundo, como lo dice el profeta Abdías: **"y vendrán**

Salvadores al monte de Sión para juzgar al monte de Esaú, y el reino será del Eterno" *(Abdías 1:21)*. Estos Salvadores serán los que durante el fuerte pregón (el último período de salvación del mundo) estarán dando el evangelio bajo la ministración del Poder del Espíritu Santo, por eso a los 144.000 se les llama **"siervos de Dios"** *(Apocalipsis 7:3)*, porque tienen una gran obra que realizar, similar a los de los discípulos, pero para ello hay que llegar a la cima del monte de Sión. Recuerden, ninguno más que los que obedecieron al mandato de Jesús, **"Y aquí, yo enviaré la promesa de mi Padre sobre vosotros.** *Mas vosotros asentad en la ciudad de Jerusalén, hasta que seáis investidos de poder de lo alto" Lucas 24:49*. Y Hechos registra que después de que Cristo ascendió, los fieles obedecieron, **"Entonces se volvieron a Jerusalén del monte que se llama del olivar...y entrados,** *subieron al aposento alto...y estaban todos unánimes...y fueron* **todos llenos del Espíritu Santo"** *Hechos 1:12, 13; 2:1, 4.*

Vemos que los únicos que en el pasado llegaron a ser parte de ese remanente de la iglesia judía, fueron los que alcanzarán la *experiencia, subiendo hasta el aposento alto,* ningún otro, y esto es símbolo de lo que hoy hay que alcanzar, o sea subir, llegar a la cima del monte, si deseamos ser parte del ejercito de misioneros con sus cuarteles establecidos en el famoso monte de Sión un, puesto más grande que el obtenido por José y Samuel debemos alcanzar. Subir a la cima del monte, lograr ese carácter que nos hará dignos de ello. Queridos jóvenes ¿por qué no ser uno de ellos? Acuérdate que no todos responden, como en el caso del grupo de obreros que Cristo mismo preparo en su tiempo, ¿por qué no responden todos? Porque la mayoría no está dispuesto a pagar el precio.

Jesús hizo el llamado a todos, te acuerdas que invitó a un joven rico que viniese a ser parte de ese grupo que iba a llamar la atención del mundo de su tiempo, pero él no estuvo dispuesto a dejar todo lo debía que dejar, únicamente está escrita su triste experiencia, **"Si quieres ser perfecto, anda, vende lo que tienes, dalo a los pobres, y tendrás tesoro en el cielo. Y ven, sígueme".** *Al oír esta palabra, el joven se fue triste, porque tenía muchas posesiones"* Mateo

19:21, 22. Este joven no pudo ser parte de ellos, porque no estuvo dispuesto a pagar el precio.

Por el contrario a uno que se llamó Juan, que también era joven cuando fue llamado, con un carácter pésimo que se le llamó, **"hijo del trueno"**, a quien hoy conocemos como el joven Juan y como el Apóstol Juan. En su tiempo nadie más que Cristo miraba algo en este joven que llegó a ser el discípulo amado, que tuvo el honor de escribir el evangelio de San Juan 1, 2 y 3 del mismo y el libro más estudiado por el mundo entero, el Apocalipsis, donde se describen las escenas más claras del conflicto entre el bien el mal y lo más bello con respecto a la iglesia que dice: *"ven Jesús"*.

Hoy también Dios está buscando jóvenes como ellos para venir a ser verdaderamente grandes. Hoy día hay más grandes oportunidades que antes. ¿Por qué no nos atrevemos para acudir al llamado? Cada uno puede tener buen éxito si tiene disposición para pagar el precio. ¿Pagaremos el precio requerido por el cielo?

Las maravillas de las cuales Salmos describe no sólo hay que entenderlas sino proclamarlas. **"Oh vosotros simiente (remanente) de Abraham su siervo, hijos de Jacob, sus elegidos"** *Salmos 105:6*. Pregunto ¿quién es el Israel de hoy? Los conforman todos los que guardan sus mandamientos, leyes y estatutos sin duda alguna, característica que nos hace hijos de Abraham, familia de Cristo Jesús.

Jóvenes, no puedo más que como hijo de Dios, aceptar que soy su siervo, somos sus siervos, *sus elegidos simiente de Abraham*, eso involucra que él tiene una obra para nosotros, debido a esto debemos recordar cómo Cristo preparó a su siervo José para la misión, haciéndolo resplandecer en su "tiempo y hora". Cristo está realizando lo mismo por nosotros, él hará maravillas, eso, maravillas que jamás soñamos. ¿Por qué no ser parte de esas maravillas que está por realizarse hoy con la juventud que se entregue completamente a Él?

Necesitamos jóvenes evangelistas de ambos sexos, hombres y mujeres convertidos para trabajar por los inconversos, que ejerzan la debida influencia en otros jóvenes. ¿Estás listo para esto? ¿Podemos empezar a componer ese grupo de jóvenes convertidos para atraer a otros a Cristo y su verdad? Esto es esencial, porque las jóvenes y los jóvenes convertidos pueden hacer mucho más por sus compañeros, que los que ya son mayores. Entonces necesitamos a jóvenes y señoritas para ayudar a los muchachos y muchachas en la obra de ganar almas *no predicando, sino dirigiéndolos hacia una vida digna.*

Recuerden que pueden transformar una vana y mala conversación en una conversación provechosa. Un buen ejemplo puede más que un sermón. Jóvenes, hay oportunidad para ponerse en serio con Dios, piensen en lo que desean ser. No es preciso que comencemos por ser predicadores, pero podemos ser evangelistas sociales. Hoy podemos convertirnos de nuestros caminos de locura, actos necios, malas conversaciones, dirigiendo a otros jóvenes. Si lo hacemos, verás que otros seguirán nuestro ejemplo. ¡Qué grande oportunidad si hoy la aprovechamos correctamente!

Cierto ministro decía: '**Nosotros, estamos ansiosos de que ustedes, muchachos y muchachas tengan buen tiempo. Estamos cansados de ponerles restricciones. Solamente establezcan nuestra confianza en ustedes y se verán libres de reglas. ¡Actúen como deben!**' '**Si ustedes nos muestran que están dispuestos a ser lo que Samuel y José fueron, no tendremos que preocuparnos acerca de lo que hagan y a donde van. Sí, establezcan nuestra confianza en ustedes, y nunca más serán molestados. Solamente por medio de la confianza en ustedes es que podrán obtener cualquier cosa de todos nosotros**'.

Sabes mi amigo(a) desde ese día que mis oídos escucharon esas palabras, mi experiencia cambió, mi manera de ver a los adultos. Las reglas existen pero no me son más un problema, porque deseo honrar a Dios buscando su confianza en mi y en mis mayores. José y Samuel hicieron lo esencial. Ponían todo su corazón en lo que hacían, se ganaron la confianza de sus padres y jefes. Todos los hombres grandes en la tierra han hecho también lo mismo, y esto es otro de los requisitos para llegar a ser grandes a su debido tiempo.

Cualquier cosa que nos toque hacer, hagámosla bien y no con engaño. Que al fin del día podamos decir, *'Mi trabajo es casi perfecto, y mis acciones no son dudosas'*. Y en esos días difíciles y conflictivos, id a la "Puerta" y dile tus necesidades y luchas a Dios. Dile, **'Señor, mis luchas son tus luchas, yo no voy a mortificarme más por ellas, yo pondré todo mi corazón y mi alma en Tu obra'**. Hagamos esto, jóvenes, y veremos las cosas muy diferentes. Verás que los caminos de tu pasado fueron caminos de locura. Te dirás a ti mismo, ¿No fui yo un necio en hacer esto o aquello?

Digo esto por mi propia experiencia. ¿Por qué razón es que muchos van por el camino ancho? Porque allí se puede ser y hacer cualquier cosa. Pero en el camino angosto tienes que ser algo verdaderamente grande, algo totalmente diferente, tal vez sin mucha gente alrededor, ni placeres de la carne, pero jamás sin Jesús y el cielo. Hoy día en la iglesia un número de muchachos y muchachas ya no están más con nosotros porque han determinado continuar por el camino ancho, seguir al mundo. Ellos pueden obtener allí alguna satisfacción, pero están encaminados para una gran prueba y también para una gran pérdida. A menos que "nazcan otra vez" y vengan en sí mismos, como lo hizo el pródigo, ellos tendrán que ir a lo largo del camino hasta su fin. ¿Y qué entonces? El diablo a su espalda y el gran abismo al frente. Allí será el lloro y el crujir de dientes. ¿Por qué entonces continuar por el camino de los necios? Es mejor que no perdamos la oportunidad entre tanto que está Jesús llamando a nuestras puertas. Seamos pacientes en los resultados, todo viene a su tiempo y hora.

Regresando a José veamos por qué tuvo que pasar toda esta experiencia y esperar que llegara el 'tiempo y hora' para su liberación y prosperidad permanente. **"Fue la obra que ejecutó en la prisión, la integridad de su vida diaria, y su simpatía hacia los que estaban en dificultad y congoja,** *lo que le abrió paso hacia la prosperidad y los honores futuros"* Patriarcas y Profetas, página 219. Dios sin duda alguna se manifestó a favor de su siervo haciendo decir a Faraón **"… ¿Hemos de hallar otro hombre como este, en quien hay Espíritu de Dios?** *Génesis 41:38.*

Definitivamente José no era cualquier profeso de Dios, era un hijo que estaba lleno del Espíritu del Creador, hombres como él son los que hoy el mundo necesita ver, llenos del Espíritu de Dios. Podrá decirte de ti amigo(a) ¿habrá un joven (como tú o como yo) en quienes hay Espíritu de Dios? Dios coronó a su hijo al tiempo y hora que él ya tenía designado y así Faraón dijo: **"José; pues que Dios te ha hecho saber todo esto, no hay entendido ni sabio como tú. Tú serás sobre mi casa (reino), y por tu dicho se gobernará todo mi pueblo; solamente en el trono seré yo mayor que tú. "He aquí yo te he puesto sobre toda la tierra de Egipto"** *Génesis 41:39-41.* De la desgracia a la gloria, ¿Cuándo? Cuando se cumpla el tiempo y hora de Dios. Joven, tu gloria se avecina, pero debemos esperar el tiempo y hora de Jesús. Para todo aquel que espera en el Eterno no hay atraso.

Como joven recuerdo que estaba ansioso por obtener ciertas cosas. Una de ellas era vivir en USA. Varias veces con mi familia habíamos viajado a USA, pero nunca nos quedábamos. Fue a los trece años que quise salirme de mi casa y viajar a USA pero no se pudo, en mi rebeldía oraba, ¿cuándo Señor? Cuando menos lo esperaba, Dios utilizó a los amigos, de quienes les conté en capítulos anteriores, que promovieron el viaje a Estados Unidos. Planear el viaje fue un conflicto. Un mes antes que cumpliera quince años, Dios abrió las puertas para que viajara con su aprobación y bendición de mis padres. Fue un día jueves cuando finalmente mis padres me dieron su permiso, siendo exactamente las 11:00 de la mañana; a las 3:00 de la tarde estaba saliendo de casa y una semana después ya estaba trabajando en USA. ¿Cuándo? Cuando Dios quiso ¡Bendito tiempo y hora de Dios!

Cuando quería un carro oré a Dios y en vez de darme un carro, me puso a caminar por un buen tiempo, ni siquiera una persona que podía llevarme al trabajo en su carro, dándole para el combustible quiso darme ayuda. Curioso pero hasta hoy lo entiendo, debía aprender una lección grande en mi vida; me permitió usar el autobús, luego me regaló una bicicleta. No fue sino hasta después de un año que me regaló el primer carro; lo maravilloso fue que me lo llevó a la puerta de la casa, sin dinero y sin esperarlo ese día.

Simplemente me lo dio, *"a su tiempo y su hora"*, cuando el creyó conveniente y así me ha suplido mil cosas.

Llegué a este país (Estados Unidos) pensando regresar a mi patria después de dos años. Sin embargo los años transcurrieron, no dejando de orar y hacer todo lo que estaba a mi alcance; me comunicaba con mi familia en Guatemala, pedía a Dios una sola oportunidad de regresar a mi casa, pero siendo que no tenía papales legales para viajar, era imposible. Mi oración y deseo de ver a mi familia me la concedió después de cinco años; de la noche a la mañana me abrió las puertas, me dio el pasaje, con tres mil dólares para poder ir y venir, tres meses para estar en mi hogar, y aun todavía sin documentos, de regreso quitó todo obstáculo en el camino que no tuve que mentir mientras cruzaba México y la frontera de Estados Unidos, cruce enfrente de la misma Migración en menos de un minuto; todo esto *"en la hora y tiempo de Dios". (Sin usar ningún documento falso)*

Llegué a este país de forma ilegal, no contaba con documentos. Poco después Dios me dio la oportunidad de obtener el asilo político por razones de guerra en mi país, un permiso para trabajar aquí en Estados Unidos, el cual renovaba año tras año. Mis clamores subían al cielo. Miraba mi residencia en este país sólo por fe, pues no me llegaba una cita o algo que me indicara que pronto la tendría. Las oraciones subieron año tras año y no fue sino hasta diez años después que el cielo me concedió mi petición, créeme que cuando menos lo esperaba Dios me dio, lo que tanto anhelaba, mi residencia.

Todo esto me abrió un nuevo campo en la obra de Dios y todo un mundo para poder viajar. Hoy no sé cómo agradecer al Cielo por tantas maravillas que ha hecho en mi favor, siendo aún joven. De ninguna manera me arrepiento de haber tomado la decisión de entregarle *toda* mi vida, pues igual que José, él sabe cuándo contestar, bajar y levantar, humillar y exaltar; él sabe cuándo quitar y cuándo dar; él sabe cuándo herir y cuando sanar. Todo está bajo su control. Oh joven Dios, tiene tu hora y tiempo.

Como nunca antes estoy convencido que para el joven cristiano *"todo tiene su tiempo y hora"*. Por eso me uno al pensamiento de W. B. Prescott cuando dijo, **"en cualquier contienda entre el poder y la paciencia, hay que apostarle a la paciencia"**. Sin duda alguna, la *"fortuna"* para muchos es como la policía, siempre llega tarde; pero para los que saben esperar en Dios, no importando la circunstancia, ellos siempre la ven llegar.

Recuerden, Dios es un Dios de orden y sabe mucho mejor que nosotros cuándo abrirnos las puertas para salir de la cárcel, por eso, hoy debemos recordar mientras nos preparamos para ser parte de ese ejército de misioneros, ejército de grandes hombres y mujeres, que serán exaltados como José y por medio de ellos, Jesús, el Cordero que quita el pecado del mundo, manteniendo siempre presente que *'todo en la vida tiene su tiempo y hora en el reloj de Dios',* no te desesperes en tu cárcel, ya verás que pronto saldrás. Que podamos pues, aprovechar toda oportunidad que venga a nuestra vida, repitiendo en cada pensamiento, palabra y acto que:

- ✓ **"Todo lo que se quiere debajo del cielo tiene su tiempo, todo tiene su tiempo, todo tiene su hora.**
- ✓ **Tiempo de nacer y tiempo de morir. Tiempo de plantar y tiempo de arrancar lo plantado.**
- ✓ **Tiempo de matar y tiempo de curar. Tiempo de destruir y tiempo de edificar.**
- ✓ **Tiempo de llorar y tiempo de reír. Tiempo de endechar y tiempo de bailar.**
- ✓ **Tiempo de esparcir las piedras y tiempo de juntar las piedras. Tiempo de abrazar y tiempo de abstenerse de abrazar.**
- ✓ **Tiempo de buscar y tiempo de desistir. Tiempo de guardar y tiempo de desechar.**
- ✓ **Tiempo de romper y tiempo de coser. Tiempo de callar y tiempo de hablar.**
- ✓ **Tiempo de amar y tiempo de aborrecer. Tiempo de guerra y tiempo de paz.**
- ✓ **He visto el trabajo que Dios ha dado a los hombres para que en él se ocupen.**

- ✓ *Todo tiene su tiempo, y todo lo que se hace debajo del cielo tiene su hora.*
- ✓ **Y pensé en mi corazón: "Dios juzgará al justo y al impío. Porque hay tiempo para todo lo que se quiere y se hace"** *Eclesiastés 3:1-17.*

Cuando entendamos esto, no tendremos pesar, temor, ni falta de nada. Necesitamos esta paz de espíritu. ¿Por qué no tomarla hoy y no mañana? **"Acuérdate de tu Creador en los días de tu juventud, antes que vengan los malos días, y lleguen los años, de los cuales digas: no tengo en ellos contentamiento"** *Eclesiastés 12:1*. Cuan ciertas son las palabras, **"Quien sabe tener paciencia puede tener 'todo' lo que quiera"** - Benjamín Franklin. Joven Dios tiene un 'tiempo y hora para todo y para todos' ten paciencia vale la pena esperar. Tu gloria se avecina.

Para Reflexionar y aplicar

¿Qué fue lo que más te impacto de este capítulo?

¿Qué aprendiste en este capítulo que pondrás en práctica?

¿Cuál es el punto más sobresaliente que compartirás con otros?

Explica lo que es Paciencia para ti:

¿Cómo reaccionas cuando las cosas no salen como planeado?

Relata una anécdota donde perdiste la paciencia:

¿Crees que eres consciente de la importancia de que todo tiene su tiempo y hora?

En que te comprometes trabajar para aprender a esperar y ser paciente:

CAPÍTULO 36
ORACIÓN CONSTANTE
¡URGENTE NECESIDAD!

El día transcurrió y al llegar la noche me encuentro con una realidad difícil de encarar, la falta de oración, la fuente de la fortaleza para toda necesidad y base de toda emergencia he descuidado, veo mi vida con la necesidad de una presencia más íntima de mi Jesús, Mis pensamientos, planes y deseos necesitan una guía divina, una fuerza sobre natural que sólo Dios puede dar. En este momento de lucha escribo estas líneas, animándome con la promesa que dice **"pedid y se os dará"**. Te pregunto ¿crees que podemos presentar esta promesa ante nuestro Dios con la confianza que suplirá todas nuestras necesidades espirituales, físicas, morales y económicas? Honestamente te digo que sí podemos.

Se cuenta que cuando la asamblea encargada de redactar la Constitución de los Estados Unidos llevaba cuatro semanas de esfuerzos estériles, Benjamín Franklin le escribió a Jorge Washington las siguientes palabras: 'he vivido muchos años; y cuanto más vivo, más convincentes son las pruebas que veo de esta verdad. Dios gobierna los asuntos de los hombres, creo que sin su auxilio no tendremos más éxito en este edificio político que los que construyeron la torre de Babel. Seremos divididos por nuestros pequeños intereses parciales y locales; nuestros proyectos serán confundidos. Pido, por lo tanto, permiso para hacer una moción que de ahora en adelante, cada mañana se tengan en esta asamblea oraciones para implorar la asistencia y bendición del cielo sobre nuestras deliberaciones'. Los resultados ustedes los conocen.

Si estos hombres que han hecho historia en nuestra nación, comprendieron la necesidad de la oración antes de que comenzaran sus actividades cuando elaboraban nuestra Constitución, cuán cierto es que si no dependemos de Dios, nuestra experiencia vendrá a derrumbarse como la torre de Babel. Ésta es una regla aplicable en toda fase de la vida.

Leamos lo que el Creador del universo dijo con respecto a la oración: **"Jesús les contó una parábola acerca de la necesidad de orar siempre, y no desmayar"** *Lucas 18:1.* Dios mismo enfocó la necesidad de orar. Jóvenes, aprendamos que la oración no es un lujo para el cristiano, es una necesidad que involucra sacrificio, pues se nos amonesta a *no desmayar.* Hoy recordaba este versículo mientras el espíritu me ayudaba a reconocer la falta de oración en mi vida, como joven cristiano. Le doy gracias a Dios por amarme tanto, recordándome la promesa que dice *"pedid y se os dará",* fueron y son como una gota de agua en el desierto de mi vida. El tener que vivir en una sociedad como la nuestra, sin la oración constante, es como vivir en un mundo donde la bomba atómica ha estallado y constantemente destruye a sus víctimas.

No hay duda que la oración es uno de los ingredientes esenciales en la vida cristiana, pues nuestro Salvador nos dice que hay que hacerlo *siempre. Siempre* quiere decir en cada paso que damos en esta vida, pues ella es el **"aliento del alma"** *Obreros Evangélicos,* página 268. Te pregunto ¿puede nuestro ser vivir sin respirar? ¿Puede nuestro ser espiritual, vivir sin el aliento del alma, la oración? Creo que estamos de acuerdo que NO, por lo tanto, ¿ves por qué es que nuestra vida espiritual decae y parece desmayar? Hoy más que nunca estoy convencido de cuanto le importa nuestro bienestar a Dios. ¿Te preocupa, necesitas o inquieta algo? Preséntaselo a Dios, pues él vuelve a decir, **"pedid y se os dará"** *Mateo 7:7.* Ten por seguro que el cielo sabrá contestar, pues jamás ha dejado a ninguno sin respuesta, por experiencia te digo que él sabe contestar, y contesta de una manera muy especial, pues es su deseo que tengamos lo mejor, pero en su tiempo y hora.

Cuando en el año de 1993 cruzaba la frontera de Tijuana y California solo contaba con 25 dólares que apenas me sirvió para comer algo. Allí mientras pensaba como cruzar la frontera hice un par de amigos y juntos planeamos cruzar esa noche. Empezamos a caminar como a las 7:00 de la noche y a la 1:00 de la madrugada la migración empezó a rodear al grupo que iban con nosotros. Me avente entre los matorrales, pero eran tan pequeños que a la mayoría encontraron, en esa ocasión recuerdo haber orado diciendo Dios, 'si ésta conmigo, líbreme de ésta', me tire y me cubrí el suéter que llevaba, mis amigos que fueron tomados por migración me llamaban para que me entregara y no me quedara en ese lugar solo. Yo sé que Dios me escuchó y ayudó porque estando a tres metros de los agentes de migración y no me vieron. Caminé solo el resto de la noche, sin conocer pude tomar el bus y cuando migración reviso el bus le pidieron papeles a todos menos a mí, una vez más sé que el Señor me había escuchado. Viaje de San Diego a Santa Ana California y cuando llegué no tenía ni un centavo, pero Dios una vez más me permitió encontrar a alguien que me llevó de Santa Ana a San Bernardino California. Una vez más vi como Dios escuchó mi oración y las contesto al instante.

Nuestro Salvador dejó el ejemplo de dependencia total en su padre. **"despedida la gente,** *subió* **al monte,** *apartado a orar.* **Y como fue la tarde del día estaba allí** *solo"* Mateo 14:23. "Porque la vida de Jesús fue una vida de confianza constante, **sostenida por la comunión continua,** su servicio para el cielo, fue sin fracaso ni vacilación. Diariamente asediado por la tentación, constantemente contrariado por los dirigentes del pueblo, *Cristo sabía que debía fortalecer su humanidad por la oración.* A fin de ser útil a los hombres, *debía comulgar con Dios, y obtener de él energía, perseverancia y constancia"* Obreros Evangélicos, página 270.

Notemos que Jesús manifestó confianza en una comunión continua con Dios y los resultados fueron:

 a) *Útil para los hombres,*
 b) *Energía,*
 c) *Perseverancia,*
 d) *Constancia.*

Joven, si nos falta lo que Jesús tenía, es porque no oramos lo suficiente o lo hacemos irregularmente, ¿por qué no cambiar eso hoy querido compañero y ser jóvenes de oración? No hay duda que para llegar a ser una bendición para la humanidad, llenos de esa energía divina, ser perseverantes y constantes, para esto necesitamos orar como el maestro lo hacía, apartarnos del yo primeramente y de la gente, buscando un lugar donde podamos estar a solas con él; como un novio buscaría a su novia; como un niño herido buscaría a su padre; como un hijo buscaría a su madre para convencer al padre que le compre lo que necesita. Esto únicamente lo haría a solas para exponerle sus razones que los demás nunca entenderían. Busquemos hoy a nuestro Dios en ese monte secreto, oremos en privado y expongámosle todas nuestras alegrías, preocupaciones, necesidades y tristezas.

Escuchemos lo que dijo el Apóstol Juan "Otro ángel vino entonces y se paró ante el altar, con un incensario de oro; **y se le dio mucho incienso para añadirlo a las oraciones de todos los santos,** sobre el altar de oro que estaba delante del trono" *Apocalipsis 8:3*. Nosotros, queridos amigos, no tenemos nada que podamos presentar al cielo para asegurar una respuesta a nuestras oraciones, no tenemos ningún mérito, sin embargo el cielo ha provisto de un incienso que cubrirá todo lo mal oliente de nuestras peticiones y ese incienso es la justicia de Cristo Jesús, lo único que hará que el padre nos escuche y aún también nos conteste de acuerdo a su voluntad. Como ves nada tenemos que perder al orar, al contrario ganamos todo.

El otro día decidí ir a la montaña a orar a solas con Dios, después de una hora de camino llegué y oré, me desahogué, hable con él y le dije: Dios dime, si me has escuchado, que a pesar de mis injusticias ¿podré emprender este viaje que debo hacer pronto? Me senté sobre la piedra que está en la cima del monte, me quedé meditando, mientras lo hacia el sol me pegaba fuerte voltee a ver a la izquierda y mi sombra estaba rodeada por un gran arco iris, dije ¿de dónde salió? No estaba lloviendo. Creo de todo corazón que Dios me estaba afirmando mi oración y sin duda alguna así fue. El arco iris, es seguridad de sus promesas. **"El arco iris aparecerá en las nubes, y al verlo me acordaré de mi pacto perpetuo con todo ser viviente, con toda carne que hay sobre la tierra".** Génesis 9:16.

"La oración se aferra de la Omnipotencia y nos da la victoria. El cristiano obtiene de rodillas la fortaleza para resistir la tentación... La oración del alma, silenciosa y ferviente, se eleva como santo incienso hacia el trono de la gracia, y será tan

aceptable a Dios como si hubiera sido ofrecida en el santuario. **Para todos los que lo buscan de este modo,** *Cristo llega a ser una ayuda efectiva en tiempo de necesidad. Serán fuertes en el día de la prueba*" *Testimonios para la Iglesia,* Tomo 4, página 616. La oración efectiva y verdadera nos capacitará para pelear correctamente contra todo lo que nos aleja de Dios y que puede fortalecernos para avanzar en la batalla sobre territorio aún desconocido por nosotros sin fracasar nunca más. No hay razón del porque no venzamos.

La promesa es segura, nuestras oraciones serán escuchadas, seremos victoriosos, podremos resistir la tentación en tiempo de prueba, Cristo será nuestra ayuda pero para ello necesitamos no sólo orar sino apartarnos de todo lo que nos rodea por un momento para estar a solas con nuestro hacedor, como Jesús lo hizo. Comprendemos por qué siempre tuvo victorias, estando siempre fresco para vivir día tras día para glorificar a su padre. Sí, aparte de entender nuestra misión, debemos emprender la guerra, poseyendo todo el armamento divino, y parte esencial de ello es *'la oración a solas con tu capitán'*. Vayamos juntos con Dios y digamos, **"Escucha, oh Eterno, mis palabras; Considera la meditación mía. Está atento a la voz de mi clamor, Rey mío y Dios mío. Porque a ti oraré"** *Salmos 5:1-3.*

Créeme amigo que desde que he aprendido a orar en todas mis tentaciones he podido vencer, pero cuando no lo hago y soy tentado, el pecado me ha vencido. Orar en tiempo de prueba y tentación es importante y efectiva. Mucho más si lo hacemos antes de ello. La oración es el medio donde nuestras palabras de necesidad son consideradas por nuestro Rey, por eso, **"La oración…es el secreto del poder espiritual"** *Obreros Evangélicos,* página 268. ¿Qué es la oración? El arma más necesitada en la vida espiritual, es el poder que enviste de victorias en cualquier área de la vida al cristiano, así es, la oración es *'el secreto del poder espiritual'*. Jóvenes ¿por qué entonces no podemos resistir cualquier prueba o tentación? La respuesta es una, no oramos lo suficiente, definitivamente no oramos. Porque la promesa es que obtendremos poder, aliento, energía y dirección para seguir en la guerra, si oramos.

Comprendamos también que la oración "**No puede ser sustituida por ningún otro medio de gracia, y conservar, sin embargo, la salud del alma. La oración pone al corazón en inmediato contacto con la Fuente de la vida, y fortalece los tendones y músculos de la experiencia religiosa**" *Obreros Evangélicos*, página 268. Amigos, no descuidemos más este don, es lo único que como cristianos nos une con la fuente divina, lo único que el cielo ha dispuesto para nuestro sustento diario en Cristo Jesús.

El apóstol Pablo dijo lo siguiente a los Colosenses, "**…no cesamos de orar por vosotros, y de pedir que seáis llenos del conocimiento de su voluntad, en toda sabiduría y espiritual inteligencia, para que andéis como es digno del Señor, agrandándole en todo, fructificando en toda buena obra, y creciendo en el conocimiento de Dios**" *Colosenses 1:9-10*. Para que este hijo de Dios pudiera orar así por sus hermanos, tuvo que aprender a orar para sí mismo, *'con todo fervor, sin cesar'*, pues en ella, él y ellos obtendrían *'todo'* lo que les llevaría a agradar al Señor.

La inspiración sigue diciendo: "**Descuídese el ejercicio de la oración, u órese irregularmente, de vez en cuando, según parezca propio, y se perderá la fortaleza en Dios. Las facultades espirituales perderán su vitalidad, la experiencia religiosa carecerá de salud y vigor**" *Obreros Evangélicos*, página 268. La razón del por qué no tenemos poder de Dios, nuestra mente a perdido su vigor, la vida espiritual su vitalidad, es porque hemos descuidado el ejercicio de la oración, lo hemos hecho irregularmente o únicamente cuando creemos conveniente.

¿Por qué perder esta bendición? En este momento, el Cielo me amonesta a mí como joven a cuidar los momentos de oración, y evitar orar irregularmente. Si lo hago decaeré espiritualmente, ¿te dirá a ti lo mismo el cielo? Necesitamos orar más y apartarnos a solas como Jesús lo hacía para recibir poder. Al descuidar este don, el Cielo nos dice otra vez que debemos "**orar, (pero), sin cesar**" *1ª Tesalonicenses 5:16*.

Los únicos que tendrán éxito en vivir la verdad y su proclamación son aquéllos que aprendan a orar y lo hacen sin cesar. **"Los que enseñan y predican más eficazmente son aquéllos que esperan humildemente en Dios, y tienen hambre de dirección y gracia. Velar, orar, trabajar, tal es la consigna del cristiano. La vida de un verdadero cristiano es una vida de oración constante"** *Obreros Evangélicos*, página 270.

Necesitamos:
a) Velar,
b) Orar,
c) Trabajar,
d) Ser constantes.

Esta es la vida de un verdadero cristiano. David dijo: **"Por esto orará a ti todo santo en el tiempo de poder hallarte..."** Salmos *32:6*. **"Mientras atendemos nuestros quehaceres diarios, deberíamos elevar el alma al cielo en oración.** Estas peticiones silenciosas suben como incienso ante el trono de gracia; y *los esfuerzos del enemigo quedan frustrados"* Obreros Evangélicos, página 267. Queridos jóvenes en la misma lucha de la vida juvenil escribo esto, reconociendo que hubiera podido evitar tantos fracasos si tan sólo hubiera hecho de la oración constante una parte de mi vida, pero gracias a Dios nunca es tarde para empezar o reconocer que hemos descuidado este secreto de vida espiritual. ¡A vivir una vida de oración constante! debe ser ahora nuestra meta.

¿Por qué los jóvenes necesitamos orar más y más? La inspiración nos dice: **"Cristo, en los días de su carne, (como hombre aquí en la tierra)** *ofreciendo ruegos y súplicas (oración)* **con gran clamor y lágrimas al que le podía librar de la muerte, fue oído.** *(Hebreos 5:7)*. Si Cristo tuvo que orar con ruegos y súplicas, pidiendo liberación y poder para vivir una vida aprobada por Dios, ¿nosotros quiénes somos para no hacer lo mismo? **"Los... jóvenes pueden acudir a Jesús con sus cargas y perplejidades y saber que él respetará sus súplicas y les dará precisamente lo que necesiten.** *Sed fervientes; sed resueltos, Presentad la promesa a Dios, y luego creed, sin una duda. No esperéis sentir emociones especiales antes* *que os parezca que el Señor contesta"* Mensajes para los Jóvenes, páginas 112, 113.

El joven verdaderamente cristiano "**... sabe que la luz y fuerza de un día no bastan para las pruebas y conflictos del siguiente**" *Obreros Evangélicos*, página 271. Este conocimiento nos llevará a ser constantes en la oración, porque a menos que lo hagamos así, no tendremos fuerza para el siguiente día y de seguro seremos derrotados hoy. ¿Te has preguntado alguna vez por qué es que la juventud cae demasiado en el día de prueba y tentación? Primero debemos también conocer a nuestro enemigo, porque **"Satanás está de continuo cambiando sus tentaciones"** *Obreros Evangélicos*, página 271. Querido amigo(a), si hoy vencimos alguna debilidad no pienses que el enemigo descansará, él nos conoce muy bien. **"Queridos jóvenes, no descuidéis, al empezar el día, el orar fervientemente a Jesús para que os imparta la fuerza y la gracia para resistir las tentaciones del enemigo en cualquier forma que se presenten; y si oráis fervientemente, con fe y contrición de alma, el Señor oirá vuestra oración. Pero debéis velar lo mismo que orar"** *Mensajes para los Jóvenes,* páginas 112, 113.

El enemigo día tras día nos tentará en nuestras debilidades pero de diferente manera, cuidémonos de este adversario astuto y constantemente. Pues **"Cada día nos veremos colocados en circunstancias diferentes; y en las escenas desconocidas que nos aguardan, estaremos rodeados de nuevos peligros, y constantemente asaltados por tentaciones nuevas e inesperadas"** *Obreros Evangélicos*, página 271.

David lo expreso de esta manera, **"Ten misericordia de mí oh Dios, porque me devoraría el hombre. Me oprime combatiéndome *cada día*. Me persiguen mis enemigos *cada día*. Porque muchos son los que pelean contra mi oh Altísimo"** *Salmos 56:1-2*. Comprendamos que David no sólo estaba hablando de enemigos humanos, sino de los internos y externos traídos por el jefe del mal, la tentación que día con día combate. Él pidió liberación y nosotros debemos orar por lo mismo constantemente.

Por experiencia te digo que ahora que amo a mi Jesús he sido tentado en muchas cosas. Los deseos del pasado, de vez en cuando me visitan; los pensamientos sucios desean controlar mi mente y voluntad. Mi corazón me sugiere muchas cosas. La impaciencia que es mi peor enemiga, en unión con todas mis debilidades me ha motivado a orar sin cesar y felizmente te puedo decir que he vencido. Pero cuando oro irregularmente o descuido la oración, muchas veces he sido vencido por el mal. No te está hablando un santo, sino un joven que como tú ésta en la lucha. Aprendamos y luchemos por orar constantemente.

No siendo ignorantes de esta verdad, armémonos con la oración, que es el secreto de las victorias para hoy. Escuchemos el siguiente consejo: "Mientras oráis, queridos jóvenes, para que no caigáis en tentación, **recordad que vuestra obra no termina con la oración. Debéis responder a vuestra propia oración en la mayor medida posible, resistiendo la tentación, y dejar lo que no podéis hacer por vosotros mismos para que Jesús lo haga en vuestro lugar**" *Testimonios para la Iglesia*, Tomo 3, páginas 378-380. Existe una parte nuestra que juega un papel importante para que las oraciones sean contestadas, y ésa es la de *resistir* hasta que nos sea posible, de esta manera las oraciones serán una realidad en nuestra experiencia.

"Es únicamente por la fuerza y gracia recibidas del cielo como podemos esperar vencer las tentaciones y cumplir los deberes que se nos presentan" *Obreros Evangélicos*, página 271. Tú me dirás ahora, después de leer estas citas si necesitamos orar constantemente. Pasaba por muchas pruebas, y mil gracias le doy a mi Jesús, que me amonestó e hizo ver la gran necesidad en este momento y le alabo por eso, pues no sólo he recordado muchas cosas, sino que he sido grandemente fortalecido al compartir esto contigo. Ya tenía en mente escribir algo sobre la oración, pero no pensé que fuese a ser en un momento como éste en mi vida, lo cual agradezco a Dios porque si al empezar a escribir estaba seguro de la promesa *"pedid y se os dará"* es ahora que estoy convencido que Dios no miente. Créelo y experiméntalo, hoy puedes dar un paso en esta experiencia. Hazlo y verás que la oración de fe es contestada, es efectiva.

¿Qué debemos pedir? "Pedid, pues; pedid y recibiréis. Pedid humildad, sabiduría, valor, aumento de fe…Tal vez no llegué ésta exactamente como deseáis, o cuando la esperéis; pero llegará de la manera y en la ocasión que mejor cuadren a vuestra necesidad. Las oraciones que elevéis en la soledad, en el cansancio, en la prueba, Dios las contestará, no siempre según lo esperabais, pero siempre para vuestro bien" *Obreros Evangélicos*, página 272.

También en mi juventud he orado muchas veces, y porque no decirlo, he pensado que Dios no me ha escuchado, pero sabes, después de años me he dado cuenta que él si me escuchó. Por ejemplo, mientras estudiaba en el colegio, conocí a una muchacha con quien llegué a tener una relación de noviazgo. En esos años aunque no estaba del todo consagrado a Dios, le oré por ella y después de un año y medio de relación, el destino nos separó repentinamente. Juntos íbamos a la iglesia y logramos muchos cambios en nuestra vida cristiana. Fue ella la primera persona que me hizo considerar la palabra matrimonio. Oré, viaje a Estados Unidos y hasta allí llegó la relación. Yo le preguntaba a Dios ¿Por qué me la quitaste?, cuando ella contaba con los requisitos (según yo), cinco años más tarde después de habernos separado y dejado de hablar por razones de distancia, la vida nos volvió a poner en contacto y lo primero que me preguntó fue, '¿ya te casaste?' y le dije que no…ella me dijo que ella tampoco. Lo cierto es que las puertas aun estaban abiertas si yo quería. No te voy a mentir, lo pensé, lo consideré y volví a orar. Dos años más tarde me volví a comunicar con ella, sólo para saber que se había casado. Y otra vez le pregunte ¿por qué Dios? Y el me contesto que el me había escuchado siete años atrás. Y la sencilla razón era que desde que nos dejamos de ver y hablar, ella volvió al mundo, se le rogó que regresara a la iglesia, no quiso, yo mismo trate de animarla y no lo hizo hasta hoy. Sin duda alguna no era la compañera de mi vida y sobre todo no sería la mujer idónea para la misión que el cielo me ha dado.

Por el año de 1999 estaba viajando y antes de darle el volante a un amigo para que siguiera manejando oré luego me dormir, para que nos cuidara, sin embargo, tuvimos un accidente donde pareciera que el no nos escuchó, casi pierdo la vida, me llevó meses recuperarme, pero hoy que han pasado casi cinco años y sé que él me escuchó esa noche y me contestó, porque si no, no estuviera contando esto, no estuviera escribiéndote. ¡Vivito y coleando!

Otras veces le he orado para que me sane de una enfermedad y aparentemente él no me ha escuchado, porque según yo, él no me ha sanado. Hoy que le conozco mejor, sé que él jamás deja de escuchar a sus hijos. El si me respondió pero no a mi manera, sino conforme a su voluntad. Su respuesta no ha sido quitándome la enfermedad sino dándome el conocimiento de mi enfermedad y como evitarla con las cosas que él ha creado y dado por medio de la naturaleza.

En muchas ocasiones le he pedido que me ayude en mi carácter, y sé que me ha escuchado, pero como mi carácter no cambia, pienso que fui ignorado. Y eso es mentira porque sé que el sí me escuchó. Sólo que su manera de contestar es contraria a nosotros, el ha permitido tantos momentos como circunstancias que me han pulido y mi carácter ha mejorado. El cambio de carácter no es un toque milagroso, sino una transformación en las circunstancias de la vida. Otras veces le pido paciencia, sin embargo, me contesta con problemas y con ello pareciera que --no me contesta, sin embargo, esa es precisamente su manera de regalarme esa bendita paciencia. Esto es sencillamente una manera de compartir contigo de cómo es que a veces pareciera que nuestras oraciones no son escuchadas, cuando en realidad si lo fueron.

David, cuando fue joven, tuvo la experiencia de la constante oración, y por sus resultados pudo decir: **"Tu oyes la oración"** y te afirma querido joven, **"los ojos del Eterno están sobre los justos, y atentos sus oídos al clamor de ellos"** *Salmos 65:2; 34:15.* Jesús dijo **"Si alguno quiere venir en pos de mí, niéguese a sí mismo, tome su cruz** *cada día, y sígame"* *Lucas 9:23.* Si queremos desarrollar un carácter que Dios pueda aceptar, debemos formar hábitos correctos en nuestra vida religiosa. *La oración diaria es tan esencial para el crecimiento en la gracia y aun para la misma vida espiritual,* como el alimento temporal lo es para el bienestar físico. Deberíamos acostumbrarnos a elevar con frecuencia los pensamientos a Dios en oración. *Si la mente se desvía, debemos* *hacerla volver; por el esfuerzo perseverante, el hábito lo hará fácil al final. No hay seguridad separándonos un sólo momento de Cristo.* Podemos contar con su presencia para ayudarnos a cada paso, pero *sólo si observamos las condiciones que él mismo ha dictado.* Por eso Moisés pudo decir: **"¿Qué gente grande hay que tenga los dioses cercanos a sí, como está el Eterno nuestro Dios en todo cuanto le pedimos?"** *Deuteronomio 4:7.* La respuesta es sólo para nosotros. Su pueblo no puede seguir siendo pobre en la oración, cuando tenemos todo un tesoro aguardando para sernos dado. Como joven he clamado a Jesús en mis momentos de soledad y el me ha hecho compañía instantáneamente, cuando voy solo en el avión, tren o carro, siempre oro y siempre me ha escuchado. Muchas veces no lo siento pero, sé que él me ha hecho compañía. Cuántas veces, antes de pasar ante una audiencia mis pies tiemblan, los nervios me dominan pero la oración ha sido mi calmante. Muchísimas veces he estado perdido en las ciudades más grandes de Estados Unidos y por estar tan ocupado en encontrar la dirección me he olvidado en orar. Después de reconocer que no he buscado a Dios, he orado y después de hacerlo, inmediatamente he encontrado la dirección.

¡Recuerda que la oración es *'el aliento del alma'*; es el *'secreto de la vida espiritual'* es el *'poder que dará victorias constantes'*! **"Buscad al Eterno y su poder; buscad su rostro continuamente"** *1ª Crónicas 16:11.*

Un joven, saliendo del culto de oración le decía a su compañero de camino. Con desencanto. – Pues yo, francamente, te diré que Dios no contesta siempre todas mis oraciones. – Es raro –contestó el otro – puesto que a mí siempre me las ha contestado – ¡Siempre! ¿De veras? – Sí; de verdad, solamente que a veces me contesta 'sí', y otras me contesta 'no'. Pero yo quedo tranquilo y contento, porque sé que él ha contestado, según sea mejor para mí. Exactamente eso es lo que Dios hace con nosotros; él contestará de acuerdo a su voluntad y como mejor sea conveniente para nuestro bienestar. ¡Seamos jóvenes de oración constantes, no importando la respuesta, siempre será la mejor! Oremos.

Para Reflexionar y aplicar

¿Qué fue lo que más te impacto de este capítulo?

¿Qué aprendiste en este capítulo que pondrás en práctica?

¿Cuál es el punto más sobresaliente que compartirás con otros?

¿Te gusta orar?

¿Cuánto tiempo diario pasas con Dios en oración?

¿Explica lo que es la oración para ti?

Consejo:
Ora más habla menos.

Orar 3 veces al día por 30 días te proveerá el habito de orar más.

9 am
12 pm
3 pm

CAPÍTULO 37
SERIEDAD DE PROPÓSITO TIENE RESULTADOS ETERNOS
PARTE 1

Queridos jóvenes estoy en esta ocasión por despedirme, pero no lo quiero hacer sin decir que yo también soy joven y mientras escribía, aprendía y reflexionaba en mi vida pasada, presente y busco un mejor futuro. Veo que todo ha sido un asunto de *'decisiones'*, ya sea para bien o para mal; por esta razón titulé este capítulo **"seriedad de propósito"**, pues eso me hubiera evitado tantas derrotas en mi vida espiritual, moral, física y social, pero creo que la más importante es la espiritual. Si esta área de nuestra vida está bien, las demás por sí solas serán suplidas; por eso Jesús dejó bien claro **"Mas buscad primeramente el reino de Dios y su justicia y lo demás vendrá por añadidura"** *Mateo 6:32*. Dios no miente, lo demás vendrá por sí mismo, cuando ponemos, buscamos, pensamos, honramos y servimos primeramente a él.

Cuantas congojas, problemas, inquietudes pude haber evitado si hubiera injertado en mi vida este sencillo y gran principio, de poner a Dios y su justicia en primer lugar, en segundo y último, pues la promesa es y será siempre que lo demás o sea lo que necesitamos será añadido, aceptar esto es fe, pues la fe todo lo espera, y es la esencia que lo mantiene a uno confiado que así será.

Si tan sólo cada joven aceptará y viviera buscando a Dios y su reino permanentemente nuestra historia sería diferente, para aquéllos que no lo han hecho, no es tarde para empezar a hacerlo. Lo que quiero decir, es que no es un asunto de cada fin de semana, o de cada vez que se va a una iglesia o servicio religioso. Personalmente lo aprendí a los quince años y aún mi vieja naturaleza sigue luchando para hacer lo contrario de no buscar y poner a mi Dios en primer lugar. Entendí que no podía seguir engañándome, que no podía de vez en cuando pensar en Jesús o buscarlo cuando creía conveniente; pensaba que a pesar de todo, estaba haciendo todo bien; con este pensamiento siempre terminé poniéndolo en el peor y último lugar de mi vida. De acuerdo a la Palabra, no es de vez en cuando o hasta el día de servicio, sino debe ser nuestro primer pensamiento cada día, el mejor y el último; esto es estar en guardia, espiritualmente hablando, pues la guerra contra el mal aún no ha terminado y para una vida tal se requiere **"seriedad de propósito"**.

Enfocarnos en los anhelos y metas del cielo, tener siempre presente un blanco, trabajar arduamente y lograrlo sobre todo obstáculo que el enemigo pueda poner. **"Debe haber un ferviente propósito para ejecutar el plan del Artífice maestro"** *Mente, Carácter y Personalidad*, Tomo 2, página 567.

Con todo mi corazón creo que la juventud de hoy debe evaluar su relación, amistad y devoción a su Creador, creo que debido a nuestra falta de consagración, visión y entendimiento a nuestra misión, nuestra prioridad ha venido a ser el mundo y no el cielo. Creo que hoy más que nunca debemos recordar las palabras de un hombre de Dios quién llego a entender en su plenitud, lo que es buscar todo lo que involucra el reino y justicia de nuestro Dios. **"Si habéis pues resucitado con Cristo, buscad las cosas de arriba, donde está Cristo sentado a la diestra de Dios"** *Colosenses 3:1.*

En ningún otro lugar encontraremos a nuestro Salvador. Él no está siendo abofeteado más por Pilatos o por la nación judía, no está en la cruz, ni está más en la tumba, a Él sólo lo podremos encontrar *'arriba'* de todo lo que es este mundo, más alto que nuestras expectativas, allá en las alturas de su gloria, en las alturas de la salvación junto al Padre, en el cielo y si no buscamos las cosas que son celestiales, en la tierra lo único que encontraremos es fracaso, porque sólo los que de verdad han *'resucitado con Cristo'*, sólo los que de verdad han vuelto a vivir como criaturas nuevas, pondrán deleitarse en lo que está por encima de este mundo.

Si el cielo y sus cosas no son tu delicia, ya sabes cuál es tu problema. Evidencia clara es que no has nacido de nuevo. Estrictamente tenemos que examinar nuestra posición ante Cristo ahora que aún intercede por nosotros en el Lugar Santísimo. El apóstol sigue diciendo **"Poned la mira en las cosas de arriba, no en las de la tierra"** *Colosenses 3:2.* Si se nos repite el poner sólo los ojos en las cosas de 'arriba', del cielo, es porque el problema del pueblo ha sido ése, el perder de vista su meta, su blanco, las cosas que son del cielo, especialmente el ser cada vez más semejante a Jesús.

El Camino a Cristo, página 70 nos recomendó, **"Conságrate a Dios todas las mañanas; haz de esto tu primer trabajo"** Aprender esto es la clave para lograr todo lo que hemos tratado en este libro. Consagrarnos a Dios todas las mañanas debe ser nuestro primer trabajo, esto es posible si hoy decides hacerlo, el cielo no lo puede hacer por ti, pero promete cumplir todo lo que nos ha ofrecido si deseamos lograrlo. Sea nuestra oración cada mañana: **"Tómame ¡oh Señor! como enteramente tuyo. Pongo todos mis planes a tus pies. Úsame hoy en tu servicio. Mora conmigo y sea toda mi obra hecha en ti"**. Si pudiéramos orar de esta manera, buscando solamente las cosas del cielo, tendríamos sin duda alguna la experiencia expuesta en *Colosenses 3:3:* **"Porque muertos sois, y vuestra vida está escondida con Cristo en Dios"**. Una vida tal no se puede lograr a menos que tengamos, **'seriedad de propósito'**.

"Este es un asunto diario. Cada mañana conságrate a Dios por ese día. Somete todos tus planes a él, para ponerlos en práctica o abandonarlos según te lo indicare su providencia. Sea puesta así tu vida en las manos de Dios y será cada vez más semejante a la de Cristo" " *El Camino a Cristo*, página 70. ¿Qué más podría decir? Esto ha sido, es y será la clave para tener siempre una **'seriedad de propósito'** y para ello se necesita una firme decisión que empieza ahora, si tú lo deseas. Es mucho lo que se puede escribir, pero si no lleva la aprobación de Dios es como címbalo que retiñe, será sin valor y no tendrá efecto como debiera, se pueden decir mil palabras sin Dios y lograr nada y una sola bajo su Espíritu y decir todo, restaurando en nosotros lo que se había perdido, la imagen de nuestro Creador.

Desde el principio la historia nos muestra que su pueblo ha estado en pie, y también que ha caído, caminado y se ha cansado y en todo este trayecto de casi 6000 años se nos ha mostrado que desde el principio también la *'juventud'* ha tenido un papel muy, pero muy importante en el plan de Dios, tanto para su desarrollo y cumplimiento.

Recordarán al primer joven que la Biblia menciona que honró a Dios bajo la situación más adversa, fue Abel, luego se nos menciona Isaac, Jacob, José, Moisés, Josué, Caleb, Samuel, David, Jonathan, Elíseo, Jeremías, Daniel, sus tres compañeros, Juan el Bautista, Juan el apóstol, esto por mencionar algunos en quienes de una u otra manera vemos que lograron cumplir su papel en esta tierra, porque sin duda alguna mostraron 'seriedad de propósito'. Y los resultados hoy podemos observarlos.

En este capítulo voy hablarles de otro que fue niño, joven y adulto de tal manera que es y será siempre nuestro único ejemplo en todo, quien fue un verdadero ejemplo de **'seriedad de propósito'**. Nuestro Salvador Jesucristo.

Cuando estudiaba, recuerdo que me disgustaba ver a varios compañeros, especialmente a la hija de cierto ejecutivo que sacaba "A" en todos sus exámenes. Los días de examen era para mí una tortura, el saber que no lo iba a pasar y el que ellos tranquilamente lo hicieran. Un día hasta llegué a pensar que ellos les pagaban a los maestros para lograr buenas notas. Cuán equivocado estaba, porque si el caso era así, no hubiera vacilado en comprarme a un par de maestros. Entendí que ellos, llegaban a estudiar, y no a jugar, llegaban con un propósito definido, y todo dependía de la seriedad que le ponían a su preparación. Cuando tomé su mentalidad logré también sacar buenas notas, y superar muchos otros obstáculos que no hubiera vencido o logrado sin verdadera seriedad, **'seriedad de propósito'**.

Jóvenes, si no progresemos, no depende de Dios, en el caso de muchos de nosotros, es debido a la indolencia en el campo espiritual y aún en lo secular que estamos en donde nos encontramos, en los suelos derrotados o estancados sin saber qué hacer.

Todos necesitamos en cualquier área de nuestra vida que emprendamos algo con **'seriedad de propósito** si es que deseamos ser como él, Emanuel (Jesús). **"Es deber de todo cristiano adquirir hábitos de orden, minuciosidad y prontitud**... (Y sobre todo) *tengan los tales un propósito definido en su obra" Mente, Carácter y Personalidad*, Tomo 1, página 7. Juventud es posible lograr éxito en la vida si nos bautizamos con ese propósito divino. **"Jesús es nuestro ejemplo**. Son muchos los que se espacian con interés en el período de su ministerio público, **mientras pasan por alto la enseñanza de sus primeros años" (niñez, juventud)** *El Deseado de todas las Gentes*, página 55. Algunos cuestionan cómo es que Jesús haya vivido sin pecado y siempre tuvo éxito y concluyen que tuvo que ser porque era Dios, en otras palabras, usaba de su poder divino para lograrlo. El Apóstol Pablo refuta este argumento. **"Por lo cual"** dice el apóstol, **"debía ser en todo semejante a los hermanos** (nosotros), **para venir a ser misericordioso y fiel sacerdote ante Dios, para expiar los pecados del pueblo. Porque él mismo padeció siendo tentado, es poderoso para socorrer a los que son tentados"** *Hebreos 2:17, 18.*

Vemos que Jesús vino y vivió como todos nosotros, pero sin pecado, esto no quiere decir que no fue tentado, lo fue pero no pecó, la inspiración dice: **"En cuanto le era posible le cerraba la puerta al tentador. Ni la ganancia ni el placer, ni los aplausos ni la censura, podían inducirle a consentir en un acto pecaminoso. Era sabio para discernir el mal, y fuerte para resistirlo. Cristo fue el único ser que vivió sin pecar en la tierra"** *El Deseado de todas las Gentes*, página 52. Todo esto tuvo que pasar Cristo para saber lo que el hombre pasa cuando es tentado, y lo que sufre mientras vive y se esfuerza por honrar y servir a Dios, de esta manera vino a estar dispuesto a *'socorrernos',* pues él mismo fue tentado y sabe lo que pasamos, por eso se nos llama sus hermanos, pero para llegar a ser lo que fue en la tierra como ser humano y luego ser puesto donde hoy está. El cielo lo identificó siempre como un verdadero hijo del Altísimo.

Fue **'seriedad de propósito'** en su misión que lo llevó a ser el sublime sacrificio por tí y por mí, seguir su ejemplo es más que un honor, porque sin esto nadie llegará a participar de su gloria.

Preguntamos ¿qué fue lo que mantuvo su **'propósito y misión firme'** en esta tierra?

El profeta Isaías dijo: "Por tanto el mismo Señor os dará señal. **He aquí que la virgen concebirá, y dará a luz un hijo, y llamará su nombre Emanuel. Comerá mantequilla y miel, para que sepa desechar lo malo y elegir lo bueno"** *Isaías 7:14, 15.* Emanuel como todos sabemos es el nombre profético de Cristo, dice que Emanuel comió mantequilla y miel para aprender a **"desechar lo malo y escoger lo bueno"**, sabiendo que Cristo comió de todo lo permitido, no pudo sólo comer literalmente mantequilla y miel porque comer solamente esto no hace a nadie sabio. Por lo tanto preguntamos ¿qué simboliza la mantequilla y miel que el comió? lo que él comió para aprender a desechar lo malo y hacer lo bueno fue la Palabra de Dios, pues él mismo dijo: **"...No sólo de pan vivirá el hombre, sino de toda palabra que sale de la boca de Dios"** *Mateo 4:4.*

Así que Cristo también tuvo que estudiar como ser humano la palabra para aprender a desechar lo malo y hacer lo bueno, y esto fue lo que siempre le mantuvo con un *'propósito determinado'* que lo llevó a decir:

Primero	"… el Padre, yo lo que a el agrada, hago siempre" *Juan 8:29.*
Segundo	"… Al Señor tu Dios adorarás y a él sólo servirás" *Mateo 4:10.*
Tercero	"Conviéneme obrar las obras del que me envió, entre tanto que el día dura. La noche viene, cuando nadie puede obrar" *Juan 9:4.*
Cuarto	"y por ellos yo me santifico a mi mismo. Para que también ellos sean santificados en verdad" *Juan 17:19.*
Quinto	"Entretanto que estuviere en el mundo, luz soy del mundo" *Juan 9:5.*
Sexto	"Yo te he glorificado en la tierra, he acabado la obra que me diste que hiciese" *Juan17:4.*
Séptimo	La firmeza de su 'propósito' lo llevó a clamar en la cruz ante todo el universo, usando al mundo

> como micrófono, proclamó "**consumado es**" *Juan 19:30.*

Veamos estas siete áreas en que Cristo manifestó en todas *"seriedad de propósito"*

1) **Hacer lo que al Padre agrada siempre.** Las palabras *hacer y siempre* son palabras claves en la firmeza de propósito.
2) **A Dios adorar y él sólo servir.** Es nuestra *decisión* nadie puede obligarnos. Es una decisión que debemos tener siempre.
3) **Obrar las obras del que me envió.** Mientras sea tiempo de gracia, mientras dure el día. Solo hay una oportunidad y no hay que dejarla ir, debemos trabajar por él.
4) **Yo me santifico.** Para que ellos; (nosotros) fuésemos santificados. No podemos dar lo que no tenemos, la santificación es un avance diario en la vida espiritual, mientras compartimos las palabras de vida.
5) **Mientras ESTOY en este mundo, luz soy del mundo.** Es una misión ser luz, no una diversión.
6) **Tu gloria he reflejado en la tierra.** Esto es acabar la obra que se nos ha dado. Reflejar el carácter de Jesús en su plenitud, su gloria.
7) **Consumado es.** La misión es no sólo terminada sino completada, sin faltar nada. Decir esto es decir; Jesús lo que me diste hacer he hecho, aquí está. Completamente terminado.

Pero repito, para ello se necesita **'seriedad de propósito'** esto fue lo que hizo que Jesús lograra su plan de salvación y esto será lo que nos llevará a hacer nuestra parte fielmente. Es importante repetir que para ello necesitamos una firmeza inquebrantable, llamada **'seriedad de propósito'** sin ello caeremos tarde o temprano. Esto solamente puede lograrse siguiendo su ejemplo, el ejemplo de nuestro hermano Emanuel. "**El que dice que está en él, debe andar como él anduvo**" *Juan 2:6.* No hay escapatoria; si de verdad somos sus siervos, sus hijos, hoy debemos tener una experiencia similar, y caminar como él caminó.

Veamos lo que se dejó escrito de la juventud de Jesús: **"Y Jesús crecía en sabiduría, en edad, y en gracia con Dios y los hombres"** *Lucas 4:52*. Nuestro ejemplo crecía en tres cosas.

- Edad,
- Sabiduría,
- Gracia.

Mientras crecía en años, Jesús también crecía en sabiduría, ¿pero cómo? Sí, comiendo mantequilla y miel que lo capacitaba para ello. También se nos dice que crecía en gracia, esto quiere decir que Jesús crecía en conocimiento de Dios continuamente mientras estudiaba la Palabra. Y esto lo afirma Lucas cuando comenta que a los 12 años lo llevaron a Jerusalén, perdiéndose de sus padres. Por tres días estuvo con los grandes de su tiempo, aprendiendo y compartiendo verdades que les hacía rascarse la cabeza.

La Biblia dice: **"Y aconteció que tres días después le hallaron en el templo, sentado en medio de los doctores, oyéndoles, y preguntándoles. Y todos los que le oían, se pasmaban de su entendimiento y de sus respuestas"** *Lucas 2:46, 47*. La Inspiración comenta: **"Sentándose a los pies de aquellos hombres grandes y sabios, escuchaba sus enseñanzas. Como quien busca sabiduría, interrogaba a esos maestros… Jesús se presentó como quien tiene sed del conocimiento de Dios"** *El Deseado de todas las Gentes*, página 58.

También nosotros mientras crecemos en edad, es nuestro deber y privilegio como con Jesús crecer en sabiduría y gracia, como también compartirla. ¿Qué es gracia? Debemos crecer en ella, *2ª Pedro 3:18* nos aconseja. **"Más creced en la gracia y conocimiento de nuestro Señor Jesucristo…"**. Como ves ésta debe ser nuestra experiencia, nuestro ejemplo, ya pasó por ello y esto hizo que su 'propósito fuera firme'.

La Inspiración nos expone lo que Dios espera de nosotros. **"Es privilegio de los jóvenes crecer en gracia espiritual y conocimiento, a medida que crecen en Cristo…*Los que crecen continuamente en la gracia serán constantes en la fe, y*** *avanzarán"* Mensajes para los Jóvenes, página 119. Es claro ver que las escrituras nos harán aptos para ser semejantes a Cristo. También debemos notar que las palabras **continuamente y constantes** son hermanas de *propósito* porque nadie hará algo continuamente si no tiene un propósito determino por alcanzar. Jóvenes, notemos que es un privilegio crecer en la gracia y esto es un proceso únicamente en Cristo mientras estudiamos diligentemente y con oración la Biblia, esto nos hará constantes en fe y nos motivará siempre hacia adelante, avanzando constantemente hacia la meta hasta decir *'consumado es',* es decir ya terminé la obra que me diste que hiciese.

Por eso la escritura nos dice: **"Por lo cual, teniendo los lomos de vuestro entendimiento ceñidos, con templanza, esperad perfectamente en la gracia que os será presentada cuando Jesucristo os sea manifestado"** *1ª Pedro 1:13*. La única manera de mantener nuestra mente y corazón enfocados en la misión como Jesús, es comiendo mantequilla y miel, dicho de otra manera, recibiendo constantemente gracia divina a través de la Palabra nos llevará a ser sabios, teniendo los lomos de nuestro entendimiento preparados para la tarea que se nos ha dado hacer, y mientras la hacemos se nos promete una visitación personal de Cristo a impartirnos de manera especial e individual más de su santa gracia, cuando dice: *"la gracia que os será presentada cuando Jesucristo os sea manifestado"* ¿se estará refiriendo a su segunda venida? La respuesta es no, pues esto lo necesitamos tener previo a ello, por lo tanto esto se refiere a lo que mismo Jesús prometió a los fieles, **"El que tiene mis mandamientos y los guarda, aquel es el que me ama; y el que me ama, será amado de mi Padre y** *yo le amaré y me manifestaré a él***"** *Juan 14:21*. Vemos la preciosa promesa de manifestarse de manera especial a aquéllos que están guardando sus mandamientos y mientras lo hacen serán visitados por Cristo mismo a través de su Santa Palabra para recibir más de su gracia (conocimiento), para que logren una labor mayor, bajo la ministración de 'seriedad de propósito'. **"Cada joven que se ha propuesto ser un discípulo de Jesucristo** *debería tener* **un ferviente deseo en su corazón de alcanzar la más elevada norma cristiana, de ser obrero con Cristo"** Mensajes para los Jóvenes, página 119.

Notemos que se pone plena responsabilidad sobre los que conocen de Jesús, sino sobre los que ya le conocen. Dice de manera resaltante e inequívoca que *'deberíamos tener un ferviente deseo de lograr, alcanzar la más elevada norma cristiana'* si se utiliza la palabra, *debería*, existir en la juventud actual un fervoroso deseo de alcanzar esa norma elevada. Y eso debe preocuparnos, porque nosotros somos esos jóvenes de quienes aquí se habla.

Si la juventud, "**… se propone como blanco figurar entre aquellos que serán presentados sin faltas ante el trono de Dios, avanzará continuamente. El único modo de permanecer firme es progresar diariamente en la vida divina. La fe aumentará si, cuando se halla en conflicto con dudas y obstáculos, los vence. La verdadera santificación es progresiva. Si crecéis en la gracia y el conocimiento de Jesucristo, aprovecharéis todo privilegio y oportunidad de obtener más conocimiento de la vida y el carácter de Cristo"** *Mensajes para los Jóvenes,* página 119.

Querido joven, no hay ninguna excusa para nosotros, de no hacernos un *'propósito firme'* tener esta cualidad es tener a Cristo, y eso siempre nos hará saber de dónde venimos, dónde estamos y hacia dónde vamos. Repito tener *'seriedad de propósito'* es tener a Cristo.

El mensaje de este capítulo en unión a lo que ya hemos visto en la experiencia de Cristo, está mejor descrito en la siguiente historia. Federico quería conseguir un trabajo. Pero eso no era fácil, porque en ese entonces los trabajos escaseaban. Dijo su padre, *'que el que piensa positivamente puede conseguir lo que quiere'.* De modo que Federico salió a buscar empleo. El cargo al que aspiraba requería que el solicitante se presentara en el lugar a las 8:00 de la mañana siguiente. Aunque Federico llegó con 15 minutos de anticipación, ya había 20 muchachos que se le habían adelantado. ¿Qué probabilidades tenía? Pero no se dio por vencido. Pensó en la situación problemática y puso a trabajar su mente. Después de pensar por un momento, concibió una idea. Escribió una nota y se la entregó a la secretaria. Ella la leyó y sonrió. Cuando la entregó al patrón, también la encontró interesante.

Consideremos ahora al patrón. Había fracasado en los negocios en 1831. Había sido derrotado en su aspiración a un cargo en el poder legislativo. Un año después fracasó por segunda vez en los negocios. Sufrió un quebranto nervioso en 1836. Y dos años después, fue derrotado en su aspiración a presidente de la Cámara de Representantes de los Estados Unidos. En 1840 fue derrotado como miembro del colegio electoral. Y en 1843 perdió como candidato a miembro del congreso. Aspiró al cargo de senador en 1855 y también fue derrotado. Tampoco tuvo éxito en 1856 en su aspiración al cargo de vicepresidente. Volvió a presentarse como candidato a senador dos años después y perdió por segunda vez. De 1831 a 1858 tuvo otros once fracasos importantes.

¿Te interesaría saber quién fue este hombre con tan impresionante lista de fracasos? En 1860 fue elegido presidente de los Estados Unidos. Nunca se dio por vencido. Se llamaba Abraham Lincoln. Ahora ¿Quieres saber lo que decía la nota de Federico? *'Estimado señor: Soy el muchacho número 21 de la fila. No tome ninguna decisión hasta que me entreviste'.* Federico había analizado bien el problema y descubierto la respuesta. ¿Sabes qué? Consiguió el trabajo. A esto le llamo 'seriedad de propósito' no importando los fracasos y obstáculos ambos triunfaron y nosotros podemos también, si nos lo proponemos.

Este es el tipo de propósito que debemos poseer si deseamos ser parte de **"…los que siguen al cordero a donde quiera que va"** *Apocalipsis 14:4* en estos últimos días. Seriedad de propósito nos llevará lejos con eternos resultados.

Para Reflexionar y aplicar

¿Qué fue lo que más te impacto de este capítulo?

¿Qué aprendiste en este capítulo que pondrás en práctica?

¿Cuál es el punto más sobresaliente que compartirás con otros?

Eres serio en lo que quieres

Tienes firme en tus decisiones?

Cumples tus metas

Tienes una agenda

Escribe algunas cosas logradas en tu vida que habías planeado:

¿Qué hará para ser una persona seria y firme en sus decisiones:

CAPÍTULO 38
SERIEDAD DE PROPÓSITO TIENE RESULTADOS ETERNOS
PARTE 2

Conozcamos más de nuestro ejemplo en su juventud. Aunque Cristo estudió la Palabra de Dios en su vida, ¿será que él comprendió su misión en un instante o le llevó tiempo como a nosotros? La respuesta nos la da la Inspiración. Los padres de Jesús iban todos los años a la fiesta de la Pascua. *"Cuando él tuvo doce años,* **subieron a Jerusalén conforme a la costumbre de la fiesta."** Lucas 2:41,42. Jesús comprendió de una manera muy especial su misión en esta tierra cuando fue llevado por primera vez al templo en Jerusalén a los doce años.

"Por primera vez el niño Jesús miraba el templo...Presenciaba los impresionantes ritos del servicio pascual. *Día tras día, veía más claramente su significado. Todo acto parecía ligado con su propia vida. Se despertaban nuevos impulsos en él. Silencioso y absorto, parecía estar estudiando un gran problema. El misterio de su misión se estaba revelando al Salvador"* El Deseado de todas las Gentes, página 58.

Jesús comprendió mejor su misión a los doce años y la estudió con cautela, pues humanamente parecía un serio problema, lo que encontramos aquí es que aún Jesús tuvo que aprender su misión y esto le dejó perplejo, lo llevó a reflejar más enteramente el principio que lo regia, 'seriedad de propósito' al decir a sus padres cuando lo habían perdido por tres días. **¿Por qué me buscabais? -** contestó **Jesús - '¿No sabíais que en los negocios de mi Padre me conviene estar? ...** Lucas 2:49. Jesús ahora estaba más que nunca entregado a la obra que se le había dado, sólo tenía doce años, de igual manera nosotros debemos como Jesús aprender la razón de nuestra existencia y tener bien en claro nuestra misión y al comprenderla entregarnos de lleno a ella.

Joven, si no has aprendido la razón de tu existencia apréndela, y si la has descuidado corrígela ahora que Dios nos está dando tiempo para decidir tener de ahora en adelante **'seriedad de propósito'** porque Jesús siempre la tuvo. En el caso de Jesús en su misión desde pequeño fue dejado sólo ni aún sus padres y hermanos comprendían su misión y no pienses que a ti y a mí nos irá mejor, verás que cuando tu decidas entregarte de lleno a Dios y su obra, la mayoría no entenderá si es que no toda la gente, especialmente tu familia como sucedió con Jesús.

Jesús tuvo que caminar *'solo'*, (*Isaías 63:3*), mientras cumplía su misión. La Inspiración dice: "**A veces vacilaba entre Jesús y sus hermanos, que no creían que era el enviado de Dios, pero abundaban las evidencian de la divinidad de su carácter. Lo veían sacrificarse en beneficio de los demás...**" *El Deseado de todas las Gentes*, página 70. Ejercitar seriedad de propósito nos llevara a caminar muchas si no todas las veces solo en este mundo desértico. Ésta fue la vida de Jesús en su juventud y no dudes que si queremos ser como él, no podremos evitar esta experiencia, la cual tiene que ser nuestra. En muchos de los casos caminaremos también *solos* humanamente, pero con su bendita promesa que él estaría **"con nosotros todos los días, hasta el fin del mundo"** *Mateo 28:20.*

"Jesús es nuestro ejemplo… es en la vida familiar donde se modela en todos los niños **y jóvenes**. Jesús vivió para agradarle, honrar y glorificar a su padre en las cosas comunes de la vida. Empezó su obra consagrando el humilde oficio del artesano que trabaja para ganarse el pan cotidiano. **Estaba haciendo el servicio de Dios tanto cuando trabajaba en el banco del carpintero como cuando hacía milagros para la muchedumbre. Y todo joven que siga fiel y obedientemente el ejemplo de Cristo en su humilde hogar puede aferrarse a estas palabras que el Padre dijo de el por el Espíritu Santo: 'He aquí mi siervo, yo le sostendré; mi escogido, en quien mi alma toma contentamiento'"** *El Deseado de todas las Gentes*, página 55.

El espacio no permitirá exponerte todo lo que Jesús es para nosotros y esa no es mi intención, y aunque lo fuera, jamás podré. Lo que sí puedo, y eso es lo que trato de hacer aquí, es hacerte ver que la juventud siempre ha tenido un papel sumamente importante en el Plan de salvación, y hoy más que nunca Dios está buscando esos jóvenes que sean fieles primeramente en casa para poder ser fieles en la misión que les espera. Así fue con Jesús, él comenzó en su hogar, así será con nosotros, pero recuerda para que no te desanimes, cuando tu decidas, cuando empecemos a entender nuestra misión de una manera más clara verás que la mayoría no entenderá, y muchos tratarán de desanimarte, aquí es donde debes presionar el paso.

Es exactamente aquí donde yo he visto que necesitamos seriedad de propósito o sea permanecer firmes a lo que hemos sido llamados. Si ya lo estás experimentando, el Señor te sostenga. Para todo esto es necesario **"la reflexión profunda, el ardiente propósito, y la firme integridad, son esenciales"** Mente, Carácter y Personalidad, Tomo 2, página 567. Nuestra misión, requiere de un carácter tal, que muchos le rehuyen, lo suplen con otro tipo de carácter encontrado en la esquina de la calle, pero el que nosotros necesitamos, sólo nos lo puede proveer el mismo Cielo. Que podamos reflejar y representar en completa armonía el carácter de Cristo con esa seriedad de propósito, que nada, ni nadie, nos podrá apartar de ello cuando hayamos decidido tomar nuestro lugar en el ejército del Señor. Como está escrito, **"Por causa de ti somos muertos todo el tiempo, somos contados como ovejas de matadero. Pero Dios, que nos ama, nos ayuda a salir más que vencedores en todo. Por eso *estoy seguro* de que ni la muerte ni la vida, ni ángeles ni demonios, ni lo presente ni lo por venir, ni lo alto ni lo profundo, ni ninguna otra cosa creada nos podrá separar del amor de Dios, que es en Cristo Jesús Señor nuestro"** Romanos 8:36-39. Una persona con firme propósito hará todo por y en Cristo.

Jesús tuvo que caminar sólo este sendero porque en su tiempo nadie colaboró en su misión, escucha ahora bien lo que se comenta de esta etapa de su vida. "Sin embargo, durante su niñez, **su juventud** y su edad viril, ***Jesús anduvo solo. En su pureza y fidelidad,** piso sólo el lagar*, y ninguno del pueblo (y familia) estuvo con él. Llevó el espantoso **peso de la responsabilidad** de salvar a los hombres…*Era esto lo que pesaba sobre su alma, y nadie podía apreciar esa carga que descansaba sobre él. Lleno de un propósito intenso, llevó a cabo el designio de su vida, de ser el mismo la luz de los hombres"* El Deseado de todas las Gentes, página 71.

Dios permita, querida juventud, que aprendamos la lección, todo, todo es posible cuando nos disponemos de corazón honrar a Dios como lo hizo Jesús, encontramos que él estuvo solo, pero nosotros hoy contamos con ventaja porque él, nuestro hermano mayor, ya pasó por esa experiencia y hoy intercede por nosotros, estando presto a socorrernos para mantener firme la **'seriedad de propósito'** como él la tuvo sólo en esta vida.

Tú y yo, tenemos la promesa de no estar solos, pues su nombre Emanuel traducido quiere decir, "**…Dios con nosotros**" *Mateo 1:23*. ¿Por qué Emanuel y no Jesús en nombre? Porque Emanuel es Jesús, pero ese nombre es el apropiado para saber que no estamos solos mientras mantengamos firme la 'seriedad de propósito' en amarle, honrarle, servirle solamente a él, hasta que podamos decir "consumado es, hecho ésta querido padre, en mí y a través de mí tu obra". ¡Dios con nosotros! ¡Qué promesa!

Por eso pues, juventud querida, mantengamos firme nuestra profesión hasta el fin. Que de nuestros labios puedan siempre pronunciarse, **"Mi vida está apegada a ti, tu diestra me ha sostenido."** Salmos 63:8. De este joven que caminó solo en la tierra, se escribió de él y aunque es uno de los capítulos más tristes de su experiencia en salvar al hombre, es también uno de los capítulos de la Biblia que me ha hecho ver el resultado completo de *la seriedad de propósito* que comenzó desde que creó al hombre. Jesús ya estaba dispuesto a darlo todo por nosotros si llegásemos a caer, y ya caídos, él no vaciló en darnos su Amor. Por favor medita en este capítulo; es la historia del joven que estuvo dispuesto a vivir despreciado, aborrecido, torturado, desechado y finalmente, dar su propia vida por amor a ti y a mí. Por eso mismo hoy te llama a entregarle toda tu vida en una completa resolución de caminar constantemente con **'seriedad de propósito'**.

"¿Quién ha creído a nuestro anuncio? ¿A quién se ha revelado el brazo del Eterno? Mi Siervo creció como un retoño, como raíz en tierra seca. No tenía belleza ni majestad para atraernos, nada en su apariencia para que lo deseáramos. Despreciado y desechado entre los hombres, varón de dolores, experimentado en quebranto. Y como escondimos de él el rostro, fue menospreciado, y no lo estimamos. Nuestro amante Sustituto: Sin embargo, él llevó nuestras enfermedades, y sufrió nuestros dolores. Y nosotros lo tuvimos por azotado, por herido de Dios y abatido. Pero él fue herido por nuestras rebeliones, molido por nuestros pecados, el castigo de nuestra paz fue sobre él, y por su llaga fuimos curados. Todos nos descarriamos como ovejas, cada cual se desvió por su camino. Pero el Eterno cargó sobre él el pecado de todos nosotros.

El Cordero sufriente

Angustiado y afligido, no abrió su boca. Como cordero fue llevado al matadero. Como oveja ante sus trasquiladores, enmudeció y no abrió su boca. Fue arrestado y juzgado injustamente, sin que nadie pensara en su linaje. Fue cortado de la tierra de los vivientes. Por la rebelión de mi pueblo le dieron muerte. Se dispuso con los impíos su sepultura, pero con los ricos fue en su muerte; porque nunca hizo maldad, ni hubo engaño en su boca. Con todo, el Eterno quiso quebrantarlo mediante el sufrimiento. Y como puso su vida en sacrificio por el pecado, verá linaje, prolongará sus días, y la voluntad del Eterno será prosperada en su mano. Después de tanta aflicción verá la luz, y quedará satisfecho. Con su conocimiento mi siervo justo justificará a muchos, y llevará las iniquidades de ellos. Por tanto, yo le daré parte con los grandes, y con los fuertes repartirá despojos; por cuanto derramó su vida hasta la muerte, y fue contado con los perversos, cuando en realidad, él llevó el pecado de muchos, y oró por los transgresores" Isaías 53.

Creo que las palabras son claras y es la voz de Dios la que hoy te invita a renovar tus votos de consagración a él y sólo a él, es así como la palabra te invita a recordar lo que Jesús fue es y será por nosotros, no sólo nuestro sublime ejemplo en *'seriedad de propósito'* sino nuestro eterno Salvador. ¿Dónde está hoy Jesús?

¿Lo destruyó el enemigo? No lo logró porque Jesús fue fiel al voto de mantener *'un propósito firme'* desde el principio y hasta el fin, el fue: "**… arrebatado para Dios y su trono**" *Apocalipsis 12:5*. Esteban confirma, "Veo los cielos abiertos, **y al hijo del hombre que está a la diestra de Dios**" *Hechos 7:56*.

Por eso para que Cristo esté donde está hoy en favor nuestro en el cielo, no es más que el resultado de la **'firmeza de su propósito'** al venir a la tierra, no sólo iba a restaurar al hombre, sino a poner en orden lo que el enemigo movió en el universo. Esto fue hecho únicamente muriendo en la cruz, mira lo que abarcaba la misión de Cristo, normalmente hemos pensado que sólo la tierra sería restaurada, sin embargo, todo el universo estaba involucrado en la rebelión de Satán.

El propósito de la deidad era, "**reunir todas las cosas** en Cristo, en la dispensación del cumplimiento de los tiempos, **así las que están en los cielos, como las que están en la tierra**" *Efesios 1:10*. "Por cuanto agradó al Padre que en él habitase toda plenitud, y **por medio de él reconciliar** consigo todas las cosas, **así lo que está en la tierra como lo que está en los cielos,** haciendo la paz mediante la sangre de su cruz." Colosenses 1:19,20.

La misión de Cristo va más allá de lo que pensamos y, sin embargo, es nuestro ejemplo, todo esto se pudo lograr porque ése era su *'propósito'* desde el principio y no vaciló en cumplirlo: El dijo: "en quien así mismo tuvimos suerte, habiendo sido predestinados conforme al *propósito del que hace todas las cosas según el consejo de su voluntad" Efesios 1:11*. Jesús mismo nunca hubiera venido y vivido en triunfo, aquí en la tierra, sino no se hubiera investido de esta seriedad de propósito, desde el principio.

Una de las citas que me ha sostenido en momentos de conflictos mientras vivo mi vida cristiana es leyendo una y otra vez lo que Cristo hacía para no desanimarse y tomar aliento de la cobardía de los demás. La Inspiración comenta que Jesús, "**Tuvo siempre presente el resultado de su misión. Su vida terrenal, tan llena de trabajo y abnegación, fue alegrada por la perspectiva de que no soportaría todas esas penurias en vano…Aunque primero debía**

recibir el bautismo de sangre; aunque los pecados del mundo iban a abrumar su alma inocente; aunque la sombra de una desgracia indecible pesaba sobre él; **por el gozo que le fue propuesto,** *decidió* **soportar la cruz y menospreciar el oprobio"** *El Deseado de todas las Gentes*, página 378.

Jesús tenía siempre en mente no sólo su obra, sino el resultado de ella. No miraba al hombre caído y destruido, sino lo que sería después de la restauración y redención. No miraba sólo la desunión del hombre con Dios, sino su reunión con él otra vez. No vio la tristeza que su obra involucraba, sino el gozo que ella traería. No vio la sangre que iba a derramar, sino la vida que iba a proveer. No lo que perdía, sino lo que recobraría; no vio el dolor, sino te vio a tí y a mí, y para ello, él se armó de un *propósito firme*; se propuso salvarte y eso fue lo que logró. Sin duda alguna la "seriedad de propósito tiene eternos resultados".

Joven, después de todo lo que hemos leído y meditado juntos hasta aquí (aprovecho para felicitarte si has llegado a leer hasta aquí, sé que no ha sido en vano) ¿Tomaremos una alta resolución de mantenernos firmes como un acero en la **'seriedad de propósito'** tal como lo hizo Jesús para poder gozar pronto, como él hoy se goza en vernos salvos? Él subió a donde hoy él está, porque **"Durante toda su vida terrenal, Jesús trabajo con fervor y constancia, esperaba muchos resultados;** *por lo tanto intentaba grandes cosas***"** *El Deseado de todas las Gentes*, página 53.

Para mí esto es lo que involucra el tener la mira hacia arriba, en las cosas de lo alto, porque para poder llegar allá, primero tenemos que mostrarnos dignos aquí en Cristo, donde debemos ser bautizados con un propósito integro a su voluntad, cualquiera que fuere nuestro destino, los resultados serán eternos.

Llegó la hora jóvenes de trabajar arduamente por Jesús en nuestras vidas, en el hogar, la iglesia, el mundo y para tener éxito debemos *'esperar mucho para intentar grandes cosas por Dios',* lo que hoy se te hace imposible pronto será posible, siempre y cuando pongas a Dios, su reino y justicia en primer lugar. Él dijo: **"…para el hombre esto es imposible; más para Dios todo es posible"** *Mateo*

19:25. Recordemos que "*... **Jesús no rehuyó los cuidados y la responsabilidad, como los rehuyen muchos que profesan seguirle**" El Deseado de todas las Gentes*, página 53.

Deseo y espero que seas uno de los que *no* rehuyan a lo que la mayoría evade. Con la '**seriedad de propósito**' en mente, acepta los cuidados, deberes y responsabilidades que hoy el cielo te da. Porque el Eterno se ha propuesto, "*... **declarar en ti, mi potencia y que mi nombre sea contado en toda la tierra**" Éxodo 9:16*. Joven, una sola cosa sé y es que Dios *no* se ha dado por vencido contigo, él quiere y lo hará, su poder y su nombre por tu medio se dará a conocer, ya sea que actúes como Faraón en su necedad en tiempo de Moisés o como José quien fue coronado por servir a Dios con '**seriedad de propósito**' en todo lo que realizaba. Dios será exaltado por la juventud que le ama y eso a mí me motiva a seguir adelante.

"Dios le ha asignado un lugar a cada hombre en su gran plan. Ya sea mediante la verdad o la mentira, mediante la insensatez o la sabiduría, **cada uno está cumpliendo** *un propósito,* cada uno está produciendo ciertos resultados...**Aquellas almas que por la fe se unan** *con los propósitos del Señor han de vivir para siempre*" *Cristo Triunfante*, página 182. A esta cita solo puedo decir AMEN.

Si estas palabras no son entendidas, hemos perdido nuestro boleto al cielo y la dirección que debemos seguir aquí en la tierra. Que el Espíritu Santo nos motive a tomar la decisión correcta y armarnos en cada cosa que hacemos para Dios y el hombre con la *'seriedad de propósito',* es así como *"intentaremos grandes cosas por Dios, porque esperamos grandes resultados en él"*, dejaremos de pensar en la abnegación mientras veamos su gloria, entonces el sufrir por un momento no será nada en comparación al gozo de la eternidad.

"**La capacidad de fijar los pensamientos (firme propósito) en la obra emprendida es una gran bendición. Los jóvenes temerosos de Dios deberían esforzarse por desempeñar sus deberes con reflexiva consideración, manteniendo los pensamientos en su debido curso y poniendo de su parte lo mejor de que son capaces...Aquellos que aprenden a concentrar sus pensamientos en todo lo que emprenden, por pequeña que**

parezca la obra, serán útiles en el mundo" *Mensajes para los Jóvenes*, página 147.

Venir a ser parte de la obra de Dios es un asunto de toda la vida, y únicamente aquéllos que por la gracia de Dios llegan a fijar bien su mente en hacer lo que deben, llegarán a ser victoriosos como Jesús, gozarán de sus victorias que lo llevó hasta el trono, donde muchos desean llegar, pero no están dispuestos a pagar el precio. Pagar este precio es hacer lo que hizo el joven Daniel, *"...propuso en su corazón no contaminarse..."* Daniel 1:8. Este tipo de jóvenes necesitamos hoy que se propongan no contaminarse para ser calificados en la lista de Dios y que pronto se diga de ellos, *"... no se contaminaron..."* Apocalipsis 14:4.

Paguemos *el precio* hoy, cumpliendo todo lo que se requiera de nosotros con todos nuestros pensamientos fijos en el blanco delineado por el cielo, no mirando atrás, ni a la derecha ni a la izquierda, sino ver únicamente al **"autor y consumador de nuestra fe"** *Hebreos 12:2*. Te digo, ya no estamos solos pues nuestro hermano Jesús ya recorrió el mismo camino que nos toca recorrer. Recuerda, *"Dios con nosotros"* mientras nos consumimos en un propósito digno de ser alcanzado, por eso la palabra nos amonesta: **"Queridos jóvenes, sed fervientes, sed perseverantes. Ceñid "los lomos de vuestro entendimiento"** *1ª Pedro 1:13*. **Manteneos firmes como Daniel, el fiel hebreo, quien se** *propuso* **en su corazón ser leal a Dios. No chasqueéis a vuestros padres y amigos. Y hay alguien más a quien recordar. No chasqueéis a Aquel que tanto os amó que dio su vida para que fuese posible para vosotros ser colaboradores de Dios"** *Mensajes para los Jóvenes*, página 147.

Oh querido joven, permitamos que la luz del sol viviente nos alumbre hoy la obra que tiene que hacerse en nosotros, Cristo la promete realizar, ¿por qué no permitirle que la haga completa? Y la misión que tenemos que realizar en el mundo el promete hacerla a través de nosotros, pero para ello necesitamos olvidarnos de nosotros mismos poniendo desde ahora en adelante nuestra:

- Vida en su vida,

- Debilidad en su fuerza,
- Ignorancia en su sabiduría,
- Fragilidad en su eterno poder.

Porque haciendo esto, dice el Apóstol Pedro "**... No caeréis jamás**" 2ª *Pedro 1:10*. Pensemos en Cristo de su:

- Amor,
- Belleza,
- La perfección de su carácter,
- Abnegación,
- Humillación,
- Pureza,
- Santidad.

Y también debemos siempre:
- Amarle,
- Imitarle,
- Dependiendo de él,
- Contemplándole.

Haciendo esto, seremos transformados a su semejanza, sí, todo esto será posible con la seriedad de propósito, esto es lo que Dios desea ver en nosotros los jóvenes que profesamos ser sus colaboradores en este tiempo. Por ahora, sólo me queda animarte a que sigamos juntos por este sendero, pues el cielo ha hecho todo para que no erremos y triunfemos en todo lo que emprendamos para ser semejantes a él. Nuestra profesión, cultura, sociedad aquí no importa, lo que sí importa es lo que nos motiva a buscar a Dios, porque aunque hoy no nos conocemos, pronto la *'firmeza de propósito'* nos tendrá a todos en un mismo lugar, su bendito reino, el paraíso esperado de los fieles.

Queridos jóvenes, oro para que esta pequeña obra pueda ser un apoyo y aliento, mientras avanzamos juntos hacia la meta de nuestra misión en esta tierra, que tú y yo pronto podamos decir como nuestro sublime ejemplo **"Yo te he glorificado en la tierra, he acabado la obra que me diste que hiciese"** *Juan.17:3*.

Hoy más que nunca recuerda querida juventud. **"Palabra fiel es ésta, digna de ser recibida por todos.** *Ninguno menosprecie tu juventud; sino sé ejemplo de los fieles en palabras, en conducta, en amor, en espíritu, en fe, en limpieza… dedícate a leer en… Las Escrituras, a exhortar y enseñar… No descuides el don que está en ti,…* **Sé diligente en estas cosas, entrégate del todo a ellas, para que todos vean tu aprovechamiento.** *Ten cuidado de ti mismo y de la doctrina. Persiste en ello, pues así te salvarás a ti mismo y a los que te escuchen"* 1^a *Timoteo 4:9-16.*

El cielo ya hizo su parte, ahora nos toca a ti y a mí hacer la nuestra. Ésta es nuestra misión ser un ejemplo en todo, y para lograrlo recuerda necesitamos seriedad de propósito que tendrá resultados eternos. **"No importa de quien se trate… el Señor os ha bendecido con facultades intelectuales capaces de vasto desarrollo. Cultivad vuestros talentos con fervor perseverante. Educad y disciplinad la mente por el estudio, la observación y la reflexión"** *Mente, Carácter y Personalidad,* Tomo 1, páginas 3, 4.

A fines de los años 80, un niño cruzaba la Sierra Madre en centro américa con su padre y mientras subían una de todas esas montañas, le preguntaba el pequeño al padre: 'Papi, es cierto que existió un barco grande para salvar a todo aquel que quisiera entrar'. El padre le contesto. 'Si hijo, fue construido por Noé, quien fue un gran siervo, ministro de Dios que predicó por 120 años, solo, en todo una generación malvada, se salvaron ocho personas. Fue un gran hombre quien sirvió a Dios a pesar de las circunstancias y consecuencias, porque lo que le importaba eran los resultados aprobados por Dios'. Y padre ¿dónde está ese barco hoy?, bueno, le contesta el padre, 'la Biblia dice que después del diluvio, reposó sobre los montes llamados Armenia. Hijo, hasta hoy siguen investigando exactamente dónde está. Lo que sí sé, es que existió'.

Los rayos del sol estaban saliendo iluminando un nuevo día, después de un breve silencio el hijo le pregunta al padre, ¿cómo puede uno llegar a ser como Noé? El padre le contesta, ¿te gustaría ser como Noé, hijo? 'Creo que sí' le contestó. Sólo hay una manera, es sirviendo a Dios con todo tu corazón. El padre emocionado por las preguntas del niño dijo: ¿Hijo te gustaría ser un día un ministro, un pastor? Después de un momento de silencio el hijo le contesta; sí, pero ¿cómo?, si ni siquiera he empezado la escuela. 'Bueno hijo', le dice el padre, '**todo empieza queriendo** y si algún día tu quieres llegar a serlo yo daría todo por apoyarte, aún vender lo último de mis posesiones para que lo logres'. El día abrazó a este niñito con un nuevo deseo, el deseo de ser un día ministro. *'Recuerda hijo',* le dice el padre, *'para llegar a serlo tienes que llegar a servir a Dios de todo corazón e investirte con un propósito determinado y él se encargará de abrir la puerta y el camino'.*

Lo abrazó y le dijo 'tu puedes y si eso llegase a ser una realidad, recuerda siempre, que cuentas conmigo, daré todo para que lo logres'. Este niño después de algunos años de esa conversación con su padre, viajó *'solo'* a los Estados Unidos. Donde su primer trabajo fue cortar la grama y limpiar casas. Fue allí donde conoció a su siguiente patrón que tenía una empresa donde hacían casas movibles; allí llego a ser un carpintero pero por celos de los encargados lo despidieron. Al siguiente día, ya tenía otro trabajo en la construcción, donde lo pusieron a cargo de los trabajadores porque no hablaban inglés y el joven les superaba en eso. El ser hábil y dispuesto a realizar cualquier cosa sin importar dónde o a quién, lo promovió a ser jefe de ellos. Después de un tiempo, consiguió otro trabajo donde hacía lo mismo, pero mejor pagado y con más tiempo libre. Fue allí donde el joven se propuso estudiar más para un día llegar a tener una profesión.

La inquietud de servir a Dios empezó en su corazón llevándolo a ser un misionero voluntario; poco después llegó a ser un obrero de tiempo completo bajo el ministerio de "Heraldos del Tercer Ángel" en California. Los años transcurrieron por su gran aporte a la obra y experiencia vino a ser miembro de la Junta Ejecutiva internacional de la Asociación Publicadora Universal. Más tarde Director del Departamento Hispano mundial de Laicos Adventistas con sede en Texas y finalmente después de 20 años un 'ministro' del Señor.

La historia de este niño testifica que si uno se propone puede llegar a ser lo que se propone y aun lograr lo que jamás se imaginó. Él logró todo esto porque mezcló su deseo de niño con un *'serio propósito'* de llegar a formarse en un agente del cielo para bendecir a la humanidad. Seriedad de propósito tiene su paga de cortar el pasto a ser un ministro de nuevas de esperanza.

Todo esto lo realizo, no por haber asistido a las escuelas de este mundo sino por investirse de un propósito divino. Este joven testifica que *"Pero cuando Dios, que me apartó desde el seno de mi madre, y me llamó por su gracia"* Gálatas 1:15 con el pleno y único propósito de "**revelar a su Hijo en mi**" Gálatas 1:16. ¿Será mucha presunción esto? No, de ninguna manera. Si esto no es nuestra visión y misión en cualquier don o talento que el cielo nos ha provisto e investido, entonces ¿cuál es nuestra obra como representantes de Cristo? El apóstol Pablo dijo inspiradamente que "**...en todas las cosas... (Debemos ser) ministros de Dios**" *1ª Corintios 6:4*. ¿En qué debemos ser ministros de Dios? En todas las cosas. Hoy este joven es un conferencista internacional y sus credenciales son Dios, Cristo, El Espíritu Santo y sobre todo su Palabra.

Al Dios del cielo que escuchó aquella conversación y al padre que un día le dijo a *ese niñito rebelde* que podía lograrlo, llegar a ser un ministro de Dios, les dedico este volumen en agradecimiento por ser mi padre. Nada de esto hubiera sucedido si no hubiera existido en mi corazón una *'seriedad de propósito'*. Si el Señor pudo formar, obrar y puede ministrar a través de mí, sé que sin duda alguna lo puede hacer también en contigo. Si hoy te vistes, querida juventud, con *'seriedad de propósito'* te aseguro, sin equivocarme que habrá eternos resultados en tu vida, hogar, iglesia y finalmente en el mundo que grandemente necesita de un Salvador.

Recordemos juntos que no importa que hayamos sido, lo que importa es que deseamos ser, porque "**...Dios... mismo nos hizo ministros suficientes de un nuevo pacto, no de letra, más del espíritu; Porque la letra mata, más el espíritu vivifica**" *2ª Corintios 3:5, 6*. ¿Qué tipo de ministerio dio el cielo al hombre, en especial a la juventud? La respuesta es "**Y todo esto es de Dios, el cual nos reconcilio a sí por Cristo, y nos dio el ministerio de la reconciliación. Así que somos embajadores en Nombre de Cristo, como si Dios rogase por medio nuestro, os rogamos en Nombre de Cristo: Reconciliaos con Dios**" *2ª Corintios 5:18-20*.

Sí a ti te está hablando el cielo, ¿Quieres ser un ministro, embajador de Cristo con cualquier don o talento que Dios te ha prestado? Primeramente reconciliémonos con Dios para que a través de nosotros Él pueda ejecutar el ministerio de reconciliación. No hay gozo y privilegio más grande que trabajar en la empresa del Señor, entendiendo que *"A fin de que la obra pueda avanzar en todos los ramos, Dios pide vigor, celo y valor juveniles. El ha escogido los jóvenes para que ayuden en el progreso de su causa. El hacer planes con mente clara y ejecutarlos con mano valerosa, requiere energía fresca y no estropeada. Los jóvenes están invitados a dar a Dios la fuerza de su juventud, para que por el ejercicio de sus poderes, por reflexión aguda y acción vigorosa, le tributen gloria, e impartan salvación a sus semejantes"* Obreros Evangélicos, página 69.

Todo esto lo lograremos con un lema divino en lo profundo de nuestro corazón, *'seriedad de propósito'*, que sin duda alguna traerá eternos resultados. Querida juventud el mensaje final es. **"Bienaventurado aquel cuyas iniquidades son perdonadas, y borrados sus pecados"** A TI el cielo dice **"te haré entender, y te enseñaré el camino en que debes andar, sobre TI fijaré mis ojos"** *Salmos 32:1,8*. Como vez, el Señor no se ha dado por vencido con la juventud, es su propósito ejecutar y terminar su obra con ella. Dios se reflejará al mundo por medio de una juventud convertida y su nombre será exaltado por medio de una juventud preparada, gozándose por medio de una juventud salvada.

¡Joven, la decisión hoy es tuya! Recuerda **"Un propósito resuelto realizará milagros"** *Mente, Carácter y Personalidad,* Tomo 1, página 4. Mi pasado y presente sólo puede gritarle al mundo que por la gracia de Cristo Jesús y su bendito amor *"**COMO JOVEN CRISTIANO CAÍ PERO ME LEVANTE"**.*

Sinceramente: *"UN JOVEN COMO TÚ"*.

Las cursivas y negritas son nuestras

Para Reflexionar y aplicar

¿Qué fue lo que más te impacto de este libro?

¿Qué aprendiste en este libro que pondrás en práctica?

¿Cuál es el punto más sobresaliente de este libro que compartirás con otros?

¿Has caído, tropezado y fracasado?

¿Qué has hecho después de caer?

¿Cuál es tu propósito de vida?

¿Cuál es tu meta como joven?

En que te comprometes para ser lo que te hace feliz y libre:

¿Después de leer este libro eres el mismo o completamente diferente?

Sobre El Autor

El autor es un orador internacional sobre temas religiosos, liderazgo, salud y motivación por los últimos 20 años y autor de varios libros: La Verdad Profética, Como Joven Cristiano Caí Pero Me Levante, El Código De Toda Posibilidad, El Líder Gladiador, El Noviazgo Cristiano, El Poder De La Disciplina, El Poder De Pedir.

Conozca más sobre Miguel Martin y reciba más información y entrenamiento gratuito en su página web **www.miguelmartin.info y www.laverdadprofetica.com**

Coreo normal escriba a:

Miguel Martin
13722 Vida Ln.
Dallas Texas, 75253

www.ingramcontent.com/pod-product-compliance
Lightning Source LLC
Chambersburg PA
CBHW062146080426
42734CB00010B/1577